Erwerberschutz in Europa – Neue Perspektiven

Europäische Hochschulschriften
Publications Universitaires Européennes
European University Studies

**Reihe II**
**Rechtswissenschaft**

Série II Series II
Droit
Law

**Bd./Vol. 3895**

PETER LANG
Frankfurt am Main · Berlin · Bern · Bruxelles · New York · Oxford · Wien

Nicole Lang

# Erwerberschutz in Europa – Neue Perspektiven

Eine rechtshistorisch-rechtsvergleichende Studie zur Entwicklung der Erwerberschutzsysteme Deutschlands, Österreichs, Frankreichs und Italiens

PETER LANG
Europäischer Verlag der Wissenschaften

**Bibliografische Information Der Deutschen Bibliothek**
Die Deutsche Bibliothek verzeichnet diese Publikation in der Deutschen Nationalbibliografie; detaillierte bibliografische Daten sind im Internet über <http://dnb.ddb.de> abrufbar.

Zugl.: Regensburg, Univ., Diss., 2003

D 355
ISSN 0531-7312
ISBN 3-631-52410-2



www.peterlang.de

*Meinen Eltern*

**Vorwort**

Die vorliegende Arbeit wurde von der Juristischen Fakultät der Universität Regensburg im Sommersemester 2003 als Dissertation angenommen. Mit der mündlichen Prüfung am 14. November 2003 wurde das Promotionsverfahren abgeschlossen.

Die Idee zur Betrachtung der Entwicklung eines Rechtsinstituts über einen Zeitraum von rund zweieinhalbtausend Jahren, von der römischen Antike bis in die heutige Zeit, entsprang einem römischrechtlichen Kolloquium an der Universität Regensburg im Wintersemester 1996/1997. Das immer engere Zusammenwachsen der Mitgliedstaaten der Europäischen Union bei zum Teil erheblichen Divergenzen der jeweiligen Privatrechtsordnungen ließ in meinen Augen die Verknüpfung der rechtshistorischen mit einer rechtsvergleichenden Untersuchung erforderlich erscheinen. Die Arbeit ist parallel zu meiner Tätigkeit als Rechtsreferendarin sowie als Beamtin im Bayerischen Staatsministerium der Finanzen entstanden.

Meinem Doktorvater, Herrn Prof. em. Dr. Dr. h.c. mult. Dieter Henrich, danke ich besonders herzlich für die intensive Betreuung der Arbeit und die jederzeit möglichen, interessierten Gespräche. Vielen Dank auch an Herrn Prof. Dr. Hans-Jürgen Becker für die rasche Erstellung des Zweitgutachtens.

Weiterhin gilt mein Dank meinen Vorgesetzten während der letzten vier Jahre im Bayerischen Staatsministerium der Finanzen, insbesondere Herrn Ltd. MR Dr. Böhme, Herrn Ltd. MR Dr. Didczuhn, Herrn MDirig. Dr. Michael Bauer und Herrn MDirig. Stolle für das entgegengebrachte Verständnis für die Doppelbelastung und nicht zuletzt für manche Anregung. Bedanken möchte ich mich ferner bei meinem Kollegen Dr. Martin Bauer für die zahlreichen wertvollen Diskussionen und Anregungen.

An dieser Stelle möchte ich schließlich meinen Eltern Maria-Luise und Siegfried Lang von Herzen für die stetige Ermunterung danken, die mir das nötige Durchhaltevermögen während der langen Entstehungszeit dieser Arbeit gab. Tatkräftige Unterstützung ließen sie mir in der Endphase durch sorgfältiges Korrekturlesen und wertvolle Hilfestellungen bei der Formatierung zuteil werden.

München, im Januar 2004 Nicole Lang

**Inhalt**

## Abkürzungen

| | |
|---|---|
| a.A. | anderer Ansicht |
| a.a.O. | am angegebenen Ort |
| ABGB | Allgemeines Bürgerliches Gesetzbuch |
| Abs. | Absatz |
| AcP | Archiv für die civilistische Praxis |
| Afr. | Africanus |
| AG | Archivio Giuridico „Filippo Serafini“ |
| al. | alinéa |
| ALR | Allgemeines Landrecht für die preußischen Staaten |
| Alt. | Alternative |
| Anm. | Anmerkung |
| Art. | Artikel |
| Artt. | Artikel (Plural) |
| BB | Der Betriebs-Berater |
| Bd. | Band |
| BGB | Bürgerliches Gesetzbuch |
| BGBl. I | Bundesgesetzblatt Teil I |
| BGHZ | Entscheidungen des Bundesgerichtshofes in Zivilsachen |
| BIDR | Bullettino dell'Istituto di Diritto Romano |
| BT-Drs. | Bundestags-Drucksache |
| bzw. | beziehungsweise |
| c. | canon (kanonisches Recht) |
| C. | Codex Iustinianus |
| C. | Causa (kanonisches Recht) |
| ca. | circa |
| C.c. | Code civil |
| C.c.it. | Codice civile |
| CE | Codex Euricianus |
| CEB | Codicis Euriciani leges ex lege Baiuvariorum restitutae |
| Cic. de fin. | Cicero de finibus bonorum et malorum |
| Cic. de leg. | Cicero de legibus |
| Cic. de off. | Cicero de officiis |
| Cic. pro Caec. | Cicero pro Caecina |
| Cic. pro L. Flacco | Cicero pro Lucio Flacco |
| Cic. top. | Cicero Topik |
| CG | Codex Gregorianus |
| CMBC | Codex Maximilianeus Bavaricus Civilis |
| Cod. Ther. | Codex Theresianus |

| | |
|---|---|
| CT | Codex Theodosianus |
| D. | Digesten |
| ders. | derselbe |
| d.h. | das heißt |
| dies. | dieselbe |
| Ed. Roth. | Edictum Rothari |
| EGBGB | Einführungsgesetz zum Bürgerlichen Gesetzbuch |
| ET | Edictum Theoderici |
| etc. | et cetera |
| EU | Europäische Union |
| EWG | Europäische Wirtschaftsgemeinschaft |
| f | folgende Seite |
| ff | folgende Seiten |
| FIRA | Fontes Iuris Romani Anteiustiniani |
| Fn. | Fußnote |
| Fragm. Vat. | Fragmenta Vaticana |
| FS | Festschrift |
| Gai. | Gai Institutiones |
| Gai. D. | Gaius-Fragment in den Digesten |
| GS | Gedenkschrift |
| h.M. | herrschende Meinung |
| HRG | Handwörterbuch zur deutschen Rechtsgeschichte |
| Hrsg. | Herausgeber |
| Iav. | Iavolenus Priscus |
| Inst. | Institutiones Iustiniani |
| IP | Interpretatio zu den Pauli Sententiae |
| IRMAE | Ius Romanum Medii Aevi |
| Iul. | Iulianus |
| Iura | Rivista internazionale di diritto romano e antico |
| i.V.m. | in Verbindung mit |
| JA | Juristische Arbeitsblätter |
| JBl. | Juristische Blätter |
| Jh. | Jahrhundert |
| JuS | Juristische Schulung |
| JZ | Juristenzeitung |
| Kfz | Kraftfahrzeug |
| KultgutSiG | Kulturgutsicherungsgesetz |
| L. | Lucius |
| Lab. | Labeo |
| Labeo | Labeo – Rassegna di diritto romano |
| lat. | lateinisch |
| LB | Lex Burgundionum |

| | |
|---|---|
| LBai. | Lex Baiuvariorum |
| Lic. Ruf. | Licinius Rufus |
| LRB | Lex Romana Burgundionum |
| LRib. | Lex Ribuaria |
| LSal. | Lex Salica |
| LV | Lex Visigothorum |
| M. | Marcus |
| Marc. | Marcianus |
| Mél. | Mélanges |
| Mod. | Modestinus |
| m.w.N. | mit weiteren Nachweisen |
| n. Chr. | nach Christus |
| Ner. | Neratius |
| NJW | Neue Juristische Wochenschrift |
| NJW-RR | Neue Juristische Wochenschrift – Rechtsprechungs-report |
| Nov. | Novellen (Novellae Leges) Justinians |
| Nr. | Nummer |
| Nrn. | Nummern |
| NV | Novellae Valentiniani |
| NZ | Notariatszeitung |
| o.ä. | oder ähnliches |
| OGH | österreichischer Oberster Gerichtshof |
| P. | Publius |
| Pap. | Papinianus |
| Paul. | Paulus |
| Paul. ad Ner. | Paulus ad Neratium |
| Pomp. | Pomponius |
| pr | principium |
| Proc. | Proculus |
| PS | Pauli Sententiae |
| q. | quaestio (kanonisches Recht) |
| RabelsZ | Rabels Zeitschrift für ausländisches und internationales Privatrecht |
| RGZ | Entscheidungen des Reichsgerichts in Zivilsachen |
| RH | Révue historique de droit français et étranger |
| RhZS | Rheinische Zeitschrift für Zivil- und Prozeßrecht |
| RIDA | Révue internationale des droits de l'antiquité |
| Rn. | Randnummer |
| s./S. | siehe |
| S. | Seite |
| scil. | scilicet |

| | |
|---|---|
| SDHI | Studia et documenta historiae et iuris |
| s.E. | seines Erachtens |
| sect. | section |
| s.o. | siehe oben |
| sog. | sogenannte, -r, -s |
| Sp. | Spalte |
| st. Rspr. | ständige Rechtsprechung |
| stv. | stellvertretend |
| s.u. | siehe unten |
| SZ | Zeitschrift der Savigny-Stiftung für Rechtsgeschichte, Romanistische Abteilung |
| SZ | Entscheidungen des österreichischen Obersten Gerichtshofes in Zivilsachen (zit.: OGH SZ) |
| SZ-GA | Zeitschrift der Savigny-Stiftung für Rechtsgeschichte, Germanistische Abteilung |
| tab. | Zwölftafelgesetz |
| Tit. | Titel |
| TRG | Tijdschrift voor Rechtsgeschiedenis |
| u. | unten |
| u.a. | unter anderem |
| u.ä. | und ähnliches |
| Ulp. | Ulpian |
| UN | United Nations |
| usw. | und so weiter |
| v. | von |
| v.a. | vor allem |
| v. Chr. | vor Christus |
| vgl. | vergleiche |
| Vol. | Volume |
| Vorbem. | Vorbemerkung |
| X. | Liber Extra |
| z.B. | zum Beispiel |
| ZEuP | Zeitschrift für Europäisches Privatrecht |
| ZfRV | Zeitschrift für Rechtsvergleichung |
| ZGB | schweizerisches Zivilgesetzbuch |
| ZHR | Zeitschrift für das gesamte Handelsrecht und Wirtschaftsrecht, begründet von Goldschmidt |
| zit. | zitiert |
| ZVglRWiss | Zeitschrift für Vergleichende Rechtswissenschaft |

## A. Einführung

*Nemo plus iuris transferre potest quam ipse habet,*[1] niemand kann mehr an Rechten übertragen, als er selbst hat. Nach diesem Grundsatz lösten die Römer in der Antike den Interessenkonflikt zwischen dem Eigentümer und dem Besitzer einer Sache, der entsteht, wenn der Eigentümer den Besitz an seiner Sache ohne seinen Willen, z.B. durch Diebstahl oder Unterschlagung, verloren hat und ein gutgläubiger Dritter die Sache erwirbt: Der ursprüngliche Eigentümer möchte sein Eigentumsrecht wahren, er will seine Sache zurückerhalten. Der neue Besitzer, der die Sache vom vermeintlich Berechtigten erworben hat, geht davon aus, Eigentümer geworden zu sein. Mit der Regelung, dass ein Nichtberechtigter keine Rechte übertragen kann, entschied die römische Rechtsordnung den Konflikt zugunsten des Eigentümers: Dieser verlor durch die Übertragung der Sache auf einen Dritten, z.B. durch den Dieb oder Veruntreuer, sein Eigentum nicht. Er konnte seine Sache von jedem Dritten, den er im Besitz der Sache fand, vindizieren.

Seit Handel getrieben wird, ist das Interesse des gutgläubigen Erwerbers mit dem Allgemeininteresse an Rechtssicherheit gleichzusetzen. Ein reger Warenverkehr ist nur dann möglich, wenn sich der Erwerber darauf verlassen kann, dass sein Handelspartner in der Lage ist, ihm wirksam Eigentum zu verschaffen. Grundlage für dieses Vertrauen des Erwerbers ist in der Regel der Besitz als nach außen sichtbares, typisches Eigentümerverhalten. Dies wird noch deutlicher, wenn Eigentum und Besitz über einen längeren Zeitraum auseinanderfallen. Dann wird die Spannungslage zwischen den gegenläufigen Interessen von Eigentümer und Besitzer noch verschärft. So hat es der Eigentümer vielleicht verabsäumt, sich um die Wiedererlangung der Sache zu bemühen. Auf Seiten des Besitzers ist dagegen durch den Zeitablauf eine Verfestigung seiner Sachherrschaft, insbesondere gegenüber Außenstehenden, eingetreten. Für diese ist der Sachbesitz bei beweglichen Sachen meistens der einzige Anhaltspunkt, der einen Rückschluss auf die Person des Eigentümers zulässt. Für ein funktionierendes Wirtschaftsleben ist aber eine eindeutige Güterzuordnung und damit Rechtssicherheit unabdingbar.

Bereits in den frühen Hochkulturen bedurfte deshalb die Konfliktlage zwischen den widerstreitenden Interessen von Eigentümer und Besitzer bzw. dem allgemeinen Verkehrsinteresse einer Lösung. So finden sich bereits im altorientalischen Recht, im Codex Lipit-Istar (ca. 1934-1924 v. Chr.) und im babylonischen Codex Hammurabi (ca. 1792-1750 v. Chr.), Regelungen zum Schutz des gutgläubigen Erwerbers.[2] Das römische Recht befriedigte das Schutzbedürfnis des Dritten und

---

[1] Ulp. D. 50.17.54; D. 41.1.20 pr; im englischen Recht ist die Kurzfassung *„Nemo dat, quod non habet"* gebräuchlich, vgl. Dreyer, S. 17.

[2] Trinkner, BB 1991, S. 2455 ff; Römer, S. 6

der Allgemeinheit, das durch die *Nemo-plus-iuris*-Regel nicht berücksichtigt wurde, durch das Rechtsinstitut der *usucapio*, der Ersitzung. In der Antike konnten die kurzen Ersitzungsfristen für bewegliche Sachen von anfänglich einem Jahr, bzw. von drei Jahren im justinianischen Recht, den Anforderungen des Wirtschaftsverkehrs in hinreichendem Maß gerecht werden. *Res furtivae*, d.h. gestohlene, abhanden gekommene und unterschlagene Sachen, waren jedoch seit jeher von der Ersitzung ausgeschlossen, was den Erwerberschutz wieder deutlich einschränkte.

Im modernen Recht finden wir die geschilderten Interessenlagen nahezu unverändert vor. Alle geltenden Kodifikationen enthalten deshalb Regelungen, die zu einem gerechten Interessenausgleich zwischen Eigentümer und gutgläubigem Besitzer führen sollen. Der Rechtsgedanke der Ersitzung, die in Anknüpfung an den Vertrauenstatbestand der tatsächlichen Sachherrschaft dem Besitzer nach lang andauernder, ununterbrochener Besitzausübung das Eigentum zuweist und auf seiten des Eigentümers einen entsprechenden Rechtsverlust eintreten lässt, gehört heute allen Rechtsordnungen an. Die Ersitzungsordnung des modernen Rechts lässt dabei die Kontinuität zum rund zweitausend Jahre alten klassischen römischen Recht noch klar erkennen.

Das heutige System des Schutzes des gutgläubigen Erwerbers einer beweglichen Sache unterscheidet sich aber auch erheblich von demjenigen des römischen Rechts: Aufgrund der strikten Geltung des *Nemo-plus-iuris*-Grundsatzes bot die Ersitzung in der Antike im Interesse des Verkehrsschutzes die einzige Möglichkeit, vom Nichtberechtigten zu erwerben.[3] Den Erfordernissen des neuzeitlichen Wirtschaftsverkehrs, rasch für klare Eigentumsverhältnisse zu sorgen, konnte sie dagegen nicht mehr gerecht werden. So spielt die Ersitzung im modernen Recht nur noch eine Nebenrolle. Ihre Hauptfunktion im römischen Recht, das Verkehrsschutzinteresse zu befriedigen, erfüllt für den Bereich der Mobilien heute der gutgläubige rechtsgeschäftliche Erwerb vom Nichtberechtigten.[4] Dies gilt für nahezu

---

3 Gai. 2.43/44; Inst. 2.6 pr; de Visscher, SDHI 22, S. 98 f; Mayer-Maly, Studi Betti III, S. 462

4 Vgl. Wacke, JA 1981, S. 233, Fn. 6. Auch der Ersitzung in ihrer prozessualen Funktion, die den beklagten Besitzer von der Nachweispflicht hinsichtlich eines derivativen Eigentumserwerbs befreite, bedarf es nicht mehr, da die Beweissituation des Besitzers im Prozess im deutschen, österreichischen und französischen Recht bereits durch die in § 1006 BGB, § 323 ABGB bzw. Art. 2279 C.c. normierte Eigentumsvermutung erleichtert ist. Der italienische Codice civile von 1942 enthält wie schon der Codice civile von 1865 keine Regelung der Eigentumsvermutung zugunsten des Besitzers mehr. Im Prozess besteht aber de facto der gleiche Schutz wie in Deutschland oder Frankreich, da der verklagte Besitzer solange im Besitz der Sache bleibt, bis der Kläger sein Eigentum nachweist, Sauveplanne, L'unification du droit, S. 53, 64, 71; Argiroffi, S. 42 ff, 51 ff.

alle modernen kontinentaleuropäischen Kodifikationen.[5] Für das Verhältnis zwischen Ersitzung und sofortigem gutgläubigen Erwerb lässt sich dabei grundsätzlich feststellen, dass Anwendungsbereich und Bedeutung der Ersitzung von beweglichen Sachen sehr stark davon abhängen, wie weitgehend eine Rechtsordnung den sofortigen gutgläubigen Erwerb zulässt. Ein Vergleich des deutschen, österreichischen, französischen und italienischen Rechts zeigt, dass es hierfür eine Vielzahl von Regelungsmodellen gibt.

Den größtmöglichen Schutz für den gutgläubigen Erwerber bietet das italienische Recht. Seitdem der Codice Civile von 1942 in Art. 1153 den rechtsgeschäftlichen Gutglaubenserwerb auch an gestohlenen Sachen uneingeschränkt zulässt[6], stellt die italienische Regelung gleichsam den Gegenpol zur anderen Extremlösung, der ausnahmslosen Geltung des *Nemo-plus-iuris*-Grundsatzes, dar. Für die Ersitzung bleibt nur noch Raum in den Fällen, in denen das nach Art. 1153 C.c. it. als Rechtsgrundlage erforderliche, zur Eigentumsübertragung geeignete Rechtsge-

---

[5] Vgl. §§ 932 ff BGB, Art. 1153 C.c. it., Art. 2279 C.c., § 367 ABGB. Im englischen Recht gilt dagegen die nemo-plus-iuris-Regel ohne Ausnahme. Der „sale on market overt", sect. 22 (1) Sale of Goods Act, verschaffte dem Gutgläubigen das Eigentum auch an gestohlenen Sachen, die er auf einem „market overt" nach den Sitten des Marktes von einem nichtberechtigten Verkäufer erworben hatte. Die übrigen Ausnahmetatbestände des Sale of Goods Act 1979 geben dem Erwerber nur einen relativen Titel; Dreyer, S. 17, 143 ff, 162 ff, 169 f. Nach Abschaffung des „sale on market overt" durch sect. 1 des Sale of Goods (Amendment) Act 1994 ist nun der Ablauf der sechsjährigen Verjährungsfrist für den Herausgabeanspruch des Eigentümers nach sect. 3 (1) Limitation Act 1980 die einzige Möglichkeit des Eigentumserwerbs für einen gutgläubigen Besitzer, vgl. Henrich, FS Heini, S. 200; Müller-Katzenburg, NJW 1999, S. 2555; Carl/Güttler/Siehr, S. 54 f, Zimmermann, JZ 2000, S. 855, Fn. 41. Daraus ergibt sich, dass das englische Recht den auf diese Weise eintretenden Eigentumserwerb weniger als eigenen Erwerbstatbestand als vielmehr als Reflex der prozessualen Verjährungsregelung begreift, eine Konzeption, die weitgehend dem frührömischen Verständnis von der *usucapio* zur Zwölftafelzeit oder der spätklassischen *longi temporis praescriptio* entspricht (s.u. Teil B, Historische Entwicklung). Der Grundsatz der unbeschränkten Vindikation findet sich daneben auch im dänischen, norwegischen und portugiesischen Recht sowie in den Staaten Südamerikas mit Ausnahme von Argentinien und Brasilien, vgl. Römer, S. 42 f m.w.N.; Siehr, ZVglRWiss 80, S. 281 ff.

[6] Nach der Regelung der Art. 708 f des Codice civile von 1865 war der gutgläubige Erwerber einer gestohlenen oder abhanden gekommenen Sache dadurch geschützt, dass der bisherige Eigentümer die Herausgabe nur gegen Erstattung des vom Besitzer gezahlten Kaufpreises verlangen konnte, wenn der Besitzer sie auf einer Messe, auf dem Markt, bei einem öffentlichen Verkauf oder bei einem mit ähnlichen Waren handelnden Kaufmann gekauft hatte. Durch die in Art. 2146 C.c. it. (1865) vorgesehene zweijährige Verjährung der Herausgabeklage gestohlener oder abhanden gekommener Sachen trat mit Ablauf dieser Frist ein faktischer Eigentumserwerb des Besitzers ein. Die Lockerung im Codice civile von 1942 wurde vorgenommen, um die „Erfordernisse eines weitreichenden und vertrauenswürdigen Mobiliarverkehrs zu befriedigen", Galgano, Diritto civile e commerciale, S. 451.

schäft fehlt oder unwirksam ist.[7] Da die lange, zwanzigjährige Ersitzung nicht voraussetzt, dass der Ersitzungserwerber gutgläubig ist, könnte grundsätzlich auch der Dieb ersitzen. Mit diesem Regelungssystem gewährt Italien einen nahezu lückenlosen Verkehrsschutz zu Lasten des ursprünglichen Eigentümers, oder, mit anderen Worten, besonders liberale Bedingungen für den Erwerb gestohlener Sachen.

Demgegenüber geben Deutschland, Österreich und Frankreich nicht einseitig dem Eigentümer oder dem Erwerber den Vorzug, sondern normieren unterschiedlich ausgestaltete Mittellösungen, die den Erwerb gestohlener Sachen in besonders privilegierten Erwerbssituationen zulassen: Die §§ 932 ff BGB ermöglichen den sofortigen Eigentumserwerb vom Nichtberechtigten durch Einigung und Übergabe, wenn der Erwerber gutgläubig hinsichtlich der Eigentümerstellung des Veräußerers ist. An gestohlenen und abhanden gekommenen Sachen ist ein gutgläubiger Erwerb nach § 935 BGB grundsätzlich ausgeschlossen, außer es handelt sich bei dem Erwerbsgegenstand um Geld oder der Erwerb findet bei einer öffentlichen Versteigerung statt. Im letzteren Fall erscheint der Erwerber angesichts der äußeren Umstände des Erwerbsvorgangs in seinem Vertrauen besonders schutzwürdig. Die Ersitzung kommt in erster Linie dann zum Tragen, wenn ein sofortiger gutgläubiger Mobiliarerwerb an § 935 oder wegen Unwirksamkeit der dinglichen Einigung scheitert. Nach dem Grundsatz *mala fides superveniens nocet* des mittelalterlichen kanonischen Rechts setzt § 937 Abs. 2 BGB das Gutglaubenserfordernis im Rahmen der Ersitzung als entscheidendes Regulativ ein: Nur ein hinsichtlich seiner Berechtigung während der gesamten Ersitzungszeit von zehn Jahren gutgläubiger Besitzer wird als so schutzwürdig erachtet, dass ein Rechtsverlust des ursprünglichen Eigentümers gerechtfertigt ist. Damit stellt das deutsche Recht an den Erwerb gestohlener Sachen hohe Anforderungen.

Die strengsten Konditionen für einen sofortigen gutgläubigen Erwerb - und damit einen verhältnismäßig weiten Anwendungsbereich der Ersitzung – sieht das österreichische Recht vor: Dort lässt § 367 ABGB den sofortigen Erwerb vom Nichtberechtigten nur dann zu, wenn es sich um ein entgeltliches Geschäft handelt, das bei einer öffentlichen Versteigerung, mit einem zu diesem Geschäft befugten Gewerbsmann oder mit einer Person, der der Eigentümer die Sache anvertraut hatte, abgeschlossen wurde. Nur in den ersten beiden Fällen ist der Erwerb gestohlener Sachen möglich, während der letztgenannte Fall auf den sächsischen Grundsatz „Hand wahre Hand" zurückgeht und einen Erwerb gestohlener oder abhanden gekommener Sachen ausschließt.[8] Die Ersitzung findet damit grundsätzlich schon in allen Fällen des unentgeltlichen Erwerbs Anwendung, sowie dann, wenn der

[7] Art. 1161 comma 1° C.c. it.: *„In mancanza di titolo idoneo...."*

[8] Gschnitzer, S. 111; Koziol/Welser I, S. 84

Veräußerer das ihm Anvertrautsein einer gestohlenen Sache vorspiegelt. Die „eigentliche“, kurze Ersitzung nach den §§ 1460 ff ABGB gestattet einen Eigentumserwerb innerhalb von drei Jahren aber nur, wenn neben ununterbrochener Gutgläubigkeit ein wirksames Verpflichtungsgeschäft als Rechtsgrundlage vorliegt. Bei dessen Fehlen kommt schließlich die „uneigentliche“ Ersitzung nach § 1477 ABGB als „Auffang-Erwerbstatbestand“ zum Tragen. Dem Bösgläubigen ermöglichen jedoch weder § 367 ABGB noch die Ersitzung einen Eigentumserwerb vom Nichtberechtigten.

Im französischen Recht führen nach dem Grundsatz „la possession vaut titre“ fehlerfreier Besitz und guter Glaube des Erwerbers an das Eigentum des Veräußerers gemäß Art. 2279 C.c. zum sofortigen Erwerb. Wurde eine gestohlene oder abhanden gekommene Sache veräußert, so ist deren gutgläubiger Erwerber zum einen durch die Befristung der Herausgabeklage des Eigentümers auf drei Jahre ab Diebstahl bzw. Abhandenkommen und zum anderen nach Art. 2280 C.c. durch ein Lösungsrecht gegenüber dem Herausgabeanspruch des Eigentümers geschützt. Der Eigentümer muss dem Besitzer den gezahlten Kaufpreis erstatten, wenn dieser die Sache unter besonderen, öffentlichen Umständen gekauft hat.[9] Die dreijährige Klagefrist des Art. 2279 al. 2 C.c. ist jedoch keine Ersitzungsfrist, da ihr Lauf nicht vom Besitzerwerbszeitpunkt abhängig ist.[10] Die Befreiung des gutgläubigen Besitzers von der Herausgabepflicht nach Fristablauf beruht also nicht auf einem Eigentumserwerb, sondern stellt nur einen Reflex der prozessualen Verjährung dar. Die Ersitzung, die wie im italienischen Recht grundsätzlich keinen guten Glauben des Ersitzungsbesitzers voraussetzt, ermöglicht auch dem Bösgläubigen innerhalb der allgemeinen Frist von 30 Jahren den Erwerb.[11]

Dieser kurze Überblick über die Regelungen des Gutglaubensschutzes beim Erwerb abhanden gekommener Sachen zeigt zum einen, dass die Ersitzung heute von ihrem Anwendungsbereich her gegenüber dem gutgläubigen rechtsgeschäftlichen Erwerb nur eingeschränkte Bedeutung hat. Die beiden Rechtsinstitute ergänzen sich aber und greifen ineinander zu einem geschlossenen System des Erwerberschutzes. Zum anderen wird deutlich, dass die in den nationalen Kodifikationen normierten Systeme des Gutglaubensschutzes deutlich divergieren. Diese Unterschiede wirken sich dann aus, wenn der ursprüngliche Eigentümer einen ihm gestohlenen und ins Ausland verbrachten Gegenstand wiederzuerlangen versucht. Infolge des Auslandsbezugs kann dies erheblich erschwert sein, da durch die Verbringung des Objekts ins Ausland ein Statutenwechsel eintritt.

[9] Eine ähnliche Regelung sieht § 934 Abs. 2 schweizerisches ZGB vor.
[10] Terré/Simler, Nr. 427; Ferid/Sonnenberger, Bd. 2, 3 B 33
[11] Ferid/Sonnenberger, Bd. 2, 3 A 108, 3 B 142

Nach der im Internationalen Sachenrecht geltenden Regel der lex rei sitae[12] ist das materielle Recht des Belegenheitslandes der Sache anzuwenden. Wenn die Sache im Ausland weiterveräußert wird, ist die Frage, ob dadurch ein Eigentumsverlust eingetreten ist, nach dem ausländischen materiellen Sachenrecht zu beurteilen.[13] Damit kann eine - mitunter zufällige – Weichenstellung für die Eigentumsfrage verbunden sein, je nach dem ob eine gestohlene Sache beispielsweise nach Italien oder nach Österreich verbracht und dort weiterveräußert wird.

Dabei spielt nicht nur die jeweilige Regelung des gutgläubigen rechtsgeschäftlichen Erwerbs abhanden gekommener Sachen eine Rolle. Bei der Lösung von Eigentumsfragen tritt in jüngerer Zeit auch die Ersitzung in Zusammenhang mit dem internationalen Kulturgüter- und Kunsthandel wieder aus ihrem Schattendasein hervor. So tauchen insbesondere seit dem Fall des „Eisernen Vorhangs" und der Westöffnung der ehemaligen Ostblockstaaten zahlreiche, bislang verschollen geglaubte Kunstgegenstände im weltweiten Kunsthandel auf und werden zum Kauf angeboten.[14] An der Wiedererlangung von sogenannter „Beutekunst", von Ausgrabungsfunden bzw. Raubgrabungen sowie aus Museen, Sammlungen

---

12 Art. 43 Abs. 1 EGBGB, eingeführt durch das Gesetz vom 21.05.1999 (BGBl. I S. 1026); vorher stützte sich die Anwendung der Grundregel der lex rei sitae in Deutschland auf gewohnheitsrechtliche Anerkennung, BHGZ 100, S. 321 ff.

13 Art. 12 der Richtlinie 93/7/EWG und seine Umsetzung in § 8 des KultgutSiG sehen vor, dass sich das Eigentum an Kulturgut nach erfolgter Rückgabe nach den Sachvorschriften des ersuchenden Mitgliedstaates bestimmt. Diese Regelung wirft Auslegungsfragen auf, da unklar ist, wie die Verweisung auf das Recht des ersuchenden Mitgliedstaates zu verstehen ist, vgl. Müller-Katzenburg, Internat. Standards, S. 124 f.

14 Dabei handelt es sich in erster Linie um Kunstgegenstände und Bibliotheksbestände, die während und nach Ende des Zweiten Weltkriegs von den Beutekunstbrigaden der Roten Armee bzw. von plündernden Soldaten in die Sowjetunion verschleppt und zum Teil seit den 50er Jahren dort im illegalen Kunsthandel angeboten worden waren. Da noch eine große Anzahl von Kunstgegenständen in Russland vermutet wird, dürfte mit dem Auftauchen weiterer Einzelstücke zu rechnen sein. Viele dieser Objekte waren bereits vorher von den Nationalsozialisten aus jüdischem Besitz enteignet, als „entartet" aus Museen, Sammlungen und Privatbesitz beschlagnahmt bzw. zum Teil aus dem europäischen Ausland für die Museumsprojekte Hitlers zusammengetragen worden (vgl. allgemein zur Problematik Müller-Katzenburg, NJW 1999, S. 2551 ff; Reich/Fischer, NJW 1993, S. 1417 ff; Heuer, NJW 1999, S. 2558 ff). In Russland sollen sich noch über eine Million Kunst- und Kulturgegenstände aus deutschen Museen und Sammlungen, ca. 4,6 Mio. Bücher und 3 Regalkilometer Archivalien befinden, Carl/Güttler/Siehr, S. 9; Schoen, NJW 2001, S. 537 ff; Reich/Fischer, NJW 1993, S. 1418 f. Vereinzelt kommen auch von Soldaten der Westalliierten mitgenommene Gegenstände, die jahrzehntelang verborgen gehalten worden waren, ans Tageslicht. Als Beispiel ist der Quedlinburger Domschatz zu nennen; siehe stv. dazu Müller-Katzenburg, NJW 1999, S. 2552; vgl. auch Krämer, NJW 1997, S. 2580 f, Finkenauer, NJW 1998, S. 960 ff und Schoen, NJW 2001, S. 539 zum Auftauchen eines Mosaiks aus dem sog. „Bernsteinzimmer".

oder Privatbesitz gestohlenen Kunstgegenständen,[15] die möglicherweise illegal ins Ausland verbracht wurden, haben die ursprünglichen Eigentümer naturgemäß großes Interesse, zumal es sich in vielen Fällen um erhebliche finanzielle Werte handelt.[16] Ob ein Herausgabeverlangen erfolgversprechend ist, hängt davon ab, ob der ursprüngliche Eigentümer inzwischen durch einen (gutgläubigen) Erwerb eines Dritten, womöglich im Ausland, sein Eigentum verloren hat. Kommt der Zeitfaktor ins Spiel, kann bei der Feststellung der Eigentumsverhältnisse auch die Ersitzung entscheidungserheblich sein. Kunstgegenstände werden im Hinblick darauf oft lange Zeit aufbewahrt bzw. verborgen gehalten.

Zwar gibt es zahlreiche nationale und internationale Regelungen, die angesichts des boomenden internationalen Handels mit Kulturgütern im allgemeinen und Kunstgegenständen im besonderen[17] einen „Ausverkauf" von Kultur-Exportstaaten verhindern und einen effektiven Schutz des nationalen Kulturerbes bewirken sollen.[18] Trotz zunehmender Regelungsdichte auf öffentlich-rechtlicher Ebene bleibt aber im Einzelfall das Sachenrecht als Ausgangspunkt und Grundlage für die Lösung der Rechtsprobleme des grenzüberschreitenden Güterverkehrs streit-

---

[15] Überblick über Kunstdiebstähle der letzten Jahre bei Weidner, S. 5, Fn. 29-31.

[16] Reich/Fischer, NJW 1993, S. 1417, Müller-Katzenburg, Internat. Standards, S. 157 ff, dies., NJW 1999, S. 2551 ff nennen Beispielsfälle. Vgl. auch Carl/Güttler/Siehr zum sog. „Gotha-Prozess".

[17] Der Umsatz im illegalen Handel mit gestohlenen Kulturgütern wird weltweit auf mehrere Milliarden Euro pro Jahr geschätzt, vgl. Müller-Katzenburg, Internat. Standards, S. 26, 54 ff; dies., NJW 1999, S. 2551; Reich/Fischer, NJW 1993, S. 1417; Carl/Güttler/Siehr, S. 16.

[18] Nationale Regelungen wie Veräußerungs- und Ausfuhrverbote bzw. -beschränkungen haben aber aufgrund des international geltenden Prinzips der Nichtanwendbarkeit ausländischen öffentlichen Rechts im Regelfall nur territorial begrenzte Wirkung, so dass sie den Folgen der Verbringung der Objekte ins Ausland nicht effektiv begegnen können (vgl. Weidner, S. 97 ff, 313; Müller-Katzenburg, Internat. Standards, S. 66 ff, 73, 86 f; dies., NJW 1999, S. 2553 f; Stoll, S. 63 f). Auch die EU-Richtlinie 93/7/EWG über die Rückgabe von unrechtmäßig aus dem Hoheitsgebiet eines Mitgliedstaates verbrachten Kulturgütern vom 15.03.1993 und ihre Umsetzung in nationalen Gesetzen, in Deutschland durch das Kulturgutsicherungsgesetz vom 15.10.1998 (BGBl. I S. 3162 ff), kann keinen lückenlosen Schutz bewirken, da von ihrem Anwendungsbereich nur inventarisierte Objekte erfasst sind. Internationale Übereinkommen wie z.B. die UNESCO-Konvention von 1970 (UNESCO-Konvention betreffend die Mittel zur Bekämpfung des illegalen Imports, Exports und Eigentumsübergangs an Kulturgütern, BT-Drs. VI/3511 vom 26.05.1972) oder das UNIDROIT-Übereinkommen über die Rückgabe gestohlener oder illegal exportierter Kulturgüter vom 24.06.1995 (abgedruckt bei Müller-Katzenburg, Internat. Standards, Anhang III) sind im Regelfall weit davon entfernt, allgemein anerkannt und durch die wichtigsten Staaten ratifiziert zu werden. Vgl. Müller-Katzenburg, NJW 1999, S. 2554; dies., Internat. Standards, S. 91 ff, 101 ff. Bilaterale Verträge wie z.B. zwischen Deutschland und Russland lassen im Regelfall die nationale Privatrechtsordnung unberührt bzw. werden aus politischen Gründen nicht vollzogen und entfalten aus diesen Gründen kaum praktische Wirksamkeit, vgl. Carl/Güttler/Siehr, S. 10 ff; Schoen, NJW 2001, S. 539 ff.

entscheidend. In der Konsequenz bedeutet das, dass nationale Gerichte auch ausländisches Sachenrecht anzuwenden haben. Vor diesem Hintergrund ist eine Auseinandersetzung mit den Regelungen des gutgläubigen rechtsgeschäftlichen Erwerbs und der Ersitzung im ausländischen Recht angezeigt.

Wie wir oben gesehen haben, kann die Rechtsanwendung nach status quo im Einzelfall unbefriedigend sein, da sie infolge des Statutenwechsels möglicherweise zu zufälligen oder nach der eigenen Rechtsordnung nur schwer nachvollziehbaren Ergebnissen führt. Solange derartige Diskrepanzen auf der Ebene des nationalen materiellen Rechts bestehen, kann der illegale Handel - vergleichbar dem sog. „forum shopping" - die für ihn günstigsten Ergebnisse herbeiführen und so dem früheren Eigentümer jede Chance auf Wiedererlangung nehmen.

Eine Möglichkeit, dieser Gefahr effektiv zu begegnen, liegt in einer Vereinheitlichung des materiellen Sachenrechts, speziell des Rechts des gutgläubigen Erwerbs und der Ersitzung, (zumindest) auf europäischer Ebene.[19] Im Gegensatz zu Ansätzen, die z.B. über Modifizierungen der international-privatrechtlichen Anknüpfungsregel Abhilfe schaffen sollen,[20] hätte eine Rechtsvereinheitlichung zudem die allgemeine Wirkung der Vereinfachung der Rechtsanwendung und der größeren Rechtssicherheit im grenzüberschreitenden Warenverkehr. Ein einheitliches europäisches Recht des Eigentumserwerbs würde - ebenso wie ein einheitliches Vertragsrecht[21] - damit dazu dienen, das reibungslose Funktionieren des gemeinsamen Marktes zu fördern.[22] Ob dazu eine europäische Privatrechtskodifikation erforderlich und realisierbar ist, soll jedoch an dieser Stelle nicht erörtert werden.[23]

---

[19] Dies wird grundsätzlich im Bereich der Mobilien leichter zu bewerkstelligen und durchzusetzen sein als im Immobiliarsachenrecht oder dort, wo das Erbrecht berührt ist, da in diesen Bereichen eine Vereinheitlichung mit starken Eingriffen in gesellschaftliche Traditionen und Wertvorstellungen verbunden sein dürfte.

[20] Müller-Katzenburg, Internat. Standards, S. 225 ff; Jayme, S. 42 ff; Armbrüster, NJW 2001, S. 3582 f

[21] Gambaro, European Review of Private Law 1997, S. 497, 502 f. Bestehende Vereinheitlichungen, z.B. durch das UN-Kaufrecht, lassen das nationale Recht des Eigentumsübergangs unberührt, vgl. Tilmann, Privatrechtskodifikation, S. 583.

[22] Gambaro, European Review of Private Law 1997, S. 501 f; Zweigert/Kötz, Einführung, S. 24. Vgl. auch Zimmermann, JZ 1992, S. 8 f, Fn. 1, ders., JBl. 1998, S. 275 zu historischen Vorbildern in Zusammenhang mit der Förderung des Wirtschaftsverkehrs. Zum Bedarf einer Privatrechtsvereinheitlichung allgemein Kötz, FS Zweigert, S. 481 ff; ders., Rechtsvergleichung und gemeineurop. Privatrecht, S. 150 ff.

[23] Das Europäische Parlament hat in seinen Beschlüssen vom 26. Mai 1989 und 6. Mai 1994 die EU-Kommission dazu aufgefordert, die Arbeiten zur Vorbereitung eines einheitlichen europäischen Gesetzbuches für das Privatrecht aufzunehmen. Während sich die Kommission zurückhaltend verhält, vgl. Tilmann, ZEuP 1995, S. 534 ff, 542, verlaufen die Diskussionen in der Literatur kontrovers bis unentschieden, vgl. Broggini, ZfRV 1997, S. 224 f; Schulze,

Ein bedeutender Schritt in Richtung auf ein gemeinsames Europäisches Privatrecht könnte bereits durch die verstärkte Europäisierung der Rechtswissenschaft getan werden. Die Wissenschaft muss unabhängig von der Art und Weise der Umsetzung einer Privatrechtsvereinheitlichung in jedem Fall die erforderliche Vorarbeit leisten, die in der wissenschaftlichen Erarbeitung der Gemeinsamkeiten der aktuell geltenden nationalen Rechte besteht,[24] um ggf. nach historischem Vorbild[25] die Grundlage für ein neues europäisches Ius Commune zu bilden. Gefordert ist dabei zunächst die Rechtsvergleichung. So kann eine rechtsvergleichende Untersuchung der Regelungen zum Schutz des gutgläubigen Besitzers im deutschen, österreichischen, französischen und italienischen Recht gemeinsame Grundprinzipien und Grundformen des Verkehrsschutzes aufzeigen, und auf diese Weise dazu beitragen, einer künftigen einheitlichen europäischen Regelung den Weg zu bereiten.

Welche Entwicklungen haben dazu geführt, dass die heutigen Ersitzungsordnungen im Gegensatz zum römischen Recht den Erwerb gestohlener Sachen ermöglichen? Wie hat sich das Recht des gutgläubigen rechtsgeschäftlichen Erwerbs herausgebildet? Worauf beruhen die Unterschiede zwischen den Erwerberschutzregelungen der nationalen Gesetzbücher? Sollte eine europäische Kodifikation des Sachenrechts aus rechtspolitischer Sicht - im Hinblick auf die oben geschilderten praktischen Probleme der Rechtsverfolgung des ursprünglichen Eigentümers - wieder zum gänzlichen Ausschluss gestohlener Sachen im System des Erwerberschutzes zurückkehren? Welche Grundprinzipien müsste oder könnte eine gemeineuropäische Regelung des gutgläubigen rechtsgeschäftlichen Erwerbs und der Ersitzung enthalten?

Diese Fragen sind nur ein Ausblick auf die folgende Untersuchung, die zunächst einen Überblick über die historische Entwicklung geben wird, die Ersitzung und gutgläubiger rechtsgeschäftlicher Erwerb beweglicher Sachen seit der Antike genommen haben. Im Anschluss daran wird die Rechtslage de lege lata in den Ländern Deutschland, Österreich, Frankreich und Italien dargestellt.[26] Im Fokus unserer Betrachtung wird dabei die Weiterveräußerung von gestohlenen sowie

---

ZEuP 1993, S. 461; Zimmermann, JBl. 1998, S. 277 f; ders., JZ 1992, S. 9; Knütel, ZEuP 1994, S. 262; Impallomeni, ZfRV 1997, S. 3, sowie die Beiträge in European Review of Private Law 1997, Heft 4.

[24] Zimmermann, SZ 115, S. 107 f; ders., JZ 1992, S. 8 ff; Kötz, Rechtsvergleichung und gemeineurop. Privatrecht, S. 155 ff; Coing, NJW 1990, S. 938 ff

[25] Geschichtlicher Überblick zu einem Europäischen Privatrecht bei Schulze, Gemeineuropäisches Privatrecht, S. 129-135. S. zum rechtshistorisch-rechtsvergleichenden Ansatz Zimmermann, The Journal of Legal History, Vol. 16, S. 24 ff

[26] Die folgende rechtsvergleichende Untersuchung soll sich auf die genannten vier Länder konzentrieren, da deren Regelungen beispielhaft für die meisten Rechtsordnungen sind, vgl. Siehr, ZVglRWiss 80, S. 275 m.w.N.

vom Eigentümer freiwillig weggegebenen und dann unterschlagenen Sachen stehen. Zu fragen ist auch nach der Eigentümerstellung eines Erben, der Sachen im Nachlass findet, die nicht im Eigentum des Erblassers standen, sowie nach dem Schutz desjenigen, der eine solche Sache vom Erben erwirbt. Der dann folgende Rechtsvergleich auf der Grundlage der Länderberichte soll jedoch nicht beim status quo haltmachen, sondern Möglichkeiten für eine einheitliche europäische Regelung aufzeigen.

## B. Die historische Entwicklung der Ersitzung und des gutgläubigen Erwerbs vom Nichtberechtigten

### I. Die Ersitzung im römischen Recht

Das römische Recht ist geprägt durch die ausnahmslose Geltung der Regel *„Nemo plus iuris transferre potest quam ipse habet"*, die den gutgläubigen rechtsgeschäftlichen Erwerb vom Nichtberechtigten ausschließt.[27] Trotz dieser Entscheidung zugunsten der Interessen des bisherigen Eigentümers an der Wahrung seines Rechts gestand die römische Rechtsordnung auch dem Interesse des gutgläubigen Erwerbers und damit dem Allgemeininteresse an Rechtssicherheit Schutz zu. Diesen Schutz gewährleistete die Ersitzung, *usucapio.*[28] In der Spätklassik um 200 n. Chr. definierte der Jurist Modestin die Ersitzung als Eigentumserwerb durch ununterbrochenen Besitz während eines gesetzlich vorgeschriebenen Zeitraums.[29] Die Spuren des Rechtsinstituts lassen sich jedoch bis ins Jahr 450 v. Chr. zurückverfolgen.

#### 1. Der Ersitzungsbegriff im frührömischen Recht und im Recht der XII Tafeln

##### *a) Die Regelungen der XII-Tafel-Gesetze*

*„Usus auctoritas fundi biennium, ceterarum rerum annus esto"* - *„Usus auctoritas* an Grundstücken soll zwei Jahre, an den übrigen Sachen ein Jahr währen." So lautet nach der überwiegenden Meinung das Gebot der Zwölftafelgesetze[30] aus den Jahren 451/450 v. Chr., das die erste geschriebene Regelung der *usucapio*[31], der Ersitzung, darstellen soll.[32]

---

[27] Ulp. D. 50.17.54; D. 41.1.20 pr.

[28] Kaser, RP, § 24 I

[29] Mod. D. 41.3.3: *„Usucapio est adiectio dominii per continuationem possessionis temporis lege definiti."* Eine ähnliche grundlegende Definition findet sich in Tituli ex corpore Ulpiani 19.8: *„Usucapione dominium adipiscimur tam mancipii rerum quam nec mancipii. Usucapio est autem dominii adeptio per continuationem possessionis anni vel biennii: rerum mobilium anni, immobilium biennii."* Zur Ähnlichkeit und Abhängigkeit der beiden Fragmente, die auf eine gemeinsame Quelle zurückzuführen sind, s. Mayer-Maly, Studi Betti III, S. 456 ff, 459 f; anders Voci, Modi, S. 159. Zur Person Modestins s. Kunkel, S. 259 ff, zu Ulpian S. 245 ff.

[30] Düll, Zwölftafelgesetz, S. 40 f. Von den Zwölftafelgesetzen sind nur einige Fragmente erhalten, die zum Teil durch Schriften römischer Juristen, zum Teil auch durch Werke von historischen Schriftstellern wie Cicero und Varro (1. Jahrhundert n. Chr.) oder Festus und Gellius (2. Jahrhundert n. Chr) überliefert wurden, Söllner, S. 34 f. Zur Diskussion um ihre

Das Zwölftafelgebot lässt nach seinem Wortlaut eine Funktion als Eigentumserwerbstatbestand noch nicht erkennen. Welche rechtliche Wirkung hatte dann die vom Zehnmännerkollegium aufgestellte Regel? Dazu ist zunächst zu klären, welche Bedeutung den Worten *usus* und *auctoritas* zukommt.[33]

Unter *usus* ist die tatsächliche Sachherrschaft bzw. der Sachgebrauch durch den Eigentümer zu verstehen.[34] Der *auctoritas*-Begriff ist im römischen Sachenrecht in erster Linie in Zusammenhang mit der sehr alten Übertragungsform der *mancipatio* zu finden. Die Eigentumsübertragung an den wertvollen Vermögensgütern der *res mancipi*, zu denen die Hauskinder sowie italische Grundstücke, Sklaven, Großvieh und Felddienstbarkeiten gehörten, unterlag im frührömischen bis hinein ins klassische Recht aus Publizitätsgründen einem strengen Formzwang.[35] Während das Eigentum an den übrigen Sachen, den *res nec mancipi*, durch formlose Übergabe (*traditio*) übertragen werden konnte, erforderte der Erwerb von Eigentum an *res mancipi* die Form der *mancipatio*. Die *mancipatio*, die sich in Anwesenheit von mindestens vier mündigen römischen Bürgern als Zeugen und eines Waagehalters vollziehen musste, war nur römischen Bürgern vorbehalten und verschaffte quiritisches Eigentum.[36] Sie konnte grundsätzlich jedes schuldrecht-

---

Authentizität vgl. Solazzi, Scritti I, S. 83 ff.

31 Zur Wortbedeutung von *usucapio* vgl. Mayer-Maly, SZ 77, S. 21 ff.

32 Nach der überwiegenden Meinung soll das Gebot auf der sechsten Tafel an dritter Stelle (tab. VI.3) gestanden haben, vgl. Söllner, S. 50; Düll, a.a.O. Diese Einordnung ist jedoch nicht zweifelsfrei. Zu Vorsicht gegenüber einer rein auf Hypothesen beruhenden Einordnung mahnt Mayer-Maly, SZ 78, S. 234, 272 f. Auch die Rekonstruktion des Wortlauts ist dadurch erschwert, dass es für den Satz kein eindeutiges Zitat des Originaltextes, sondern nur Quellen (z.B. Gai. 2.42, 2.54, 2.204; Cic. pro Caec. 19.54; Cic. top. 4.23) gibt, in denen auf der Basis eines fortentwickelten Rechtsstandes auf die XII-Tafel-Regelung Bezug genommen wurde. Während Cicero (1. Jahrhundert v. Chr.) noch die Worte *usus* und *auctoritas* verwendete, sprach Gaius (2. Jahrhundert n. Chr.) von der *usucapio*. Deckungsgleich sind die Texte nur hinsichtlich der Fristen, wobei Cicero und Gaius den Begriff der Gegenstände der Ersitzung, Grundstücke und übrige Sachen, einer Interpretation unterzogen. Als gesicherte Elemente dürfen wohl nur die vier ersten Worte *usus, auctoritas, fundus* und *biennium* gelten. Ungeklärt ist, wie diese Worte sprachlich verbunden waren und ob bzw. welche weiteren Elemente der Satz enthielt, vgl. Mayer-Maly, SZ 78, S. 225 ff, 228 f, 234. Nach den Ergebnissen der Forschung wird der Untersuchung von Bedeutung und Wirkung des Satzes aber überwiegend die oben zitierte als wahrscheinlichste Fassung zugrunde gelegt.

33 Zu diesem Ansatz s. Mayer-Maly, SZ 78, S. 235.

34 Mayer-Maly, SZ 78, S. 252 f; Kaser, EB, S. 87; ders., SZ 105, S. 128

35 Kaser, RP, § 18 I 3a); zu den Elementen und dem Ablauf des Formalaktes im einzelnen s. Arangio-Ruiz, Compravendita I, S. 18 ff.

36 Gai. 1.119/120. *Quirites* ist eine ehrenvolle Bezeichnung der Römer, wobei der Begriff für die römische Vollbürgerschaft steht. Als Eigentum im eigentlichen Sinne galt nur das quiritische Eigentum nach *ius civile* an beweglichen Sachen und italischen Grundstücken, *dominium ex iure Quiritium*. Das sog. bonitarische Eigentum ist ein Begriff des *ius*

liche Geschäft als Rechtsgrund haben. Jedoch nur dann, wenn sie in Vollzug eines Kaufes gegen Kaufpreiszahlung vorgenommen wurde, löste sie die sog. *auctoritas*-Haftung des Veräußerers aus. Diese Haftung verpflichtete den Veräußerer, dem Erwerber einer Sache, der auf deren Herausgabe verklagt wurde, Beistand beim Nachweis seines Eigentumserwerbs zu leisten.[37] Diese Gewährschaftshaftung konnte es erfordern, dass der Veräußerer, der *auctor*, wiederum seinen Vormann usw. zuziehen musste, solange, bis in der Erwerbskette ein gültiger oder originärer Eigentumserwerb der Sache nachgewiesen werden konnte. Musste der verklagte Erwerber die Sache herausgeben, weil der Veräußerer die Gewährschaft verweigert hatte oder der Erwerb nicht nachgewiesen werden konnte, haftete dieser dem Erwerber auf den doppelten Kaufpreis.[38] Trotz dieser Absicherung des Erwerbs brachte die *auctoritas*-Haftung aber auch Nachteile sowohl für den Käufer mit sich, der letztendlich nicht zuverlässig gegen eine Sachherausgabe geschützt war,[39] wie auch für den Verkäufer, der sich auf unendliche Zeit seiner Gewährschaftsverpflichtung ausgesetzt sah.

In der Beseitigung dieser Defizite ist nun sehr wahrscheinlich die Bedeutung des XII-Tafel-Gebotes zu sehen. Aus dem Wortsinn des Dezemviralsatzes „Die Gewährschaftshaftung des Veräußerers für den Besitz des Erwerbers soll bei Grundstücken zwei Jahre, bei den übrigen Sachen ein Jahr währen“ erschließt sich seine rechtliche Wirkung: Die Regelung der XII Tafeln hatte die primäre Funktion, die Gewährschaftshaftung des Manzipationsveräußerers auf ein bzw. zwei Jahre zu beschränken.[40] Für die Person des Erwerbers bedeutete dies im Ge-

---

*honorarium* oder *praetorium*, des von den Juristen im Wege der Rechtsfortbildung und -entwicklung geschaffenen Rechts, und bezeichnet alles Eigentum, das z.B. wegen der Nichteinhaltung der erforderlichen Form nicht die Qualität des quiritischen hatte, Kaser, RP, § 2 II 2; § 22 II 2; vgl. auch Fuenteseca, Vendita e trasferimento I, Fn. 2 m.w.N.

[37] Arangio-Ruiz, Compravendita II, S. 313, 316, 319. Kaser nimmt eine Entstehung der Gewährschaftshaftung aus dem System einer deliktischen Sachverfolgung an, SZ 68, S. 140 ff, und sieht in der Auslösung der Haftung beim Kauf der wertvollen Güter die Bedeutung des Formalakts, a.a.O., S. 182, s. aber auch SZ 105, S. 132 f. Die Notwendigkeit der *auctoritas*-Haftung zum Schutz des Käufers liegt in der Konzeption des römischen Kaufrechts begründet, das keine Verpflichtung des Verkäufers zur Eigentumsverschaffung kannte. Der Verkäufer war nur verpflichtet, alles in seiner Macht stehende zu tun, um das Eigentum auf den Käufer zu übertragen, d.h. den erforderlichen Formalakt (bei *res mancipi* die *mancipatio*) vorzunehmen und dem Käufer den Besitz zu verschaffen. S. dazu stv. Zimmermann, The Law of Obligations, S. 278 f, 293 ff m.w.N.; vgl. auch Fuenteseca, Vendita e trasferimento I, S. 107 f.

[38] Kaser, RP, § 7 I 1; ders., SZ 105, S. 134 f; Pugliese, Vendita e trasferimento I, S. 26 ff, 30

[39] Vgl. Kaser, SZ 68, S. 179, 182.

[40] Der dargestellte Zusammenhang zwischen *mancipatio* und der *auctoritas*-Haftung als Hintergrund der XII-Tafel-Norm begegnet in zahlreichen Quellen als im römischen Leben geläufige Rechtspraxis. Mayer-Maly, SZ 78, S. 235 ff m.w.N., 243 f, begründet die Gleichsetzung von *auctoritas* mit der Gewährschaftshaftung in Auseinandersetzung mit anderen

genzug, dass er nach Ablauf der Frist gegenüber dem Herausgabekläger von der Nachweispflicht hinsichtlich seines Eigentumserwerbs befreit war.[41]

Mit dieser Feststellung lässt sich jedoch die Lücke zum Ersitzungsbegriff des klassischen Rechts als Eigentumserwerbstatbestand noch nicht schließen. Dies veranlasst uns zu fragen: War zur Zeit der XII-Tafel-Gesetzgebung dem römischen Recht eine Ersitzung mit eigentumsbegründender Wirkung bereits bekannt? Hatte der *usus-auctoritas*-Satz schon diese Wirkung?

Richten wir unser Augenmerk noch einmal auf die Verbindung zwischen *usus-auctoritas*-Satz und *mancipatio*. Es ist davon auszugehen, dass das Vindikationsverfahren *(rei vindicatio)*, das auf die Herausgabe der Sache gerichtet ist, ursprünglich an diese Erwerbsform gebunden war. Dies dürfte jedenfalls zur Zeit der ältesten römischen Prozessform, der *legis actio in sacramento*, die noch an starre Spruchformeln gebunden war, sowie in der Anfangszeit des Formularprozesses, der zur Zwölftafelzeit ebenfalls schon in Gebrauch war, gegolten haben.[42] Der enge Zusammenhang mit der *mancipatio* ergibt sich vor allem daraus, dass die Spruchformel der Vindikation in der Eigentumsbehauptung *„hanc ego rem ex iure Quiritium meam esse aio"* bestand, die auch beim Manzipationserwerb

Thesen überzeugend aus Textstellen sowohl römischer Gesetzestexte, juristischer Autoren als auch römischer Dichter wie Plautus. Ebenso Arangio-Ruiz, Compravendita II, S. 312; Kaser, EB, S. 87, 89, 319; ders., SZ 68, S. 156 (modifiziert); SZ 105, S. 125 f, 128 ff. De Visscher, SDHI 22, S. 93 ff, 100 ff m.w.N.; ders., RH 12, S. 617 ff; SDHI 23, S. 21 ff; und Amirante, Studi Solazzi, S. 378 ff, vertreten einen etwas weiteren *auctoritas*-Begriff und sehen *auctoritas* als Grundlage für den Eigentumserwerb aufgrund der Person des *auctor* als Beschützer dieser Rechtsposition und damit als Voraussetzung für eine Ersitzung. Vgl. auch Fuenteseca, Vendita e trasferimento I, S. 96 ff, 103 ff, 109 ff. Zu weiteren Deutungsversuchen des *auctoritas*-Begriffs in der Literatur vgl. Horvat, RIDA 1956, S. 285 ff; Kaser, SZ 68, S. 160 ff, ders., EB, S. 90 f.

41 Kaser, SZ 68, S. 155 ff, 159, 165; ders., EB, S. 87, 89; Mayer-Maly, SZ 78, S. 251 ff, 255 f. Heute lässt sich nicht mehr mit Sicherheit feststellen, ob die Dezemvirn bei ihrem Gesetzgebungsakt primär die Entlastung des Käufers oder des Verkäufers im Blick hatten. Kaser vertritt die Ansicht, dass die von ihm als „Verschweigungswirkung" bezeichnete Beweiserleichterung im Vordergrund stand und sich daraus die Entwicklung hin zum Rechtserwerb vollzog. Mayer-Maly sieht dagegen die primäre Funktion des *usus-auctoritas*-Satzes in der Gewährschaftsbefristung, die als eine Wurzel der Ersitzung sich mit verschiedenen Gestaltungen der erwerbenden Wirkung verband. Je nach dem Blickwinkel, aus dem man die prozessuale Situation betrachtet, sind aber bereits in dieser Phase auch eine beweiserleichternde sowie eine rechtsverschaffende Wirkung festzustellen, vgl. Kaser, EB, S. 87; ders., RPR I, S. 118; Mayer-Maly, SZ 78, S. 222 ff, 255, 256; ders., Studi Betti III, S. 491.

42 Kaser, RP, § 27 I 2, § 81 II 1 a), § 82 I 1. Das Eigentum war in Rom seit jeher durch die *rei vindicatio* als spezifische dingliche Klage geschützt, Kaser, SZ 102, S. 3, 5 f. Zum Zusammenhang der Sach- und Diebstahlsverfolgung s. Kaser, SZ 102, S. 10 ff; zur *legis actio sacramento in rem*, SZ 104, S. 53 ff.

gesprochen werden musste.[43] Die durch die *mancipatio* begründete Gewährschaftshaftung des Veräußerers erlangte ihre Bedeutung im Vindikationsprozess als Verteidigungsmittel des Beklagten. Das diese Haftung zeitlich beschränkende XII-Tafel-Gebot ist vor diesem verfahrensrechtlichen Hintergrund zu sehen und wird daher primär eine prozessuale Funktion gehabt haben. Die mit der erleichterten Beweis-situation verbundene Verbesserung in der Rechtsstellung des beklagten Erwerbers war somit in erster Linie ein materieller Reflex des prozessualen Gebotes.[44] In den Genuss der Beweiserleichterung kam schließlich auch derjenige, der keinen Vormann als *auctor* für seinen Besitzerwerb benennen konnte, wenn er eine Sache, an der ihr früherer Eigentümer sein Eigentumsrecht aufgegeben hatte, eine *res derelicta*, in Besitz genommen hatte.[45]

Die Quellen weisen aber noch auf andere Erscheinungsformen des *usus-auctoritas*-Satzes hin: *„Adversus hostem aeterna auctoritas esto"* sollen die XII Tafeln an der Stelle III.7 statuiert haben.[46] Unter *hostis* ist ein Nichtrömer zu verstehen, der durch Verleihung des *commercium*, das eine Ausdehnung des Rechts der römischen Bürger auf Nichtbürger bewirkte, bestimmte Geschäfte mit Römern nach römischem Recht, z.B. die *mancipatio*, vollziehen konnte.[47] Ausgehend von der für den *usus-auctoritas*-Satz festgestellten wörtlichen Bedeutung regelte das Gebot III.7, dass *„adversus hostem"* keine Befristung der Gewährschaft eintreten, der Manzipationsveräußerer also unbegrenzt haften sollte. Die Regelung steht vor dem Hintergrund der Herausgabeklage eines Römers gegen einen Nichtbürger. Dieser wurde nie von der Nachweispflicht hinsichtlich seines Erwerbs entbunden, sein Eigentumserwerb damit praktisch erschwert und römisches Eigentum so im Land gehalten.[48] Hier wird deutlich, dass die Funktion des *usus-auctoritas*-Satzes

---

[43] Gai. 1.119; Kaser, SZ 68, S. 147 ff; ders., SZ 105, S. 123; Pugliese, Vendita e trasferimento I, S. 27

[44] Kaser, RPR I, S. 123, 130 f, 135 f; ders, SZ 68, S. 167; SZ 105, S. 130 f; Mayer-Maly, SZ 78, S. 255 f. Dies entspricht auch dem Rechtsdenken der Römer, die materielles und Verfahrensrecht als Einheit betrachteten und in Rechtsfiguren dachten, die sowohl die privatrechtlichen wie auch die prozessualen Aspekte umfassten, Kaser, RP, § 80 I 1.

[45] Kaser, EB, S. 105 f; ders., SZ 78, S. 180 f; Levy, SZ 50, S. 646 f; Collinet, Mél. Fournier, S. 73 ff; Daube, Cambridge Law Journal 6, S. 227

[46] Cic. de off. I 12.37; Düll, Zwölftafelgesetz, S. 34; Mayer-Maly, SZ 78, S. 272 f.

[47] Kaser, RP, § 3 III 1-3a); ders., EB, S. 92 f; vgl. Pugliese, Vendita e trasferimento I, S. 43.

[48] So im Ergebnis Kaser, RPR I, S. 136; ders., SZ 68, S. 173 f; SZ 105, S. 140 ff; ebenso EB, S. 94 in Auseinandersetzung mit anderen Erklärungsversuchen; s. auch Arangio-Ruiz, Compravendita II, S. 313 f, 314 Fn. 2. Ein nachvollziehbarer Regelungszweck kann in der Bewahrung römischen Eigentums gesehen werden. Mit einer potentiell unbeschränkten Gewährschaftshaftung wären sowohl Römer wie auch Nichtrömer gleichermaßen belastet gewesen, da der verklagte Nichtbürger seinen Erwerb sowohl auf den einen wie den anderen zurückführen konnte. Dabei ist es durchaus denkbar, dass das Ziel, römisches Eigentum im Lande zu halten, als übergeordnet erachtet und es deshalb in Kauf genommen wurde, dass ein römischer Verkäufer in diesem Fall schlechter gestellt wurde, als wenn er an einen

wohl schon zur Zwölftafelzeit über die bloße Gewährschaftsbefristung hinausging, da sich die Ratio der *adversus-hostem*-Regelung nur mit Blick auf die Beweisposition des beklagten Nichtbürgers sowie auf eine mit Fristablauf eintretende Stärkung seiner Rechtsposition, wenn nicht sogar eines Rechtserwerbs, erschließt.

Bei zwei weiteren Zwölftafelregelungen aus dem Bereich des Familien- und Güterrechts scheint ebenfalls nicht die Gewährschaftsbefristung bzw. deren Ausschluss, sondern schon eine Erwerbswirkung im Vordergrund gestanden zu haben. Zum einen handelt es sich um den Ausschluss der *usucapio* an Sachen, die eine unter Vormundschaft stehende Frau ohne Zustimmung ihres Vormundes veräußert hatte. Dieses Ersitzungsverbot führt Gaius in seinen Institutionen (2.47) auf ein Gebot der XII Tafeln zurück.[49] Dass eine solche Regelung bereits zur Zeit der Dezemvirn existierte, ist durchaus denkbar. So war es Frauen in der Frühzeit verboten, *res mancipi* ohne die Zustimmung ihres Vormundes zu veräußern.[50] Dazu passt die Regelung eines Ersitzungsverbots an *res mancipi*:[51] Um den

---

Römer verkauft hätte, da er ja dann mit Ablauf der Jahres-/Zweijahresfrist von seiner Haftung befreit worden wäre. Würde man die Regel auch auf den Fall anwenden, dass ein Nichtbürger einen Römer verklagt, stünde dieser schlechter, als wenn er von einem Römer verklagt würde, gegenüber welchem seine Nachweispflicht mit Fristablauf enden würde. Für eine derartige Regelungsrichtung ist aber kaum eine Ratio vorstellbar. Diese Argumentation Mayer-Malys, SZ 78, S. 273 ff, überzeugt deshalb nicht.

49 Gai. 2.47: „*Res mulieris, quae in agnatorum tutela erant, res mancipi, usu capi non poterant, praeterquam si ab ipsa tutore auctore traditae essent: id ita legem XII tabularum* .... ". Dieser in der Veroneser Handschrift der Gaius-Institutionen überlieferte Wortlaut lässt keine klare Erkenntnis über den Regelungsgehalt der angeblichen XII-Tafel-Norm zu, Mayer-Maly, Iura 11, S. 205 ff; ders., SZ 78, S. 263. Angesichts der zahlreichen Fragen, die die überlieferte Textgestalt aufwirft, dürften Rekonstruktionsversuche wie bei Kaser, EB, S. 100, rein spekulativ sein. In der Rekonstruktion der XII-Tafeln wird die angenommene Regelung als tab. V.2 eingeordnet, Düll, Zwölftafelgesetz, S. 36. Zur Person des Juristen Gaius vgl. Kunkel, S. 186 ff.

50 In der römischen Frühzeit waren die Frauen in der Regel der Gewalt des Hausvaters unterworfen, sei es als unverheiratete Frau der Gewalt ihres leiblichen Vaters oder nächsten männlichen Verwandten *(patria potestas)*, sei es als Ehefrau der Ehegewalt ihres Mannes *(manus)*. Gewaltfreie Frauen standen unter Vormundschaft, der sog. *tutela mulieris*. Sie waren in der Geschäftsfähigkeit beschränkt und bedurften zu Rechtsgeschäften der *auctoritas tutoris*, der Zustimmung ihres Vormundes, was in erster Linie dazu dienen sollte, das Vermögen in der Familie zu erhalten. Mit zunehmender Selbständigkeit der Frau im Rechtsleben konnte sie jedoch selbst die Verwaltung ihres Vermögens übernehmen und selbständig über *res nec mancipi* verfügen, vgl. Gai 2.80.

51 In der Literatur wird überwiegend vertreten, dass sich eine XII-Tafel-Regelung über die Unersitzbarkeit von Sachen, die eine Frau ohne *auctoritas tutoris* veräußert hatte, nur auf *res mancipi* bezog, die wegen ihres Werts eine Sonderstellung hatten, vgl. Kaser, SZ 68, S. 148, 168; ders., EB, S. 369 gegen seine früheren Ausführungen in EB, S. 99 f; Mayer-Maly, Iura 11, S. 206 (wobei die Begründung mit dem *auctoritas*-Begriff von tab. VI.3 nicht

Zweck der Erhaltung des Familienvermögens zu erreichen, durfte kein Rechtserwerb desjenigen, an den die Frau ohne Zustimmung des Tutors veräußert hatte, eintreten.[52] Dafür, dass es sich bei der vermuteten XII-Tafel-Regelung über die Veräußerung von Sachen durch eine Frau um einen Anwendungsfall des *usus-auctoritas*-Satzes handelte, sprechen die Geltung für *res mancipi* sowie der Zusammenhang mit einer rechtsgeschäftlichen Veräußerung.[53]

Gaius berichtet zum anderen über die Regel des *trinoctio abesse*: In seinen Institutionen[54] nennt er für die alte Zeit den *usus* als eine Form der Schließung einer *manus*-Ehe. Danach begründete allein die einjährige ununterbrochene Dauer einer Ehe die *manus*-Gewalt des Ehemannes über seine Frau.[55] Die XII Tafeln sollen bestimmt haben, dass die Frau durch eine Unterbrechung des Ehejahres für drei Tage und Nächte eine *manus*-Ehe verhindern konnte. Auch diese Regelung passt in das Bild, das wir bisher von Wirkung und Funktion des *usus-auctoritas*-Satzes entworfen haben. Die in alter Zeit wohl gebräuchlichste Eheschließungsform war die *coemptio*, ein Anwendungsfall der *mancipatio*.[56] Diese Form hatte ihre Wurzeln wahrscheinlich in einem realen Brautkauf, der wie die *mancipatio* eine *auctoritas*-Haftung auslöste. Die Anwendung des *usus-auctoritas*-Satzes auf die Eheschließung war eine logische Folge. Mit dem Verschwinden des Brautkaufs trat jedoch diese ursprüngliche Verbindung zwischen dem *manus*-Erwerb durch *usus* und dem *usus-auctoritas*-Satz in den Hintergrund. Die prozessuale Bedeutung des *usus-auctoritas*-Gebots in Form einer Beweiserleichterung wird bei diesem Anwendungsfall auch eine geringere Rolle gespielt haben als der Aspekt der Heilung etwaiger Mängel der *coemptio* durch Ablauf der Jahresfrist.[57] Die Möglichkeit der Verhinderung einer *manus*-Ehe durch alljährliche Unterbrechung der Ehe für drei Nächte wurde wohl in Zusammenhang mit dem Aufkommen der Gewaltfreiheit der Frauen und deren eigener Erbberechtigung geschaffen, um der Frau ihren Erbanspruch bzw. das Erbgut in der Familie der Frau zu erhalten.

---

zutrifft, da ein unmittelbarer Zusammenhang mit der Gewährschaftshaftung hier gerade nicht nachweisbar ist, s. SZ 78, S. 264); Hausmaninger, Bona fides, S. 20 ff in Auseinandersetzung mit den vertretenen Meinungen.

52 Auch einer Textstelle bei Cicero (pro L. Flacco 34,84) ist zu entnehmen, dass das Vermögen einer unter Vormundschaft stehenden Frau nicht durch einen Ersitzungserwerb vermindert werden durfte, wenn der Vormund der Veräußerung nicht zugestimmt hatte.

53 Vgl. Mayer-Maly, SZ 78, S. 264.

54 Gai. 1.110/111

55 Die der *patria potestas* oder *manus*-Gewalt unterworfene Frau (s.o. Fn. 24) war vermögensunfähig, alles was sie erwarb, fiel dem Hausvater zu. In alter Zeit wird deshalb auch eine Form der Eheschließung die Regel gewesen sein, durch die die Frau von der Gewalt ihres nächsten männlichen Verwandten in die *manus*-Gewalt ihres Ehemannes gelangte, Kaser, RP, § 58 II; ders., Iura 1, S. 70, 78, 86.

56 Gai. 1.113; Pugliese, Vendita e trasferimento I, S. 29

57 Kaser, RP, § 58 V 2; ders., Iura 1, S. 72, 75 ff; Mayer-Maly, SZ 78, S. 260 f

Damit stand auch hier die rechtsverschaffende Wirkung der Regel im Vordergrund.[58]

Der bisherige Eindruck von der Bandbreite der Wirkungen des *usus-auctoritas*-Gebots der XII Tafeln wird durch zwei weitere Ersitzungsverbote vervollständigt: Nach der Überlieferung Ciceros[59] sollen die XII Tafeln bereits eine Ersitzung innerhalb des Grenzstreifens mit einer Breite von fünf Fuß (*quinque pedes)* sowie die Ersitzung des Vorhofs einer Begräbnisstätte und eines Verbrennungsplatzes untersagt haben. In beiden Fällen ist kein Bezug zur *auctoritas* im Sinne der Gewährschaftshaftung zu erkennen und auch nicht mittelbar herzustellen. Hinsichtlich des Grenzstreifens ist als Grund für ein Ersitzungsverbot denkbar, dass zur Wahrung der Neutralität und zur Vermeidung von Streitigkeiten dieser Streifen keinem Anliegergrundstück zugehören sollte, auch nicht aufgrund fortdauernden Besitzes. *Forum* und *bustum* schließlich waren als sakrale Orte dem Verkehr entzogen.[60] Diese Ersitzungsverbote brachten zum Ausdruck, dass der Erwerb dieser Gegenstände von der Rechtsordnung missbilligt war, und bildeten die Grundlage für ein Verständnis allgemeiner Verkehrsunfähigkeit, das später als Ausschluss bestimmter Gegenstände von der Ersitzung formuliert wurde.[61]

Wie die Beispiele zeigen, existierte bereits in der Frühzeit des römischen Rechts eine Vielfalt an Einzelgeboten zu *usus auctoritas*. Dies lässt den Schluss zu, dass der *usus-auctoritas*-Satz keine Neuschöpfung der Dezemvirn war, sondern die Gesetzgeber auf eine bestehende, vielschichtige Ersitzungsordnung aufbauen konnten. Neben der prozessualen Funktion einer Beweiserleichterung für den Erwerber einer *res mancipi* war zur Zwölftafelzeit auch das Verständnis von einer gewissen Erwerbswirkung schon vorhanden. Dies betrifft vor allem Situationen, die keinen Bezug zur Gewährschaftshaftung aufweisen und das Familien- und Erbrecht berühren, also dort, wo vermögensrechtliche Veränderungen die Stellung in der Familie und umgekehrt beeinflussen.[62]

---

[58] Kaser, Iura 1, S. 90 ff; 94 ff, 100; Mayer-Maly, SZ 78, S. 261. Eine bisher gewaltfreie Frau, die Alleinerbin ihrer Familie geworden ist, würde mit der Eingehung einer *manus*-Ehe das ererbte Vermögen an ihren Ehemann verlieren. Ist sie z.B. mit Brüdern Miterbin geworden, würde bei ungeteilter Erbengemeinschaft ihr Erbanteil den Miterben zuwachsen.

[59] Cic. de leg. I 21,55; de leg. II 24, 61

[60] Mayer-Maly, SZ 78, S. 256 ff; ders., SZ 77, S. 32 f

[61] Vgl. Gai. 2.48: *„Item liberos homines et res sacras et religiosas usucapi non posse manifestum est.“*

[62] Mayer-Maly, SZ 77, S. 30 ff, 34; ders., SZ 78, S. 224 f, 255 f, 258, 264; Kaser, EB, S. 86 f; ders., SZ 68, S. 167

### b) *Die Erbschaftsersitzung (usucapio pro herede)*

Auf die Existenz einer bereits vordezemviralen Form der Ersitzung mit rechtsverschaffender Wirkung im Bereich des Erbrechts lässt auch die *usucapio pro herede* schließen. Gaius geht in seinen Institutionen davon aus, dass jedenfalls nach dem Recht der XII Tafeln die *hereditas*, die Erbschaft als Ganzes, nach Ablauf eines Jahres ersessen werden konnte.[63] Als Grund für die Einführung der *usucapio pro herede* gibt Gaius an, dass in der stark religiös geprägten Frühzeit auf diese Weise die Kontinuität des Hauskultes sowie die Haftung gegenüber den Gläubigern sichergestellt werden sollte.[64]

In der altrömischen Agrargesellschaft fiel mit dem Tod des Erblassers das Bauerngut an die Hauserben, *sui heredes*, zu denen die Hauskinder und die Ehefrau gehörten, die unter der Hausgewalt des Erblassers standen. Waren keine *sui* vorhanden, bestand die Gefahr des Verfalls des Bauernhofes und der Verwaisung des Hauskultes.[65] Für diesen Fall führten die Zwölftafelgesetze die Intestaterbfolge der Außenerben, der *extranei heredes*, ein. Danach sollte der Nachlass zunächst an die nächsten agnatischen Seitenverwandten, die vom gleichen *pater familias* wie der Erblasser abstammen, und subsidiär an die Sippenverwandten, die Gentilen, fallen.[66] Das Bedürfnis, die Bewirtschaftung des Bauerngutes sowie die Kontinuität des Hauskultes, der *sacra*, sicherzustellen, bestand aber schon vor der Einführung der Intestaterbfolge und damit bereits vor der Zwölftafelzeit. Hier schaffte die *usucapio pro herede* Abhilfe: In einer Zeit, in der auch das Erbeinsetzungstestament noch unbekannt war, diente sie dazu, beim Fehlen von Hauserben einem Agnaten oder einem Dritten die Erbenstellung zu verschaffen und so das *heredium* in der Kleinfamilie zu halten. Gleichzeitig waren damit die Sorge um die *sacra* und die Haftung gegenüber den Gläubigern gesichert.[67] Die Wurzeln der *usucapio pro herede* reichen somit vermutlich bis in die Königszeit im 6. Jahrhundert v. Chr. zurück.[68] Nach Einführung der Intestaterbfolge in den XII

---

[63] Gai. 2.53/54; Gandolfi, BIDR 61, S. 276

[64] Gai. 2.55. Nach der Darstellung bei Cicero war es ein Grundsatz der römischen Tradition, dass die Kontinuität des privaten Hauskults gewahrt werden musste, de leg. II 9,22. Um dies zu gewährleisten, verbanden die Pontifikaljuristen die Haftung für die *sacra* mit dem Vermögen und auf diese Weise mit der Erbfolge, Gandolfi, SDHI 21, S. 228 ff m.w.N.

[65] Kaser, RP, § 65 II, § 71 I 3

[66] Kaser, RP, § 65 II 1 c), § 66 II, § 71 II 1

[67] v. Lübtow, Studi Francisci I, S. 459 ff, 473; Mayer-Maly, Studi Betti III, S. 490 f; vgl. auch Gandolfi, BIDR 61, S. 274. Waren Hauserben vorhanden, war die Ersitzung ausgeschlossen, Gai. 2.58; v. Lübtow, Studi Francisci I, S. 466 f.

[68] Mayer-Maly, SZ 77, S. 41 ff, 45, 47; ders., Studi Betti III, S. 491. In den ersten Jahrhunderten war Rom eine reine Agrargesellschaft, geprägt durch den Sippenverband, die *gens*. Als *heredium* wurden in altrömischer Zeit die *bina iugera*, zwei Joch Boden, bezeichnet, die nach der Zenturienverfassung jedem *pater familias* als Individualeigentum zugewie-

Tafeln wurde die Erbschaftsersitzung mit veränderter Zielrichtung beibehalten. Da jedermann die im Fall des Fehlens von *sui heredes* herrenlose Erbschaft ergreifen konnte, ohne einen Diebstahl zu begehen, wurden die berufenen Außenerben gezwungen, innerhalb der Ersitzungsfrist von einem Jahr ihre Erbansprüche gegen den Ersitzungsbesitzer geltend zu machen.[69]

Dass die Erbschaftsersitzung erst durch die XII Tafeln eingeführt wurde, ist eher unwahrscheinlich. Auf einen älteren Ursprung deutet auch die einheitliche Geltung der Frist von einem Jahr hin. Hätten die Dezemvirn für die Erbschaft hinsichtlich der Frist eine Ausnahme vom *usus-auctoritas*-Satz machen wollen, wäre dies überliefert. Stattdessen ist anzunehmen, dass die Gesetzgeber aufbauend auf bestehende Ersitzungsformen im *usus-auctoritas*-Satz die Frist für Grundstücke auf zwei Jahre verlängerten und hierin die Neuerung der XII Tafeln lag.[70]

---

sen und von der Vermögensherrschaft des Sippenverbandes ausgenommen waren. Gab es für dieses Land keinen Erben, drohte der Rückfall an die Gens. Das *heredium*, wenn es auch kaum als Existenzgrundlage ausgereicht haben mag, ist als erste Stufe des privaten Grundeigentums zu sehen, vgl. Kaser, RP, § 12, § 22 II 1 c), Söllner, S. 21 ff.

69 Kaser, RP, § 72 II. Die Außenerben hatten ein Aneignungsrecht, das einem Eigentumserwerb des nicht zur Erbfolge berufenen Besitzers an der Erbschaft durch bloße Aneignung, *occupatio*, entgegenstand. Um die Erbenstellung zu erlangen, bedurfte dieser daher der Ersitzung, v. Lübtow, Studi Francisci I, S. 465 f, 482.

70 Mayer-Maly, SZ 77, S. 35, 37 ff; v. Lübtow, Studi Francisci I, S. 470. Die Jahresfrist war auch bei der ebenfalls sehr alten Ersitzungsform der Begründung einer *manus*-Ehe maßgeblich, s.o. Kaser, RPR I, S. 104; EB, S. 105 f, geht demgegenüber nicht von einer vordezemviralen Entstehung der *usucapio pro herede* als eigenes Rechtsinstitut mit besonderem Zweck aus, sondern nimmt an, dass es sich nur um eine folgerichtige Anwendung des *usus-auctoritas*-Satzes auf die Erbschaft handelte. Auch hier habe gegenüber der Erbschaftsklage des zur Erbschaft Berufenen das Bedürfnis nach einer Beweiserleichterung für den Erbschaftsbesitzer bestanden. Vgl. auch Gandolfi, BIDR 61, S. 274, 285 ff.
Wie die *usucapio pro herede* wird auch die *usureceptio* als sehr altes, möglicherweise in vordezemviraler Zeit entstandenes Rechtsinstitut mit Erwerbsfunktion angesehen. Neben der *usureceptio servitutis*, dem Rückerwerb einer erloschenen Dienstbarkeit, hatte die *usureceptio* für bewegliche Sachen ihren Anwendungsbereich im Rahmen der Sicherungsübereignung. Als *usureceptio fiduciae* oder *ex fiducia* ermöglichte sie den Rückerwerb des Eigentums durch den Treugeber infolge Zeitablaufs. Die Sicherungsübereignung einer *res mancipi* erfolgte durch *mancipatio* oder *in iure cessio* mit der Maßgabe aus dem zugrunde liegenden *pactum fiduciae*, dass die Sache nach Erfüllung oder sonstigem Erlöschen der gesicherten Forderung in der gleichen Form zurückzuübereignen ist. Veräußerte der Treunehmer die Sache abredewidrig und gelangte der Treugeber in der Besitz der Sache, auch durch Überlassung von Seiten eines Dritten, konnte er die Sache nach Ablauf der Jahresfrist zurückersitzen, selbst wenn die Forderung noch nicht erloschen war. Ausgeschlossen war der Rückerwerb allerdings dann, wenn der Sicherungsgeber seinen Besitz aus einem Miet- oder Leihverhältnis zum Sicherungsnehmer herleitete, er durch die Änderung zum Eigenbesitz also ein *furtum* begangen hätte. Der besitzende Schuldner konnte seinen an den Staat verpfändeten Grundbesitz im Wege der *usureceptio ex praediatura* nach Ablauf von zwei Jahren zurückerwerben und so das Pfandrecht zum Erlöschen bringen. Bei der *usureceptio*

Bei der *usucapio pro herede* als sehr alte Rechtsfigur wird es sich um die Urform der Ersitzung gehandelt haben. Die spätestens zur Zwölftafelzeit vorhandenen, verschiedenen Erscheinungsformen der *usucapio* mit zum Teil rein prozessualer Funktion, zum Teil aber schon erwerbender Wirkung, fanden ihr gemeinsames Element in der fortdauernden Herrschaftsposition über eine Sache. Dies wird in der nachdezemviralen Zeit zu einer Annäherung und Verbindung der Formen hin zur Ersitzung als Erwerbstatbestand geführt haben.[71]

### c) Der Anwendungsbereich der XII-Tafel-Regelung

Aufgrund des engen Zusammenhangs des *usus-auctoritas*-Satzes mit der Übertragungsform der *mancipatio* und dem Vindikationsverfahren ist davon auszugehen, dass die Regelungen über *usus auctoritas* und ihre Anwendungsfälle in vordezemviraler Zeit und nach dem Recht der XII Tafeln nur für *res mancipi* galten.[72] Die Grundsätze wurden erst später im Wege der Rechtsfortbildung durch die Jurisprudenz auch auf *res nec mancipi* ausgedehnt. Diese Entwicklung steht in Zusammenhang mit der Erstreckung der Übertragungsform der *in iure cessio* sowie des Vindikationsverfahrens auf *res nec mancipi*. Die zunehmende Gleichstellung von *res mancipi* und *res nec mancipi* vollzog sich wahrscheinlich im Laufe des 3. Jahrhunderts v. Chr.[73]

### d) Der Ausschluss gestohlener Sachen von der Ersitzung

Zeugnis über einen Ausschluss gestohlener Sachen von der Wirkung des *usus-auctoritas*-Satzes geben uns Fragmente von Autoren des 2. und 3. Jahrhunderts n. Chr. In der klassischen Ersitzungsordnung haftete der Makel des Diebstahls

---

schien weniger die Verbindung mit dem Gewährenzug als der Gedanke entscheidend gewesen sein, dass der Sicherungsnehmer sich während der Ersitzungsfrist so wenig um die zur Sicherheit erhaltene Sache kümmerte, dass er auch nicht schutzwürdig erschien, ein Rückerwerb also gerechtfertigt war. Im klassischen Recht wurde immer häufiger eine Sicherheitsbestellung ohne Besitzübergang praktiziert. Die *usureceptio* wurde damit gegenstandslos und verschwand - ohne formell abgeschafft worden zu sein - aus der Rechtsanwendung. Vgl. Gai. 2.59 ff; 3.201; Wubbe, TRG 28, S. 13 ff; Levy, Studi Albertario II, S. 224, 227; Kaser, RP, § 31 II 1; RPR I, S. 143 f, 459 f, 469.

[71] Mayer-Maly, Studi Betti III, S. 491 f; ders., SZ 77, S. 33, 40 ff, 50 f; vgl. auch Levy, SZ 50, S. 646 f.

[72] de Visscher, RIDA 5, S. 474 f; 480 ff; ders., SDHI 23, S. 30; Mayer-Maly, Studi Betti III, S. 486 f; Arangio-Ruiz, Compravendita II, S. 316. Nach Kaser, SZ 68, S. 147 ff, 158 f; SZ 105, S. 125, 155 f, sollen *res mancipi* schon bald nicht mehr nur durch *mancipatio*, sondern durch die weniger aufwendigen Formen der *mancipatio nummo uno* und der *in iure cessio* übertragen worden sein. Auch in diesen Fällen habe die XII-Tafel-Regelung gegolten.

[73] Kaser, SZ 68, S. 158, 184 f; ders., EB, S. 370; SZ 105, S. 155 f; Mayer-Maly, Studi Betti III, S. 486 f; de Visscher, SDHI 22, S. 106

der gestohlenen Sache dauerhaft an und hinderte die Ersitzung solange, bis die Sache wieder in die Hände ihres Eigentümers zurückkehrte.[74] Über die Rechtsgrundlage des Ersitzungshindernisses schien jedoch unter den klassischen Juristen Uneinigkeit zu bestehen: Während Gaius das Ersitzungsverbot allein auf die XII-Tafel-Gesetze zurückführt,[75] Iulian die *lex Atinia* oder die XII Tafeln als Grundlage nennt,[76] geht Paulus von einer Regelung lediglich in der *lex Atinia* aus.[77] Das Gebot der *lex Atinia* soll gelautet haben: *„quod subruptum erit, eius rei aeterna auctoritas esto"*. Überliefert ist der Text durch den römischen Schriftsteller Aulus Gellius aus dem 2. Jahrhundert n. Chr. Gellius berichtet, dass die bedeutendsten Juristen der ersten Hälfte des 2. Jahrhunderts v. Chr., P. Mucius Scaevola, M. Iunius Brutus und Manilius, darüber diskutiert hätten, ob die Regelung der *lex Atinia* Rückwirkung entfalte oder nicht.[78]

Die Textstellen von Gaius, Iulian und Paulus scheinen darauf hinzudeuten, dass die Zwölftafelgesetze und die *lex Atinia* die Ersitzbarkeit einer gestohlenen Sache übereinstimmend regelten. Wahrscheinlicher ist es demgegenüber, dass die beiden Gesetze unterschiedliche Tatbestände und Rechtsfolgen zum Inhalt hatten, da sonst die überlieferte Rückwirkungsdiskussion überflüssig gewesen wäre. So ist anzunehmen, dass die XII Tafeln einen Satz enthielten, der die Ersitzung der gestohlenen Sache durch den Dieb selbst verbot.[79] Entgegen dem Erläuterungsversuch des Gaius, der den Ausschluss des Diebes von der Ersitzung mit dessen

---

[74] Paul. D. 50.16.215; D. 41.3.4.6; Iul. D. 41.3.33 pr.; Gai. 2.45/49; Lab. D. 41.3.49

[75] Gai. 2.45: *„Sed aliquando, etiamsi maxime quis bona fide alienam rem possideat, non tamen illa usucapio procedit: velut si qui rem furtivam aut vi possessam possideat. Nam furtivam lex XII tabularum usucapi prohibet, vi possessam lex Iulia et Plautia."*
Gai. 2.49: *„Quod ergo vulgo dicitur furtivarum rerum et vi possessarum rerum usucapionem per legem XII tabularum prohibitam esse, non eo pertinet, ut ne ipse fur quive per vim possidet usucapere possit: nam huic alia ratione usucapio non competit, quia scilicet mala fide possidet; sed nec ullus alius, quamquam ab eo bona fide emerit, usucapere ius habeat."*

[76] Iul. D. 41.3.33 pr.: *„...nam ex qua causa qui ancillam [furtivam] usucaperet, nisi lex duodecim tabularum vel Atinia obstaret ..."*

[77] Paul. D. 41.3.4.6: *„Quod autem dicit lex Atinia, ut res furtiva non usucapiatur, nisi in potestatem eius, cui subrepta est, revertatur..."*.

[78] Aulus Gellius, Noctes Atticae, 17,7; vgl. de Visscher, SDHI 23, S. 34 f; Mayer-Maly, SZ 78, S. 265; Kunkel, S. 11 f.

[79] v. Lübtow, FS Schulz I, S. 265, ist der Ansicht, dass eine ausdrückliche Regelung des Ersitzungsausschlusses für den Dieb nicht erforderlich war. Der Ausschluss ergab sich s.E. bereits aus der Anwendung des *usus-auctoritas*-Satzes, da der Dieb die Sache nicht übertragen erhalten hatte, somit keine *auctoritas*-Haftung eines Veräußerers ihm gegenüber bestand. An anderer Stelle (Hand wahre Hand, S. 127) vertritt v. Lübtow dagegen die Meinung, dieses Argument stünde der Annahme einer ausdrücklichen Regelung in den XII Tafeln nicht entgegen.

Bösgläubigkeit begründet,[80] bedurfte es einer entsprechenden Regelung im Gesetzeswerk der Dezemvirn, da der gute Glaube des Ersitzungserwerbers unbestritten zur Zwölftafelzeit noch nicht zu den Ersitzungsvoraussetzungen gehörte. E contrario dürfen wir damit davon ausgehen, dass nach dezemviralem Recht jeder Dritte, der die gestohlene Sache erworben hatte, in den Genuss der Wirkungen des *usus-auctoritas*-Satzes kam.[81]

Die *lex Atinia* stand zwar nach ihrem überlieferten Wortlaut noch deutlich in der Tradition der XII-Tafel-Gesetze, da sie *aeterna auctoritas* statuierte, also keine Gewährschaftsbefristung gewährte, wenn eine Sache gestohlen war.[82] Das Gesetz fixierte aber andererseits bereits eine Weiterentwicklung des Dezemviralrechts, indem es die gestohlenen Sachen überhaupt und damit auch deren gutgläubigen Erwerber von der Ersitzung ausschloss. Dem früheren Eigentümer stand damit die Vindikation gegen jeden Sachbesitzer unbegrenzt offen. Nur durch diese Interpretation des Verhältnisses der XII-Tafel-Gesetze und der *lex Atinia* erhält die von Gellius berichtete Rückwirkungsdiskussion einen Sinn. Ein Gesetz, dessen mögliche Rückwirkung eine ausführliche Erörterung unter den bedeutendsten Juristen der damaligen Zeit auslöste, muss eine Rechtsänderung von großer Tragweite enthalten haben.[83]

---

80 Gai. 2.49

81 Mayer-Maly, Studi Betti III, S. 483 f; ders., SZ 78, S. 266 ff; Solazzi, AG 144, S. 3 ff, 8 f; Daube, Cambridge Law Journal 6, S. 230 ff; Kaser, RPR I, S. 137; ders., EB, S. 95 ff, 369; SZ 68, S. 169 f. In SZ 105, S. 138 ff, vertritt Kaser entgegen früherer Ausführungen die Meinung, dass der Zwölftafelsatz nicht den Dieb von der Gewährschaftsbefristung ausschloss und damit von seiner Nachweispflicht befreite, da er keinen *auctor* hatte, somit auch keine zu begrenzende Gewährschaftshaftung bestand. Stattdessen sollen die XII Tafeln demjenigen, der die gestohlene Sache vom Dieb erwarb, die unbegrenzte Nachweispflicht seines Erwerbs und im Gegenzug dem Dieb die unbegrenzte *auctoritas* gegenüber dem Erwerber auferlegt haben. Die *lex Atinia* sollte dann jedem Erwerber den Rückgriff auf den Verkäufer als Gewährsmann offen halten.
Da der *usus-auctoritas*-Satz nur für *res mancipi* galt, ist es undenkbar, dass die XII Tafeln ein Ersitzungsverbot für alle gestohlenen Sachen, also gleichermaßen für *res mancipi* und *res nec mancipi*, enthalten haben sollen, de Visscher, SDHI 23, S. 36 ff. De Visscher geht jedoch davon aus, dass die XII Tafeln überhaupt kein Ersitzungsverbot an gestohlenen Sachen enthielten, SDHI 23, S. 39; ders., RIDA 5, S. 485. Zur Kritik an dieser Ansicht Daube, Cambridge Law Journal 6, S. 217 ff; s. auch Voci, Modi, S. 162 ff.

82 Solazzi, AG 144, S. 12; de Visscher, SDHI 23, S. 36, 38; ders., RIDA 5, S. 481

83 Es ist wenig wahrscheinlich, dass sich die Rückwirkungsdiskussion auf die *reversio ad dominum* bezog. Es dürfte bereits in der Zeit vor dem Erlass der *lex Atinia* allgemein anerkannt gewesen sein, dass eine Sache ihre Ersitzbarkeit wiedererlangte, wenn sie in die Hände des Eigentümers zurückkehrte, vgl. Mayer-Maly, SZ 79, S. 100 ff; ders., Studi Betti III, S. 484 f; Daube, Cambridge Law Journal 6, S. 232 ff; Kaser, SZ 68, S. 169 f; Solazzi, AG 144, S. 7 ff; v. Lübtow, FS Schulz I, S. 266 ff; ders., Hand wahre Hand, S. 133 ff.

Die *lex Atinia* ist vermutlich um die Wende des 3. zum 2. Jahrhundert v. Chr., spätestens in der ersten Hälfte des 2. Jahrhunderts v. Chr. entstanden. Damit erfasste das Verbot der Ersitzung gestohlener Sachen gleichermaßen *res mancipi* wie *nec mancipi*.[84]

## 2. Die Ersitzung im vorklassischen Recht

### *a) Die Weiterentwicklung der usucapio pro herede*

Beispielhaft für die Entwicklung des Rechtsinstituts der Ersitzung in der Zeit der Republik ist der Wandel im Verständnis der *usucapio pro herede*: Während der Ersitzungsbesitzer im 4. Jahrhundert v. Chr. die Erbschaft als ganzes und damit die Erbenstellung erwarb, konnte er nach klassischem Recht zur Zeit des Gaius im 2. Jahrhundert n. Chr. nur noch das Eigentum an einzelnen Erbschaftsgegenständen erlangen.[85]

Dass diese Entwicklung schon bald nach der Zwölftafelzeit einsetzte, belegen die von Cicero überlieferten Pontifikaldekrete. Die Dekrete der Pontifikaljurisprudenz regeln die Reihenfolge, in der die Erben für die *sacra* haften. Nach dem älteren Dekret, das überwiegend in die Zeit zwischen den XII Tafeln und der Amtszeit des Tiberius Coruncanius (um 250 v. Chr.), am ehesten in das 4. Jahrhundert v. Chr., datiert wird,[86] hafteten an erster Stelle die Hauserben. An zweiter Stelle stand derjenige, der vom größeren Teil des Vermögens Besitz ergriffen hatte, vor dem Legatar, dem der größere Teil des Vermögens zugewendet worden war, wenn er etwas daraus in Besitz genommen hatte.[87] Demgegenüber sind im jüngeren Dekret, das wahrscheinlich in der zweiten Hälfte des 3. Jahrhunderts v. Chr. entstanden ist,[88] die zweite und dritte Haftungsklasse vertauscht: Nun haftete der testamentarisch zum Erben oder Legatar Eingesetzte, der vom Nachlass ebensoviel ergriffen hatte, wie allen Erben zugeteilt worden war, in der zweiten Klasse vor dem Usukapienten. Der Ersitzungserwerber war dann Haftender der dritten Klasse, wenn niemand Erbe geworden war und er das meiste vom Nachlass in Besitz genommen hatte.[89]

---

[84] de Visscher, SDHI 23, S. 39; Kaser, SZ 68, S. 170; ders., EB, S. 95 m.w.N.; Mayer-Maly, Studi Betti III, S. 488 f; ders., SZ 79, S. 103; v. Lübtow, Hand wahre Hand, S. 132; vgl. auch Arangio-Ruiz, Compravendita II, S. 314 ff.

[85] Gai. 2.52 ff

[86] Mayer-Maly, SZ 79, S. 95 f; v. Lübtow, Studi Francisci I, S. 476 ff

[87] Cic. de leg. II 20,49; vgl. Gandolfi, SDHI 21, S. 230 ff, 246.

[88] Mayer-Maly, SZ 79, S. 95 f; v. Lübtow, Studi Francisci I, S. 476 ff

[89] Cic. de leg. II 19,47

Wie wir daraus sehen, war zur Zeit des älteren Dekrets das Verständnis einer Ersitzung der Erbschaft als Ganzes voll ausgeprägt.[90] Im Vordergrund stand zwar noch der Ergreifungsakt des Ersitzungsbesitzers, dieser wurde aber bereits auf die einzelnen Teile der *pecunia*, des Vermögens, bezogen. Im jüngeren Dekret ist dagegen nur noch von den einzelnen *bona*, den Nachlassgegenständen die Rede. Nach dem überlieferten Wortlaut des Dekrets wurde nun die Erwerbswirkung des Besitzes betont, die einem Nichtberechtigten das Eigentum an den Nachlassgegenständen verschafft.[91] In die Zeit zwischen den beiden Dekreten fällt der Übergang vom Vermächtnistestament hin zum Erbeinsetzungstestament: Waren mehrere oder keine *sui heredes* vorhanden, hatte der Erblasser damit die Möglichkeit, einen von ihnen bzw. einen Dritten als Hoferben einzusetzen, um eine unrentable Aufsplitterung des bäuerlichen Besitzes zu vermeiden.[92] Der Ersitzung zur Schaffung eines Erben und Hofnachfolgers bedurfte es nun nicht mehr. Zudem wurde der Ersitzungserwerber nun als Eindringling betrachtet, dem nicht mehr die Erbenstellung zufallen sollte. Grund für den Wandel der *usucapio pro herede* hin zu einer Ersitzung einzelner Erbschaftsgegenstände war somit nicht wie von Gaius angegeben das Verständnis der Erbschaft als unkörperliche und damit unersitzbare Sache[93], sondern veränderte gesellschaftliche Wertungen im 3. Jahrhundert v. Chr.[94]

*b) Die Entwicklung der usucapio zu einem Erwerbstatbestand mit den Voraussetzungen iusta causa und bona fides*

Das sich im 3. Jahrhundert v. Chr. wandelnde Verständnis von der *usucapio pro herede* hin zum Erwerb eines Nichtberechtigten, die Erstreckung der *usus-auctoritas*-Regelungen auch auf *res nec mancipi* und damit im Ergebnis auf alle Sachen sowie die Normierung des Ausschlusses gestohlener Sachen von der Ersitzung in der *lex Atinia* markieren den Übergang von einer Ersitzung mit verschiedenen prozessualen und materiellen Rechtsfolgen nach dezemviralen Recht hin zu einer einheitlichen Ersitzungsordnung, wie sie das klassische Recht beherrschen wird. Wir können davon ausgehen, dass die Jurisprudenz bereits im 2. Jahrhundert v. Chr. die Ersitzung als Erwerbstatbestand verstand. In dieser Zeit wurde wohl auch der Begriff der *usucapio* als terminus technicus geprägt.[95] Die

---

[90] Mayer-Maly, Studi Betti III, S. 489

[91] Mayer-Maly, SZ 79, S. 93 ff; ders., Studi Betti III, S. 495

[92] Kaser, RP, § 65 II

[93] Gai. 2.54. Die Lehre von den *res incorporales*, den unkörperlichen Sachen, bildete sich erst im 1./2. Jahrhundert n. Chr. heraus, kann also nicht der Grund für die Änderung des Ersitzungsobjekts im 3. Jahrhundert v. Chr. gewesen sein, Mayer-Maly, Studi Betti III, S. 494.

[94] Mayer-Maly, SZ 79, S. 90 ff, 94 f; ders., SZ 77, S. 36; SZ 78, S. 92 f; Studi Betti III, S. 495; v. Lübtow, Studi Francisci I, S. 479 f

[95] Während die Bestandteile des Begriffs in der Zeit vorher wohl noch als „*capio* des *usus*"

spätestens Anfang des 2. Jahrhunderts v. Chr. erlassene *lex Atinia* war vermutlich der letzte Ausläufer dieser Entwicklungsphase,[96] die vor dem Hintergrund radikaler wirtschaftlicher und sozialer Veränderungen im Zusammenhang mit dem Aufstieg Roms vom agrarisch geprägten Stadtstaat zur beherrschenden Macht des Mittelmeerraums stand. Ein ausgeprägter Individualismus formte das neue gesellschaftliche Leitbild, das auch die Rechtsvorstellungen von der Eigentumsordnung beeinflusste.[97]

In diese Zeit des Umbruchs, das 3. und 2. Jahrhundert v. Chr., fällt auch die Herausbildung der *iusta causa usucapionis*, eines Rechtsgrundes für den Besitzerwerb, und der *bona fides*, des guten Glaubens des Ersitzungserwerbers, als weitere Ersitzungsvoraussetzungen.[98] Wahrscheinlich war die Ergänzung von Besitz und Zeitablauf um *iusta causa* und *bona fides* das Ergebnis einer verstärkten gedanklichen Durchdringung des Rechtsinstituts im Rahmen der Rechtsfortbildung und der schärferen Erfassung von Einschränkungen der Ersitzung, die in der Rechtspraxis vermutlich schon länger vorhanden waren.[99]

---

aufgefasst wurden, werden sie ab dem 2. Jh. v. Chr. als *„capio* durch *usus"* und damit im Sinne einer Erwerbswirkung verstanden worden sein, vgl. Kaser, SZ 105, S. 155; Mayer-Maly, SZ 77, S. 21 ff, 28; SZ 78, S. 231, 255.

96 Mayer-Maly, SZ 79, S. 98 ff; ders., Studi Betti III, S. 486 f

97 Vgl. de Visscher, SDHI 23, S. 27, 41 f. In das 3. Jahrhundert v. Chr. fallen die ersten beiden Punischen Kriege; Sizilien und Spanien werden zu römischen Provinzen.

98 In der Literatur werden unterschiedliche Ansichten zur Entstehungszeit der beiden Ersitzungsvoraussetzungen vertreten. So hält Kaser die *iusta causa* für älter als die *bona fides*, EB, S. 293 ff; ders., Iura 4, S. 337 f. Voci, Modi, S. 210 ff, 215 ff, nimmt das umgekehrte Verhältnis an, während van Oven, TRG 16, S. 440, von einer gleichzeitigen Entstehung der Ersitzungsvoraussetzungen ausgeht. In welchem zeitlichen und sachlichen Verhältnis die beiden Erfordernisse tatsächlich zueinander standen, bleibt im Dunkeln. Für ein Prioritätsverhältnis lassen sich aber ebenfalls keine Beweise finden. Da die schon im frührömischen Recht gebräuchlichen Ersitzungsformen der *usucapio pro herede*, der *usucapio pro derelicto* und der *usureceptio* sowie die dezemviralen Anwendungsfälle keinen guten Glauben des Besitzers erforderten, kann eine Herausbildung der *bona fides* und der *iusta causa* vor dem 3. Jahrhundert v. Chr. kaum angenommen werden, vgl. Mayer-Maly, Pauly's RE, Sp. 1113 ff, 1116; Kaser, EB, S. 295 f; Winkel, S. 221. Vgl. auch Collinet, Mél. Fournier, S. 73 ff. Als weiteres Argument für die angenommene Entstehungszeit der *iusta causa* lässt sich anführen, dass diese Ersitzungsvoraussetzung in der Regel der *„veteres"*, der Juristen des 1. Jahrhunderts v. Chr., wonach ein nicht zum Eigentumserwerb berechtigender Besitzgrund, z.B. Leihe, nicht ohne Zustimmung des Eigentümers in einen Eigentumserwerbstitel, z.B. Kauf, umgewandelt werden durfte (*„nemo sibi ipse causam possessionis mutare potest"*), bereits vorausgesetzt wurde, also deutlich vor dem 1. Jahrhundert v. Chr. entstanden sein muss, vgl. Mayer-Maly, SZ 79, S. 98 f; ders., Pauly's RE Sp. 1114 gegen Voci, Modi, S. 210 ff; Kaser, RPR I, S. 420; ders., EB, S. 294.

99 Gegen die Einführung der beiden Voraussetzungen durch Gesetz spricht das Beispiel der *lex Atinia*: Für einen so bedeutenden Eingriff in die Ersitzungsordnung ließen sich Anhaltspunkte in den Quellen finden, wie dies beim gesetzlichen Ausschluss gestohlener Sachen

Das Erfordernis der *iusta causa* schränkte den Anwendungsbereich der Ersitzung auf die Fälle des rechtmäßigen Erwerbs des Ersitzungsbesitzes ein.[100] Das Bedürfnis zu dieser Einschränkung ergab sich vermutlich in Zusammenhang mit dem Übergang vom objektiven zum subjektiven Diebstahlsbegriff im Laufe des 3. Jahrhunderts v. Chr.: Zur Zeit der XII Tafeln lag immer schon dann ein Diebstahl vor, wenn der Vorbesitzer eine Sache ohne seinen Willen aus seiner Herrschaft verloren hatte und diese Sache in der Hand eines anderen angetroffen wurde, gleichgültig, ob dieser eine vorsätzliche Sachentziehung begangen hatte oder nicht. In der Konsequenz dieses Verständnisses war der Sachbesitzer als vermuteter Dieb aufgrund des *aeterna-auctoritas*-Satzes der XII Tafeln von der Ersitzung ausgeschlossen, auch wenn der Vorbesitzer die Sache z.B. verloren hatte. Es ist jedoch anzunehmen, dass der Besitzer den Gegenbeweis antreten und nachweisen konnte, dass er die Sache auf rechtmäßige Weise erworben hatte. Im 3. Jahrhundert v. Chr. wurde der Diebstahlstatbestand allmählich auf die Fälle beschränkt, in denen einem anderen der Sachbesitz vorsätzlich entzogen wurde. Die Entlastungsmöglichkeit des beklagten Besitzers durch Nachweis seines rechtmäßigen Besitzerwerbs entwickelte sich nun zu einer entsprechenden Verpflichtung. Die *iusta causa* als Ersitzungsvoraussetzung sollte somit einerseits die Verletzung von Eigentumsrechten Dritter in Fällen verhindern, in denen der ursprüngliche Eigentümer den Sachbesitz ohne seinen Willen verloren hatte, ohne dass ein Diebstahl vorlag. Andererseits diente sie dadurch auch der Erhöhung der Rechtssicherheit. Das Bedürfnis dazu bestand mit der Zunahme des Güterverkehrs ab der zweiten Hälfte des 3. Jahrhunderts v. Chr.[101]

Auch die Ersitzungsvoraussetzung der Gutgläubigkeit des Ersitzungsbesitzers bildete sich im Zuge der allgemeinen Rechtsentwicklung heraus. Spätestens im 2. Jahrhundert v. Chr. war allgemein anerkannt, dass die Vertragstypen Kauf, Miete (unter Einschluss von Pacht, Dienst- und Werkvertrag), Gesellschaft und Auftrag formlos und ohne Sachleistung allein aufgrund der Willenseinigung der Parteien abgeschlossen werden konnten. Die verbindliche Kraft der Konsensualkontrakte beruhte auf der *fides*, der allgemeinen Treueverpflichtung, sein Wort zu halten.[102] Diese Entwicklung dürfte Motiv und Ausgangspunkt für die Einbeziehung der *bona fides* auch in andere Rechtsinstitute wie die *usucapio* gewesen

durch die *lex Atinia* der Fall ist, vgl. Mayer-Maly, SZ 79, S. 98 ff.

[100] Bonfante, Scritti II, S. 473 f

[101] Gai. D. 41.3.1; Kaser, EB, S. 294 ff; ders., BIDR 64, S. 63, 92 f; RPR I, S. 420; vgl. auch Hoetink, TRG 29, S. 235 f m.w.N.; van Oven, TRG 16, S. 452 f; Bonfante, Scritti II, S. 475 ff. Gegenteilig führt v. Lübtow, Hand wahre Hand, S. 138 ff, die Herausbildung der *iusta causa* auf eine Erweiterung des *furtum*-Begriffs und seine Ausdehnung auf unterschlagene Sachen in der vorklassischen Zeit zurück, s. dazu auch unten d).

[102] Kaser, RP, § 38 II 1 d), § 41 I 2, § 3 III 3 c)

sein: Ein Ersitzungserwerb war nur dann gerechtfertigt, wenn der Erwerber auf seinen Erwerb vertrauen durfte.[103]

Das Verständnis von der *usucapio* als Eigentumserwerbstatbestand steht ferner in Verbindung mit dem Übergang vom relativen zum absoluten Eigentumsbegriff: Seit der jüngeren Republik wurde nur noch derjenige als Eigentümer anerkannt, dessen *rei vindicatio* gegen jedermann begründet war. In Konsequenz dieser Entwicklung wurde jetzt auch die Ersitzung als originärer Eigentumserwerb angesehen. Gegenüber der Zwölftafelzeit hatte die Ersitzung nun einen positiven, erwerbenden Charakter erhalten.[104]

*c) Die Anwendungsfälle der usucapio im vorklassischen Recht*

Mit den skizzierten Änderungen in der Konzeption der Ersitzung ging auch ein Funktionswandel einher.[105] Die Beweiserleichterung im Prozess und die Ersitzung derelinquierter Sachen[106] waren wie schon nach dem alten Recht Anwendungsfälle der Ersitzung. Die Erbschaftsersitzung ließ einen nicht zur Erbfolge Berufenen das Eigentum an einzelnen Erbschaftsgegenständen erwerben.

Der Hauptanwendungsfall der Ersitzung während der Zeit der Republik wurde jedoch der Eigentumserwerb vom Nichtberechtigten: Wir erinnern uns, dass nach dem Recht der XII Tafeln die Erstarkung der Rechtsposition nach Ablauf der Jahresfrist lediglich ein Reflex der Beweiserleichterung war. Entsprechend dem neuen Verständnis von der Ersitzung als Erwerbstatbestand wurde sie im Interesse der Rechtssicherheit zum wichtigen Ausnahme- und Korrekturfall der *nemo-plus-iuris*-Regel. Auch die Worte, die Gaius in seinen Institutionen zur Schilderung dieser Funktion der *usucapio* wählt, weisen uns darauf hin, dass sich dieser Anwendungsfall erst im Laufe der Rechtsentwicklung herausbildete. Während Gaius sonst die XII Tafeln oder eine andere gesetzliche Regelung als Referenz heranzieht, wurde seinen Ausführungen zufolge die Ersitzung als Möglichkeit des Erwerbs vom Nichtberechtigten nicht durch Gesetz eingeführt, sondern *„receptum videtur"*, d.h. im Interesse der Rechtssicherheit durch Rechtsfortbildung zugelassen.[107] Nun wurde auch das rechtspolitische Ziel der *usucapio* allge-

---

[103] Mayer-Maly, Pauly's RE, Sp. 1114; ders., SZ 79, S. 98 f; Kaser, RPR I, S. 423. Aus Fragm. Vat. 1 ergibt sich, dass die *„veteres"*, die Juristen des 1. Jahrhunderts v. Chr., bei der Prüfung von Vorliegen und Erforderlichkeit der *bona fides* bei der Ersitzung bereits nach Spezialfällen differenzierten. Die *bona fides* fand also schon früher Eingang in den Kreis der Ersitzungsvoraussetzungen, Kaser, Labeo 7, S. 291 ff.

[104] Kaser, RPR I, S. 401, 419; ders., EB, S. 298 ff, 301; SZ 68, S. 165 ff, 189; SZ 102, S. 20

[105] Vgl. Horvat, RIDA 3, S. 300 f.

[106] Iul. D. 41.7.6/7; Voci, Modi, S. 191 f

[107] Gai 2.43/44: *„Ceterum etiam earum rerum usucapio nobis conpetit, quae non a domino*

mein in den Quellen formuliert: So sollte das Rechtsinstitut für Klarheit über die Rechtsverhältnisse an der Sache und für Streitbeendigung sorgen. Die Ersitzungsfrist von ein bzw. zwei Jahren wurde als hinreichende Zeitspanne für die Sachverfolgung durch den bisherigen Eigentümer erachtet.[108]

Eine weitere Funktion der Ersitzung kam im 1. Jahrhundert v. Chr. hinzu: Nachdem sich - wie oben bereits erwähnt - ab dem 3. Jahrhundert v. Chr. *res mancipi* und *res nec mancipi* einander zunehmend annäherten, wurde in der Spätphase der Republik die formfreie *traditio*, die alltägliche Übereignungsform für *res nec mancipi*, im Wege der Rechtsfortbildung auch auf *res mancipi* erstreckt. Da der Erwerb quiritischen Eigentums an den wertvollen Wirtschaftsgütern, die zu den *res mancipi* zählten, die Form der *mancipatio* oder *in iure cessio* erforderte, konnte im Wege der *traditio* aber nur das bonitarische Eigentum übertragen werden.[109] Um in diesen Fällen dem Erwerber das quiritische Eigentum an der *res mancipi* zu verschaffen, bedurfte es zusätzlich der *usucapio*. Konnte der Erwerber seinen Besitz auf eine *iusta causa* zurückführen, wurde er nach ein bzw. zwei Jahren ununterbrochenen Sachbesitzes auch quiritischer Eigentümer. Diese Entwicklung steht vermutlich in Zusammenhang mit dem verstärkten Handel mit Personen, die weder das römische Bürgerrecht noch das *commercium* hatten und mit denen deshalb die Formen der *mancipatio* und *in iure cessio* nicht praktiziert werden konnten.[110] Trotz der Verbesserung seiner Rechtsstellung durch die Ersitzungsmöglichkeit blieb dem Traditionserwerber der *res mancipi* aber noch eine Rechtsschutzlücke. Vor Ablauf der Ersitzungsfrist hatte er fast unüberwindbare Schwierigkeiten, sein Recht zu beweisen. Die *rei vindicatio* war ihm verwehrt, um von einem Dritten die Herausgabe der Sache zu verlangen, da er noch nicht ihr quiritischer Eigentümer war. Diese Lücke wurde im 1. Jahrhundert v. Chr. durch die *actio Publiciana* geschlossen. Diese Klage gab speziell den Ersitzungs-

---

*nobis traditae fuerint, sive mancipi sint hae res sive nec mancipi: si modo eas bona fide acceperimus, cum crederemus eum qui traderet dominum esse. Quod ideo receptum videtur ne rerum dominia diutius in incerto essent, cum sufficeret domino ad inquirendam rem suam anni aut biennii spatium, quod tempus ad usucapionem possessori tributum est.*"; de Visscher, SDHI 22, S. 98 ff; ders., SDHI 23, S. 28 f; Mayer-Maly, Studi Betti III, S. 460 ff, 487

108 Cic. pro Caec. 26,74; de off. III 6,26/27; de fin. III 19,64; Gai. 2.44; Gai. D. 41.3.1; Ner. D. 41.10.5; Voci, Modi, S. 159 f

109 S. oben 1 a); Fn. 10; s. auch Kaser, RP, § 24 IV 1.

110 Gai. 2.41: „*Nam si tibi rem mancipi neque mancipavero neque in iure cessero, sed tantum tradidero, in bonis quidem tuis ea res efficitur: ex iure Quiritium vero mea permanebit, donec tu eam possidendo usucapias: semel enim impleta usucapione proinde pleno iure incipit, id est et in bonis et ex iure Quiritium, tua res esse, ac si ea mancipata vel in iure cessa esset.*"; de Visscher, SDHI 22, S. 98 ff; Mayer-Maly, Studi Betti III, S. 454, 486 f; Kaser, RP, § 22 II 2 b); ders., RPR I, S. 402 f. Vgl. auch Arangio-Ruiz, Compravendita II, S. 321, 332 ff; Pugliese, Vendita e trasferimento I, S. 33 f.

besitzer die Möglichkeit, gegenüber einem schlechter Berechtigten auf Sachherausgabe zu klagen.[111]

Im Gegenzug zu den neuen Funktionen der *usucapio* büßten in der späten Republik die beiden Anwendungsfälle des *usus-auctoritas*-Satzes aus dem Familien- und Güterrecht ihre Bedeutung ein. In dieser Zeit förderte man zunehmend die rechtliche Selbständigkeit der Frau, so dass sie zu Beginn des 1. Jahrhunderts v. Chr. bereits anerkannt war. Dementsprechend setzte sich gegen Ende der Republik die *manus*-freie Ehe durch. Die Schließung einer *manus*-Ehe durch einjährigen *usus* bzw. deren Verhinderung durch das *trinoctium* wurden obsolet.[112] Auch die Vormundschaft wurde eingeschränkt: Für den Fall der Veräußerung einer *res mancipi* durch eine Frau ohne die erforderliche Zustimmung ihres Vormundes war durch eine *constitutio Rutiliana* vermutlich schon in der zweiten Hälfte des 2. Jahrhunderts v. Chr. das auf die XII Tafeln zurückgehende Ersitzungsverbot für den Erwerber gelockert worden: Hatte die Frau den Kaufpreis vollständig gezahlt erhalten und dem Erwerber während der Ersitzung nicht die Rückzahlung gegen Rückgabe der *res mancipi* angeboten, erwarb dieser Eigentum im Wege der Ersitzung. Auf diese Weise wurde der dem Rechtsgeschäft anhaftende Mangel der fehlenden Zustimmung des Vormundes überwunden.[113] Das Ersitzungsverbot bei fehlender Zustimmung des Vormundes schaffte schließlich die *lex Claudia* (44-49 n. Chr.), die die Vormundschaft über die Frauen vollständig aufhob, faktisch ab.[114]

### *d) Der Ausschluss gestohlener und geraubter Sachen*

Auf der Grundlage der *lex Atinia* waren gestohlene Sachen von der Ersitzung ausgeschlossen; dem Dieb selbst blieb die Ersitzung aufgrund fehlenden guten Glaubens verwehrt. Dieser Ausschluss gestohlener Sachen bedeutete eine weitgehende Einschränkung der Ersitzung: Sowohl der objektive Diebstahlsbegriff des alten Rechts wie auch das subjektive Verständnis erfassten die Besitzentziehung durch Gewahrsamsbruch sowie ein betrügerisches Entlocken der Sache, z.B. indem dem Eigentümer der Wille zur treuhänderischen Innehabung der Sache vorgespiegelt wurde, mit anschließender Unterschlagung. Da es zur Quali-

---

[111] Die *actio Publiciana* schützte jeden Sachprätendenten, der geltend machte, dass er die Sache aufgrund eines gültigen Erwerbstitels tradiert erhalten habe, Wubbe, GS Jäggi, S. 106 f, 110 f. Vgl. auch Wubbe, Le possesseur de bonne foi, S. 18 ff, 37 ff; de Visscher, SDHI 23, S. 29 f; Kaser, EB, S. 298 ff; ders., SZ 68, S. 185 ff; SZ 78, S. 185 ff, 190 ff; SZ 102, S. 3, 21 f; RZP, S. 197 Fn. 113; RPR I, S. 402 ff; Burdese, Vendita e trasferimento I, S. 120 ff.

[112] Ulp. D. 27.9.1

[113] Kaser, Labeo 7, S. 302 f; ders., RPR I, S. 367, 369; Schulz, Classical Roman Law, S. 180 ff

[114] Kaser, RPR I, S. 419; EB, S. 101

fizierung als Diebstahl auf die Absicht ankam, sich durch die Sachentziehung zu bereichern, beging jeder, der wissentlich eine fremde Sache verkaufte oder aus einem anderen Rechtsgrund einem Dritten übereignete, ein *furtum*. Somit wurden auch unterschlagene Sachen nicht nur über das Erfordernis des Nachweises einer *iusta causa* für den Besitzerwerb, sondern bereits durch das Verbot der *lex Atinia* von der Ersitzung ausgenommen.[115]

Die Quellen nennen aber Fälle, in denen der Erwerber eine eigentlich als gestohlen zu qualifizierende Sache dennoch ersitzen konnte. So waren die Juristen der Ansicht, dass ein Erbe bei der Verfügung über eine Sache, die er im Nachlass fand und für eine res *hereditaria* hielt, die aber tatsächlich nicht dem Erblasser gehörte, kein *furtum* beging. Da der Erbe aufgrund seines guten Glaubens an die Nachlasszugehörigkeit der Sache keinen Diebstahlsvorsatz hatte, wurde die Sache nicht zu einer *res furtiva* und konnte damit vom Dritterwerber ersessen werden.[116] Ob der Erbe die Sache aber im Wege der *usucapio pro herede* selbst ersitzen konnte, war zur Zeit des Juristen und Pontifex maximus Quintus Mucius Scaevola im 1. Jh. v. Chr. bis in das 2. Jh. n. Chr. umstritten.[117]

Die *lex Iulia et Plautia* (78 und 63 v. Chr.) stellte *res vi possessae*, gewaltsam geraubte Sachen, den gestohlenen gleich und statuierte damit ihre Unersitzbarkeit.[118]

---

[115] Gai. 2.50: „*Unde in rebus mobilibus non facile procedit, ut bonae fidei possessori usucapio competat, quia qui alienam rem vendidit et tradidit furtum committit; idemque accidit etiam si ex alia causa tradatur. [...]*“; Mayer-Maly, Studi Betti III, S. 470 ff; Troje, Guter Glaube, HRG I, Sp. 1868; Landsberg, Furtum, S. 122 ff

[116] Gai. 2.50: „*[...] Sed tamen hoc aliquando aliter se habet. Nam si heres rem defuncto commodatam aut locatam vel apud eundem positam existimans eam esse hereditariam vendiderit aut donaverit, furtum non committit. [...]*“; Gai. D. 41.3.36; Mayer-Maly, Studi Betti III, S. 475 f; v. Lübtow, Hand wahre Hand, S. 143

[117] Pomp. D. 41.5.3: „*Plerique putaverunt, si heres sim et putem rem aliquam ex hereditate esse quae non sit, posse me usucapere.*“ ; Söllner, S. 82 f; vgl. Apathy, FS Strasser, S. 949.

[118] Gai. 2.45; Solazzi, Scritti I, S. 89; Kaser, SZ 68, S. 170; ders., EB, S. 294; Daube, Cambridge Law Journal 6, S. 229 f

## 3. Die Ersitzung im klassischen Recht

### *a) Die usucapio im klassischen Recht*

Im klassischen römischen Recht, d.h. in der Zeitspanne ab dem 1. Jahrhundert n. Chr. bis ca. 250 n. Chr., finden wir eine auf der Kasuistik der Respondierjuristen[119] beruhende, in verschiedensten Fallgestaltungen gefestigte Ersitzungsordnung. In der eingehenden Befassung der Juristen mit diesem Rechtsinstitut zeigt sich die große Bedeutung, die die Ersitzung in ihren Hauptfunktionen, Eigentumserwerb *a non domino* und Erwerb des quiritischen Eigentums an tradierten *res mancipi* vom Eigentümer, in dieser Epoche des römischen Rechts gewonnen hatte.[120]

Auch in den ersten beiden Jahrhunderten nach Christus kamen nur römische Bürger in den Genuss der Rechtsfolgen der *usucapio*, da nur sie quiritisches Eigentum erwerben konnten. Erst mit der Verleihung des Bürgerrechts an die Bevölkerung des gesamten Imperiums und der damit verbundenen Erweiterung des Geltungsbereichs des römischen Rechts durch die Constitutio Antoniniana im Jahre 212 n. Chr.wurden auch die Bewohner der Provinzen in die Lage versetzt, nach den Voraussetzungen der *usucapio* Eigentum vom Nichtberechtigten zu erwerben.[121]

In der klassischen Zeit waren nach wie vor nur Sachen ersitzbar, die des quiritischen Eigentums fähig waren, d.h. bewegliche Sachen und italische Grundstücke. Die Ersitzung erstreckte sich dabei auf die Sachfrüchte, konsequenterweise also auch auf die Kinder einer Sklavin oder auf Jungtiere.[122] Nicht im Wege der Ersitzung zu erwerben waren die *res extra commercium*[123] sowie seit hochklassischer Zeit dem Fiskus gehörende Gegenstände, *res fisci*.[124] Ebenfalls unersitzbar waren seit dem 1./2. Jahrhundert n. Chr. unkörperliche Gegenstände, *res incorpora-*

[119] Den Respondierjuristen wurde vom Kaiser das Recht verliehen, öffentlich Rechtsgutachten zu erstatten. Die Responsen der klassischen Juristen finden sich in großer Zahl in den Digesten des Corpus Iuris Civilis Justinians, Söllner, S. 103 f.

[120] Vgl. z.B. die Ausführungen des Paulus (Ende 2./Anfang 3. Jahrhundert n. Chr.; Kunkel, S. 244 f) zu Einzelproblemen des Abhandenkommens einer Sache und ihren Auswirkungen auf die Ersitzung im 54. Buch seines Kommentars zum Prätorischen Edikt, D. 41.3.4.6-21.

[121] Wieacker, Vulgarismus und Klassizismus, S. 17; ders., Ausgewählte Schriften I [13], S. 242; Levy, West Roman Vulgar Law I, S. 6

[122] Gai. 2.41/46; Paul. D. 41.3.4.5

[123] Gai. 2.48; Gai. D. 41.3.9. Zu den *res extra commercium* gehören den Gottheiten geweihte Sachen *(res sacrae)*, Grabstätten *(res religiosae)*, unter göttlichem Schutz stehende Profansachen wie z.B. Stadttore und -mauern, Grenzrain *(res sanctae)* sowie im Eigentum des Staates stehende Sachen *(res publicae)*, Kaser, RP, § 18 I 2; Voci, Modi, S. 161.

[124] Mod. D. 41.3.18

*les.*[125] Die alten Ausnahmesätze der XII Tafeln galten weiter, sofern sie noch von praktischer Bedeutung waren, wurden nun jedoch als Ersitzungshindernisse erfasst. Man unterschied dabei zwischen in der Person des Ersitzungsbesitzers bestehenden *(vitia ex persona)* und der Sache anhaftenden Ersitzungshindernissen wie z.B. der Furtivität der Sache *(vitia ex re).*[126]

Auch im Hinblick auf das Erfordernis von Eigenbesitz an der Sache setzte das klassische Recht die begonnene Entwicklung kontinuierlich fort. Der Ersitzungsbesitzer musste die Sache als die Seine haben und behalten wollen. Um einen ungerechtfertigten Rechtsverlust des früheren Eigentümers zu vermeiden, war erforderlich, dass der Besitzer seinen Eigenbesitzwillen auf einen rechtmäßigen Erwerbsgrund, auf eine *iusta causa usucapionis* stützen konnte.[127] Dies bedeutete, dass der Ersitzungserwerber mit dem Willen des Vorbesitzers oder auf eine sonst gerechtfertigte Weise in den Besitz der Sache gekommen sein musste. Er durfte den Besitz nicht fehlerhaft, d.h. weder heimlich *(nec clam)*, noch gewaltsam *(nec vi)*, noch im Wege der Bittleihe *(nec precario)* erlangt haben. In den Fällen des Diebstahls *(clam)* oder Raubes *(vi)* bzw. der bloß leih- oder mietweisen Nutzungsüberlassung *(precario)* lag dem Besitzerwerb weder ein auf Eigentumsübertragung zielender Erwerbsvorgang noch ein anderer gerechtfertigter Tatbestand, wie z.B. die Inbesitznahme einer herrenlosen Sache, zugrunde.[128] Nach dem bereits auf die „*veteres*", die Juristen des 1. Jahrhunderts v. Chr. zurückgehenden Grundsatz „*nemo sibi ipse causam possessionis mutare potest*" konnte

---

125 Gai. 2.54; Gai. D. 41.1.43.1; D. 41.3.9; Mayer-Maly, Studi Betti III, S. 494; Voci, Modi, S. 168

126 Vgl. Kaser, RPR I, S. 419 f; Mayer-Maly, Studi Betti III, S. 465 ff, 497 ff; ders., Pauly's RE, Sp. 1103 ff; Voci, Modi, S. 161 f.

127 Lic. Ruf. D. 41.3.25; Iul. D. 41.3.33 pr/3; Bonfante, Scritti II, S. 479 ff, 532. Der Begriff der *iusta causa usucapionis* scheint kein fester technischer Begriff des vorklassischen und klassischen römischen Rechts gewesen zu sein. Die beiden Fragmente des Julian (Konsul 148 n. Chr.) sind die einzigen überlieferten Textstellen, in denen von der *iusta causa usucapionis* ausdrücklich die Rede ist. Ansonsten findet sich die Forderung nach dem Rechtsgrund in den Quellen im Zusammenhang des *iusta causa possidere* bzw. der *iusta causa traditionis.* Darin besteht grundsätzlich kein Widerspruch: Der langandauernde Besitz ist das auslösende Moment für den Eigentumserwerb durch Ersitzung. Der Besitz, *possessio*, muss sich auf einen Rechtsgrund, eine *iusta causa,* stützen können, vgl. van Oven, TRG 16, S. 438; Hoetink, TRG 29, S. 237 f. Zu beachten ist aber, dass *iusta causa traditionis* und *iusta causa usucapionis* inhaltlich nicht deckungsgleich sind. So ist der Kreis der Tatbestände für letztere weiter, da es auch Fälle gibt, in denen Sachen ersessen werden können, die nicht tradiert wurden. Zudem besteht bei der *usucapio a non domino,* die zum Rechtsverlust eines Dritten führt, eine andere Interessenlage als bei einer vom Eigentümer ausgehenden *traditio*, die keine Drittinteressen berührt, vgl. Kaser, BIDR 64, S. 61 ff, 81 f, 91 ff; Voci, SDHI 15, S. 147.

128 Paul. D. 41.2.5; Ulp. D. 41.2.6; Pap. D. 41.8.8; Voci, SDHI 15, S. 154, 159; ders., Modi, S. 177; Kaser, RPR I, S. 420

ein bloßer Detentor, der die Sache z.B. lediglich leihweise besaß, sich nicht durch Änderung seines Besitzwillens zum Ersitzungsbesitzer aufschwingen.[129]

Jedes Rechtsgeschäft über die Sache war eine mögliche *iusta causa usucapionis*, solange über die Ersitzung keine von der Rechtsordnung missbilligte Rechtsfolge, wie z.B. eine (nichtige) Schenkung unter Ehegatten, eintrat.[130] Mögliche *causae usucapionis* waren z.B. Kauf *(pro emptore)*, Schenkung *(pro donato)*, Vermächtnis *(pro legato)*, Mitgift *(pro dote)*, Erfüllung *(pro soluto)*. Der Kreis der Ersitzungstitel war jedoch nicht auf die Fälle des rechtsgeschäftlichen Besitzerwerbs durch Übergabe beschränkt. Der Ersitzungserwerber konnte den Sachbesitz auch aufgrund richterlicher Zuweisung, durch Vindikationslegat oder im Wege der Ergreifung einer derelinquierten oder Erbschaftssache erlangen. Die Aufzählungen der Besitzgründe in den Quellen sind nicht als abschließend zu verstehen.[131]

Grundsätzlich musste das dem Besitzerwerb zugrunde liegende Rechtsgeschäft tatsächlich existieren und wirksam sein, um den Rechtserwerb des Ersitzungsbesitzers und den korrespondierenden Rechtsverlust des bisherigen Eigentümers zu rechtfertigen.[132] Aber finden sich nicht in den Quellen auch Fallgestaltungen, in denen trotz Fehlen des Grundgeschäftes oder seiner Unwirksamkeit ersessen

---

[129] Paul. D. 41.2.3.19; Marc. D. 41.2.19.1; vgl. Kaser, Iura 4, S. 337; Pernice, S. 425 ff; zu Marcianus s. Kunkel, S. 258 f. Julian (2. Hälfte des 2. Jahrhunderts n. Chr., s. Kunkel, S. 157 ff) interpretierte diese überkommene Regel jedoch etwas weiter. So sollte eine Titelveränderung zulässig sein, wenn ein bösgläubiger Erwerber *a non domino* nachträglich vom wirklichen Eigentümer erwarb und damit die *iusta causa* nachträglich eintrat, bzw. sogar dann, wenn dies der Erwerber nur annahm, Iul. D. 41.3.33.1; D. 41.5.2.1; Hausmaninger, Bona fides, S. 57 ff; Mayer-Maly, Labeo 6, S. 22; ders., Putativtitelproblem, S. 39.

[130] Paul. D. 41.6.1.2; Pomp. D. 41.5.1, Voci, SDHI 15, S. 160; Bonfante, Scritti II, S. 496 f; zu Pomponius s. Kunkel, S. 170 f.

[131] Kaser, BIDR 64, S. 81 f; vgl. die Aufzählung bei Paul. D. 41.2.3.21 und die Gliederung der Besitzgründe in den Digesten nach den Titeln *pro emptore* (D. 41.4), *pro herede vel pro possesore* (D. 41.5), *pro donato* (D. 41.6), *pro derelicto* (D. 41.7), *pro legato* (D. 41.8), *pro dote* (D. 41. 9), *pro suo* (D. 41.10). Der Besitzgrund *pro suo* bezeichnete in seiner Grundbedeutung jeglichen Eigenbesitz, und war damit gleichsam der Oberbegriff für alle Ersitzungstypen. Als subsidiärer Auffangtatbestand griff der Titel *pro suo* dann ein, wenn es an einem spezifischen Ersitzungstitel mangelte, vor allem im Bereich von keinem Vertragstyp zuordenbaren Austauschverhältnissen (Innominatkontrakte) oder bei Fehlen einer Voraussetzung für die Anwendung der speziellen Titel. Diese Sicht Ulpians (D. 41.9.1.2; D. 41.10.1 pr) hat sich gegenüber der älteren des Paulus, der *po suo* als Spezialtitel bei originärem Erwerb behandelte (vgl. D. 41.10.2; D. 41.2.3.4), jedoch erst in nachklassischer Zeit durchgesetzt, vgl. Mayer-Maly, Putativtitelproblem, S. 129 ff; Winkel, S. 218 ff; Jakobs, FS Flume I, S. 94 f; Hausmaninger, Bona Fides, S. 54; Voci, Modi, S. 179 ff, 192.

[132] Voci, Modi, S. 177 ff, 180, 195 f; ders., SDHI 15, S. 166 ff m.w.N.; s. auch Jakobs, FS Flume I, S. 57 ff, 80 ff; Pernice, S. 406.

werden konnte? Haben die klassischen Juristen also die Ersitzung aufgrund eines „Putativtitels“[133] zugelassen?

Den Digesten können wir keine allgemeingültige Antwort auf das sog. „Putativtitelproblem“ entnehmen, wie es auch keine generelle Erscheinungsform „des Putativtitels“ gibt. Die Frage, ob ein vermeintliches, lediglich in der Vorstellung des Ersitzungsbesitzers wirksam vorliegendes Zuwendungsverhältnis ausnahmsweise als *iusta causa* angesehen werden kann,[134] haben die klassischen Juristen weder einheitlich gelöst noch einheitlich erfasst. Aus den Quellen ergibt sich vielmehr der Befund, dass das Auseinanderfallen zwischen Realität und der Wahrnehmung des Erwerbers in verschiedensten Fallgestaltungen auftrat, und seine Auswirkung auf die Ersitzung entsprechend der kasuistischen Rechtsanwendung der römischen Juristen bei jeder *causa* und bei jedem Falltyp anders entschieden wurde.[135] Für die Zeit der Frühklassik (erste Hälfte des 1. Jahrhunderts n. Chr.)[136] lässt sich festhalten, dass es unter den Juristen eine lebhafte Diskussion um die Behandlung einer unwirksamen *causa* gab. Beispielhaft ist dabei die Kontroverse zwischen Proculus und Cassius[137] in der Frage, ob eine vor der Ehe bzw. bei ungültiger Ehe gegebene Mitgift, *dos*, vom Ehemann ersessen werden konnte, wenn die Ehefrau nicht Eigentümerin der übergebenen Sachen

---

133 Der Begriff des „Putativtitels“ zur Bezeichnung eines nur vermeintlich vorliegenden Zuwendungsverhältnisses ist kein terminus technicus der klassischen römischen Juristen, sondern wurde erst im Gemeinen Recht geprägt. Die Pandektisten behandelten im Gegensatz zur römischen Jurisprudenz die Frage, ob ein nur irrig angenommenes, tatsächlich nicht vorliegendes Rechtsgeschäft als *iusta causa* ausreicht, als allgemeines rechtliches Problem im Rahmen der Ersitzungsordnung, vgl. Kaser, BIDR 64, S. 86 f; Mayer-Maly, Putativtitelproblem, S. 1 ff. Nachdem die Juristen im 19. Jahrhundert zunächst davon ausgegangen waren, dass der Putativtitel im klassischen römischen Recht bedenkenlos Anerkennung gefunden hatte, nahm die herrschende Meinung seit der Wende vom 19. zum 20. Jahrhundert bis in die 1960er Jahre an, dass die Klassiker grundsätzlich eine tatsächlich existierende und wirksame *iusta causa usucapionis* verlangt hätten. Quellenstellen, aus denen in Einzelfällen eine Anerkennung des Putativtitels hervorging, wurden der Interpolation durch Justinians Kompilatoren verdächtigt. Justinian schließlich habe zahlreiche Putativtitel anerkannt, vgl. stv. Mayer-Maly, Putativtitelproblem, S. 4 ff m.w.N.

134 Vgl. Kaser, BIDR 64, S. 86 f, 91; Mayer-Maly, Putativtitelproblem, S. 139. S. auch Voci, Modi, S. 203 ff; Bauer, S. 61 ff, 121 f.

135 Mayer-Maly, Putativtitelproblem, S. 3, 52, 63, 99, 122, 142

136 Aus den Bezugnahmen in Pap. Fragm. Vat. 294/296 und Iul. D. 41.5.2.2 auf die Meinung des Servius Sulpicius (gest. 43 v. Chr.; Kunkel, S. 25) lässt sich schließen, dass erste kontroverse Auseinandersetzungen mit dem Problem einer unwirksamen oder nicht existenten *causa* ihre Wurzeln bereits in der Vorklassik haben, vgl. Mayer-Maly, Putativtitelproblem, S. 77 ff.

137 Proculus war das Haupt der Rechtsschule der Proculianer, Cassius (Konsul 30 n. Chr., gest. 69 n. Chr.) das Haupt der Rechtsschule der Sabinianer bzw. Cassianer, vgl. Söllner, S. 108 f; Kunkel, S. 123 ff, 130 f.

war. Während Cassius eine *usucapio pro dote* aufgrund der Nichtigkeit einer ohne Ehe erfolgenden *dos*-Bestellung ablehnte,[138] ließen Proculus und später auch der Hochklassiker Julian eine Ersitzung durch den über das Bestehen eines *matrimonium* irrenden Ehemann zu. Eine vor der Ehe in Erwartung der Eheschließung gegebene *dos* sollte jedoch nicht *pro dote*, sondern *pro suo* ersitzbar gewesen sein.[139]

Auch für die Zeit der Hochklassik (ca. 100 bis 170 n. Chr.) geben die Digestenfragmente keine einheitliche Haltung der Juristen zu erkennen. So stellte Neratius[140] in den verschiedensten Fallgestaltungen generell stärker auf die *existimatio* als auf die objektive Sachlage ab[141] und ließ auf dieser Grundlage die *usucapio* dann zu, wenn die irrige Vorstellung des Ersitzungsbesitzers vom Vorliegen eines Titels auf einem *probabilis error*, einem gerechtfertigten Irrtum, beruhte, selbst wenn auf diese Weise eine an sich verbotene Rechtsfolge wie z.B. eine Schenkung unter Ehegatten herbeigeführt wurde.[142] Demgegenüber ist Celsus[143] als entschiedener Putativtitelgegner einzuordnen, der bei der Prüfung der Ersitzungsvoraussetzungen streng zwischen *iusta causa* und *bona fides* trennte. So lehnte Celsus die *usucapio pro legato*, *pro dote* und *pro donato* ab, wenn Vermächtnis, Mitgiftbestellung oder Schenkung als der Besitzverschaffung zugrunde liegendes Rechtsgeschäft nichtig waren. Auch beim nur vermeintlichen Kauf bzw. einer nur vermeintlichen Schenkung ließ Celsus keine *usucapio pro suo* zu.[144] Bei den übrigen Juristen der Hochklassik setzt sich das Bild einer stark nach Einzelfall und Ersitzungstyp differenzierenden Behandlung des Problems durch die verschiedenen Juristen, auch unter Kontroversen, fort.[145] Aus den entschiedenen Einzelfällen lässt sich aber immerhin die Erkenntnis gewinnen, dass objektive Ersitzungshindernisse durch die *existimatio* des Ersitzungsbesitzers

---

[138] Ulp. D. 41.9.1.4

[139] Proc. D. 23.3.67; Iul. D. 41.9.1.2; Fragm. Vat. 111; Mayer-Maly, Putativtitelproblem, S. 45 ff, 53 f, 141; Jakobs, FS Flume I, S. 87 ff, Hausmaninger, Bona fides, S. 55

[140] L. Neratius Priscus, Konsul 87 n. Chr., vgl. Söllner, S. 109; Kunkel, S. 144 f.

[141] Vgl. Ner. D. 39.6.43; Paul. ad Ner. D. 47.19.6; Ner. D. 47.2.84 pr.

[142] Ner. D. 41.10.5.1; D. 24.1.44; Pomp. D. 41.10.3; Mayer-Maly, Putativtitelproblem, S. 58 ff, 122; Wubbe, SZ 81, S. 418 f; Hausmaninger, Bona fides, S. 44 ff

[143] P. Iuventius Celsus, Prätor 106/107 n. Chr., Konsul 129 n. Chr., vgl. Söllner, S. 109; Kunkel, S. 137 f, 146 f.

[144] Vgl. Ulp. D. 41.3.27; Mayer-Maly, Putativtitelproblem, S. 32 f; 43; dagegen Jakobs, FS Flume I, S. 73 ff, der die Zulassung eines Putativtitels durch die Klassiker überhaupt leugnet.
Im Gegensatz zu Celsus bejahte Pomponius eine *usucapio pro suo*, wenn der Erbe eine tatsächlich nicht durch Legat vermachte Sache an den vermeintlichen Legatar übergeben hatte, D. 41.10.4.2, vgl. Mayer-Maly, Putativtitelproblem, S. 66 f; Jakobs, FS Flume I, S. 80 ff.

[145] Mayer-Maly, Putativtitelproblem, S. 38, 72 f, 75, 105

überhaupt nicht oder wesentlich schwerer zu überwinden waren als bloße Mängel des Erwerbsvorgangs:[146] So erforderte die Ersitzung einer derelinquierten Sache, dass das Eigentum an der Sache tatsächlich aufgegeben worden war, da bei diesem Ersitzungstyp die Tatsache der Dereliktion die einzige objektive Grenze zum Rechtsbruch durch Aneignung fremden Vermögens bildete. Wenn der Besitzer die Sache fälschlich für derelinquiert hielt, konnte dies nicht zur *usucapio pro derelicto* führen.[147] Ebenso war eine *usucapio pro herede* ausgeschlossen, wenn der Erblasser noch lebte, da vor dem Tod des Erblassers ein erbrechtlicher Erwerb unmöglich war,[148] bzw. wenn der Alleinerbe in der irrigen Annahme von Miterbschaft einige Erbschaftssachen an den vermeintlichen Miterben herausgab, da hier der Ersitzung des - hinsichtlich seiner Miterbenstellung gutgläubigen - Besitzempfängers der vorherige Besitz des Erben entgegenstand.[149] Demgegenüber half die irrige Annahme des Erben, es handele sich um eine Erbschaftssache, über das fehlende Eigentum des Erblassers hinweg und hinderte eine *usucapio pro herede* nicht.[150]

Speziell für die *usucapio pro emptore* auf der Grundlage von durch Kauf erlangtem Ersitzungsbesitz hielten die Juristen jedoch einhellig daran fest, dass der Kauf tatsächlich vorliegen und wirksam sein musste.[151] Lediglich in wenigen Ausnahmefällen, in erster Linie wenn der Vertrag durch einen Stellvertreter abgeschlossen wurde und dieser den Auftraggeber vom Vorliegen eines wirksamen Vertrags überzeugte, ließen einige Klassiker eine *usucapio pro suo* auch dann zu, wenn der Kauf tatsächlich nicht zustande gekommen war. Sie rechtfertigten diese Ausnahme mit der Begründung, dass in diesem Fall eine *iusta causa erroris*, eine Rechtfertigung für den Irrtum des Ersitzungsbesitzers, vorlag.[152]

---

[146] Vgl. Gai. 2. 45; Pomp. D. 41.3.24 pr/1: „*Ubi lex inhibet usucapionem, bona fides possidenti nihil prodest. Interdum etiamsi non fuerit inchoata usucapio a defuncto, procedit heredi eius: veluti si vitium, quod obstabat non ex persona sed ex re, purgatum fuerit, ut puta si fisci res esse desierit aut furtiva aut vi possessa*". Der Irrtum über die Eigenschaft einer Sache als gestohlen konnte nicht die Unersitzbarkeit einer *res furtiva* überwinden, da es sich hier um ein objektives Ersitzungshindernis handelte, vgl. Mayer-Maly, Putativtitelproblem, S. 143. S. auch Iul. D. 41.4.7.5 und Paul. D. 41.3.12 zum Verbot der Ersitzung bei wissentlichem Kauf unter Verstoß gegen ein Veräußerungsverbot, Jakobs, FS Flume I, S. 57 f.

[147] Iul. D. 41.7.6; Mayer-Maly, Putativtitelproblem, S. 37 f, 141

[148] Pomp. D. 41.5.1; D. 18.4.1; D. 29.2.27; Mayer-Maly, Putativtitelproblem, S. 71

[149] Gai. 2.52; Pomp. D. 41.3.29; Mayer-Maly, Putativtitelproblem, S. 68 ff, 143

[150] Pomp. D. 41.5.3; Mayer-Maly, Putativtitelproblem, S. 71, 142; mit anderer Begründung Jakobs, FS Flume I, S. 83 ff.

[151] Afr. D. 41.4.11; Ulp. D. 41.3.27; Paul. D. 41.4.2.6. Vgl. dazu auch Jakobs, FS Flume I, S. 52 ff, 57 ff.

[152] Afr. D. 41.4.11; Ner. D. 41.10.5.1; Mayer-Maly, Putativtitelproblem, S. 33 ff, 39 ff, 120, 140; Hausmaninger, Bona fides, S. 56 f. S. auch Jakobs, FS Flume I, S. 66 ff, der den von Africanus in D. 41.4.11 behandelten Fall als irrtümliche Annahme eines anderen als des tatsächlich gegebenen Erwerbsgrundes, als „*error falsae causae*", versteht. Zur Person des

Erst in der Spätklassik (ca. 170 bis 240 n. Chr.) zeigte sich eine stärker vereinheitlichte Tendenz der Juristen zur Ablehnung der Putativtitelersitzung. In den Fällen, in denen in den Quellen noch verschiedene Meinungen der Hochklassiker zur Zulassung einer Ersitzung, die auf einem unwirksamen bzw. nur vermeintlich existierenden Rechtsgeschäft basiert, dokumentiert sind, haben sich die spätklassischen Juristen nun in einer entschieden ablehnenden Haltung formiert.[153] Kauf, Schenkung oder Legat, die nicht gültig waren oder nur vermeintlich vorlagen, genügten nicht als Grundlage einer *usucapio pro emptore, pro donato* oder *pro legato*.[154] Allgemein orientierten sich die Juristen bei der Falllösung nun stärker an der Realität als an der *existimatio*, was folgerichtig auch dann zu einer Ersitzung führte, wenn objektiv eine Ersitzungslage gegeben war, selbst wenn der Ersitzungsbesitzer vom Vorliegen eines Ersitzungshindernisses ausging.[155]

Allen Fällen der Zulassung einer *usucapio* trotz Fehlen oder Unwirksamkeit des Grundgeschäftes ist jedoch gemein, dass nicht auf die Ersitzungsvoraussetzung der *iusta causa* verzichtet, sondern ausnahmsweise das fehlerhafte Zuwendungsverhältnis als ausreichende *causa* angesehen wurde. In vielen Fällen gab dann nicht das fehlgeschlagene Erwerbsgeschäft den Titel für die Ersitzung, sondern es kam ersatzweise zu einer *usucapio pro suo*.[156] Bei der Lösung der Frage, ob die *causa* ausnahmsweise den Ersitzungserwerb rechtfertigte, konnten zwar subjektive Elemente, insbesondere beim Abstellen auf einen *„probabilis error"*, eine Rolle spielen, die zu höheren Anforderungen an die *fides* des Erwerbers führten. Dies verlagerte das „Putativtitelproblem" aber nicht in die Prüfung der Ersitzungsvoraussetzung der *bona fides*.[157]

Die *bona fides* war wie die *iusta causa* Kernvoraussetzung der klassischen *usucapio* und als solche Gegenstand zahlreicher Fallentscheidungen der Juristen. Eine Definition der *bona fides* finden wir in den Quellen dennoch nur bei Gaius[158], der sie mit *„cum crederemus eum qui traderet dominum esse"*, d.h. mit

---

Africanus s. Kunkel, S. 172 f.

[153] Mayer-Maly, Putativtitelproblem, S. 84 ff, 98 f, 105 f

[154] Pap. Fragm. Vat. 294/296; Paul. D. 41.6.1.pr/1; D. 41.8.2; Pap. D. 41.8.3; Paul. D. 41.3.48; D. 41.4.2.pr/2; Iul. D. 41.5.2.2. Die Zulassung einer *usucapio pro dote* bei Mitgiftbestellung vor der Ehe schränkte Paulus (um 200 n. Chr., vgl. Söllner, S. 111; Kunkel, S. 244 f) auf die Fälle ein, in denen keine *aestimatio dotis*, die die Mitgiftbestellung einem Kauf gleichstellen würde, vorgesehen war, Fragm. Vat. 111; D. 41.9.2. Vgl. Mayer-Maly, Putativtitelproblem, S. 77 ff; Kaser, BIDR 64, S. 90.

[155] Pap. D. 41.3.44.4; Mayer-Maly, Putativtitelproblem, S. 82 ff, 88, 106

[156] Vgl. Ulp. D. 41.3.27; Mayer-Maly, Putativtitelproblem, S. 127 ff, 137 f, 143 f; Jakobs, FS Flume I, S. 49, 96; Hausmaninger, Bona fides, S. 48 ff.

[157] Vgl. Mayer-Maly, Putativtitelproblem, S. 33 f, 40 f; Jakobs, FS Flume I, S. 44.

[158] Gai. 2.43; vgl. auch Iul. D. 41.3.33.1: *„... si a non domino emerit, cum existimaret eum dominum esse."*; Paul. D. 18.1.27.

dem Glauben an das Eigentum des Veräußerers umschreibt. Die *bona fides* war in vorklassischer Zeit zunächst als zusätzliches, einen Ersitzungserwerb erschwerendes Element in den Kreis der Ersitzungsvoraussetzungen aufgenommen worden. Dem lag vermutlich noch ein ehtisches Konzept zugrunde, wonach man an das Verhalten des Erwerbers - um den Rechtsverlust des ursprünglichen Eigentümers zu rechtfertigen - strengere Maßstäbe anlegen wollte. Im klassischen Recht zeigt sich die Tendenz zu einem anderen Verständnis von der *bona fides*: Ihr wurde nun die Funktion zugemessen, bestimmte Mängel des Erwerbsaktes auszugleichen, wenn der Erwerber irrtümlich von einer mangelfreien Erwerbssituation ausging. Damit diente die *bona fides* dazu, Erwerbshindernisse zu überwinden. Dementsprechend ergab sich für die klassischen Juristen der Inhalt der *bona fides* aus ihrer jeweiligen Funktion.[159]

Vor diesem Hintergrund wird verständlich, dass Gaius die *bona fides* als Ersitzungsvoraussetzung lediglich für den Fall des Erwerbs vom Nichtberechtigten nennt.[160] In diesem Fall stand dem Eigentumserwerb das fehlende Eigentum des Veräußerers entgegen. Diesen Mangel zu beheben diente die *bona fides* des Ersitzungsbesitzers. Dabei bedurfte es jedoch keiner positiven Überzeugung des Erwerbers, dass es sich bei seinem Vertragspartner um den Eigentümer der Sache handelte, sondern es genügte sein - irrtümliches - Nichtwissen von der fehlenden Berechtigung des Veräußerers. Der Irrtum des Erwerbers musste nicht in irgendeiner Weise gerechtfertigt sein. Ausgeschlossen war die Ersitzung jedoch dann, wenn die fälschliche Annahme eines mangelfreien Erwerbs auf einem Rechtsirrtum beruhte, z.B. wenn der Erwerber irrtümlich davon ausging, dass ein Geschäftsunfähiger ohne Vormund Rechtsgeschäfte abschließen kann.[161] Die Ersitzung ermöglichen konnte die Vorstellung des Ersitzungsbesitzers von der Mangelfreiheit seines Erwerbs auch dann nicht, wenn der Ersitzung ein absolutes Ersitzungsverbot entgegenstand, wie z.B. das Verbot der Ersitzung gestohlener Sachen.[162]

Auf die Vorstellung des Erwerbers kam es dann nicht an, wenn bereits objektiv ein mangelfreier Erwerbsakt vorlag. Glaubte der Erwerber, die Sache *a non domino* erhalten zu haben, hatte er aber tatsächlich vom Eigentümer erworben, konnte er trotzdem ersitzen. Nach der Auffassung der römischen Juristen konnte

---

[159] Hausmaninger, Bona fides, S. 78 ff; Bonfante, Scritti II, S. 503 ff, 533; Voci, Modi, S. 171 ff

[160] Gai. 2.43

[161] *„error iuris nocet"*, vgl. Pomp. D. 22.6.14; D. 41.3.31 pr; Paul. D. 41.4.2.15; Hausmaninger, Bona fides, S. 70 ff; Mayer-Maly, Putativtitelproblem, S. 111 ff; v. Lübtow, Hand wahre Hand, S. 164 ff; Voci, Studi Ratti, S. 371 ff, 384 f; Voci, Modi, S. 175 f.

[162] Gai. 2. 45/49; Pomp. D. 41.3.24 pr: *„Ubi lex inhibet usucapionem, bona fides possidenti nihil prodest."*; Hausmaninger, Bona fides, S. 7; Mayer-Maly, Putativtitelproblem, S. 71.

überhaupt nur derjenige bösgläubig sein, der dem Nichteigentümer gegenüberstand.[163] Konsequenterweise war die *bona fides* auch bei bloßer *traditio* einer *res mancipi* nicht erforderlich, da es sich dabei ebenfalls um einen Fall des Erwerbs vom Eigentümer handelte.[164] Dasselbe galt für die beiden ursprünglichen Anwendungsformen der *usucapio* aus der Frühzeit, der *usucapio pro derelicto* und der *usucapio pro herede*, deren besonderen Charakter es ausmachte, dass der Ersitzungsbesitzer in diesen Fällen wissentlich eine fremde Sache ergriff, ohne die Eigentumsrechte eines Dritten zu verletzen.[165]

Neben dem fehlenden Eigentum des Veräußerers half die *bona fides*, noch andere Mängel des Erwerbsgeschäfts wie z.B. die fehlende Geschäftsfähigkeit des Veräußerers zu überwinden, die an sich die Nichtigkeit des Vertrags bedeuteten.[166] *„Utilitatis causa"*, d.h. aus Billigkeitserwägungen, sowie zum Schutz der Interessen des Erwerbers und des Geschäftsverkehrs ließen die Klassiker die Ersitzung auch dann zu, wenn der Erwerber nicht wußte, dass sein Gegenüber zu einer wirksamen Veräußerung der Sache nicht in der Lage oder nicht befugt war.[167] Der gute Glaube an die Geschäftsfähigkeit oder Verfügungsbefugnis ergänzte hier den guten Glauben an das Eigentum des Veräußerers.

So musste jemand, der von einer Frau eine Sache erwarb, gutgläubig dahingehend sein, dass sie mit Zustimmung ihres Vormundes handelte bzw. dass der zur Vertretung der Frau auftretende Vormund auch legitimiert war. Wie bereits ausgeführt, verlor diese Fallgruppe aufgrund der zunehmenden rechtlichen Selbständigkeit der Frau bereits ab dem 2. Jahrhundert v. Chr. ihre Bedeutung. Mit der *Constitutio Rutiliana* war das Erfordernis der *auctoritas tutoris* entfallen, wenn der Käufer den vollständigen Kaufpreis bezahlt hatte.[168] Praktisch blieben in klassi-

---

[163] Iul. D. 41.4.8: *„Quomodo enim mala fide emisse videtur, qui a domino emit?"*. Diese Haltung entspricht dem Grundsatz *„plus est in re quam in existimatione"*: Paul. D. 41.4.2.2; D. 22.6.9.4; Pap. D. 41.3.44.4, Hausmaninger, Bona fides, S. 72 ff; 79; Voci, Modi, S. 175.

[164] Gai. 2.41; Collinet, Mél. Fournier, S. 77 ff; v. Lübtow, Hand wahre Hand, S. 144

[165] Gai. 2.52 ff; Collinet, Mél. Fournier, S. 74 ff; Mayer-Maly, Pauly's RE, Sp. 1113 f

[166] Hier handelt es sich nicht um ein Problem des sog. Putativtitels, bei dem ein nur vermeintlich vorliegendes Zuwendungsverhältnis aus ausreichende *causa* angesehen wird. Die römischen Juristen trennten die Frage der *iusta causa* von der *bona fides*. Dagegen herrschte unter ihnen Einigkeit, dass Mängel des Erwerbsgeschäfts wie die fehlende Geschäftsfähigkeit durch die *bona fides* des Erwerbers überwunden werden, Hausmaninger, Bona fides, S. 42; s. auch Mayer-Maly, Putativtitelproblem, S. 41, 73, 99 ff, 140. Ein fehlendes objektives Ersitzungserfordernis wie die Ersitzungsfähigkeit der Sache, die Besitzdauer und die *iusta causa* kann die *bona fides* nicht ersetzen, v. Lübtow, Hand wahre Hand, S. 157, 167.

[167] Paul. D. 41.4.2.16; Mayer-Maly, Putativtitelproblem, S. 100; v. Lübtow, Hand wahre Hand, S. 166; Voci, Modi, S. 199

[168] Paul. Fragm. Vat. 1; Hausmaninger, Bona fides, S. 13 ff, 39; Kaser, Labeo 7, S. 297 ff; s. auch oben 2 c). Auch aus Fragm. Vat. 259 ergibt sich, dass die Frage des guten Glaubens an

scher Zeit aber die Ersitzung nach nichtigem Kauf von einem unerkannt Geisteskranken[169], wenn der Erwerber von der Handlungsfähigkeit des Veräußerers ausging,[170] sowie vom *pupillus*, einem beschränkt geschäftsfähigen Jugendlichen, wenn der Käufer an das Vorliegen der Zustimmung des Vormundes glaubte.[171] Auch in der Spätklassik, als sich - wie wir oben im Zusammenhang mit dem Putativtitelproblem gesehen haben - die Tendenz zur stärkeren Berücksichtigung der objektiven Situation gegenüber der subjektiven Vorstellung des Erwerbers herausbildete, ließ man im Verkehrsinteresse die Ersitzung nach gutgläubigem Erwerb vom *furiosus* und *pupillus* weiterhin zu.[172]

Der maßgebliche Zeitpunkt für die Gutgläubigkeit des Ersitzungserwerbers war grundsätzlich die Besitzerlangung. Erfuhr der Besitzer später von den tatsächlichen Gegebenheiten, z.B. dass der Veräußerer nicht der Eigentümer oder nicht geschäftsfähig war, hinderte das die Ersitzung nicht. Die Tatsache, dass eine später eintretende Bösgläubigkeit der Ersitzung nicht entgegenstand, erfassten die Glossatoren im 12. Jahrhundert mit dem Grundsatz *„mala fides superveniens non nocet"*. Wurde die Ersitzung durch Besitzverlust unterbrochen, kam es für das Vorliegen der *bona fides* auf den Zeitpunkt an, in dem der Erwerber den Besitz wieder erlangte.[173] Wie schon hinsichtlich der Voraussetzung der *iusta causa* hatte der Kauf, *emptio*, auch bezüglich des Vorliegens der *bona fides* eine Sonderstellung. Die frühklassische Lehre, die vermutlich noch vom Barkaufgedanken geprägt war, vertrat die Ansicht, es komme beim Kauf maßgeblich auf den Zeitpunkt des Vertragsschlusses an. Dagegen war nach Meinung der Juristen Sabinus und Cassius, denen sich Julian und Ulpian anschlossen, auch beim Kauf der Zeitpunkt der Besitzerlangung durch *traditio* maßgeblich.[174] Mit der Argumentation des Paulus, der beide Aspekte vereinigte, setzte sich die Auffassung durch, beim Kauf müsse der Erwerber sowohl im Zeitpunkt der *traditio* wie auch des Vertragsschlusses *bona fide* sein. Paulus führte den Traditionsgrundsatz mit der ursprünglichen Vorstellung vom Barkauf zusammen; erst Kauf und Übergabe be-

---

das Vorliegen der Zustimmung mit dem Verschwinden der Frauentutel irrelevant geworden war: Hier musste Papinian das Schenkungsverbot der *lex Cincia* (204 v. Chr.) heranziehen, um zu dem Ergebnis zu kommen, dass eine Ersitzung von Sachen, die eine Frau *sine auctoritate tutoris* verschenkt hatte, ausgeschlossen ist, Hausmaninger, Bona fides, S. 26 f.

[169] Der *furiosus* war geschäftsunfähig, Gai. 3.106.

[170] Ulp. D. 6.2.7.2; D. 5.3.13.1; Paul. D. 41.4.2.16; D. 41.3.13.1; Hausmaninger, Bona fides, S. 33 ff; Wubbe, GS Jäggi, S. 105 ff; Mayer-Maly, Putativtitelproblem, S. 73, 99 ff

[171] Gai. D. 6.2.13.2; Paul. D. 41.4.2.15; D. 41.3.31 pr; Ulp. D. 6.2.7.4, Hausmaninger, Bona fides, S. 28 ff, 39 f; Voci, Modi, S. 196 ff. Junge Römer waren bis zum Alter von 14 Jahren beschränkt geschäftsfähig, Kaser, RP, § 14 II.

[172] Mayer-Maly, Putativtitelproblem, S. 106, 141 f

[173] Paul. D. 41.1.48.1; D. 41.3.15.2; Iul. D. 6.2.7.17; Hausmaninger, Bona fides, S. 81; Pernice, S. 452 ff

[174] Ulp. D. 41.3.10 pr

wirkten eine Übereignung bzw. eine Ersitzung *pro emptore*, auch wenn beide Akte zeitlich auseinanderfielen.[175]

Starb der Ersitzungsbesitzer während der laufenden Ersitzung, folgte ihm sein Erbe in den Besitz nach, so wie er beim Erblasser bestand, *successio in possessionem*. Der Erbe vollendete die Ersitzung des Erblassers. Für das Vorliegen der Ersitzungsvoraussetzungen maßgeblich war die Person des Erblassers, dieser musste gutgläubig gewesen sein. Die *mala fides* des Erben stand der Ersitzung dann nicht entgegen.[176] War der Erblasser kein Ersitzungsbesitzer, weil er ohne oder aufgrund einer fehlerhaften *causa* besaß, konnte der Erbe eine neue Ersitzung beginnen, wenn er selbst alle Ersitzungsvoraussetzungen erfüllte. Dies galt jedoch nicht, wenn der Erblasser bloßer Detentor oder bösgläubig war, da sich in diesen Fällen die Besitzqualität beim Erben fortsetzte.[177]

Der Ersitzungserwerber, der den Besitz an der Sache im Wege der Einzelrechtsnachfolge erlangt hatte, musste sämtliche Ersitzungsvoraussetzungen in seiner Person erfüllen, insbesondere die gesamte Ersitzungszeit hindurch die Sache ununterbrochen[178] besitzen. Hatte aber bereits sein Vorbesitzer zu ersitzen begonnen und war so ein Teil der Ersitzungszeit zugunsten des Vorbesitzers verstrichen, kam dies dem Erwerber in Form der Anrechnung der Besitzzeit seines Vorgängers, *accessio temporis*, zugute. Aufgrund der kurzen Fristen der *usucapio* von ein bzw. zwei Jahren hatte man lange Zeit kein Bedürfnis für eine Besitzanrechnung gesehen. Erst um die Wende des 2. zum 3. Jahrhundert n. Chr. nach Einführung der *longi temporis praescriptio* mit ihren langen Fristen[179] waren Tendenzen zur Vereinheitlichung der beiden Rechtsinstitute der *usucapio* und der *longi temporis praescriptio* erkennbar. Seit dieser Zeit war die Anrechnung der Besitzzeit des Vorgängers auch bei der *usucapio* anerkannt.[180]

---

[175] Paul. D. 41.4.2 pr; D. 41.3.48; Hausmaninger, Bona fides, S. 82 ff, 92 ff; Mayer-Maly, Putativtitelproblem, S. 89 ff; Kaser, BIDR 64, S. 78 ff; v. Lübtow, Hand wahre Hand, S. 147, Burdese, Vendita e trasferimento I, S. 123 ff

[176] Iav. D. 14.3.20; Pomp. D. 41.3.24.1; D. 41.4.6.2; Ner. D. 41.3.40; Iul. D. 41.4.7 pr; Pap. D. 41.3.43 pr; Paul. D. 41.4.2.19; Voci, Modi, S. 170 f; Bonfante, Scritti II, S. 548; Pernice, S. 440; Rützenhoff, S. 57 ff. Zu Javolen s. Kunkel, S. 138 ff.

[177] Pap. D. 44.3.11; Rützenhoff, S. 90 ff

[178] Paul. D. 41.3.31.1. Eine Besitzunterbrechung trat jedoch nicht ein, wenn der Ersitzungsbesitzer die Sache verpfändete, sie in die Detention eines anderen gab, bzw. wenn er auf Herausgabe der Sache verklagt wurde, vgl. Rützenhoff, S. 69 f.

[179] S. unten c).

[180] Ulp. D. 23.3.7.3; Paul. D. 41.4.2.16/20; Inst. 2.6.12/13; vgl. Rützenhoff, S. 76 ff; 96 f, 99; Mayer-Maly, Pauly's RE, S. 1110 ff; Kaser, RPR I, S. 423.

### b) *Die usucapio pro herede im klassischen Recht*

Die archaische *usucapio pro herede*, in ihrer während der republikanischen Zeit entwickelten Form der Ersitzung von einzelnen Erbschaftsgegenständen durch einen Nichterben, überdauerte bis in die klassische Zeit. Wie wir oben gesehen haben, erforderte die Erbschaftsersitzung weder eine *iusta causa* noch Gutgläubigkeit des Erwerbers. Es machte vielmehr gerade das Wesen dieses Ersitzungstyps aus, dass der Erwerber wissentlich fremde Sachen in Besitz nahm.[181] Um den Rechtsverlust auf Seiten des wahren Erben zu begrenzen, war die *usucapio pro herede* aber nur zulässig, wenn es keinen *suus heres*, keinen Hauserben gab. Nur in diesem Fall war die Erbschaft herrenlos und konnte in Besitz genommen werden, ohne ein *furtum* zu begehen.[182] Waren andere Erben als *sui* vorhanden, durften diese nach dem Antritt der Erbschaft den Besitz an den einzelnen Erbschaftsgegenständen noch nicht ergriffen haben. Nur unter dieser Voraussetzung wurde die Besitzergreifung durch einen Nichterben an Erbschaftssachen nicht als Diebstahl angesehen und konnte in eine Ersitzung münden.[183]

Trotz dieser Einschränkungen bezeichnete Gaius diese alte, republikanische Form der Erbschaftsersitzung ohne das Erfordernis der *bona fides* als *„inproba"* und *„lucrativa"*, schändlich und profitstrebend, da Gewinn aus einer fremden Sache gezogen werde.[184] Dieser dem Rechtsinstitut anhaftende Makel wurde durch ein *Senatus Consultum* Kaiser Hadrians (117-138 n. Chr.) beseitigt: Dieses Gesetz ließ die Erbschaftsklage des wahren Erben gegen den Ersitzungsbesitzer einzelner Nachlassgegenstände auch dann zu, wenn dessen Ersitzung bereits vollendet war. Aus den Quellen geht jedoch nicht eindeutig hervor, ob dies gegen jeden, d.h. gegen den bösgläubigen wie den gutgläubigen Ersitzungsbesitzer galt. Da die *usucapio pro herede* bis in die justinianische Zeit hinein dokumentiert und nicht aus der Rechtspraxis verschwunden ist, spricht viel dafür, dass sich die *heredis petitio* des Erben nur gegen den bösgläubigen Besitzer durchsetzte und auf diese Weise eine erfolgreiche *usucapio pro herede* vom Erfordernis der *bona fides* abhängig wurde. Kaiser Mark Aurel (161-180 n. Chr.) gewährte dem Erben schließlich eine Strafklage wegen Ausplünderung der Erbschaft gegen den Ersitzungserwerber.[185]

---

[181] Gai. 2.52; Wubbe, TRG 28, S. 15 ff; Kaser, RP, § 72 II 2, Bonfante, Scritti II, S. 482 f; Krüger, SZ 54, S. 81 ff

[182] Gai. 2.58; C. 7.29.2 (Diokletian, 293 n. Chr.)

[183] Gai. 2.52; 3.201; Paul. D. 47.4.1.15; PS 11.31.11; Wubbe, TRG 28, S. 18 f; Bonfante, Scritti II, S. 484 ff; Pernice, S. 441 f; Krüger, SZ 54, S. 80 f, 85 f, 88 ff

[184] Gai. 2.56

[185] Voci, Modi, S. 200 ff; Kaser, RP, § 72 II 2, ders., RPR I, S. 721; Wubbe, TRG 28, S. 29 f; v. Lübtow, Studi Francisci I, S. 483 ff

Nicht um einen Fall der Erbschaftsersitzung handelte es sich, wenn der (tatsächliche) Erbe im Nachlass Sachen vorfand, die der Erblasser z.B. nur als Detentor innehatte, der Erbe aber gutgläubig für Nachlassgegenstände hielt. Einem Eigentumserwerb des Erben im Wege der Universalsukzession stand hier das fehlende Eigentum des Erblassers entgegen. Eröffnete dies Raum für die Ersitzung? Diese Frage war unter den Juristen der Hoch- und Spätklassik noch umstritten.[186] Eine Konstitution des Diokletian aus dem Jahr 294 n. Chr. stellte schließlich klar, dass zu Unrecht als erbschaftszugehörig angesehene Sachen vom Erben nicht *pro herede* ersessen werden konnten.[187]

*c) Die longi temporis praescriptio*

Mit der *longi temporis praescriptio* taucht in der Spätklassik erstmals ein weiteres Rechtsinstitut mit eigentumsverschaffender Wirkung neben der *usucapio* auf, das lange andauerndem Besitz bzw. langjähriger Rechtsausübung Rechnung trägt. Die Entstehung der *longi temporis praescriptio* fällt in die Zeit der Severer um 200 n. Chr. Der älteste Hinweis auf dieses Rechtsinstitut ist ein Reskript des Kaisers Septimius Severus, das er 199/200 n. Chr. während eines Aufenthalts in Ägypten erließ, und mit dem er die *longi temporis praescriptio* jedenfalls bestätigte, wenn nicht sogar einführte.[188]

Die Wirkung der *longi temporis praescriptio* war zur Zeit ihrer Entstehung zunächst rein prozessualer Natur: Der auf Herausgabe verklagte Besitzer einer Sache, der den Besitz aufgrund einer *iusta causa* erlangt und über einen Zeitraum von 10 bzw. 20 Jahren innegehabt hatte, konnte dem Kläger den Einwand des *longum tempus* entgegenhalten und somit die Durchsetzbarkeit des Herausgabe-

---

[186] Pomp. D. 41.5.3; Pap. D. 44.3.11; Paul. D. 41.3.4.5/15; vgl. Bauer, S. 100 ff, 112 f, 120; Mayer-Maly, Putativtitelproblem, S. 25, 30, 71 f; ders., Studi Betti III, S. 475 f; SZ 79, S. 99 f.

[187] C. 7.29.4; Inst. 2.6.12

[188] „*Imp. Caesar Lucius Septimius Severus ... et imp. Caesar Marcus Aurelius Antoninus Julianae Sostheniani filiae per Sosthenem maritum. Longae possessionis praescriptio iis, qui iustam causam habuerunt et sine ulla controversia in possessione fuerunt, adversus eos qui in alia civitate morantur annorum viginti spatio confirmatur, adversus eos autem qui in eadem annorum decem.* “; lat. Übersetzung von Riccobono, zit. nach Voci, Modi, S. 218; griechischer Text des Reskripts abgedruckt bei Partsch, ltp, S. 1. Das Reskript ist in zwei verschiedenen Überlieferungen erhalten, die auf den 29.12.299 n. Chr. bzw. auf den 19.04.200 n. Chr. datiert sind. Vgl. Partsch, ltp, S. 109 ff. Nörr, ltp, S. 72 ff nimmt an, Septimius Severus habe die *longi temporis praescriptio* - ursprünglich wohl nur als zeitlich begrenzte Notmaßnahme - während eines Zustandes der Anarchie in Ägypten eingeführt, um eine Stabilisierung der bestehenden Besitzstände zu erreichen; s. auch Nörr, The Irish Jurist 1968, S. 358 f; Inst. 2.6.7; Paul. D. 18.1.76.1.

anspruches des Eigentümers hindern.[189] Die Wurzeln der *longi temporis praescriptio* liegen im Prozessrecht, lassen sich aber wie bei der *usucapio* nicht restlos aufklären. Der Begriff der *praescriptio*, der bis zum Ende des 2. Jahrhunderts n. Chr. weitgehend ungebräuchlich war, wurde ab dem Jahr 200 n. Chr. als terminus technicus für die Geltendmachung der Unzulässigkeit einer Klage im Prozess verwendet. Die *praescriptio* diente der Geltendmachung sowohl der Unzulässigkeit wegen Zeitablaufs, z.B. wegen Ablaufs der fünfjährigen Verjährungsfrist des *quinquenniums* v.a. im Erbrecht oder der gegenüber Fiskalansprüchen laufenden Frist von 20 Jahren, sowie anderer Gründe wie der Unzuständigkeit des Gerichts, aber auch von das materielle Recht betreffenden Einwendungen. Bei der Suche nach einer Begründung für das plötzliche Auftauchen des seit dem 1. Jahrhundert n. Chr. in der Rhetorik gebrauchten Begriffs ist man jedoch auf Vermutungen angewiesen. Am wahrscheinlichsten ist ein Zusammenhang der Einführung der *praescriptio* an Stelle der bisher für diese Fälle verwendeten *exceptio* mit dem Übergang vom Formularprozess zum Kognitionsverfahren der außerordentlichen Gerichtsbarkeit des Kaisers und der kaiserlichen Beamten *(extraordinaria cognitio)*.[190] Ob es - abgesehen von der allgemeinen Berücksichtigung langen Zeitablaufs im Einzelfall - einen unmittelbaren Vorläufer der *longi temporis praescriptio* im Sinne eines Rechtsinstituts gab, das Einfluss auf die Eigentumslage nahm, ist nicht nachweisbar. Ein gefestigtes Verjährungsrecht existierte in der klassischen römischen Rechtspraxis jedenfalls nicht. Deshalb wird angenommen, das Rechtsinstitut gehe auf hellenistische Vorbilder bzw. eine entsprechende Praxis in den Provinzen zurück.[191]

Im Laufe des 3. Jahrhunderts n. Chr. näherte sich die *longi temporis praescriptio* schrittweise der *usucapio* an und entwickelte spätestens um die Wende zum 4. Jahrhundert n. Chr. die Wirkung eines Eigentumserwerbstatbestandes. Infolgedessen konnte der Besitzer aufgrund der *longi temporis praescriptio* eine

---

[189] Nörr, The Irish Jurist 1968, S. 354, 360; Voci, Modi, S. 221 f

[190] Nörr, ltp, S. 31 ff, 36 ff, 101 f; ders., The Irish Jurist 1968, S. 354 ff; Partsch, ltp, S. 66 ff. Das Verfahren der *extraordinaria cognitio* war ursprünglich ein Strafverfahren. Im Zivilrecht wurde dieser (außerordentliche) Rechtsweg vor allem für Ansprüche gewährt, die zwar klagbar waren, aber primär auf einer sittlichen Pflicht beruhten, und für die deshalb der ordentliche Rechtsweg, das Formularverfahren vor dem Prätor, nicht eröffnet war. In einem Teil der Kaiserprovinzen war der Kognitionsprozess die einzige Verfahrensart, Kaser, RP, § 2 II 3b, § 42 III 1, § 77 I, § 80 II 5, § 87.

[191] Nörr, ltp, S. 42 ff; ders., The Irish Jurist 1968, S. 353; Partsch, ltp, S. 112 ff, 136 ff. Die Rechtsfigur der Unvordenklichkeit, *vetustas*, die bis auf das spätrepublikanische Recht zurückgeht, begründete eine Vermutung für die Existenz eines Rechts, wenn eine Situation seit unvordenklichen Zeiten bestand, so dass es keine Erinnerung mehr an die Begründung des Rechts gab. Die *vetustas* ist jedoch aufgrund der strukturellen Unterschiede der beiden Rechtsinstitute nicht als Vorläufer der *longi temporis praescriptio* anzusehen, Nörr, ltp, S. 46 ff; Voci, Modi, S. 219.

Herausgabeklage gegen einen Dritten erheben und war zudem durch die *actio Publiciana* geschützt. Nach ihrer Struktur stand bei der *longi temporis praescriptio* aber weniger der Rechtserwerb als vielmehr der Rechtsverlust des bisherigen Berechtigten durch Zeitablauf im Vordergrund.[192]

Wie die *usucapio* diente die *longi temporis praescriptio* in ihrer prozessualen Funktion vorwiegend dem Zweck der Beweiserleichterung sowie der Schaffung von Rechtssicherheit auf der Grundlage des Vertrauens des Besitzers auf sein Recht sowie von Dritten auf die offenkundige Besitzlage. Dieses Vertrauen war durch die mangelnde Rechtsverfolgung des ursprünglichen Eigentümers begründet.[193]

Die *longi temporis praescriptio* fand ursprünglich sowohl auf bewegliche wie unbewegliche Sachen Anwendung. Sie galt in erster Linie für die Bewohner der Provinzen, denen vor der Erstreckung des Bürgerrechts auf die gesamte Bevölkerung des Reiches durch die Constitutio Antoniniana im Jahre 212 n. Chr. die *usucapio* nicht offenstand. Deshalb bestand in der Zeit vor 212 n. Chr. für die Provinzialen durchaus Bedarf an einem Rechtsinstitut, mit dem die Wirkungen langen Zeitablaufs geltend gemacht werden konnten. Auch für die römischen Bürger mit Grundbesitz in den Provinzen war die *longi temporis praescriptio* erforderlich, da die *usucapio* nur auf italische Grundstücke anwendbar war.[194] Die *longi temporis praescriptio* wird somit anfangs den Wirkungsbereich der *usucapio* ergänzt haben. Erst nach 212 n. Chr. begannen die Tendenzen zu einer Einschränkung ihres Anwendungsbereichs auf Grundstücke, zumal die *usucapio* wegen der wesentlich kürzeren Frist von nur einem Jahr für bewegliche Sachen praktischer war.[195]

Charakteristisch für das Rechtsinstitut der *longi temporis praescriptio* ist, dass ihre Voraussetzungen bei weitem nicht so klar definiert und in kasuistischen Entscheidungen herausgebildet waren wie die der *usucapio*. Dies liegt vermutlich daran, dass ein aus den aktuellen Bedürfnissen der Zeit entstandenes Rechtsinstitut nicht innerhalb kurzer Zeit präzise Konturen erhalten konnte. Die *longi temporis praescriptio* war somit in der Rechtsanwendung weniger starr und des-

---

192 Pap. D. 41.3.45 pr (Papinian starb 212 n. Chr., Söllner, S. 111; Kunkel, S. 224 ff); C. 7.39.8 pr; Nörr, The Irish Jurist 1968, S. 360; ders., ltp, S. 32, 92 f, 95 ff, 104 f; Partsch, ltp, S. 84 ff; Kaser, RZP, S. 487 ff; RPR II, S. 240

193 Partsch, ltp, S. 128 ff; Nörr, ltp, S. 106

194 Vgl. Kaser, SZ 105, S. 150 ff.

195 Pap. Fragm. Vat. 7; Mod. D. 44.3.3; Partsch, ltp, S. 82 f, 106 ff; Nörr, ltp, S. 82 ff, 103. Spätestens Ende des 3. Jahrhunderts n. Chr. dürften jedoch die italischen Grundstücke dem Provinzialboden gleichgestellt gewesen sein, Nörr, ltp, S. 84 Fn. 10.

halb flexibler als die *usucapio*, was andererseits aber auch ein Minus an Rechtssicherheit mit sich brachte.[196]

Die Wirkungen der *longi temporis praescriptio* traten ein, wenn derjenige, der sich auf die *longi temporis praescriptio* berief, die streitgegenständliche Sache während der vorgeschriebenen Frist in Besitz hatte. Besitz war in der Regel der Eigenbesitz der klassischen *usucapio*, blieb im Rahmen der *longi temporis praescriptio* aber nicht auf körperliche Gegenstände beschränkt, sondern konnte auch die Ausübung von Rechten zum Gegenstand haben. Der Besitz musste während der gesamten Frist ungestört sein. In diesem Erfordernis kam der hinter dem Rechtsinstitut stehende Verschweigungsgedanke, d.h. die Säumnis des ursprünglich Berechtigten in seiner Rechtsverfolgung, zum Ausdruck. Anders als bei der *usucapio*, die auch bei Klageerhebung weiter lief, konnte bei der *longi temporis praescriptio* eine einmal eingetretene Unterbrechung im Besitz bei demselben Besitzer nicht mehr geheilt werden.[197]

Der Besitz musste - nach der Überlieferung des Reskripts von Septimius Severus - über einen Zeitraum von 10 Jahren andauern, wenn Kläger und Beklagter in derselben *Polis* verweilten. Die Frist betrug 20 Jahre, wenn Kläger und Beklagter in verschiedenen *Polis* lebten. Dieses Kriterium wurde vermutlich schon bald verallgemeinert und mit den Begriffen *inter praesentia* bzw. *inter absentia* wiedergegeben. Damit blieb dem Richter ein gewisser Ermessensspielraum bei der Prüfung der Frist.[198] Dem Käufer wurde die zugunsten seines Verkäufers bereits verstrichene Ersitzungszeit angerechnet, wenn dieser die Voraussetzungen der *longi temporis praescriptio* erfüllt hatte, d.h. die Sache aufgrund eines *iustum initium* ununterbrochen, insbesondere unverklagt, besessen hatte.[199]

Ein die Wirkungen der *longi temporis praescriptio* auslösender Sachbesitz musste ein *iustum initium* genommen haben, d.h. auf einem Rechtsgrund beruhen. Wie bei der *usucapio* war der Kreis der möglichen Besitztitel offen, abgelehnt wurden jedoch die Titel *pro herede* und *pro possessore*. Das Problem der Akzeptanz eines nur vermeintlich vorliegenden Zuwendungsverhältnisses als Rechtsgrund tauchte im Rahmen der *longi temporis praescriptio* vermutlich aufgrund der bereits restriktiven Haltung der Spätklassiker und dann Diokletians nicht mehr auf.[200] Anders als bei der *usucapio* ist nach der Quellenlage davon auszuge-

---

[196] Nörr, ltp, S. 79; ders., The Irish Jurist 1968, S. 360 ff

[197] Nörr, ltp, S. 81, 94 f; Partsch, ltp, S. 2, 32 ff, 46 ff; Voci, Modi, S. 170; PS 5.2.3 ff; C. 7.32.2; C.7.33.1/2

[198] Nörr, ltp, S. 80 f; Kaser, RPR I, S. 424; Voci, Modi, S. 221; Partsch, ltp, S. 49 ff

[199] C. 7.33.1; Rützenhoff, S. 63 ff

[200] Vgl. PS 5.2.4; C. 7.32.2; C.7.33.8; C.7.33.4; C.7.34.4; C. 7.36.1/2; Nörr, ltp, S. 88; Partsch, ltp, S. 19 ff.

hen, dass die Voraussetzung der *bona fides* des Besitzers bereits im Erfordernis des *iustum initium* enthalten war, d.h. ein gerechtfertigter Besitzerwerb nur angenommen wurde, wenn der Besitzer gutgläubig hinsichtlich seiner Berechtigung war. Maßgeblich war somit auch bei der *longi temporis praescriptio* die Gutgläubigkeit im Zeitpunkt des Besitzerwerbs. Für die Frage, ob ein Erbe das Eigentum an einer fremden, im Nachlass befindlichen Sache im Wege der *longi temporis praescriptio* erwerben konnte, kam es deshalb darauf an, dass der Besitz des Erblassers ein *iustum initium* hatte. Die Gut- oder Bösgläubigkeit des Erben spielte dagegen keine Rolle, da wie bei der *usucapio* der Besitz, so wie er beim Erblasser bestanden hatte, auf den Erben überging. Der Erbe setzte die *longi temporis praescriptio* des Erblassers fort. Erfüllte der Erblasserbesitz die Voraussetzungen dagegen nicht, blieb dem Erben eine eigene *longi temporis praescriptio* verwehrt.[201]

### 4. Die Ersitzung im nachklassischen Recht

#### *a) Allgemeines zum nachklassischen römischen Recht*

Spätestens im 4. Jahrhundert n. Chr. begann die Epoche des nachklassischen Rechts, die geprägt war vom Niedergang in Wirtschaft und Gesellschaft, durch zunehmende Einflüsse aus dem Hellenismus und dem Christentum sowie einer verfassungsmäßigen Neuordnung hin zur Errichtung eines absoluten Kaisertums.[202] Der Rechtsentwicklung drückte zunächst Diokletian (Kaiser 284 bis 305 n. Chr.) seinen Stempel auf, indem er sich angesichts der gesellschaftlichen und wirtschaftlichen Umwälzungen und der politischen Schwäche des Staates verpflichtet sah, die bestehende Rechtsordnung zu bewahren und ihre Einhaltung zu stabilisieren.[203] Die Reskripte der noch mit Fachjuristen besetzten kaiserlichen Kanzlei sowie die privaten Sammlungen der Kaisergesetzgebung seit Hadrian in den Codices Gregorianus (291 n. Chr.) und Hermogenianus (295 n. Chr.) spiegeln diese Haltung wieder.[204] Seit Konstantin (Kaiser 306 bis 337 n. Chr.) fanden vulgare Tendenzen im Recht Eingang in die Kaisergesetzgebung, nachdem die

---

[201] Inst. 2.6.12: „*Diutina possessio, quae prodesse coeperat defuncto, et heredi et bonorum possessori continuatur, licet ipse sciat praedium alienum: quodsi ille initium iustum non habuit, heredi et bonorum possessori licet ignoranti possessio non prodest.*"; vgl. allgemein C. 4.26.10.1; C. 7.22.2; Nörr, ltp, S. 85 ff, Partsch, ltp, S. 8 ff, 28, 147 ff; Kaser, RPR I, S. 424; Rützenhoff, S. 90 ff.

[202] Kaser, RPR II, S. 3 f; Wieacker, Recht und Gesellschaft in der Spätantike, S. 17 ff; ders., Vulgarismus und Klassizismus, S. 45 f; Ausgewählte Schriften I [11], S. 214 ff

[203] Levy, West Roman Vulgar Law I, S. 6; Mayer-Maly, Putativtitelproblem, S. 22 ff. Nach herrschender Meinung blieb die klassische Tradition bis zur Abdankung Diokletians gewahrt, Wieacker, Römische Rechtsgeschichte I, S. 24; Kaser, RPR II, S. 3, 18 f.

[204] Wieacker, IRMAE I 2a, S. 21; Schulz, History of Roman Legal Science, S. 285 ff, 308 f

fachjuristische Oberschicht aus ihrem öffentlichen Einfluß verdrängt und in der kaiserlichen Kanzlei durch überwiegend rhetorisch geschulte Beamte ersetzt worden war.[205]

Ab dem Beginn des vierten Jahrhunderts wurde das klassische römische Recht durch ein offen zu Tage tretendes Vulgarrecht[206] abgelöst, das durch die Preisgabe des klassischen Systems und seiner inneren Folgerichtigkeit gekennzeichnet ist.[207] Für das Sachenrecht bedeutete das, dass die exakten Differenzierungen der

---

[205] Vgl. Wieacker, Vulgarismus und Klassizismus, S. 16 ff, 29, 33, 45, 51; ders., Ausgewählte Schriften I [11], S. 209 ff; 216 ff; Ausgewählte Schriften I [13], S. 242; Vom römischen Recht, S. 228, 232 f, 249 ff; Kaser, RPR II, S. 5, 18 ff; Levy, Römisches Vulgarrecht und Kaiserrecht, GS I, S. 291 ff. Schon während der Klassik wurde außerhalb der Kreise der Fachjurisprudenz, d.h. insbesondere in der Rechtspraxis juristischer Laien bzw. in ländlichen Gebieten und Randprovinzen des Imperiums auch durch Richter und Magistrate, nicht mehr das dogmatisch durchgebildete klassische Recht angewendet, Wieacker, Vulgarismus und Klassizismus, S. 40. Dort zeigte sich die Tendenz zur „Vulgarisierung", d.h. zur Vereinfachung in der Denk- und Ausdrucksweise und damit auch in der Ausgestaltung der Rechtsinstitute, die den naturalistischen Anschauungen und dem Verständnis der Bevölkerung näherkam. Immer deutlicher wurde dies seit der Verleihung des Bürgerrechts für die Bevölkerung des gesamten Imperiums und damit der Erweiterung des Geltungsbereichs des römischen Rechts durch die Constitutio Antoniniana im Jahre 212 n. Chr. Der in klassischen Fragmenten verwendete Begriff *„vulgo"* läßt auf das Bestehen vulgarer Tendenzen bereits in der Klassik schließen, wobei die Verwendung dieses Begriffs zur Betonung eines Gegensatzes zwischen Fachsprache und Umgangssprache dienen sollte, womit die Klassiker einer Tendenz zur Ausbildung von Faustregeln, zur Abstraktion und Generalisierung entgegentreten wollten, Mayer-Maly, Labeo 6, S. 8, 12, 25 ff; Levy, West Roman Vulgar Law I, S. 6, 70 f. Ein weiteres Einfallstor für die Vulgarisierung des Rechts war das *Ius*, d.h. die Gesamtmasse der Juristenschriften, das unter Konstantin erstmals allgemeine normative Geltung erhielt, CT 1.4.2; Wieacker, IRMAE I 2a, S. 17; ders., Vom römischen Recht, S. 235; Levy, Römisches Vulgarrecht und Kaiserrecht, GS I, S. 291 ff. Dabei handelte es sich aber nicht mehr um die komplexen klassischen Schriften, die im Westen des Imperiums bereits im 4. Jahrhundert n. Chr. zu verschwinden begannen und im 5. Jahrhundert n. Chr. kaum noch bekannt waren. Statt dessen entstanden vereinfachende Literaturgattungen wie die Epitome, Paraphrasen, Interpretationen und Scholien, die nunmehr von Rechtspraxis und -theorie herangezogen wurden und die unsere hauptsächliche Erkenntnisquellen für das Recht dieser Epoche sind, Wieacker, Vom römischen Recht, S. 238; ders., Ausgewählte Schriften I [11], S. 216 f; [13], S. 243; IRMAE I 2a, S. 18 ff m.w.N.; Vulgarismus und Klassizismus, S. 33; Recht und Gesellschaft in der Spätantike, S. 109 ff; Levy, West Roman Vulgar Law I, S. 9; ders., Westen und Osten, GS I, S. 167 f.

[206] Von einem näheren Eingehen auf die akademisch geführte Diskussion über die Begriffe „Vulgarismus" und „Vulgarrecht" (vgl. stellvertretend Wieacker, Ausgewählte Schriften I [13] S. 244 ff, Simon, FS Wieacker, S. 154 ff) wird hier abgesehen, da ähnlich dem Forschungsansatz Levy's in West Roman Vulgar Law die inhaltliche Ausgestaltung des Rechtsinstituts der Ersitzung untersucht werden soll. Allgemein zur Diskussion um den Begriff Vulgarrecht vgl. Stühff, Vulgarrecht im Kaiserrecht; Wieacker, Studi Betti IV, S. 516 ff

[207] Wieacker, Vulgarismus und Klassizismus, S. 40 ff: Eine organische Weiterentwicklung von

Klassiker aufgegeben wurden, dass zwischen Eigentum, Besitz und Nutzungsrecht - *dominium, possessio* und *usufructus* - nicht mehr abgegrenzt wurde. So wurde auch nicht mehr zwischen quiritischem und bonitarischem Eigentum unterschieden, die italischen und Provinzialgrundstücke wurden einander angenähert, die *mancipatio* nicht mehr praktiziert[208].

Die Dominanz des Vulgarrechts ergriff zunächst den Osten gleichermaßen wie den Westen. Im Zuge der faktischen verfassungs- und verwaltungsmäßigen Reichsteilung nach dem Tod Konstantins 337 n. Chr. mit selbständiger Gesetzgebung im westlichen und östlichen Teil entstand universell geltendes Recht nur durch Billigung der Erlasse des jeweils anderen Kaisers sowie kraft gemeinsamen Willens durch den Codex Theodosianus (439 n. Chr.). Die Kaisergesetze wiesen dabei in beiden Reichsteilen stark vulgare Züge auf.[209] Daneben blieb auch die oströmische Rechtspraxis nicht unberührt von der organischen Weiterbildung der klassischen Institutionen und dem Erstarken volkstümlicher Anschauungen sowie Einflüssen von außen, insbesondere der hellenistischen Praxis. Im 4. und 5. Jahrhundert n. Chr. verlief daher die (vulgare) Rechtsentwicklung im Westen und Osten weitgehend parallel und gelangte oft zu ähnlichen Ergebnissen, zumal die politischen, wirtschaftlichen, religiösen und sozialen Umwälzungen im gesamten Imperium dieselben Probleme aufwarfen.[210] Zwar konnte im Ostteil des Reiches, wo ein großer Bestand an klassischer Rechtsliteratur erhalten blieb, und wo die Hochschulen von Beryt und Konstantinopel sich um eine Rekonstruktion und Nutzung dieser Literatur und um die Fortführung der juristischen Fachwissenschaft und Fachausbildung bemühten, die klassische Rechtstradition wiederbelebt werden.[211] Dieser Klassizismus im Osten konnte aber auch dort erst zu einer Abkehr von der Vulgarisierung und zu einer Renaissance des klassischen juristischen Gedankenguts und damit zu einer Wiederbelebung des klassischen Systems der Sachenrechte mit einer klaren Trennung zwischen Eigentum und Besitz führen, als die Fachjuristen mit dem Regierungsantritt Justinians 527 n. Chr.

---

Rechtsinstituten während Klassik und Spätklassik (z.B. das in der Spätklassik auftretende Nebeneinander von *usucapio* und *longi temporis praesccriptio*) ist von vulgaren Tendenzen (wie z.B. das zwischenzeitliche Verschwinden der *usucapio* aus den vulgarrechtlichen Quellen und der Verlust des Unterscheidungsvermögens zwischen extinktiver und akquisitiver Wirkung des Zeitablaufs) zu unterscheiden.

208 Kaser, RPR II, S. 238 ff; Levy, BIDR 51/52 (1948), S. 354; ders., West Roman Vulgar Law I, S. 61 f, 176 ff; Wieacker, Vulgarismus und Klassizismus, S. 23, 42

209 Levy, Oström. Vulgarrecht, GS I, S. 295 ff, 302 f; West-Östl. Vulgarrecht, GS I, S. 264 ff, 267; Hausmaninger/Selb, S. 93

210 Levy, Westen und Osten, GS I, S. 169 ff, 176; West-Östl. Vulgarrecht, GS I, S. 266 ff, 272, 279 ff; Wieacker, Vulgarismus und Klassizismus, S. 28

211 Wieacker, Vulgarismus und Klassizismus, S. 50 ff, 52; Ausgewählte Schriften I [11], S. 219; Vom römischen Recht, S. 228, 261 ff; vgl. auch Volterra, Annali di Storia di Diritto I, S. 51 ff.

wieder Autorität in den gesetzgebenden Kreisen erlangten und in sein Gesetzgebungswerk eingebunden wurden.[212]

Im Westen dagegen hatte das Fehlen klassizistischer Strömungen und der weitere Verfall der Regierungsgewalt ein Erstarken der Vulgarisierung zur Folge. Die eindringenden Germanen, deren Rechtsdenken ebenfalls von naturalistischen und emotionalen Anschauungen beherrscht war, fanden das römische Recht in einem Zustand vor, der es ihnen erlaubte, es in ihre Gesetzgebung mit Geltung vor allem für die Untertanen römischer Abstammung aufzunehmen. In der Gestalt, die das römische Recht in den Kodifikationen der römisch-germanischen Föderatenstaaten annahm, prägte es das Rechtsbewußtsein in Westeuropa bis zum Jahr 1100.[213]

*b) Die usucapio und die longi temporis praescriptio unter Diokletian*

Bei Regierungsantritt Diokletians Ende des 3. Jahrhunderts n. Chr. waren *usucapio* und *longi temporis praescriptio* in ihrer spätklassischen Ausprägung geltendes Recht. Wie bereits erwähnt, war Diokletian bestrebt, durch seine Gesetzgebung das geltende Recht festzuschreiben und dadurch gegen aufweichende Tendenzen zu schützen. Dementsprechend erließ er in den Jahren 293/294 n. Chr. Konstitutionen, in denen er die ablehnende Haltung der spätklassischen Juristen gegenüber der Anerkennung eines nur vermeintlich vorliegenden Zuwendungsverhältnisses als *iusta causa* und damit als Grundlage einer *usucapio* zementierte. So verlangte er nun ausdrücklich, dass der Ersitzungsbesitz auf einem *verus titulus* beruhte. Die Ersitzung einer im Nachlass befindlichen fremden Sache durch den Erben, der den Besitz allein aufgrund der Erbfolge erlangt hatte, lehnte er aufgrund des fehlenden Titels ab.[214] Hatten die Spätklassiker die Ersitzung nach dem gutgläubigen Erwerb einer Sache vom beschränkt Geschäftsfähigen, der ohne die Zustimmung seines Vormundes handelte, noch zugelassen, so war für Diokletian nun auch der Irrtum über das Vorliegen der Zustimmung oder über die

212 Levy, Oström. Vulgarrecht, GS I, S. 295, 302 ff; Kaser, RPR II, S. 7, 239; Wieacker, Vom römischen Recht, S. 238 ff, vermutet das Einsetzen dieser Entwicklung bereits für das Ende des 4. Jahrhunderts. Eine staatliche Förderung der Fachjurisprudenz setzte insbesondere mit Kaiser Leo ab 460 n. Chr. ein, Hausmaninger/Selb, S. 93.

213 Kaser, RPR II, S. 5 f; 27; Wieacker, Recht und Gesellschaft in der Spätantike, S. 33 ff; ders., Vulgarismus und Klassizismus, S. 27, 32 f, 63 f; IRMAE I 2a, S. 7 ff; Ausgewählte Schriften I [13], S. 250 f

214 C. 7.29.4: *„Idem AA. et CC. Serapioni. Usucapio non praecedente vero titulo procedere non potest nec prodesse neque tenenti neque heredi eius potest, nec obtentu velut ex hereditate, quod alienum fuit, domini intentio ullo longi temporis spatio absumitur. D. VII k. Ian. CC. conss. [a. 294]"*; C. 3.36.22; C. 7.27.3; C. 3.32.24. Nach PS 5.6.12 setzte sich ein lediglich prekaristischer Besitz des Erblassers beim Erben fort, der als *„clam"* zu besitzen erachtet und deshalb nicht als schutzwürdig angesehen wurde, vgl. Conrat, Der Westgothische Paulus, S. 132.

volle Geschäftsfähigkeit des Kontrahenten unbeachtlich. Auch in diesen Fällen erlaubte er keine Ersitzung.[215] Die Forderung nach einem existierenden und wirksamen Grundgeschäft galt gleichermaßen für die *longi temporis praescriptio*.[216]

Nicht nur in der Frage der *iusta causa* kam es zu einer allmählichen Annäherung von *longi temporis praescriptio* und *usucapio*: Nachdem Diokletian eine Änderung des Prozessablaufs verfügt hatte, wurden die Voraussetzungen der *longi temporis praescriptio* nach ihrer Geltendmachung nun in der Sachverhandlung geprüft. Damit war die materiellrechtliche Wirkung des Rechtsinstituts anerkannt.[217] Der Besitz an gestohlenen Sachen war auch von den Wirkungen der *longi temporis praescriptio* ausgeschlossen.[218] Der Grund für die zunehmende Angleichung der beiden Rechtsinstitute ist zum einen darin zu sehen, dass eine Differenzierung zwischen - seit vorklassischer Zeit hinsichtlich der Rechtsfolgen ohnehin weitgehend gleichbehandelten - *res mancipi* und *res nec mancipi* inzwischen völlig verschwunden war. Die Übertragungsform der *mancipatio* war zugunsten der formlosen *traditio* obsolet geworden. Italische und in den Provinzen belegene Grundstücke stellte Diokletian gleich, indem er auch den italischen

---

[215] C. 7.26.9: „*Idem AA. et CC. Gaio. Eum, qui a pupillo sine tutoris auctoritate distrahente comparavit, nullum temporis spatium defendit. [...] S. VIII id. Dec. CC. conss. [a. 294]*"; C. 5.59.3; s. dazu Mayer-Maly, Putativtitelproblem, S. 22 ff.

[216] C.7.33.4/5; PS 5.2.3/4: „*Longi autem temporis prascriptione inter praesentes continui decennii spatio, inter absentes vicennii comprehenditur. Viginti annorum praescriptio etiam adversus rem publicam prodest ei, qui iustum initium possessionis habuit nec medio tempore interpellatus est. [...]*"; PS 5.5.8; Levy, BIDR 51/52, S. 357.
Die *Pauli Sententiae* sind neben den kaiserlichen Reskripten und Konstitutionen eine wichtige Erkenntnisquelle für das um die Wende des 3. zum 4. Jahrhundert n. Chr. geltende Recht. Der Verfasser der Sentenzen war nicht der Jurist Paulus, sondern ein unbekannter Autor, der vermutlich in Afrika lebte. Er stellte im späten dritten Jahrhundert, spätestens um das Jahr 300 n. Chr., eine für die Rechtsanwendung handliche Sammlung aus den Schriften des Juristen Paulus zusammen, wobei er die Originaltexte kürzte, vereinfachte und dem Rechtsverständnis seiner Zeit anpasste, Levy, Paulus, SZ 50, S. 272 ff; Liebs, SZ 106, S. 231 ff. Der Text der Paulussentenzen ist uns im wesentlichen durch die *Lex Romana Visigothorum*, auch *Breviarium Alarici* genannt, aus dem Jahre 506 n. Chr. überliefert, die einen Großteil der Sentenzen enthält. Durch das Westgotische Gesetzbuch erlangten die *Pauli Sententiae* erheblichen Einfluss auf die Rechtspraxis der folgenden Jahrhunderte, Conrat, Der Westgothische Paulus, S. 10 f; Kreuter, S. 17; Levy, Vulgarization of Roman Law, GS I, S. 222 ff. Einzelne Fragmente sind außerdem in den Digesten sowie in der *Collatio mosaicarum et Romanarum legum* und der *Consultatio veteris cuiusdam iurisconsulti* enthalten, Liebs, Die Jurisprudenz, S. 162 ff, 175.
Dass es nach dem Verständnis Diokletians für den Eigentumserwerb auf die Besitzerlangung *ex iusta causa* ankam, ergibt sich auch aus CG 3.7.1/2 [259/286 n. Chr.] sowie C. 4.50.6/8 [293/294 n. Chr.], vgl. Kreuter, S. 76 ff, 89 ff.

[217] C. 7.33.9; C. 8.35.9; Nörr, ltp, S. 91 ff

[218] C. 6.1.1 [Diokletian, 286 n. Chr.]; Nörr, ltp, S. 89; Partsch, ltp, S. 79

Grundbesitz der Grundsteuerpflicht unterwarf.[219] Da sich infolge dieser Annäherung die Anwendungsbereiche von *usucapio* und *longi temporis praescriptio* zu überschneiden begannen, wurde eine Abgrenzung der Rechtsinstitute erforderlich: Während die *longi temporis praescriptio* nun allein für Grundstücke gelten sollte, wurde die *usucapio* auf Mobilien beschränkt. Wie wir noch sehen werden, entspricht dies der späteren Ordnung der beiden Rechtsinstitute durch Justinian.[220]

*c) Die Ersitzung im römischen Vulgarrecht des 4. und 5. Jahrhunderts n. Chr.*

Das Sachenrecht war in den beiden auf die Abdankung Diokletians folgenden Jahrhunderten dadurch gekennzeichnet, dass die klassische *usucapio* und die *longi temporis praescriptio* aus der Rechtspraxis und den Quellen verschwanden. Der Begriff der *praescriptio* wurde nicht mehr im Sinne der Geltendmachung eines Verteidigungsmittels des Beklagten, sondern als Bezeichnung für die Verjährung von Ansprüchen gebraucht.[221]

Unter Konstantin (306 bis 337 n. Chr.) waren *usucapio* und *longi temporis praescriptio* unter der Voraussetzung, dass der Besitz ein *iustum initium* hatte, noch geltendes Recht. Daneben führte Konstantin eine vierzigjährige Frist ein, nach deren Ablauf ungestörter Besitz unabhängig vom Vorliegen einer *iusta causa* geschützt sein sollte.[222] Wie vor ihm schon Caracalla und Diokletian, kämpfte auch Konstantin gegen eine Ausdehnung der *longi temporis praescriptio* auf Forderungsrechte. Auch die neue vierzigjährige *longissimi temporis praescriptio* sollte allein für dingliche Ansprüche gelten.[223]

Nach dem Tode Konstantins fielen *usucapio* und *longi temporis praescriptio* dem Vergessen anheim. Diese Entwicklung wurde begünstigt durch das zunehmende Eindringen der Germanen in das Gebiet des römischen Reiches ab der Mitte des 4. Jahrhunderts n. Chr. Die Germanenstämme ließen sich nieder und bildeten autonome Königreiche, so z.B. die Westgoten seit 418 in Südgallien und Spanien, die Burgunder seit 443 an der Rhône. Konfrontiert mit dem geschriebenen Recht der Römer, begannen die Germanen ebenfalls, das Recht aufzuzeichnen. Für die germanischen Stammesmitglieder galt das bisherige germanische Gewohnheitsrecht in seiner Form als nun geschriebenes Volksrecht fort.[224] Für die römische Bevölkerung ihres Territoriums erließen sie Gesetzbücher, die überwie-

---

219 Levy, Westen und Osten, GS I, S. 176; ders., BIDR 51/52, S. 354

220 Vgl. C. 4.26.10; C. 6.1.1; C. 7.34.2; C. 7.31.1; Nörr, ltp, S. 83.

221 Kaser, RPR II, S. 69 ff

222 C. 7.39.2 (zwischen 326 und 333 n. Chr.); Levy, BIDR 51/52, S. 357 f; ders., West-östl. Vulgarrecht, GS I, S. 268; Nörr, ltp, S. 107; Kaser, RPR II, S. 71, 285

223 Nörr, ltp, S. 103 f

224 S. unten II.1.

gend das vorgefundene römische Vulgarrecht enthielten.[225] So ist die *Lex Romana Visigothorum*, das westgotische Gesetzbuch, auch *Breviarium Alarici* genannt, aus dem Jahre 506 n. Chr. heute eine wichtige Erkenntnisquelle für das römische Recht des 4. und 5. Jahrhunderts n. Chr., da es aus wesentlichen Teilen des Codex Theodosianus, der *Epitome Gai*, der *Pauli Sententiae* sowie Auszügen aus den Codices Gregorianus und Hermogenianus besteht. Das Gesetzbuch kann damit als „kodifiziertes Vulgarrecht" angesehen werden.[226] Bei der Redaktion des *Breviarium* unterzogen die von Westgotenkönig Alarich II. eingesetzten *„prudentes"* das vorgefundene, nur noch in vulgarer Form vorhandene römische Recht einer kritischen Durchsicht und nahmen dabei Auslassungen und Anpassungen vor, um die Regelungen für ihre Zeitgenossen verständlich zu machen. Die *Lex Romana Visigothorum* hatte bahnbrechenden Erfolg, indem sie sich zur am weitesten verbreiteten und effektivsten Quelle des römischen Rechts entwickelte, die bis ins 12. Jahrhundert hinein Anwendung fand.[227]

Der im westgotischen Gesetzbuch enthaltene Codex Theodosianus aus dem Jahr 439 n. Chr.[228] verheißt mit seinem Titel *„De longi temporis praescriptione"* (CT 4.11) einen Hinweis auf das klassische Recht. Darunter findet sich aber neben einer Konstitution Konstantins, die allen aus kaiserlicher Schenkung vor seinem zehnjährigen Regierungsjubiläum erlangten, ungestörten Besitz für unantastbar erklärt,[229] lediglich ein Gesetz aus dem Jahr 349 n. Chr., das - ebenfalls ohne eine Verbindung zur klassischen *longi temporis praescriptio* erkennen zu lassen - die allgemeine Verjährungsfrist von 40 Jahren regelt. Auch diese Frist sollte - wie früher die *longi temporis praescriptio* - nur für *actiones in rem* und somit für die Sachverfolgung durch den Eigentümer gelten. Besitzschutz im Sinne eines Ei-

---

[225] Vgl. Conrad, Deutsche Rechtsgeschichte I, S. 128 f.

[226] Kreuter, S. 17 ff; Wieacker, Ausgewählte Schriften I [13], S. 243, 251; Siems, Lex Romana Visigothorum, HRG II, Sp. 1940 ff; Hausmaniger/Selb, S. 92; Levy, Wesen des weström. Vulgarrechts, S. 184 ff, 196 ff; Nehlsen, GS Ebel, S. 176 ff; King, S. 9 ff

[227] Nehlsen, GS Ebel, S. 143 f; Wieacker, Recht und Gesellschaft in der Spätantike, S. 121. Die schweizerische *Lex Romana Curiensis* aus dem 8. Jahrhunderts basierte auf der *Lex Romana Visigothorum*, insbesondere auf den *Pauli Sententiae*, Levy, Vulgarization of Roman Law, GS I, S. 221, 223.

[228] Der Codex Theodosianus wurde von einer durch Kaiser Theodosius II. im Jahre 429 eingesetzten Kommission zusammengestellt. Er enthält Kaiserkonstitutionen seit der Zeit Konstantins bis ins Jahr 437 (Theodosius II. und Valentinian) und beanspruchte universelle Geltung für den Westen und den Osten des Reichs. Der Codex ist uns in großen Teilen ebenfalls durch das Westgotische Gesetzbuch, die *Lex Romana Visigothorum*, überliefert, vgl. Honoré, SZ 103, S. 133 f, 156 f, 161 ff; Dickerman Williams, in: Pharr, The Theodosian Code, S. XVII ff; Wieacker, IRMAE I 2a, S. 23; Kreuter, S. 17.

[229] CT 4.11.1 [316 n. Chr.]

gentumserwerbs hatte sich in der Rechtsvorstellung zu einer Verjährung des Herausgabeanspruchs gewandelt.[230]

Die bereits Ende des 3. Jahrhunderts n. Chr. entstandenen *Pauli Sententiae* enthalten gleichermaßen einen auf das klassische Rechtsinstitut hindeutenden Titel *„De usucapione"* (PS 5.2). Die in der *Lex Romana Visigothorum* unter diesem Titel überlieferten Sätze haben jedoch nichts mit der *usucapio* zu tun, sondern betreffen die klassische *longi temporis praescriptio*.[231] Dass die Westgoten aber keine Vorstellung mehr von den beiden klassischen Rechtsinstituten hatten, machen schließlich die Interpretationen zu den *Pauli Sententiae* deutlich. Diese Erläuterungen zu einigen der Sentenzen stammen von den Redaktoren des westgotischen Gesetzbuches oder wurden von einem früheren Autor Ende des 5. Jahrhunders n. Chr. verfasst.[232] Die Interpretatio zu PS 5.2.3/4[233] zählt in ihrem zweiten Satz eine Reihe von Besitzgründen auf, die ein *iustum initium* begründen konnten, und vermittelt damit den Eindruck, im 5. Jahrhunderts n. Chr. habe man nach wie vor streng auf die Einhaltung der klassischen Ersitzungsvoraussetzungen geachtet. Gegenüber dem Sentenzentext, der eine Frist von zwanzig Jahren bei einer Ersitzung gegen den Fiskus für maßgeblich erklärt, stellt die Interpretatio zunächst die zwanzig Jahre als allgemeingültig dar, nennt aber im Schlusssatz unter Wiederholung des Sentenzentextes die zehn Jahre als generell *inter praesentes* geltende Frist. Der darin liegende Widerspruch war den Redaktoren offensichtlich nicht bewusst geworden.[234]

Tatsächlich kann man demgegenüber davon ausgehen, dass seit der Regierungszeit Konstantins die konstantinische 40-Jahres-Frist als reguläre Frist angewendet wurde. Noch im Laufe des 4. Jahrhunderts n. Chr. verkürzte sich diese allgemeine Präskriptionsfrist im Zuge der weiteren Rechtsentwicklung - vermutlich in Anlehnung an den Begriff der Generation - auf dreißig Jahre. Der Schutz ungestörten

---

[230] CT 4.11.2 [349 n. Chr.]; Levy, BIDR 51/52, S. 358 ff; Kaser, RPR II, S. 240

[231] PS 5.2.3/4; Levy, BIDR 51/52, S. 356

[232] In der Literatur ist umstritten, ob die Interpretationen zu den Paulussentenzen von einem Verfasser aus der Mitte des 5. Jahrhunderts stammen oder den Redaktoren des Westgotischen Gesetzbuches zuzuschreiben sind, vgl. Conrat, Der Westgothische Paulus, S. 37 ff; Siems, Lex Romana Visigothorum, HRG II, Sp. 1945; Wieacker, Recht und Gesellschaft in der Spätantike, S. 118; Levy, Vulgarization of Roman Law, GS I, S. 231 f; Nehlsen, GS Ebel, S. 149 ff, 154 f m.w.N.; 180 f.

[233] IP 5.2 *„Ad §§ 3,4. Viginti annorum non requisitam possessionem, si tamen iustum possidendi initium intercessisse probatur, possessori prodesse certum est. Iustum autem initium est emptionis hereditatis donationis legati fideicommissi et ceterarum rerum similium, quae per legitimas scripturas atque contractus ad uniuscuiusque dominium transire noscuntur. Huius autem rei praescriptio inter praesentes decennii est, inter absentes vero vicennii computatur."*; Kreuter, S. 87 ff

[234] Vgl. Conrat, Der Westgothische Paulus, S. 137 ff; Levy, BIDR 51/52, S. 356, 367.

dreißigjährigen Besitzes erforderte zwar nicht zwingend, dass die Besitzerlangung ein *iustum initium* hatte, dessen Vorliegen wurde aber als zumindest nützlich erachtet.[235] Das Verjährungsgesetz der Kaiser Honorius und Theodosius II. aus dem Jahre 424 n. Chr. bestätigte für das weströmische wie für das oströmische Reich die allgemeine Verjährungsfrist von dreißig Jahren.[236] Im Westen waren nun allein die dreißig Jahre maßgeblich, wie ein Gesetz Valentinians III. aus dem Jahre 449 n. Chr. deutlich macht. Nach diesem Zeitraum sollte eine Befriedung aller Rechtsstreitigkeiten eintreten.[237]

Neben dieser allgemeinen Frist bestanden zwar noch zahlreiche Sonderfristen, wie z.B. eine Ersitzungsfrist von fünf Jahren für dem Fiskus gehörende Sachen. Den Schutz ununterbrochenen, fünfjährigen Ersitzungsbesitzes gegenüber dem Fiskus sowie gegenüber Dritten statuierte ebenfalls ein Gesetz der Kaiser Honorius und Theodosius II. aus dem Jahre 421 n. Chr. Unter Konstantin und später unter Zeno (oströmischer Kaiser 474 bis 491 n. Chr.) galt eine Frist von vier Jahren gegenüber dem Fiskus. Mit der klassischen *longi temporis praescriptio* hatten diese Formen des Schutzes von langandauerndem Besitz, die an keine besonderen Voraussetzungen, wie z.B. die *bona fides* des Besitzers geknüpft waren, jedoch nichts mehr gemein.[238]

Die Bedeutungslosigkeit, in die das römische Ersitzungsrecht gesunken war, illustrieren auch die ebenfalls in der *Lex Romana Visigothorum* überlieferten *Epitome Gai*. Die Auszüge aus den Institutionen des Hochklassikers Gaius wurden vermutlich von einem juristisch gebildeten Autor des späteren 5. Jahrhunderts n. Chr. unter Anpassung der Rechtssätze an die gewandelten Verhältnisse verfasst und sollten die gaianischen Institutionen ersetzen.[239] Während die Institutionen des Gaius mit ihrer ausführlichen Darstellung der frührömischen wie der klassischen *usucapio* eine unserer Haupterkenntnisquellen für das klassische Ersitzungsrecht sind, fehlen Ausführungen zur *usucapio* in den *Epitome Gai* völlig. Dies entspricht der erkennbaren Zielsetzung des Werks, obsolet Gewordenes zu tilgen. So wurde auch die nicht mehr praktizierte Unterscheidung zwischen

---

[235] Vgl. Levy, BIDR 51/52, S. 361 ff m.w.N.

[236] CT 4.14.1; C. 7.39.3; Levy, Römisches Vulgarrecht und Kaiserrecht, GS I, S. 289; Kaser, RPR II, S. 72, 286

[237] NV 27.3 „*De triginta annorum praescriptione omnibus causis opponenda*"; NV 35 [452 n. Chr.]

[238] C. 37.1 [Konstantin]; C. 37.2 [Zeno]; CT 4.15.1 [421 n. Chr.]; Levy, BIDR 51/52, S. 360 m.w.N., 366, 370 f. Justinian hielt an der Vierjahresfrist nach Erwerb vom Fiskus fest, C. 37.3 [531 n. Chr.]; Inst. 2.6.14. Nach klassischem Recht waren *res fisci* von der *usucapio* ausgeschlossen, s. oben 3a).

[239] Wieacker, Recht und Gesellschaft in der Spätantike, S. 113 ff; Siems, Lex Romana Visigothorum, HRG II, Sp. 1945; Nehlsen, GS Ebel, S. 148 f, 180 f; Conrat, Der Westgothische Gaius, S. 3 ff, 47 ff, 84 ff

dem quiritischen und dem bonitarischen Eigentum, zwischen *res mancipi* und *res nec mancipi* gestrichen.[240]

Auch das Gesetzbuch der Ostgoten, das *Edictum Theoderici*, ist eine Abbildung des seinerzeitigen römischen Vulgarrechts. Das *Edictum Theoderici* wurde wahrscheinlich von Ostgotenkönig Theoderich um 500 n. Chr. erlassen[241] und enthält in weiten Teilen nebeneinander unterschiedliche Bestimmungen für Goten und Römer. Damit war es das für alle Untertanen verbindliche Gesetzbuch. Die Kanzlei Theoderichs in Ravenna bediente sich wie die Redaktoren der *Lex Romana Visigothorum* bei der Abfassung der für die römischen Untertanen einschlägigen Regelungen der zur damaligen Zeit greifbaren römischen Rechtsquellen, allen voran des Codex Theodosianus, der Paulussentenzen sowie der Codices Gregorianus und Hermogenianus.[242] Im Hinblick auf die Wirkung langandauernden Besitzes regelte das *Edictum Theoderici*, dass der Besitzer einer beweglichen oder unbeweglichen Sache nach Ablauf von dreißig Jahren vor Herausgabeverlangen der öffentlichen Hand und von Privatpersonen geschützt sein sollte.[243]

Die Gesetze des dritten großen Germanenreiches, der Burgunder, sind ebenfalls durch das zeitgenössische römische Recht geprägt. Die ebenfalls um die Wende zum 6. Jahrhundert entstandene *Lex Romana Burgundionum* besteht ähnlich wie die *Lex Romana Visigothorum* im wesentlichen aus Auszügen aus den Codices Gregorianus, Hermogenianus, Theodosianus und den *Pauli Sententiae*, enthält aber auch typisch germanische Regelungen.[244] Die *Lex Romana Burgundionum* sieht die dreißigjährige Verjährung des römischen Vulgarrechts für verschiedene Tatbestände vor.[245]

Wie wir gesehen haben, ist in den Quellen des 4. und 5. Jahrhunderts n. Chr. nicht mehr von einer Ersitzung und somit auch nicht von einem Eigentumserwerb des langjährigen Besitzers die Rede. Kennzeichnend ist, dass die allgemeine Frist von zunächst vierzig, dann dreißig Jahren sowohl auf die extinktive wie auch die akquisitive Verjährung angewendet wurde, ohne zwischen diesen Tatbeständen

---

240 Conrat, Der Westgothische Gaius, S. 25 f, 41, 69 f; 118 f; 129 f

241 Liebs, Die Jurisprudenz, S. 191; Astuti, Studi Volterra V, S. 647 ff, 674 ff, 685 f; Becker, Edictum Theoderici, HRG I, Sp. 801 f; vgl. auch Levy, Rezension zu d'Ors, GS I, S. 305 f.

242 Liebs, Die Jurisprudenz, S. 191 ff; Levy, Rezension zu d'Ors, GS I, S. 306

243 ET 12: *„Qui per triginta annos quamlibet rem iugiter possidere fuerit adprobatus, neque publico neque privato nomine patiatur aliquam penitus quaestionem. Tali autem possessori etiam auctorum proauctorumque suorum tempora secundum legem proficere debere censemus: illud adiicientes ut si intra triginta annos mota lis fuerit, nec finita, superveniens conclusio XXX annorum eandem sine aliqua dubitatione consumat [...].“*; Levy, BIDR 51/52, S. 354 f

244 Nehlsen, Lex Romana Burgundionum, HRG II, Sp. 1927 ff

245 LRB 31.1; 39.3; 44.1

zu differenzieren. Wenn jedoch die Quellen vom Schutz des Besitzers sprechen, der die Sache während des erforderlichen Zeitraums ununterbrochen in Besitz hatte, so war damit durchaus ein Eigentumserwerb des Besitzers gemeint. Aufgrund der für das Vulgarrecht typischen, fehlenden Unterscheidung zwischen Eigentum und Besitz wurde dies jedoch kaum deutlich zum Ausdruck gebracht, sondern z.B. damit umschrieben, dass der Besitzer die Sache sicher haben sollte.[246]

## 5. Das Ersitzungsrecht Justinians

### *a) Die justinianische Kompilation*

Während der Westteil des römischen Imperiums nach dem Verfall der Staatsmacht und der klassischen Rechtstraditionen in vulgaren Rechtsvorstellungen versunken war, gelang es im Osten, vor allem durch die Lehre in den Rechtsschulen von Beryt und Konstantinopel, das klassische römische Recht vor dem Vergessen zu bewahren. Dort waren die im Westen nicht mehr greifbaren Originalschriften der klassischen Juristen in großen Teilen erhalten geblieben.[247] Geltung kraft Gesetzes erlangten die Rechtsinstitute und Rechtsregeln des klassischen Rechts aber erst wieder mit dem Gesetzgebungswerk Justinians im 6. Jahrhundert n. Chr.

Justinian (Kaiser 527 bis 565 n. Chr.) verfolgte während seiner Herrschaft als Kaiser des oströmischen Reiches das Ziel, das alte römische Imperium wieder erstehen zu lassen. Byzanz, dem politischen und diplomatischen Zentrum des Reiches seit der Reichsteilung 395 n. Chr., war es gelungen, sich gegen Angriffe von außen zu behaupten. Justinians Feldherrn unterwarfen mit militärischer Macht die Ostgoten und die Vandalen auf italienischem Territorium und konnten so eine Wiedervereinigung des Ostreiches mit dem Westreich herbeiführen.[248] Die restaurative Politik Justinians umfasste aber auch eine Reform der Rechtsordnung durch die Erneuerung des klassischen römischen Rechts. Zu diesem Zweck erließ Justinian in den Jahren 529 bis 534 n. Chr. ein umfassendes Gesetzgebungswerk, das sogenannte *Corpus Iuris Civilis*, das unter anderem aus Kaiserkonstitutionen,

---

[246] Vgl. C. 7.39.2 [365 n. Chr.]; CT 10.1.15 [396 n. Chr.]; C. 7.39.4.2; C. 7.39.6.1, C. 11.62 pr/1 [alle 491 n. Chr.]; Levy, BIDR 51/52, S. 368; ders., West-östl. Vulgarrecht, GS I, S. 268; Oström. Vulgarrecht, GS I, S. 296 f; West Roman Vulgar Law I, S. 61 f; Wieacker, Vulgarismus und Klassizismus, S. 42; Kaser, RPR II, S. 286

[247] Vgl. Wieacker, Vom römischen Recht, S. 261 ff, 264 ff.

[248] Vgl. stv. Söllner, S. 134; Wieacker, Vom römischen Recht, S. 245, 248, 265, 284.

dem Codex, wie auch aus einer Sammlung von Auszügen aus den klassischen Juristenschriften, den Digesten, besteht.[249]

*b) Das Reformgesetz: „De usucapione transformanda [...]"*

Wie wir gesehen haben, zeigen Rechtsgrundlagen und Rechtsanwendung im 4. und 5. Jahrhundert n. Chr. kaum noch Spuren des klassischen römischen Ersitzungsrechts. In Justinians Gesetzgebungswerk erlebten die klassische *usucapio* und *longi temporis praescriptio* dagegen eine Renaissance.[250] An diesen beiden Rechtsinstituten wird besonders deutlich, wie Justinian sein rechtspolitisches Ziel, den klassischen Rechtstraditionen wieder zu Geltung zu verhelfen, umsetzte. Voraussetzung für die Wiederbelebung der Ersitzung war freilich, dass man entgegen den vulgaren Tendenzen wieder klar zwischen Eigentum, Besitz und Nutzungsrechten unterschied und damit zum klassischen Kanon der Sachenrechte zurückkehrte. Die in den oströmischen Rechtsschulen in der klassischen Tradition ausgebildeten Juristen der justinianischen Redaktionskommission berücksichtigten dies bei der Zusammenstellung der Quellen. Dabei passten sie die Textstellen an die Erfordernisse ihrer Zeit an, indem sie Hinweise auf die inzwischen völlig obsolet gewordenen Formalakte zur Eigentumsübertragung wie die *mancipatio* weitestgehend tilgten und durch die allein gebräuchliche, formlose *traditio* ersetzten.[251]

---

[249] Schindler, S. 5 ff, 47 ff, 337, 343 f. Wie die Vorläufer bei der Umsetzung der Kodifikationsidee, der Codex Theodosianus und die *Lex Romana Visigothorum*, sollte Justinians Gesetzbuch zunächst eine Sammlung von Kaiserkonstitutionen enthalten, die die seit Hadrian erlassenen Gesetze neu ordnen sollte. Dieser erste, nicht erhaltene Codex Justinianus wurde bereits 529 n. Chr. veröffentlicht. 530 n. Chr. erteilte Justinian einer Juristenkommission den Auftrag, eine Sammlung des klassischen *Ius* aus den erhaltenen Juristenschriften zusammenzustellen. Dabei sollten Widersprüche beseitigt und obsolet Gewordenes getilgt werden. Die so entstandenen Digesten dienten sowohl dem Rechtsunterricht an den Rechtsschulen wie auch der praktischen Anwendung mit Gesetzeskraft. Im Jahre 533 n. Chr. wurden zeitgleich mit den Digesten die Institutionen Justinians publiziert. Damit wurde auch eine lehrbuchartige Abhandlung in das Gesetzeswerk aufgenommen, das sich unter Berücksichtigung der justinianischen Reformgesetze eng an die Institutionen des Gaius anlehnt. Der uns bekannte Codex Justinianus ist eine 534 n. Chr. in Kraft getretene überarbeitete Fassung des ersten Codex. Das Gesetzeswerk wurde auch in Italien förmlich eingeführt. Institutionen, Digesten, Codex sowie die in einer späteren Sammlung, den Novellen, überlieferten weiteren Gesetze Justinians werden seit der Gesamtausgabe von Gothofredus von 1583 als *Corpus Iuris Civilis* bezeichnet. S. stv. Hausmaninger/Selb, S. 95 ff; Söllner, S. 134 ff; Wieacker, Vom römischen Recht, S. 248 ff, 261 ff, 277; Liebs, Die Jurisprudenz, S. 194.

[250] Mayer-Maly, Pauly's RE, Sp. 1126

[251] Levy, BIDR 51/52, S. 371; Kaser, RPR II, S. 239 f; ders., BIDR 64, S. 65 ff; vgl. aber auch Levy, West Roman Vulgar Law I, S. 72 ff, 81.

Justinian übernahm das klassische Recht jedoch nicht unverändert in der Form, wie es sich aus den Schriften der Juristen der ersten beiden Jahrhunderte nach Christus ergab. In seinem Reformgesetz *„De usucapione transformanda et de sublata differentia rerum mancipi et nec mancipi"* aus dem Jahre 531 n. Chr.[252] und in der Einleitung des Abschnitts seiner Institutionen über die Ersitzung[253] machte er deutlich, dass er die alte Ersitzungsordnung als ungerecht empfand. Insbesondere hielt er die Fristen der *usucapio* von einem bzw. zwei Jahren für zu kurz, um dem bisherigen Sacheigentümer eine effektive Sachverfolgung zu ermöglichen. Des weiteren missfiel ihm, dass für in Italien und in den Provinzen belegene Grundstücke unterschiedliches Recht maßgeblich war.[254] Aus diesen Gründen bestimmte er, dass die *usucapio* nur noch für bewegliche Sachen gelten sollte, und dehnte die Ersitzungsfrist auf drei Jahre aus. Die *longi temporis praescriptio* sollte mit einer Frist von zehn Jahren *inter praesentes* und 20 Jahren *inter absentes* auf sämtliche Grundstücke unabhängig von ihrer Belegenheit Anwendung finden.[255]

Abgesehen von der Einschränkung ihres Anwendungsbereichs und der Verlängerung der Ersitzungsfrist übernahm Justinian die klassische Ordnung der *usucapio* ohne wesentliche weitere Veränderungen. Nach Tilgung der hinfällig gewordenen Unterscheidung zwischen *res mancipi* und *res nec mancipi*[256] war die *traditio* die allein maßgebliche Übertragungsform. Den Fall der Heilung einer nicht formgerechten Übertragung durch die *usucapio* gab es somit nicht mehr, so dass in Justinians Gesetzgebung nun als Hauptanwendungsfall der *usucapio* der Erwerb vom Nichtberechtigten erwähnt ist. Als Erwerb von Erbschaftssachen war die *usucapio pro herede* eine regelmäßige Form der Ersitzung.[257]

Auch nach justinianischem Recht setzte die *usucapio* die Ersitzungsfähigkeit der Sache und die Besitzerlangung in gutem Glauben an das Eigentum des Veräußerers sowie auf der Grundlage eines existenten und wirksamen Rechtsgeschäfts voraus. Die Fälle des Ausschlusses der Ersitzung, z.B. einer nicht handelbaren sowie einer gestohlenen oder unterschlagenen Sache, wurden aufrechterhalten.[258] Mit der Entscheidung, dass ein Erbe mangels Diebstahlsvorsatz keinen Diebstahl begeht, der eine im Nachlass vorgefundene, vom Erblasser aber lediglich entlie-

---

252 C. 7.31.1

253 Inst. 2.6 *„De usucapionibus et longi temporis possessionibus"*

254 C. 7.31.1 pr; Inst. 2.6 pr; Voci, Modi, S. 222

255 C. 7.31.1.1/2; Inst. 2.6 pr; Voci, Modi, S. 223

256 C. 7.31.1.5

257 Kaser, RPR II, S. 536; Mayer-Maly, Putativtitelproblem, S. 20

258 C. 7.26.1/7; C. 7.27.2; Inst. 2.6.1-8; 2.6.10; Mayer-Maly, Studi Betti III, S. 499; Kaser, RPR II, S. 286 f. Die Passage Inst. 2.6.3-8 entspricht dabei weitgehend Gai. 2.49-51, vgl. Mayer-Maly, Studi Betti III, S. 471 ff.

hene, gemietete usw. Sache gutgläubig veräußerte, der Erwerber somit ersitzen konnte, schloss sich Justinian der seit dem 2. Jahrhundert n. Chr. gefestigten Meinung an.[259] Auch die Ausnahme vom Ersitzungsverbot für Fiskalsachen, wenn es sich um noch nicht gemeldetes, herrenloses Gut handelte, fand ihr Vorbild in der Spätklassik.[260] In seiner deutlichen Ablehnung der Anerkennung von bloß vermeintlich vorliegenden Besitztiteln und klaren Forderung nach der Existenz des Grundgeschäfts übernahm Justinian die Haltung Diokletians. Die entsprechenden Konstitutionen Diokletians fanden Aufnahme in den Codex Justinianus.[261]

Eine Neuerung nahm Justinian vor, indem er statuierte, dass bei Universalsukzession jeder einem Ersitzungsbesitz des Erblassers entgegenstehende Mangel auf den Erben durchschlagen sollte. Somit konnte der Erbe nicht nur im Fall des lediglich prekaristischen oder bösgläubigen Besitzes des Erblassers, sondern auch dann keine eigene Ersitzung beginnen, wenn der Erblasser die Sache ohne oder aufgrund mangelhaften Rechtsgrundes erlangt hatte.[262] Eine weitere Erschwerung der Ersitzung bedeutete der Ausschluss von Sachen, die der Besitzer von einem bösgläubigen Veräußerer erhalten hatte, wenn der bisherige Eigentümer nichts von der Veräußerung wusste oder seine Berechtigung nicht kannte. Hintergrund dieser Regelung war wohl das Ziel Justinians, dem Eigentümer Gelegenheit zu geben, seine Sache zurückzuholen.[263] Für den Fall der Einzelrechtsnachfolge ordnete Justinian an, dass wie bei der *longi temporis praescriptio* auch bei der dreijährigen *usucapio* dem Ersitzungsbesitzer die zugunsten des *ex iusta causa* besitzenden Vorgängers verstrichene Besitzzeit zugute kommen sollte. Er führte damit die bereits in der Spätklassik begonnene Angleichung der beiden Rechtsinstitute fort.[264]

Auch die *longi temporis praescriptio* übernahm Justinian im wesentlichen in ihrer spätklassischen Form in seine Ersitzungsordnung. Bei den Konstitutionen, die der Codex Justinianus unter dem Titel *„De praescriptione longi temporis decem vel viginti annorum"* enthält, handelt es sich neben einem Reskript der Severer größtenteils um Reskripte Diokletians. Darin wird ausdrücklich betont, dass ein Besitzer, der dem Herausgabekläger die *longi temporis praescriptio* entgegen-

---

[259] Inst. 2.6.4; Gai 2.50

[260] Inst. 2.6.9; Pomp. D.41.3.24.1; Mod. D. 41.3.18; Mayer-Maly, Studi Betti III, S. 497 ff, 502

[261] Inst. 2.6.11; Mayer-Maly, Putativtitelproblem, S. 10 ff, 19 ff; ders., Studi Betti III, S. 500 f; Voci, Studi Ratti, S. 373 ff, 383 f; ders., Modi, S. 225 ff

[262] Inst. 2.6.12; Rützenhoff, S. 90 ff; Mayer-Maly, Studi Betti III, S. 501 f

[263] Nov. 119.7; Mayer-Maly, Putativtitelproblem, S. 11; ders., Pauly's RE, Sp. 1126; Voci, Modi, S. 224

[264] C. 7.31.1.3; C. 7.33.11; Inst. 2.6.13; Voci, Modi, S. 225; vgl. auch Rützenhoff, S. 94 ff, der die Reform Justinians in der Anerkennung der *accessio temporis* bei unentgeltlichem Erwerb sieht.

halten will, seinen Besitz aufgrund einer *iusta causa* und im Glauben an das Eigentum des Vormannes erlangt haben und die Sache während der gesamten Frist ununterbrochen in Besitz gehabt haben musste.[265] Ausdrücklich bestätigte Justinian in einem Reskript aus dem Jahre 528, dass auch ein unentgeltliches Rechtsgeschäft, z.B. eine Schenkung, eine *iusta causa* darstellte, der eine *longi temporis praescriptio* folgen konnte.[266] Mit Diokletian lehnte er aber die Anerkennung der Titel *pro herede* und *pro possessore* ab; Erbschaftssachen konnten im Wege der *longi temporis praescriptio* nur erworben werden, wenn der Besitz aufgrund eines anderen entgeltlichen oder unentgeltlichen Titels übergegangen war.[267] Dass die *longi temporis praescriptio* zu einem Eigentumserwerb des Besitzers führte, stellte Justinian klar, indem er dem Besitzer, der nach Fristablauf den Sachbesitz verlor, die *rei vindicatio* gegen den jeweiligen Besitzer zugestand.[268]

Außer der Feststellung ihres Anwendungsbereichs sah sich Justinian veranlasst, die im Bereich der *longi temporis praescriptio* bestehenden Zweifelsfragen, insbesondere hinsichtlich der Einschlägigkeit der Zehn- oder Zwanzig-Jahres-Frist, durch eindeutige Regelungen zu beseitigen. So waren seit Einführung der *longi temporis praescriptio* die Begriffe *inter praesentes* und *inter absentes* nicht definiert worden, was einerseits Flexibilität bei der Anwendung der Fristen gewährte, andererseits aber zu Rechtsunsicherheit und Ungleichbehandlung führte. In einer Konstitution aus dem Jahre 531 n. Chr. legte Justinian schließlich fest, dass die Klage *inter praesentes* mit der Folge der Geltung der Zehn-Jahres-Frist erhoben werde, wenn Herausgabekläger und Besitzer ihren Wohnsitz in derselben Provinz hatten. Die Frist von zwanzig Jahren sollte dagegen für den Ausschluss der Herausgabeklage maßgeblich sein, wenn Kläger und Beklagter in verschiedenen Provinzen wohnhaft waren. Dabei sollte es keine Rolle spielen, wo die streitbefangene Sache belegen war.[269]

Neben *usucapio* und *longi temporis praescriptio* hielt Justinian auch die im Vulgarrecht etablierte dreißig- bzw. vierzigjährige Verjährung als außerordentliche Ersitzung aufrecht. War diese Verjährung der Herausgabeklage in den vorhergehenden Jahrhunderten nicht an die Voraussetzungen der *usucapio* und der *longi temporis praescriptio* geknüpft, verlangte nun Justinian auch für diese *longissimi temporis praescriptio*, dass der Besitzer im Zeitpunkt der Besitzerlangung gutgläubig war. Einen *mala fide possessor* hielt er für unwürdig, in den Genuss der Rechtsfolgen der Verjährung zu kommen. Eine *iusta causa* wurde aber auch

[265] C. 7.33.1-6; Nörr, ltp, S. 111 f
[266] C. 7.33.11
[267] C. 34.4 [294 n. Chr.]
[268] C. 7.39.8 pr
[269] C. 7.33.12; Voci, Modi, S. 224 f

weiterhin nicht vorausgesetzt. Auch gestohlene Sachen waren auf diesem Wege ersitzbar; lediglich bei gewaltsamer Besitzerlangung konnte sich der Besitzer nicht auf die Präskriptionsfrist berufen.[270]

## 6. Zusammenfassung

Nachdem wir die Entwicklung des Rechtsinstituts der Ersitzung im römischen Recht über einen Zeitraum eines runden Jahrtausends verfolgt haben, können wir folgende Feststellungen treffen: Das römische Recht räumte bei der Lösung des Konflikts zwischen Eigentümer und Dritterwerber einer beweglichen Sache grundsätzlich dem Schutz des Eigentümers den Vorrang ein. Nach dem Grundsatz *„Nemo plus iuris transferre potest quam ipse habet"* war ein rechtsgeschäftlicher Eigentumserwerb vom Nichteigentümer bzw. vom nicht Verfügungsberechtigten ausgeschlossen. Dem Schutzbedürfnis des auf Herausgabe verklagten Besitzers der Sache trug man im Wege der *usucapio* Rechnung, die nach einjährigem ununterbrochenem Besitz zur Abweisung der Vindikation des Eigentümers führte. Dieser zunächst prozessuale Schutz des Besitzers entwickelte sich zu einem materiellen Erwerbstatbestand, der demjenigen, der den Besitz an der Sache gutgläubig und auf der Grundlage eines wirksamen Rechtsgeschäfts erlangt und ein Jahr lang ununterbrochen innegehabt hatte, originäres Eigentum an der Sache verschaffte.

Der Erwerberschutz durch die *usucapio* erfuhr im Sinne der eigentumsbewahrenden Tendenzen des römischen Rechts eine erhebliche Einschränkung dadurch, dass gestohlene und geraubte Sachen von der *usucapio* ausgenommen waren. Da auch die widerrechtliche Veräußerung einer z.B. geliehenen oder in Verwahrung gegebenen Sache als Diebstahl angesehen wurde, war ein Eigentumserwerb im Wege der Ersitzung auch an unterschlagenen Sachen ausgeschlossen. Hier sah sich der Sachbesitzer der Vindikation des Eigentümers unbeschränkt ausgesetzt. Im Ergebnis griff die *usucapio* im Sinne des Erwerberschutzes vor allem beim Erwerb vom Nichtberechtigten, wenn dieser selbst nicht wirksam Eigentum erworben hatte, sowie beim Erwerb vom unerkannt Geschäftsunfähigen oder vom Erben, der irrtümlich eine nicht zum Nachlass gehörende Sache veräußerte, ein. Daraus ist erkennbar, dass der Anwendungsbereich der Ersitzung nicht sehr weit gefasst war.

Nachdem die Ersitzung im Zuge des Niedergangs der klassischen römischen Rechtskultur ab der Mitte des 4. Jahrhunderts n. Chr. dem Vergessen anheim ge-

---

[270] C. 7.33.8.1/2; Levy, West Roman Vulgar Law I, S. 352, 369 ff; Kaser, RPR II, S. 287; ders., RP, § 26 IV 2b; Voci, Modi, S. 232

fallen war, wurde sie in Justinians Gesetzeswerk reformiert und wiederbelebt. Anwendungsbereich und Voraussetzungen blieben dabei im wesentlichen unverändert. Den Erwerb gestohlener Sachen ermöglichte nun die auf vulgaren Entwicklungen beruhende Rechtsfigur der *longissimi temporis praescriptio* unter der Voraussetzung, dass der Besitzer *bona fide* in den Besitz an der Sache gelangt war und sie dreißig bzw. vierzig Jahre in Besitz gehabt hatte.

## II. Das Recht der Sachverfolgung im Mittelalter

### 1. Die Sachverfolgung in den germanischen Stammesrechten des Frühmittelalters

Im Zuge der Völkerwanderung waren die Germanen ab dem Ende des 2. Jahrhunderts n. Chr. in das Gebiet des römischen Reiches eingedrungen. Mit zunehmender Schwäche der römischen Staatsmacht ab Mitte des 4. Jahrhunderts n. Chr. okkupierten Germanenstämme wie die Alemannen oder Langobarden römisches Territorium bzw. bildeten wie die West- und Ostgoten und die Burgunder als Föderaten Roms autonome Königreiche. Dabei kamen sie mit der römischen Rechtskultur in Berührung. Dadurch beeinflusst, begannen die Germanen, ihr bislang in praktischer Anwendung und mündlicher Überlieferung weitergegebenes Gewohnheitsrecht aufzuzeichnen.[271] Die germanischen Rechtskodifikationen, die für die romanische Bevölkerung des in Besitz genommenen Gebietes galten,[272] so z.B. die *Leges Romanae Visigothorum* und *Burgundionum*, übernahmen das römische Recht unter gewissen Anpassungen, aber ohne größere Eingriffe in die Struktur der Rechtsinstitute. Demgegenüber bewahrten die germanischen Stammesrechte stärker die ursprüngliche germanische Rechtsüberlieferung. Obwohl sich die Germanen den Begriff der (vulgaren) *possessio* zu eigen machten und undifferenziert für alle Erscheinungsformen von Besitz und Eigentum verwendeten, blieb Grundlage ihres Rechtsverständnisses von der Herrschaft über eine Sache der umfassendere Begriff der germanischen Gewere.[273]

Wie in den *Leges Romanae* finden wir auch in den germanischen Rechtsaufzeichnungen der Spätantike die Überreste der klassischen Ersitzung in ihrer vulgaren Form der allgemeinen dreißigjährigen Verjährung: Das älteste germanische Gesetzbuch, der um 475 n. Chr. von den Westgoten erlassene *Codex Euricianus*, regelte entsprechend dem Stand des römischen Rechts im 5. Jahrhundert n. Chr. die dreißig Jahre als maßgebliche Verjährungsfrist.[274] Die späteren Überarbeitun-

[271] Schott, Lex Alamannorum, S. 3 ff; Buchner, S. 1 ff

[272] Hintergrund für dieses Nebeneinander von römischem Vulgarrecht und germanischem Stammesrecht ist das Personalitätsprinzip: Das Recht, nach dem eine Person lebte, bestimmte sich nach ihrer Abstammung als Romane oder Gote, Burgunder usw. und nicht nach dem Territorium, in dem die Person beheimatet war, Conrad, Deutsche Rechtsgeschichte I, S. 130; Buchner, S. 4 f.

[273] Levy, West Roman Vulgar Law I, S. 15 f, 84 ff, 96 ff; Diurni, S. 57 ff, 67 ff; vgl. auch Wieacker, Vulgarismus und Klassizismus, S. 36; Ogris, Gewere, HRG I, Sp. 1667.

[274] CE 277: „*[...] Antiquos vero terminos sic stare iubemus, sicut et bonae memoriae pater noster in alia lege praecepit; et alias omnes causas, seu bonas seu malas, quae intra XXX annis definitae non fuerint, vel mancipia, quae in contemptione posita fuerint, sibe debita, quae exacta non fuerint, nullo modo repetantur. Et si quis post hunc XXX annorum nume-*

gen des *Codex Euricianus*, zuletzt durch König Reccessvind um 654 n. Chr. im sog. *Liber Iudiciorum*, auch als *Lex Visigothorum* bezeichnet, übernahmen seine Regelung fast wörtlich. Für Reccessvind hatten die dreißig Jahre die Bedeutung eines in der Natur der Dinge liegenden Gesetzes.[275] Auch die in die Zeit zwischen 500 und 517 n. Chr. zu datierende Rechtsaufzeichnung des burgundischen Stammesrechts, die *Lex Gundobada* bzw. *Lex Burgundionum*, enthielt die dreißigjährige Verjährungsfrist. Unter Hinweis auf die Befriedungsfunktion einer Zeitspanne von dreißig Jahren - wie im Gesetz Valentinians III. aus dem Jahre 449 n. Chr. - legte die *Lex Burgundionum* diese Frist allen Sachverhalten zugrunde.[276]

Diese Quellenlage darf aber nicht darüber hinwegtäuschen, dass den Rechtsvorstellungen der germanischen Stämme eine Ersitzung als Wirkung langandauernden Besitzes, wie sie das römische Recht mit der *usucapio* und *longi temporis praescriptio* kannte, fremd war.[277] Die Aufnahme der dreißigjährigen Verjährung

---

*rum causam movere temptaverit, iste numerus ei resistat, et libram auri cui rex iusserit coactus exsolvat. [...]"*
Der *Codex Euricianus* wurde von Westgotenherrscher Eurich (466 bis 484 n. Chr.) erlassen. Als erste Kodifikation der Westgoten stellte es eine bedeutende gesetzgeberische Leistung dar. Der Verfasser, vermutlich römischer Herkunft und im römischen Recht ausgebildet, orientierte sich am vorhandenen römischen Recht, das er aber an die Bedürfnisse seiner Zeit anpasste und mit den Vorstellungen der Goten in Einklang zu bringen versuchte. Der *Codex Euricianus* spiegelt somit auch das römische Vulgarrecht wieder, wie es den Rechtsanschauungen der Römer im südlichen Gallien in der zweiten Hälfte des 5. Jahrhunderts n. Chr. entsprach, Levy, Wesen des weström. Vulgarrechts, GS I, S. 198 f; ders., Reflections, GS I, S. 202 ff; Rezension zu d'Ors, GS I, S. 307; Fastrich-Sutty, S. 51 ff; Buchner, S. 7 f; Siems, HRG II, Sp. 1946; Nehlsen, Lex Visigothorum, HRG II, Sp. 1966 ff; ders., GS Ebel, S. 150; King, S. 3 ff.

275 LV 10.2.3/4; Levy, BIDR 51/52, S. 365; Nehlsen, Lex Visigothorum, HRG II, Sp. 1969 ff; Siems, HRG II, Sp. 1946; Fastrich-Sutty, S. 53 f

276 LB 79.2/3/5: *„[2] Si quis vero terram ab altero violenter dixerit et convicerit fuisse sublatam, priusquam XXX annorum numerus compleatur, et rem constiterit occupatam, et requiri poterit et repetentis partibus reformari. [3] Ceterum si impletis XXX annis terra a quocumque, etiamsi pervasa fuisse dicatur, non fuerit restituta, nihil sibi reddendum esse cognoscat. [5] Et quia omnia ad quietem omnium pertinentia ex lege convenit provideri, omnes omnino causas de quibuscumque rebus, quae intra XXX annos non fuerint definitae, nullo eas postmodum licebit ordine commoveri; quia satis unicuique ad requirendum et recipiendum, quod ei debitum fuerit, suprascriptus annorum numerus constat posse sufficere."*
Auch die *Lex Burgundionum* schöpfte aus römischen Quellen, passte dabei die Regelungen den Erfordernissen der Zeit an und harmonisierte sie mit den germanischen Rechtsvorstellungen, Nehlsen, Lex Burgundionum, HRG II, Sp. 1902 ff; Buchner, S. 10 ff.

277 Die Germanen ließen lediglich der Verschweigung im Grundstücksrecht rechtliche Bedeutung zukommen: Die Gewere, d.h. die Sachherrschaft an Grundstücken wurde im Wege der Auflassung übertragen. Dieser Gewereübertragung entgegenstehende Rechte Dritter gingen verloren, wenn sie nicht bei Auflassung oder innerhalb einer Frist von Jahr und Tag nach

in die germanischen Volksrechte lässt sich mit der Beeinflussung des germanischen Gewohnheitsrechts durch das römische Vulgarrecht erklären. In der Zeit, in der die Westgoten und Burgunder mit dem römischen Recht in Berührung kamen, war auch den Romanen nicht mehr geläufig, dass die Wurzeln des Rechtsinstituts in der klassischen *longi temporis praescriptio* lagen. Da die Vulgarform der *longi temporis praescriptio* dem germanischen Gewohnheitsrecht offensichtlich nicht widersprach, wurde sie in das germanische Recht eingegliedert.

Charakteristisch für das germanische Stammesrecht war eigentlich eine andere Konzeption der Sachverfolgung, die mit der klassischen römischen Ersitzung nichts gemeinsam hatte. Zur Erinnerung: Im römischen Recht bedeutete die *usucapio* eine zunächst prozessual wirkende, zeitliche Beschränkung der dinglichen Herausgabeklage des Eigentümers. Ursprünglich diente sie dazu, den beklagten Besitzer aus etwaigen Schwierigkeiten, einen wirksamen Erwerb der Sache nachzuweisen, zu befreien. Der Erwerb der materiellen Eigentümerstellung durch den Besitzer war die Folge seiner prozessual unangreifbaren Position. Dieser Schutz des beklagten Besitzers versagte aber in den Fällen, in denen es sich um eine gestohlene oder unterschlagene Sache handelte, da diesbezüglich die Wirkungen der *usucapio* und später auch der *longi temporis praescriptio* ausgeschlossen waren. Hier blieb der Beklagte auf ewig zum Nachweis eines gültigen Erwerbs verpflichtet, die Vindikation des Eigentümers gegen jeden Besitzer damit unbeschränkt möglich.

Von anderen Prämissen ging dagegen das Verständnis von der Sachverfolgung durch den Eigentümer im germanischen Recht aus. Dieses war - vergleichbar dem Recht der römischen Frühzeit vor Einführung der Zwölftafelgesetze - um die Zeit der Völkerwanderung noch in urtümlichen Rechtsanschauungen verhaftet. Die Berechtigung an beweglichen Sachen, an sogenannter Fahrnis, war eng an den Begriff der Gewere geknüpft. Gewere bezeichnete die körperliche Herrschaft über die Sache. Die Innehabung der Gewere begründete aber auch die Vermutung, dass der Inhaber der tatsächlichen Sachherrschaft zur Innehabung der Gewere berechtigt sei. Entsprechend der Abhängigkeit der rechtlichen Zuordnung von den sichtbaren Sachbeziehungen setzte die wirksame Übertragung von Fahrnis die Übertragung der Gewere, d.h. den Übergang der tatsächlichen Sachherrschaft voraus.[278] Ein von der körperlichen Sachherrschaft losgelöstes Eigentum als dingliches Recht mit absoluter Wirkung gegenüber Dritten war nach dieser

---

Auflassung durch Klage gegen den Erwerber geltend gemacht wurden, vgl. Schmachtenberg, HRG I, Sp. 1007; v. Gierke, PR II, S. 576 f; Diurni, S. 70 ff.

[278] v. Gierke, PR II, S. 544 f; Ogris, Gewere, HRG I, Sp. 1658 ff, 1666 f; ders., Fahrnis, HRG I, Sp. 1050 ff; Diurni, S. 62 ff, 80 f; Korte, S. 3 f; Reinhard, S. 2 ff

Konzeption für die Germanen nicht vorstellbar. Infolgedessen kannte das germanische Stammesrecht auch keine dingliche Herausgabeklage des Eigentümers.[279]

Wie jegliche Berechtigung an der Sache, so hatte auch ein Herausgabeverlangen gegenüber einem Dritten grundsätzlich seine Grundlage allein in der Gewere, stand somit nur dem Inhaber der Gewere zu. Verlor der Eigentümer aber die Gewere, sei es freiwillig durch Übertragung des Besitzes auf einen anderen, sei es unfreiwillig durch Diebstahl oder Raub, ging er damit der Klagemöglichkeit auf Sachherausgabe gegen den neuen Besitzer verlustig. Wurde dem Eigentümer die Sache gestohlen oder geraubt, konnte er jedoch gegen jeden Besitzer die Anefangsklage[280] erheben. Klagegrund war hier aber nicht die dingliche Berechtigung an der Sache, sondern der Gewerebruch. In der Anefangsklage als zumindest auch auf die Zahlung der Diebstahlsbuße gerichtete, deliktische Klage vereinten sich Elemente der Sach- und der Unrechtsverfolgung. Der beklagte Sachbesitzer wurde zunächst als mutmaßlicher Dieb behandelt. Auch wenn er sich vom Diebstahlsverdacht befreien konnte, blieb er zur Sachherausgabe verpflichtet, um die durch den Gewerebruch verletzte rechtmäßige Besitzlage wiederherzustellen.[281]

Nach der Quellenlage findet sich in den germanischen *Leges* keine ausdrückliche Regelung für den Fall, dass der Eigentümer seine Sache freiwillig, z.B. zu Leihe, Miete oder in Verwahrung, aus der Hand gegeben hatte und der Vertrauensmann die Sache dann widerrechtlich weiterveräußerte. Die überlieferten Vorschriften

---

[279] v. Lübtow, Hand wahre Hand, S. 178; Guisan, S. 33 f. Die germanischen Kodifikationen des römischen Vulgarrechts enthalten dagegen den römischen Vindikationsgrundsatz, wie z.B. IP 2.17.1.2; LRB 35.3; vgl. Levy, Actio in rem, GS I, S. 249. Die meisten Regelungen der deutschen Stadt- und Landrechte des Hochmittelalters setzen bereits vor der Rezeption des römischen Rechts ein Vindikationsverfahren voraus, vgl. Anners, S. 24, 146 f, 153; für das Recht der Hansestadt Lübeck Völkl, S. 49. Demgegenüber wird die Ansicht vertreten, eine dingliche Herausgabeklage habe erst im Zusammenhang mit der Trennung von Eigentum und Besitz, beeinflusst durch die Rezeption des römischen Rechts, Eingang in das hochmittelalterliche deutsche Recht gefunden, v. Lübtow, Hand wahre Hand, S. 187.

[280] Wurde der Dieb auf frischer Tat ertappt, konnte der Bestohlene die Sache sofort wieder an sich nehmen. Wenn der Dieb jedoch nicht unmittelbar nach der Tat gestellt wurde, griff das Spurfolgeverfahren ein. Der Eigentümer konnte die Sache nach Kundbarmachung des Delikts beim Dieb beschlagnahmen. Wurde der Diebstahl später entdeckt und tauchte die Sache erst einige Zeit nach dem Diebstahl wieder auf, bestand die Möglichkeit, dass der aktuelle Besitzer nicht der Dieb, sondern ein unschuldiger Dritterwerber war. Hier musste der Eigentümer mit der Anefangsklage gegen diesen Besitzer vorgehen. Dieses gerichtliche Verfahren gewährte dem ggf. unschuldigen Beklagten Schutz, vgl. Planitz, SZ-GA 34, S. 425 ff; Reinhard, S. 9 ff. Zur Sachverfolgung nach Diebstahl im frührömischen Recht vgl. Kaser, SZ 102, S. 10 ff.

[281] v. Gierke, PR II, S. 553 f; v. Lübtow, Hand wahre Hand, S. 178 ff; Ogris, Gewere, HRG I, Sp. 1661; Guisan, S. 37 ff; Diurni, S. 78 f; Hübner, S. 18; Völkl, S. 69 ff, 73 f; Reinhard, S. 19 ff, 26 ff

über die Herausgabeklage des Eigentümers gegen den Besitzer setzten in der Regel einen unfreiwilligen Besitzverlust des Klägers, insbesondere Diebstahl oder Raub der Sache, voraus.[282] Ähnlich wie im Recht der römischen Frühzeit ergab sich die materielle Güterzuweisung in der Konsequenz einer konkreten Prozesslage. Auch die Regelung der Sachverfolgung im *Codex Euricianus*, dem ersten Gesetzbuch der Westgoten, ging von der Anefangsklage aus, die der Eigentümer nach dem Diebstahl seiner Sache gegen deren Besitzer erhob. Wie CE 289 ausdrücklich klarstellt, wurde der Erwerber einer gestohlenen Sache unabhängig von seiner Gutgläubigkeit nicht Eigentümer. Der als mutmaßlicher Dieb Beklagte konnte sich vom Verdacht, die Sache gestohlen zu haben, befreien, indem er seinen Veräußerer als Gewährsmann beibrachte. Der ggf. mehrfache Gewährenzug sollte schließlich zurück zum Dieb oder zum Nachweis eines originären Erwerbs in der Kette führen. Indem der ursprüngliche Beklagte die streitgegenständliche Sache dem Gewährsmann übergab, schied er aus dem Prozess aus. Gelang dem Gewährsmann der Nachweis seiner Unschuld nicht, z.B. weil er die Sache wissentlich vom Dieb gekauft hatte, wurde er als Dieb behandelt. Er musste den doppelten Sachwert als Diebstahlsbuße entrichten, seinem Käufer den Kaufpreis zurückerstatten und dem Eigentümer die Sache herausgeben.[283]

Interessanter erscheint die Situation, in der der Beklagte keinen Gewährsmann beibringen konnte, z.B. weil er diesen nicht kannte. Die *Lex Salica*, das Anfang des 6. Jahrhunderts unter König Chlodwig aufgezeichnete Recht der Salfranken, sah eine Sachverfolgung durch den Eigentümer im Rahmen des Anefangsverfahrens gegen den mutmaßlichen Dieb mit der Verteidigungsmöglichkeit durch den Gewährenzug vor, regelte aber nicht den Fall des unbekannten Gewährsmannes. Das fränkische Recht untersagte sogar ausdrücklich den Kauf vom Unbekannten.[284] Nach einer rekonstruierten Bestimmung des *Codex Euricianus* gab das westgotische Recht dem Besitzer, der die Sache gutgläubig erworben hatte, aber seinen Gewährsmann nicht vor Gericht bringen konnte, die Möglichkeit, seine

---

[282] Anners, S. 18 f; die entsprechende Regelung der *Lex Ribuaria* (33.4) erfasste jedoch nicht nur den unfreiwilligen Verlust der Sache durch Diebstahl, sondern auch das „*inlicito vendere*", also die unbefugte Veräußerung, Völkl, S. 73 f.

[283] CE 289: „*Quoties de vindita re contentio commovetur, si alienam fuisse constiterit, nullum domino praeiudicium conparetur. Et domino qui vendere aliena praesumserit duplum cogatur exsolvere, nihilominus emptori quod accepit praetium redditurus; et quidquid ad conparate rei profectum studio suae utilitatis emptor adiecerit, a locorum iudicibus estimetur, et ei, qui laborasse cognoscitur, a venditore iuris alieni satisfactio iusta reddatur.*"; Levy, Actio in rem, GS I, S. 249 ff; v. Gerlach, S. 8 f; Reinhard, S. 23 ff

[284] LSal. 37, 47; Reinhard, S. 29. Mit der *Lex Salica* schloß sich die fränkische zeitlich an die westgotische und burgundische Gesetzgebung an. Die *Lex Salica* war wie die *Lex Baiuvariorum* stark durch die westgotische Rechtsaufzeichnung beeinflusst, Schmidt-Wiegand, Lex Salica, HRG II, Sp. 1949 ff, Conrad, Deutsche Rechtsgeschichte I, S. 131 f; Buchner, S. 15 ff.

Unschuld mit Hilfe von Zeugen nachzuweisen. Dadurch wurde er von der Verpflichtung frei, die Diebstahlsbuße in Höhe des doppelten Werts der Sache zu zahlen. Zur Sachherausgabe an den Eigentümer blieb er freilich verpflichtet, aber nur *„ex medietate"*, d.h. nur zur Hälfte. Normiert wurde hier der Gedanke der Schadensteilung, wobei es offenbar der Vereinbarung der Parteien überlassen blieb, wie sich die Abwicklung im einzelnen vollziehen sollte.[285]

Die Vorschriften CE 289 und CEB 6 des *Codex Euricianus* wurden in die *Lex Visigothorum*[286] und fast unverändert auch in die *Lex Baiuvariorum* übernommen.[287] Auch die vermutlich in merowingischer Zeit im 7. Jahrhundert entstandene, vor allem durch das salische und burgundische Recht beeinflusste *Lex Ribuaria* enthielt eine ähnliche Bestimmung zur Wiedererlangung der Sache nach Diebstahl.[288] An diesen Regelungen fällt auf, dass sich der Dritterwerber zwar durch Eid vom Verdacht, der Dieb zu sein bzw. von der Eigenschaft der Sache als gestohlen gewusst zu haben, reinigen konnte, so dass die Redlichkeit des Erwerbers bereits eine gewisse Bedeutung hatte. Dies führte aber noch nicht so weit, dass der Beklagte die Sache aufgrund seiner Unkenntnis von der Herkunft der Sache hätte behalten dürfen.[289]

Die Sachverfolgung im Recht der Langobarden, die seit der Mitte des 6. Jahrhunderts ein Königreich in Oberitalien um Pavia bildeten, lässt eine Vermischung germanischer und römischer Elemente erkennen. Das älteste langobardische Gesetzbuch ist das *Edictum Rothari* aus dem Jahr 643.[290] Es erfuhr insbesondere durch die Nachfolger König Rothers, Grimoald und Liutprand (König 713 bis 735), zahlreiche Ergänzungen.[291] So regelte das *Edictum Rothari* einer-

---

[285] CEB 6: *„Si quis de fure nesciens conparavit, requirat accepto spatio venditorem. Quem si non potuerit invenire, probet se sacramento et testibus innocentem. Et quod apud eum agnoscitur, ex medietate restituat et furem quaerere non desistat. Quod si furem celare voluerit et periurasse detectus fuerit inventus, tamquam ille fur, ita in crimine damnetur."*; Völkl, S. 74 Fn. 13, 75 f; Reinhard, S. 31 f. Zum Teil werden in dieser Regelung die ersten Spuren eines Lösungsrechts des Eigentümers gesehen, Levy, Actio in rem, GS I, S. 251 f; Feenstra, FS Kisch, S. 243 ff, 255.

[286] LV 5.4.8 ergänzte den Inhalt von CE 289 um die Tatbestandsalternative der Schenkung, Fastrich-Sutty, S. 70, 134.

[287] LBai. 16.1/4; 16.14/15; Levy, Actio in rem, GS I, S. 251; v. Gerlach, S. 8 f. Zum Textvergleich von LV 5.4.8 und LBai. 16.4 mit CE 289 s. Fastrich-Sutty, S. 251 ff. Die Regelung des Diebstahlsverfahrens in LBai. 9.7 beruht auf LV 7.2.6, Fastrich-Sutty, S. 44, 170.
Die *Lex Baiuvariorum* ist wahrscheinlich im 8. Jahrhundert entstanden und vor allem durch das westgotische Recht beeinflusst, Conrad, Deutsche Rechtsgeschichte I, S. 132 f; Beyerle, S. XXVIII, XXXI f, XXXVIII, L f; Fastrich-Sutty, S. 1 f, 17 ff, 39 ff.

[288] LRib. 33; Conrad, Deutsche Rechtsgeschichte I, S. 132; Buchner, S. 21 ff

[289] Reinhard, S. 30 ff, Völkl, S. 74 Fn. 13

[290] Schott, Lex Alamannorum, S. 4; Buchner, S. 34

[291] Buchner, S. 36

seits das Anefangsverfahren mit der Möglichkeit für den Beklagten, sich vom Vorwurf des Diebstahls durch Eid zu reinigen. Später verlangte Liutprand – jedenfalls wenn es sich bei der streitgegenständlichen Sache um ein Pferd handelte - den Kauf auf dem Markt vor drei Zeugen als objektive Anhaltspunkte für die Redlichkeit des Erwerbers.[292] Andererseits gewährte das *Edictum Rothari* dem verklagten Besitzer die Möglichkeit der Befreiung vom Vorwurf des unrechtmäßigen Besitzes durch Schwur oder Kampf nur dann, wenn er die Sache länger als fünf Jahre in Besitz gehabt hatte.[293] Die Nachfolgeregelung Grimoalds schloss die Herausgabepflicht des Besitzers aus, wenn dieser nach dreißigjährigem, offenkundigen und ungestörten Sachbesitz einen Eid zur Verteidigung seines Besitzes ablegte.[294] Liutprand hielt dies auch für den Fall aufrecht, dass der Eigentümer seinen Erwerb durch Schenkungs- oder Kaufurkunde nachweisen konnte.[295]

Mit dem Abstellen auf die Zeitdauer des Besitzes würdigten die Langobarden – ähnlich dem frührömischen Ersitzungsrecht – die Schutzwürdigkeit langandauernden Besitzes gegenüber der Nachlässigkeit des Eigentümers bei der Sachverfolgung. Wie in den übrigen germanischen Stammesrechten setzte aber auch die langobardische Lösung des Konflikts zwischen Eigentümer und Besitzer nicht an der materiellen Güterzuweisung, sondern im Prozessrecht an. Ihren germanischen Charakter zeigen sogar die potentiell vom römischen Recht beeinflussten Vorschriften in der Abhängigkeit des Verfahrensausgangs von nicht rationalen Beweismitteln, d.h. vom Ausgang des Kampfes bzw. von der Folgenlosigkeit des Reinigungseides: Unterlag der Beklagte oder sein Kämpfer im Zweikampf, war er im Unrecht. Im Fall eines falschen Eides ging man davon aus, dass den falsch Schwörenden die Strafe Gottes treffen würde.[296]

Anhand dieses Überblicks können wir feststellen, dass die Verfolgung einer gestohlenen Sache im germanischen Recht - soweit man angesichts der Unterschiede zwischen den jeweiligen *Leges* von einheitlichen germanischen Rechtsvorstellungen sprechen kann - grundsätzlich im Rahmen der Deliktsverfolgung des Diebes stattfand und durch das Verständnis von der Gewere als Berechtigung an der Sache geprägt war. Eine grundsätzlich unbeschränkte Vindikationsmöglichkeit des Eigentümers wie im römischen Recht, die nach Ablauf einer be-

---

[292] Ed. Roth. 232; Leges Liutprandi 79; Reinhard, S. 30, 32 f

[293] Ed. Roth. 228: „*Si quis alium de rem mobilem aut immobilem pulsaverit quod malo ordine possedeat, et possessor negaverit: ita prospeximus, quod si per annus quinque fuerit possessio, tunc ille qui possedit, aut per sacramentum debeat negare aut per pugnam defendere, si potuerit.*“; Diurni, S. 89 ff, 125 ff

[294] Leges Liutprandi 4; Diurni, S. 132 ff

[295] Leges Liutprandi 54; Diurni, S. 136 ff

[296] Diurni, S. 134 f

stimmten Frist ihre Grenzen nur im zunächst prozessualen, später auch materiellen Schutz des gutgläubigen Besitzers fand, passte nicht zu diesen Rechtsvorstellungen. Anklänge an diesen römischen Ansatz zeigt allenfalls das langobardische Recht.

Aus dem Schweigen der Stammesrechte über den Rechtsschutz des Eigentümers, der sich freiwillig seiner Gewere begeben und seine Fahrnis einem Entleiher, Mieter, Verwahrer usw. anvertraut hatte, folgert eine verbreitete Ansicht, dass dem Eigentümer in diesem Fall keine Klagemöglichkeit gegen den aktuellen Sachbesitzer zustand. Dies soll sowohl dann gegolten haben, wenn der Vertrauensmann die Sache veruntreut und weiter veräußert hatte, als auch dann, wenn die Sache dem Mieter oder Verwahrer etc. gegen seinen Willen abhanden gekommen war. Der Eigentümer hatte lediglich die Möglichkeit, von seinem Vertragspartner auf der Grundlage des Schuldverhältnisses, das den Entleiher, Verwahrer usw. zur Rückgabe verpflichtete, die Herausgabe der Sache zu verlangen. Im Fall des Abhandenkommens beim Vertrauensmann konnte nur dieser die auf den Gewerebruch gestützte deliktische Klage erheben. Aufgrund seiner vertraglichen Rückgabepflicht blieb er dem Eigentümer zur Wiederbeschaffung der Sache verpflichtet.[297]

Dieser generelle Ausschluss der Vindikationsmöglichkeit des Eigentümers gegen jeden Sachbesitzer nach freiwilliger Aufgabe der Gewere wird mit dem Schlagwort „Hand wahre Hand“ umschrieben. Der Eigentümer sollte sich nur an denjenigen halten können, dem er die Sache anvertraut, „bei dem er sein Vertrauen gelassen“ hatte, unabhängig davon, ob der aktuelle Besitzer die Sache in gutem oder bösem Glauben erworben hatte. Der Grundsatz „Hand wahre Hand“ und damit verbunden eine Differenzierung im Rechtsschutz des Eigentümers nach der Art seines Besitzverlustes soll schon für das germanische Recht des Frühmittelalters charakteristisch gewesen sein.[298] Begründet wird die Annahme eines allgemeinen Vindikationsausschlusses in allen Fällen der freiwilligen Gewereaufgabe insbesondere mit der Publizitätswirkung der Gewere. So sollte der Erwerber der unterschlagenen Sache, der auf die Legitimationswirkung der Gewere des Veräußerers vertraut hatte, geschützt werden und die Sache behalten dürfen.[299]

---

[297] Ogris, Gewere, HRG I, Sp. 1661; ders., Hand wahre Hand, HRG I, Sp. 1932; Wehmann, S. 70 f; Levy, Actio in rem, GS I, S. 248, 257; Gierke, PR II, S. 554, 558 f; von Lübtow, Hand wahre Hand, S. 177 f, 181 ff; Korte, S. 6 f, 27

[298] Vgl. Anners, S. 13 f; Völkl, S. 20 f; Ogris, Gewere, HRG I, Sp. 1661; v. Gierke, PR II, S. 558; v. Lübtow, Hand wahre Hand, S. 184. Zu den verschiedenen Begründungen dieser Ansicht s. Anners, S. 20 ff; Hübner, S. 18 ff; Korte, S. 9 ff.

[299] S. stv. van Apeldoorn, TRG 11, S. 162 ff; Guisan, S. 35 f; Reinhard, S. 7 f.

Der Annahme einer allgemeinen Geltung des Prinzips „Hand wahre Hand" bereits im Frühmittelalter stehen jedoch erhebliche Bedenken entgegen. So findet dieser Grundsatz gerade keine Stütze in den Quellen dieser Zeit. Aus der Tatsache, dass die kasuistisch strukturierten *Leges* keine Regelung für den Fall der freiwilligen Gewereaufgabe durch den Eigentümer enthielten, lässt sich allenfalls der Schluss ziehen, dass in der germanischen Stammesgesellschaft für die Lösung von Konflikten zwischen Eigentümer und (gut- oder bösgläubigem) Dritterwerber unterschlagener Sachen kein Bedürfnis gesehen wurde. So werden derartige Konflikte nach der Gesellschaftsstruktur kaum vorgekommen sein. Zur Zeit der Völkerwanderung und noch im frühen Mittelalter waren Vieh und Hausrat die wertvollste Habe, die man nur in seltensten Fällen Anderen anvertraut haben wird. Nach germanischem Recht haftete zudem der Vertrauensmann verschuldensunabhängig für die Rückgabe der anvertrauten Sache. Hatte er die Sache verloren, war sie ihm gestohlen worden oder durch Zufall bei ihm untergegangen, war er gegenüber dem Eigentümer zur Wiederbeschaffung verpflichtet oder musste Ersatz leisten. Die Sippe haftete für die Verpflichtungen ihrer einzelnen Mitglieder mit. War also beispielsweise der Entleiher nicht zur Rückgabe oder Ersatzleistung in der Lage, wird innerhalb derselben Sippe der Konflikt durch die Oberhäupter gelöst worden sein. Entstammte der Vertrauensmann einer fremden Sippe, wird sich diese um die Erfüllung der Verpflichtung bemüht haben, wenn sie nicht mit Fehde überzogen werden wollte.[300]

Zudem erscheint es in Anbetracht der kleinbäuerlich geprägten Gesellschaft des frühen Mittelalters mit weit auseinanderliegenden Kleinsiedlungen äußerst unwahrscheinlich, dass der Grundsatz „Hand wahre Hand" aufgrund von Verkehrsschutzerwägungen gegolten haben soll. Die Überlegung, dass der Schutz des Erwerbers das Funktionieren der Güterzirkulation günstig beeinflusst, kam erst im Hochmittelalter zum Tragen, als sich die Gesellschaft von einer reinen Agrargesellschaft weiterzuentwickeln begann und sich insbesondere in den größeren Städten eine einflussreiche, handeltreibende Schicht herausbildete. Erst mit zunehmender wirtschaftlicher Bedeutung des Handels rückte der Verkehrsschutz in das Bewußtsein der Rechtsanwendung.[301]

---

300 Anners, S. 25 ff; Guisan, S. 36 f, je m.w.N.; van Apeldoorn, TRG 11, S. 150 f; Ogris, Hand wahre Hand, HRG I, Sp. 1932 f; Diurni, S. 95; vgl. auch die Regelung des Sachsenspiegels, Landrecht III 5 §§ 3, 4.

301 Anners, S. 31 f, 38; Hübner, S. 21; v. Lübtow, Hand wahre Hand, S. 184 ff; Ogris, Hand wahre Hand, HRG I, Sp. 1933; van Apeldoorn, TRG 11, S. 167 f. Dagegen lassen die Rechtsquellen der nordgermanischen Bevölkerung, die noch bis ins 15./16. Jahrhundert überwiegend agrarisch geprägt blieb, die Vindikation auch freiwillig aus der Hand gegebener Sachen ausdrücklich und unbeschränkt zu. Im Gegensatz zu einer handelsorientierten Gesellschaft spiegelt sich darin das Bestreben nach Eigentumserhaltung einer bäuerlichen Gesellschaft, Anners, S. 34 ff. Zur weiteren Begründung der Geltung von „Hand wahre

Von einer allgemeinen Geltung des Grundsatzes „Hand wahre Hand" im frühgermanischen Recht zu sprechen würde der gesellschaftlichen, kulturellen und wirtschaftlichen Situation der Germanenstämme zu Beginn des Mittelalters nicht gerecht. Eine dogmatische Durchdringung des Rechts hatte noch nicht stattgefunden. Es ist deshalb kaum vorstellbar, dass die Germanen das Problem des Erwerbs einer gestohlenen oder unterschlagenen Sache vom Nichtberechtigten schon als solches erkannt und konsequent auf der Grundlage ihres Gewerebegriffs gelöst hätten. Dass sie dabei zu dem Ergebnis gelangt wären, für den Rechtsschutz des Eigentümers generell nach der Art seines Gewereverlustes zu differenzieren, fügt sich nicht in das Bild, das wir bislang vom Rechtsdenken der Germanen gewonnen haben.[302]

Das Rechtssystem befriedigte lediglich das Bedürfnis nach Ermittlung und Bestrafung des Diebes sowie nach Wiederherstellung der durch den Gewerebruch verletzten Besitzlage und Wiedergutmachung des in der Folge beim unschuldigen Käufer entstandenen Schadens. War der als mutmaßlicher Dieb zu behandelnde (letzte) Verkäufer nicht zu ermitteln, weil z.B. der Erwerber ihn nicht kannte, bemühten sich die Stammesrechte um eine Teilung des Schadens zwischen Eigentümer und Drittem durch Begrenzung von dessen Rückgabepflicht auf „die Hälfte".[303]

Beispielhaft hierfür ist die Entscheidung des *Codex Euricianus* für den Fall, dass eine vom Eigentümer in Verwahrung gegebene Sache beim Verwahrer gestohlen wurde. Auch hier stellte nicht das Eigentumsrecht, sondern der Gewerebruch beim Verwahrer den Ausgangspunkt für die Sachverfolgung dar. Infolgedessen war allein der Verwahrer für die Anefangsklage gegen den Besitzer aktivlegitimiert. Konnte der Dieb ermittelt werden, war der Verwahrer aufgrund seiner Herausgabepflicht gegenüber dem Eigentümer gehalten, die Sache an diesen weiterzugeben, erhielt selbst aber die Diebstahlsbuße. War dagegen der Dieb nicht zu ermitteln und blieb die Sache unauffindbar, musste der vom Eigentümer auf Herausgabe verklagte Verwahrer dem Eigentümer nur die „Hälfte der Sache" erstatten. Dem liegt das seinerzeitige Verständnis von der Sache als Ware und damit als gleichbedeutend mit ihrem (objektiven) Wert zugrunde. Maßgeblich war also das Prinzip der Schadensteilung zwischen Verwahrer und Eigentümer.[304]

---

Hand" mit der Unbekanntheit anderer als deliktischer Klagen im germanischen Recht s. van Apeldoorn, TRG 11, S. 168 ff; Anners, S. 20 ff.

302 Vgl. v. Gerlach, S. 12; Ogris, Hand wahre Hand, HRG I, Sp. 1932; Wehmann, S. 69; Planitz, SZ-GA 34, S. 425.

303 Ogris, Hand wahre Hand, HRG I, Sp. 1931 f

304 CE 280: *„[...] Si vero quae commendata fuerant furto probantur ablata, ei qui commendata susceperat, spatium tribuatur, donec furem suum investigatione perquirat. Et si eum invenerit, commendatori res proprias tantummodo reformare procuret; conpositio vero*

Auch die oben geschilderte Regelung in CE 289 zeigt das Streben nach einer Konfliktlösung, die den Schaden möglichst gleichmäßig zwischen den Betroffenen verteilt. So durfte der gutgläubige Erwerber einer gestohlenen Sache diese zwar nicht behalten, war zu ihrer Herausgabe an den Eigentümer aber nur zur Hälfte verpflichtet.[305]

## 2. Der Rechtszustand in Mittel- und Westeuropa bis zum Jahr 1100

Auf italienischem Territorium galten im frühen Mittelalter die Rechtsaufzeichnungen germanischen Gewohnheitsrechts für die Germanen neben den Kodifikationen des römischen Vulgarrechts wie den *Leges Romanae Visigothorum* oder *Burgundionum* für die Romanen. Nach dem Sieg von Justinians Feldherren über die Ostgoten und der Wiedervereinigung des west- mit dem oströmischen Reich war das *Corpus Iuris* Justinians im Jahre 554 n. Chr. auch in Italien in Kraft gesetzt worden. Auch in der Form eines kaiserlichen Gesetzeswerks konnte das klassische römische Recht aber das von den Germanen kodifizierte Vulgarrecht nicht mehr verdrängen, das dem Verständnishorizont der seinerzeitigen Bevölkerung näher stand. Durch das Vordringen der Langobarden wurde das *Corpus Iuris* zurückgedrängt, so dass sich seine Geltung im wesentlichen auf Rom und Süditalien beschränkte.[306] Dennoch geriet das justinianische Recht auch im langobardischen Oberitalien nie ganz in Vergessenheit, wenn auch als Quellen nur noch die Institutionen und der Codex Justinians sowie die vulgarrechtlichen Schriften herangezogen wurden. Nach der Eroberung Oberitaliens durch die Karolinger bildete dieser Teil des italienischen Stiefels das sog. *Regnum Italiae*, Reichsitalien. Trotz des Untergangs des Langobardenreiches beschäftigten sich die in Pavia entstandene Rechtsschule wie auch die Rechtspraxis hauptsächlich mit dem langobardischen, aber auch mit dem römischen Recht. Im 11. Jahrhundert entstand das *Liber legis Langobardorum* bzw. *Liber Papiensis* als Samm-

---

*furti ad eum, qui habuit commendata, pertineat. Et si fur non fuerit infra statutum tempus inventus, medietas rerum commendatarum domino a suscipiente reddatur; damnum vero ex medio uterque susteneant.*" ; Levy, Actio in rem, GS I, S. 252 f; v. Gerlach, S. 8 ff. Auch CE 280 fand Eingang in die *Lex Visigothorum* (LV 5.5.3) sowie in die *Lex Baiuvariorum* (LBai. 15.2-5), Fastrich-Sutty, S. 55, 72 f, 187.

305 Völkl, S. 75 f; v. Gierke, PR II, S. 556; Ogris, Hand wahre Hand, HRG I, Sp. 1931 f

306 Das in lateinischer Sprache abgefasste *Corpus Iuris Civilis* konnte sich auch im griechischsprachigen oströmischen Reich nicht durchsetzen. Grundlage der byzantinischen Rechtskultur wurden die griechischen Zusammenfassungen und Kettenkommentare zum *Corpus Iuris Civilis*, insbesondere die sog. Basiliken unter König Basilius I. und Leo VI. aus dem 9. Jahrhundert sowie die Kurzfassung des *Corpus Iuris Civilis* in sechs Büchern durch Harmenopoulos, die sog. Hexabiblos, aus dem 14. Jahrhundert, die in Griechenland bis 1941 Anwendung fanden, Söllner, S. 136 ff, 148; Hausmaninger/Selb, S. 98, 100; Wieacker, Vom römischen Recht, S. 286 f; Levy, West Roman Vulgar Law I, S. 14.

lung der Gesetze der langobardischen Könige seit Rothari sowie der Karolinger, Ottonen und Salier bis zum Jahre 1052. Unter dem Einfluss des römischen Rechts glossierte und bearbeitete die Rechtsschule von Pavia das *Liber Papiensis* für die Praxis.[307]

In Spanien und im südlichen Frankreich galten auch nach der Vereinigung verschiedener germanischer Stämme im fränkischen Reich ab dem 6. Jahrhundert n. Chr. die *Leges Romanae Visigothorum* und *Burgundionum* weiter und ließen so das römische Vulgarrecht weiterleben. Das durch die Aufnahme seiner Bestimmungen in die Rechtsaufzeichnungen anderer germanischer Stämme am weitesten verbreitete westgotische Recht fand selbst nach der Eroberung des spanischen Westgotenreiches durch die Araber 711 dort bis ins 12. Jahrhundert hinein Anwendung.[308] In Nordfrankreich dagegen wurde das Rechtsleben vom germanischen Stammesrecht beherrscht, insbesondere der *Lex Salica* und dem langobardischen Recht. Der Zerfall des Frankenreiches Mitte des 9. Jahrhunderts markierte den Übergang vom Personalitäts- zum Territorialitätsprinzip. Die bisherigen römischen und germanischen Stammesrechte traten in den Hintergrund und gaben der territorialen und damit regional unterschiedlichen Rechtsentwicklung Raum. Im Süden Frankreichs kam es im 11. Jahrhundert zu einer ersten Renaissance des römischen Rechts als geschriebenes Recht, *droit écrit*, das fortan dort als positives Recht galt. Im Norden entwickelte sich das Gewohnheitsrecht, *droit coutumier*, als ungeschriebenes Recht weiter. Damit waren die Wurzeln für eine rechtliche Zweiteilung Frankreichs gelegt.[309]

Nördlich der Alpen, im Gebiet des heutigen Deutschlands und Österreichs, prägten die fränkischen Rechtsaufzeichnungen, die *Leges Baiuvariorum* und *Alamannorum* sowie das Recht der anderen dort ansässigen Stämme die Rechtsanwendung. Bestrebungen Kaiser Karls des Großen, das Recht der im Frankenreich lebenden Stämme zu vereinheitlichen, waren nicht erfolgreich.[310] Mit dem Ende des Karolingerreiches verloren auch hier die geschriebenen Rechtsquellen an Einfluss und es begann eine mehrere Jahrhunderte dauernde Phase der Vorherrschaft des

[307] Koschaker, S. 56 ff; Hattenhauer/Buschmann, S. 5 ff; Wieacker, Vom römischen Recht, S. 294; Wesenberg/Wesener, S. 23 f, Wolf, Gesetzgebung, Handbuch der Quellen I, S. 566; Weimar, Glossatorenzeit, Handbuch der Quellen I, S. 165

[308] Wesenberg/Wesener, S. 23 f; Koschaker, S. 56

[309] Jeroscheg, S. 65 f; Koschaker, S. 142 f; Römer, S. 56; Anners, S. 40; Mitteis, SZ-GA 63, S. 152 ff

[310] Wieacker, Recht und Gesellschaft in der Spätantike, S. 121; Nehlsen, GS Ebel, S. 143 f; Conrad, Deutsche Rechtsgeschichte I, S. 128 f; Wesenberg/Wesener, S. 8 ff; Koschaker, S. 56. Unter Karl dem Großen befasste sich der Aachener Reichstag von 802 mit der Frage der Rechtsvereinheitlichung und veranlasste die Ermittlung und Aufzeichnung der Rechte der Sachsen, Friesen und Thüringer, Schmidt-Wiegand, Lex Saxonum, HRG II, Sp. 1962 ff; ders., Lex Thuringorum, HRG II, Sp. 1965 f; Conrad, a.a.O., S. 129 f, 133 f.

ungeschriebenen Gewohnheitsrechts. Die germanischen Volksrechte galten daneben mindestens bis ins 11. Jahrhundert weiter. Charakteristisch für Früh- und beginnendes Hochmittelalter waren das Nebeneinander unterschiedlichen Rechts und die Konzentration auf die lokalen und regionalen Gewohnheiten und Bräuche.[311]

Tiefgreifende Veränderungen kündigten sich mit der Wende zum 12. Jahrhundert an: Handel und Verkehr blühten auf und nach dem Vorbild Italiens und Frankreichs wurden auch in Deutschland, beginnend 1120 mit Freiburg im Breisgau, zahlreiche neue Städte gegründet. In den gewachsenen, zum Teil seit römischer Zeit bestehenden Städten begann der Kampf um die Befreiung von der Hörigkeit gegenüber den Stadtherren. Mit der Besserung der wirtschaftlichen Verhältnisse ging ein allgemeiner geistiger Aufschwung einher, der zu einer Renaissance der Wissenschaft führte. Diese Rahmenbedingungen ermöglichten es, das aus der territorialen Rechtszersplitterung resultierende Bedürfnis nach Rechtssicherheit zu befriedigen. Die Epoche der Rechtsbücher konnte beginnen: Im 13. Jahrhundert wurde in ganz Europa, zumeist in privater Initiative von rechtskundigen Verfassern, das Gewohnheitsrecht von Städten oder Landstrichen in Rechtsbüchern aufgezeichnet. Diese Rechtsbücher, in Italien in der Regel als *Statuta*, in Frankreich als *Coutume* oder *Livre de droit* bezeichnet, erlangten oft den Rang oder die Wirksamkeit von Gesetzen, wurden zum Teil sogar als vom Kaiser erlassenes Recht angesehen. Motor der Rechtsentwicklung im Hochmittelalter waren die Städte. In deren Rechtsaufzeichnungen, den Stadtrechtsbüchern, und in der Rechtsprechung von Rat oder Schöffengericht kamen die neuen Bedürfnisse von Handel und Gewerbe zum Tragen.[312]

## 3. Die Sachverfolgung nach dem Recht von Sachsenspiegel und Schwabenspiegel

Das Prinzip „Hand wahre Hand" taucht als Rechtssatz erst in Quellen des Hochmittelalters auf, vor allem in den Rechtsbüchern des 13. Jahrhunderts. Normiert wurde der Grundsatz, dass der Eigentümer, der seine Sache einem anderen freiwillig überlassen hat, diese nur von seinem Vertrauensmann und nicht von einem dritten Besitzer herausverlangen kann, ausdrücklich erstmals im Sachsenspiegel. Nach der Bestimmung in Landrecht II 60 § 1 galt die Verfolgungsbeschränkung

---

[311] Kaspers, S. 13, 16; Wolf, Gesetzgebung, Handbuch der Quellen I, S. 590

[312] Vgl. Koschaker, S. 60 ff, 221 ff; Kroeschell, Deutsche Rechtsgeschichte 1, S. 219 ff; Schott, S. 373; Kaspers, S. 16, 31, 46 f; Korte, S. 27 f m.w.N; Coing, Einleitung, Handbuch der Quellen I, S. 18 ff; Wolf, Gesetzgebung, Handbuch der Quellen I, S. 571 ff (Reichsitalien), 591, 606 ff (Deutschland), 643 ff (Frankreich). Zur herrschenden Rechtsunsicherheit bis zum 11. Jh. s. Landau, S. 42 f.

zu Lasten des Eigentümers allgemein für jede Form des Anvertrauens und unabhängig davon, ob der Vertrauensmann die Sache verkaufte, versetzte, verspielte, ob sie ihm gestohlen oder geraubt oder bei ihm gepfändet wurde.[313]

„Hand wahre Hand" galt jedoch auch nach dem Recht des Sachsenspiegels dann nicht, wenn die Sache wegen eines Delikts des Treunehmers bei diesem beschlagnahmt wurde. Da fremdes Eigentum nicht für Straftaten des Vertrauensmannes haften sollte, gestattete das sog. Verwirkungsverbot in Landrecht II 31 § 3 dem Eigentümer hier die Vindikation.[314]

Der Rechtsschutz des bestohlenen oder beraubten Eigentümers beruhte im Sachsenspiegel wie in den germanischen Stammesrechten auf der Deliktsklage gegen den Besitzer, wenn dieser die Herausgabe verweigerte. Um sich aus der Prozesslage zu befreien, hatte der Beklagte die Möglichkeit, sich auf seinen Gewährsmann zurückzuziehen, der sich dann an seiner Stelle für den Diebstahl verantworten musste. Sachsenspiegel Landrecht II 36 § 4 sah dabei besonderen Schutz für den Beklagten vor, der zwar seinen Verkäufer nicht nennen, aber die Stelle auf dem Markt und die Tatsache, dass er die betreffende Sache „als ungestohlen und unverhohlen am hellen Tag gekauft habe", beweisen und beeiden konnte. Die Reinigung vom Diebstahlsverdacht bei Versagen des Gewährenzuges war also im Sachsenspiegel ebenso wie in den langobardischen Leges Liutprandi an objektive Kriterien wie den Kauf auf dem Markt gekoppelt, bewahrte jedoch den Besitzer nicht davor, die Sache an den Eigentümer herauszugeben, ohne Ersatz für den gezahlten Kaufpreis zu erhalten.[315]

Die Tatsache, dass die Verfolgung gestohlener Sachen nach dem Recht des Sachsenspiegels wie in den germanischen Stammesrechten am Gewerebruch anknüpfte und in erster Linie der Ahndung des Diebstahls diente, macht deutlich, dass die Geltung von „Hand wahre Hand" im Fall der Unterschlagung anvertrauter Sachen noch nicht durch den Erwerberschutz oder gar den Publizitätsgedan-

---

[313] Sachsenspiegel Landrecht II 60 § 1: „*Swelk man eyneme anderen liet oder setzit phert oder cleyt oder ieneger hande varende habe, zu swelkir wis her die uz von sinen weren lezt mit sime willen, virkouft sie die, der se in siner were hat, oder virsatzt her se, oder virspelit her se, oder wirt se yme virstolen oder abe geroubit, jene, der se virlegen oder virsatzt hat, der ne mach da nicheyne vorderunge uph haben, ane upphe den, deme her se lech oder satzte.*", zit. nach Ogris, Hand wahre Hand, HRG I, Sp. 1930; v. Gerlach, S. 7. Zum möglichen Ursprung der „Hand-wahre-Hand"-Regelung des Sachsenspiegels vgl. Anners, S. 162 ff. Eine lediglich scheinbare Ausnahme von „Hand wahre Hand"-Prinzip war die Regelung in Landrecht I 31 § 1, wonach der Ehemann sein Eigentum von jedem Dritten zurückfordern konnte, wenn die unter seiner Vormundschaft stehende Ehefrau ohne seine Einwilligung über die Sache verfügt hatte, Korte, S. 28 ff.

[314] Korte, S. 36; Anners, S. 163 f

[315] Vgl. v. Gierke, PR II, S. 556 f.

ken motiviert war. Der Konfliktfall wurde vielmehr einseitig aus der Sicht des Eigentümers betrachtet: Dieser wurde jedoch nicht als schutzwürdig angesehen, um seine Sache wiederzuerlangen, weil er sie einer nicht vertrauenswürdigen Person anvertraut und auf diese Weise selbst das Risiko ihres Verlustes gesetzt hatte.

Der Sachsenspiegel wurde in der Zeit zwischen 1220 und 1235 von Eike von Repgow (Reppichau in Sachsen) als Aufzeichnung des Land- und Lehensrechtes verfasst. Eike war vermutlich ein Edelfreier oder Ministeriale, der für seine Zeit überdurchschnittlich gebildet war.[316] Als private Aufzeichnung des mittelalterlichen sächsischen Gewohnheitsrechts war der Sachsenspiegel eines der bedeutendsten Rechtsbücher des Hochmittelalters. Von Magdeburg aus fand er weite Verbreitung über die Grenzen des Sachsenlandes hinaus und war Vorbild für andere Rechtsbücher wie den Augsburger Sachsenspiegel (1265/76) und den Deutschenspiegel (um 1275).[317] Inhaltlich stellte der Sachsenspiegel noch keine wesentliche Weiterentwicklung gegenüber dem frühmittelalterlichen germanischen Stammesrecht dar. Die Bestimmungen regelten Konflikte in einer vom bäuerlichen Leben geprägten dörflichen Gesellschaft, Bedürfnisse des Handels wurden kaum berücksichtigt. Das Prozessrecht stützte sich nach wie vor auf die nicht rationalen Beweismittel Eid, Zeugen, Zweikampf und Gottesurteil. Auch das Strafrecht zeigt mit Manngeld und Buße noch archaische Züge.[318]

Auch der um 1275 aufgezeichnete Schwabenspiegel beruhte weitgehend auf dem Sachsenspiegel, dessen Regelungen der unbekannte Verfasser aber überarbeitete. Als weitere Quellen verwendete er u.a. römisches und kanonisches Recht. Der Schwabenspiegel war in Süddeutschland sowie im Südosten und Westen Europas

---

[316] Der Sachsenspiegel entstand in mehreren Phasen. Von Eike von Repgow selbst stammen die nicht überlieferte lateinische Urfassung sowie die erste deutsche und die zweite, erweiterte Fassung mit der Einteilung des Landrechtsteiles in fünf Bücher. Seinen inhaltlichen Abschluss fand der Sachsenspiegel erst gegen 1270 mit seiner vierten Fassung, Lieberwirth, Eike von Repgow, S. 23 ff, 31 ff; Schott, S. 357 ff, 373 f; Ebel, Sachsenspiegel, HRG IV, Sp. 1228 ff. Zur Ausdehnung des Sachsenlandes s. Schott, S. 363 f; Lieberwirth, Eike von Repgow, S. 7 ff.

[317] Schott, S. 357, 375 ff; Lieberwirth, Eike von Repgow, S. 42 ff; ders., Markgrafschaft Meißen, S. 23 ff; Kaspers, S. 34 ff. Der Sachsenspiegel war auch Gegenstand der Glossierung und erfuhr Bearbeitungen und Umarbeitungen, die ihn in anderen Gegenden anwendbar machten, vgl. Ebel, Sachsenspiegel, HRG IV, Sp. 1232 f. U.a. das Schlesische Landrecht von 1356, das Neumarker Rechtsbuch aus der ersten Hälfte des 14. Jahrhunderts, das Berlinische Stadtbuch von 1387 und der Deutschenspiegel übernahmen die Hand-wahre-Hand-Regelung des Sachsenspiegels ohne inhaltliche Änderung, Korte, S. 37 ff. In Preußen griff man bis zur Verabschiedung des Allgemeinen Landrechts von 1794, in Sachsen bis 1863 und in Holstein, Sachsen-Anhalt und Thüringen sogar bis zum Inkrafttreten des BGB im Jahre 1900 auf den Sachsenspiegel zurück, Lieberwirth, Eike von Repgow, S. 50.

[318] Ebel, Sachsenspiegel, HRG IV, Sp. 1234 f; Schott, S. 380 f

weit verbreitet und erlangte in Schwaben, Bayern, Österreich, der Schweiz und dem Elsaß die Bedeutung einer subsidiären Rechtsquelle. Trotz der starken Beeinflussung durch den Sachsenspiegel übernahm der Schwabenspiegel die „Hand-wahre-Hand"-Regel nicht. Die Rechtsaufzeichnung enthält auch keine vergleichbare Vorschrift. In ihrem Geltungsbereich wird also auch die Vindikation freiwillig aus der Hand gegebener Sachen gestattet gewesen sein. Ob dies auf die römischen Quellen zurückgeht, die der Verfasser verwendete, oder ob dies dem seinerzeitigen regionalen Gewohnheitsrecht entsprach, lässt sich nicht mehr aufklären. Eingang in den Schwabenspiegel fand lediglich das Verwirkungsverbot des Sachsenspiegels (Landrecht II 31 § 3).[319]

### 4. Die Sachverfolgung in den deutschen Stadtrechten und französischen Coutumes des Hochmittelalters

#### *a) „Hand wahre Hand" als allgemeingültiges Prinzip?*

Die überlieferten Stadtrechte und Coutumes des Hoch- und Spätmittelalters[320] lassen sich hinsichtlich des Systems der Sachverfolgung in vier Gruppen einteilen:

Rechte, die das „Hand wahre Hand"-Prinzip enthalten, für den Rechtsschutz des Eigentümers also zwischen freiwilligem und unfreiwilligem Besitzverlust unterschieden; Rechte, in denen dem Eigentümer die unbeschränkte Vindikation gegen den Besitzer auch nach Unterschlagung der Sache durch seinen Vertrauensmann zustand; Rechte, in denen weder die Geltung von „Hand wahre Hand" noch der unbeschränkten Vindikation nachweisbar ist; ferner Rechte, die einen Sonderweg zur Lösung des Interessenkonflikts zwischen Eigentümer und Besitzer beschreiten.

---

319 Schwabenspiegel II 200; Kaspers, S. 43 f; Korte, S. 43 ff

320 Ab dem 13. Jahrhundert zeichneten zahlreiche Städte, zum Teil auf Veranlassung des Rates, ihr Recht schriftlich auf. Manche Stadtrechte wurden von anderen Städten ganz oder teilweise übernommen, neu gegründete Städte bekamen oft das Recht einer anderen Stadt verliehen. Dadurch konnte sich das Recht einer bestimmten Stadt über große Entfernungen verbreiten, es entstanden sog. Stadtrechtsfamilien, vgl. Wolf, Gesetzgebung, Handbuch der Quellen I, S. 606 ff; Kaspers, S. 46 f; Kroeschell, S. 253 ff; Korte, S. 48 f; Reinhard, S. 34 ff. In Frankreich entsprachen diesen Rechtsaufzeichnungen einzelner Städte oder ganzer Regionen die Coutumes oder Livres de droit. Insbesondere die Coutumes der Städte im Süden Frankreichs, wie z.B. die Coutume de Toulouse, waren jedoch im Gegensatz zu den deutschen Stadtrechten oft schon vom römischen Recht beeinflusst. Auch einige Coutumes Nordfrankreichs, wie z.B. das Livre de Jostice et de Plet oder die Coutume de Beauvaisis, kannten das römische und kanonische Recht, Mitteis, SZ-GA 63, S. 152 f, 162; Merk, RhZS 7, S. 85, 173 ff; Wesenberg/Wesener, S. 61. Zu den Rechtsaufzeichnungen in Österreich s. Floßmann, S. 6.

Wenden wir uns zunächst den „Hand-wahre-Hand"-Regelungen zu: Normiert finden wir den Grundsatz, dass der Eigentümer die einem Entleiher, Verwahrer, Mieter usw. anvertraute und von diesem durch Verkauf, Verpfändung, etc. unterschlagene oder bei ihm gepfändete Sache vom dritten Besitzer nicht herausverlangen kann, sondern sich an seinen Vertrauensmann halten muss, in erster Linie in Stadtrechten aus dem Einflussbereich des Sachsenspiegels, die dessen Regelung (Landrecht II 60 § 1) oft wörtlich übernahmen. So galt „Hand wahre Hand" in Magdeburg, von wo aus sich die Geltung dieses Prinzips mit dem Recht des Sachsenspiegels vor allem in östlicher Richtung, nach Schlesien und Polen, verbreitete. Auch nach dem zwischen 1357 und 1386 entstandenen Meißener Rechtsbuch, das in Thüringen und Sachsen Geltung hatte und auf Rechtsaufzeichnungen in Böhmen und Mähren großen Einfluss ausübte, war „Hand wahre Hand" anzuwenden. Daraus erklärt sich, dass wir die Sachsenspiegel-Regelung beispielsweise in Goslar wie auch in Prag finden. Das Anfang des 14. Jahrhunderts aufgezeichnete Altprager Rechtsbuch hatte neben „Hand wahre Hand" auch das Verwirkungsverbot aus dem Sachsenspiegel (Landrecht II 31 § 3) fast wortgleich übernommen.[321] Die Regelungen des Hamburger Stadtrechts von 1270 gingen neben Einflüssen aus Lübeck und Soest ebenso primär auf den Sachsenspiegel zurück und entnahmen daraus die Geltung von „Hand wahre Hand". Das Hamburger Stadtrecht wirkte als Mutterrecht u.a. für die Stadtrechte von Riga (1270), Stade (1279), Buxtehude (1328), Verden (1416) und Bremen (1433), die ebenfalls die sächsische Regelung enthalten.[322] Auch im nördlichen Frankreich, dem von der Garonne-Mündung bis Genf reichenden Land des *droit coutumier*, soll die Verfolgungsbeschränkung in weitem Umfang gegolten haben. Die Geltung des „Hand wahre Hand" entsprechenden Grundsatzes *„Meubles n'ont pas de suite"* war z.B. in den Coutumes notoires du Châtelet de Paris, dem vor dem Pariser Stadtgericht geltenden Recht, und im Coutume de Bourges ausdrücklich niedergelegt.[323]

Das Gegenteil von „Hand wahre Hand", d.h. die unbeschränkte Vindikation des Eigentümers gestohlener wie unterschlagener Sachen beim Dritten, lässt sich positiv lediglich in der Schöffenspruchsammlung des Oberhofes von Ingelheim

---

321 Korte, S. 49 ff, 80, 116 f

322 Korte, S. 77; Ebel, Sachsenspiegel, HRG IV, Sp. 1230; Ogris, Hand wahre Hand, HRG I, Sp. 1930; van Apeldoorn, TRG 11, S. 155. Anners, S. 120 f, 164 ff, vertritt die Auffassung, dass im Interesse des Handels- und Kreditverkehrs bereits das älteste hamburgische Recht vor 1270 die Tendenz zeigte, die Rechtsschutzmöglichkeiten des Eigentümers gegenüber Dritten bezüglich anvertrauten Sachen einzuschränken.

323 Göler von Ravensburg, S. 41, 44 f, 74 f; Minuth, S. 224 ff; Römer, S. 56 ff; Guisan, S. 50, je m.w.N. Jedenfalls ab dem 15. Jh. soll der Grundsatz eine bedeutende Einschränkung durch die Ergänzung um *„par hypothèque"* erfahren haben, die sich jedoch nicht durchsetzte, Jeroscheg, S. 194; Merk, RhZS 7, S. 195 ff.

nachweisen. Die Schöffensprüche bieten eine umfangreiche Quelle mittelalterlichen Rechts aus der Gerichtspraxis des Oberhofes, dessen Rechtsprechung nicht vom sächsischen Recht beeinflusst war. Nach Ingelheimer Recht hing die Wirksamkeit einer Verfügung von der Berechtigung des Veräußerers ab. Die durch die Verfügung eines Nichtberechtigten erlangte Sache musste der Besitzer in jedem Fall an den Eigentümer herausgeben, auch wenn dieser sie freiwillig aus der Hand gegeben hatte.[324]

Die größte Gruppe bilden die Stadtrechte sowie die nordfranzösischen Coutumes, die keine Regelungen zur Lösung des Interessenkonflikts zwischen Eigentümer und Besitzer bzw. lediglich für den Fall des Diebstahls beim Eigentümer enthalten, oder für die aufgrund fehlender oder lückenhafter Quellen ein Schluss auf die Rechtslage nicht möglich ist. Dazu gehören u.a. die Rechte von Soest, Dortmund, Münster, Köln, Aachen, Frankfurt, Speyer, Stuttgart, Ulm, Nürnberg, Wien und Brünn. Die Rechtsprechung des Oberhofes von Neustadt an der Weinstraße betraf ebenfalls keine Entscheidungen zur Sachverfolgung durch den Eigentümer.[325] Auch die Passauer Stadtrechte von 1225 und 1298 weisen keine Bestimmungen auf, die auf die Geltung von „Hand wahre Hand“ schließen ließen. Das zweite Passauer Stadtrecht von 1298, das zum Teil auf dem Schwabenspiegel beruhte, übernahm zwar das Verwirkungsverbot des Sachsenspiegels (Landrecht II 31 § 3) bzw. des Schwabenspiegels (Art. 200) fast wörtlich, aber nicht die generelle Regelung von „Hand wahre Hand“.[326]

Die nordfranzösischen Coutumes, z.B. das Livre de droit von Pierre de Fontaines (um 1250) und die nach 1260 entstandenen Etablissements de St. Louis für das Gebiet Touraine-Anjou, regelten überwiegend - meist noch in der Form der germanischen Diebstahlsverfolgung - lediglich die Herausgabeklage hinsichtlich gestohlener oder verlorener Sachen.[327]

Die Feststellung, dass Aufzeichnungen zu „Hand wahre Hand“ fehlen oder die Geltung des Prinzips nicht nachweisbar ist, gilt also sowohl für das gesamte mittelalterliche römisch-deutsche Reich[328] wie auch für das französische *pays de droit coutumier*. Aber welche Schlüsse können wir daraus ziehen? Keine Aus-

---

[324] Korte, S. 90 ff

[325] Korte, S. 84 ff

[326] Korte, S. 100 ff

[327] Göler von Ravensburg, S. 46 ff, 50 f; Wolf, Gesetzgebung, Handbuch der Quellen I, S. 643; Merk, RhZS 7, S. 86 f, 93 ff, 107 ff

[328] Das mittelalterliche römisch-deutsche Reich umfasste auch den größten Teil der heutigen Republik Österreich, die nordöstlichen Departements Frankreichs, die Schweizerische Eidgenossenschaft sowie die Beneluxstaaten, Wolf, Gesetzgebung, Handbuch der Quellen I, S. 586.

sage zur Anwendung von „Hand wahre Hand“ kann über die Rechtslage in den Städten oder Landstrichen getroffen werden, für die uns kein oder nur rudimentäres Quellenmaterial vorliegt. In den Fällen, in denen lediglich Vindikationsregelungen für den Fall des Diebstahls, aber keine Aussagen zu Unterschlagungsfällen vorhanden sind, lässt sich nicht ohne weiteres der Schluss e contrario auf die Geltung von „Hand wahre Hand“ ziehen. Da die mittelalterlichen Quellen kasuistischer Natur sind, ist eher davon auszugehen, dass der Konflikt zwischen Eigentümer und Besitzer nur hinsichtlich gestohlener Sachen geregelt werden sollte. Nicht außer acht zu lassen ist ferner, dass es sich im Hochmittelalter um regional sehr unterschiedliche, den lokalen Bedürfnissen angepasste Regelungen handelt, aus denen aufgrunddessen nur schwer allgemeingültige Folgerungen getroffen werden können.[329]

### *b) Sonderfall: Die Verpfändung durch den Handwerker*

Richten wir unser Augenmerk nun auf die Rechte, die für den Fall der Unterschlagung anvertrauter Sachen besondere Regelungen zum Interessenausgleich zwischen Eigentümer und Drittem enthalten: Das Hamburger Stadtrecht von 1270 räumte dem Handwerker das Recht ein, das ihm zur Be- oder Verarbeitung anvertraute Gut in Höhe seines Lohnanspruchs zu verpfänden. Daneben stand dem Handwerker noch ein Zurückbehaltungsrecht gegenüber dem Besteller bis zur Begleichung seiner Lohnforderung zu. Auf diese Weise wurde es dem Handwerker ermöglicht, die ihm anvertraute Sache als Kreditobjekt einzusetzen und sich so unabhängig von der Begleichung seiner Lohnforderung die erforderliche Liquidität zu verschaffen.[330] Der ursprüngliche Eigentümer und Auftraggeber, der dem Handwerker die Sache übergeben hatte, konnte also – entgegen dem „Hand-wahre-Hand“-Grundsatz - die Sache von dem Dritten, dem der Handwerker die Sache verpfändet hatte, gegen Ablösung in Höhe der gesicherten Forderung wiedererlangen. Das zwischen 1276 und 1281 entstandene Augsburger Stadtbuch gestand dem Handwerker ebenfalls ein Zurückbehaltungs- und Verpfändungsrecht hinsichtlich der ihm anvertrauten Sache in Höhe seiner Lohnforderung zu und stellte daneben ausdrücklich klar, dass der Eigentümer die Sache beim Pfandnehmer gegen Zahlung der Lohnforderung vindizieren konnte.[331] Auch das Livre des Assises de la Cour des bourgeois de Jérusalem, das Mitte des 13. Jahrhunderts aufgezeichnete Gewohnheitsrecht der französischen Eroberer des Heiligen Landes, gab der Klage des Eigentümers auf Herausgabe der einem Handwer-

---

[329] Korte, S. 118 ff; Anners, S. 176 f. Für Frankreich wird aus der Quellenlage gleichermaßen der Schluss auf die Geltung des uneingeschränkten Vindikationsgrundsatzes wie auf die weitreichende Geltung von *„meubles n'ont pas de suite“* gezogen, vgl. Göler von Ravensburg, S. 41, 56; Anners, S. 51 f.

[330] Korte, S. 78 f

[331] Korte, S. 100 ff

ker anvertrauten und dann von diesem verkauften Sache gegen Zahlung des Handwerkerlohnes statt.[332] Das Stadtrecht von Braunschweig regelte dagegen die uneingeschränkte, nicht an die Zahlung eines Lösegeldes gebundene Vindikation des Eigentümers gegen den Dritten für den Fall, dass der Handwerker die ihm anvertraute Habe verkaufte oder versetzte.[333]

Was können wir aus diesen Regelungen schließen? Sowohl in Hamburg wie auch in Braunschweig wurde „Hand wahre Hand" als allgemeine Regel angewendet. Unter dieser Prämisse stellte die uneingeschränkte Vindikationsregelung im Braunschweiger Stadtrecht, die eindeutig auf den Schutz des Eigentümers ausgelegt zu sein scheint, eine klare Durchbrechung, eine Ausnahmeregelung zum „Hand-wahre-Hand"-Grundsatz dar. Vermutlich war diese Regelung durch wirtschaftliche Interessen zur Stärkung des Handwerks motiviert, da sie dem Eigentümer die Sicherheit gab, seine Sache in jedem Fall wieder zu erlangen, und damit den erforderlichen Ansporn, seine Sache einem Handwerker anzuvertrauen.[334]

Das Augsburger Stadtrecht und das Livre des Assises de la Cour des bourgeois de Jérusalem sahen die Vindikationsbeschränkung des Eigentümers bei anvertrauten Sachen im Sinne von „Hand wahre Hand" nicht vor[335], regelten das Verpfändungsrecht des Handwerkers aber mit dem gleichen Inhalt wie das Hamburger Stadtrecht. Da die beiden Rechte hinsichtlich der Sachverfolgung anvertrauter Sachen offensichtlich von anderen Prämissen als das hamburgische Recht ausgingen, ist es unwahrscheinlich, dass der Hintergrund der Regelung in der Suche nach einem gerechten Interessenausgleich zwischen dem Eigentümer und dem Dritten in Form eines „Lösungsrechts" lag. Die Bestimmungen von Augsburg und Hamburg waren auf den Fall der Verpfändung durch den Handwerker, also auf den Fall der Kreditbeschaffung, beschränkt. Die Sachverfolgung des Eigentümers bei Verkauf, Verschenken usw. der anvertrauten Sache durch den Handwerker sollte hier nach den allgemeinen Regeln behandelt werden. Deshalb ist anzunehmen, dass das Verpfändungsrecht allein im Interesse des Handwerkers unter dem Aspekt seiner Existenzsicherung eingeräumt wurde. Dass in der Konsequenz der

[332] Dieser Entscheidung schlossen sich das Livre de Roisin über das Stadtrecht von Lille, die Charte de Roye und die zweite Coutume von Amiens an, Anners, S. 41 f; Göler von Ravensburg, S. 52.

[333] Korte, S. 83

[334] Vgl. Anners, S. 49, 147 ff, 152, 154, 159; Hinz, S. 52 f; Guisan, S. 41 f; Hübner, S. 21; Römer, S. 60.

[335] Für das Jerusalemer Gewohnheitsrecht lässt sich diese Aussage nicht mit Sicherheit treffen, vgl. Göler von Ravensburg, S. 52 m.w.N.

Eigentümer seine Sache beim Dritten gegen Ablösung der gesicherten Forderung zurückholen konnte, war damit lediglich die Folge des Verpfändungsrechts.[336]

Dass mehrere Rechte – unabhängig von einer generellen Regelung der Sachverfolgung anvertrauter Sachen - ein Verpfändungs- und Zurückbehaltungsrecht des Handwerkers zuließen, spricht ebenfalls dafür, den Zweck dieser Bestimmungen primär in der Sicherung der wirtschaftlichen Bewegungsfreiheit des Handwerkers zu suchen.[337] Dies gilt letztendlich aber auch für die Regelung des Verkaufs der Sache durch den Handwerker im französischen Gewohnheitsrecht für das Heilige Land: Auch hier stand weniger der Erwerber, sondern der Eigentümer im Vordergrund, der dafür, dass er zur Be- oder Verarbeitung seine Sache aus der Hand geben musste, vor deren Verlust geschützt werden sollte. Mit der Zahlung des Handwerkerlohnes wurde er de facto nicht belastet, da er diesen Betrag ohnehin aufgrund des Werkvertrags hätte entrichten müssen.[338]

### *c) Die Sonderregelungen der Stadtrechte von Lübeck und München für den Fall der Unterschlagung*

Besondere Regelungen für den Fall der Unterschlagung anvertrauter Sachen bieten ferner die Stadtrechte von Lübeck und München. Sowohl das lübische Stadtrecht von 1280 als auch das Münchner Versiegelte Buch von 1340/47[339] sollen Lösungsrechte vorgesehen haben.

Betrachten wir zunächst das Stadtrecht von Lübeck: Hatte der Eigentümer seine Sache einem Handwerker anvertraut, der diese durch Verkauf oder Verpfändung veruntreute, gewährte ihm Art. 144 des Lübecker Stadtrechts die uneingeschränkte Vindikation der Sache. Wie bei den eben besprochenen Regelungen von Hamburg, Augsburg, Braunschweig und des französischen Gewohnheits-

---

336 Dies gilt auch für Regelungen wie in der Aufzeichnung des Gewohnheitsrechts von Orléans im Livre de Jostice et de Plet (nach 1260), das generell die Vindikation von Pfandsachen nur gegen Bezahlung der Pfandsumme zuließ, es sei denn, es war eine gestohlene Sache zum Pfand genommen worden, Göler von Ravensburg, S. 48 f; Anners, S. 52, 55 f.

337 Vgl. Korte, S. 78, 84; Völkl, S. 39 ff; zur Bedeutung der Fahrnis im Hochmittelalter als Kredit- und Vollstreckungsobjekt s. Anners, 44 ff. In ähnlicher Weise scheint die Sonderregelung für Wien, die sich aus einer Aufzeichnung des Wiener Gewohnheitsrechts aus dem 14. Jahrhundert ergibt, und die die Vindikation des Eigentümers zulässt, wenn der Vertrauensmann die anvertraute Sache verspielte, weniger durch die Suche nach einem Interessenausgleich, als durch Missbilligung des Glücksspiels oder – wie das Verwirkungsverbot des Sachsenspiegels – durch den Gedanken, dass fremdes Gut nicht für Spielschulden haften soll, motiviert gewesen zu sein, vgl. Korte, S. 110 ff.

338 Vgl. Anners, S. 49.

339 S. Korte, S. 61 f, 102 ff; Völkl, S. 27 f.

rechts war auch die lübische Bestimmung vermutlich darauf ausgerichtet, die Beauftragung von Handwerkern zu fördern.[340]

Art. 145 regelte dagegen die Rechtsfolgen der Veruntreuung allgemeiner:[341] Nach dem Wortlaut dieser Bestimmung sollte der Eigentümer, dessen verliehene Sache vom Entleiher verkauft, verpfändet oder beim Entleiher gepfändet wurde, verpflichtet sein, sie beim Besitzer auszulösen. Über die Höhe des zu zahlenden Lösegeldes ist nichts ausgesagt. Gestützt auf diesen Wortlaut wird in der Literatur die Ansicht vertreten, dass die Vindikationsbeschränkung für den Eigentümer lediglich für geliehene Sachen, nicht jedoch für vermietete Sachen gegolten haben soll. Für letztere soll dem Eigentümer auch nach Unterschlagung durch den Mieter die uneingeschränkte Vindikation offen gestanden haben. Begründet wird diese Einschränkung des Anwendungsbereichs des Art. 145 mit der geringeren Schutzwürdigkeit des Verleihers, der unentgeltlich und aus Gefälligkeit handele, während der Vermieter schützenswerte wirtschaftliche Interessen verfolge.[342] Demgegenüber leitet die Gegenansicht aus dem Revidierten Lübischen Recht von 1586, das in Art. 2 des zweiten Titels *„De commodato"* die Regelung des alten Stadtrechts generell auf anvertraute Sachen erstreckte, die allgemeine Geltung der Lösungsverpflichtung des Eigentümers unabhängig von der Art des Anvertrauens auch schon für das alte lübische Recht ab.[343] Diese Auslegung von Art. 145 entge-

---

340 Korte, S. 73 ff; Anners, S. 147, Völkl, S. 162 f. Art. 348 des Münchner Versiegelten Buches gestattete dem Handwerker die Verpfändung der zur Bearbeitung übergebenen Sache in Höhe des noch ausstehenden Werklohnes. Das Münchner Recht hatte damit – wahrscheinlich aufgrund der großen wirtschaftlichen Bedeutung des Handwerks - bereits einen Stand, den das lübische Recht erst in seiner revidierten Form erreichte, Völkl, S. 161 ff, S. 178 f.

341 Art. 145 des Stadtrechts von Lübeck (um 1280): *„van lenenden gvde – En iewelic mensche se weme he sines dinges. oder gudes wat lene. wante kumt it so dat de deme it gelenet is. it vorkoft oder vor settet. vnde ofte it bekummeret wert. oder holt it iement vp. de deme anderen dat gelenet heuet. de is plichtich it to losende. ofte het weder hebben wil. vnde de gene de it vnder sic heuet. maget bet beholden na stades rechte. den degene de deme anderen dat gelenet heuet."*, zit. nach Völkl, S. 28.

342 Anners, S. 122 ff, 130 ff; Korte, S. 62 ff, 65 ff. Die wörtliche Auslegung der Bestimmung findet eine weitere Stütze darin, dass das Stadtrecht von Deventer und die Coutume d'Amiens aus dem späteren 13. Jahrhundert ebenso eine Beschränkung auf geliehenes Gut enthalten, Völkl, S. 29; Anners, S. 57 ff, 159.

343 Zweiter Titel, Art. 2 (Stadtrecht von Lübeck, 1586): *„Ein ieglicher sehe wol zu/ weme er das seine ausleihe vnd vertrawe. Dann wuerde es sich zutragen/ dass derjenige/ dem es gelehnet oder vertrawet/ dasselbe verkauffte/ versetzte/ oder sonsten alienierte, will dann der Ausleiher das Gut wieder haben/ von dem/ welchem das ausgelehnet Gut per contractum gebracht so muß er es selbsten loesen/ sonsten bleibet der es gekaufft/ oder an sich gebracht/ naeher dabey dann derjenige/ welcher das Gut ausgelehnet. Dann do jemand seinen Glauben gelassen/ da muß er jhn widerumb suchen."*, zit. nach Völkl, S. 53 f. Vgl. Korte, S. 65, Völkl, S. 30 ff, 35 ff.

gen seinem Wortlaut kann sich auch auf die Rechtsprechung des Lübecker Rats stützen, dessen Urteile keinen Hinweis darauf geben, dass die Vindikation veruntreuter vermieteter Sachen zulässig gewesen sein sollte. Zudem erscheint eine Rechtsentwicklung von anfänglicher Differenzierung nach der Art des Anvertrauens hin zu einer späteren Gleichbehandlung jeglichen anvertrauten Gutes wenig wahrscheinlich.[344] Man wird also annehmen dürfen, dass das Stadtrecht von Lübeck, das vom Sachsenspiegel unbeeinflusst geblieben war und auf einer eigenständigen rechtsetzenden Tätigkeit des Rates beruhte, für jede Art von anvertrauten Sachen, die der Vertrauensmann unterschlagen hatte, eine Verfolgungsbeschränkung zu Lasten des Eigentümers vorsah.[345]

Wie sah nun die Verfolgungsbeschränkung des lübischen Rechts im einzelnen aus? Aus Art. 1 des zweiten Titels des Revidierten Lübischen Stadtrechts von 1586, der die uneingeschränkte Geltung von „Hand wahre Hand“ statuierte, wenn der Vertrauensmann die Sache verkauft, weitergegeben oder verpfändet hatte, können wir den Schluss ziehen, dass dies grundsätzlich auch für das alte lübische Recht des 13. Jahrhunderts galt.[346] Räumte nun Art. 145 (Lübisches Stadtrecht von 1280) dem Eigentümer ein Lösungsrecht ein, hätte dies eine weitgehende

---

[344] Völkl, S. 33, 35 f. Anners, S. 130 ff, 142, 146, nimmt demgegenüber an, dass Grundlage einer differenzierten Behandlung der verschiedenen Arten des Anvertrauens bereits die bewußte Wahrnehmung der verschiedenen Konflikttypen und die Abwägung der widerstreitenden Interessen waren.

[345] Korte, S. 61 f; Anners, S. 121, 129 ff; Völkl, S. 28 ff. Die Differenzierung zwischen vermieteten und verliehenen Sachen begegnet uns auch im Livre des Assises de la Cour des bourgeois de Jérusalem. Dort gestattete das Recht den Kreuzfahreren die Vindikation von vermieteten und dann vom Mieter verkauften, verpfändeten oder bei ihm gepfändeten Sachen bei jedem Besitzer ohne jede Gegenleistung. Wurde dagegen eine verliehene Sache beim Entleiher, selbst in Anwesenheit des Eigentümers, gepfändet, blieb die Pfändung vindikationsfest. Die Erklärung für diese Unterscheidung finden wir im Wortlaut der Regelungen, die nur Pferde und damit die wichtigsten Transport- und Verkehrsmittel betrafen. Der Vermieter von Pferden war für die seinerzeitige Wirtschaft ein bedeutender Faktor, der des Schutzes bedurfte, um seine Tiere aus der Hand zu geben. Den Interessen des Entleihers, der keine wirtschaftlichen Ziele verfolgte, sondern typischerweise aus Gefälligkeit handelte, standen die aus damaliger Sicht überwiegenden Interessen des Kreditverkehrs gegenüber, für die Fahrnis als wichtiges Vollstreckungsobjekt erhalten werden sollte. Dazu passt, dass das Livre des Assises keine Regelung über den Verkauf von Leihgut enthält, für den vermutlich allgemeine Grundsätze gelten sollten, vgl. Göler von Ravensburg, S. 53 f; Anners, S. 44 ff, 49 f.

[346] Zweiter Titel, Art. 1 (Stadtrecht von Lübeck, 1586): „*Was ein Mann dem andern lehnet/ das soll er jme unverdorben widergeben/ oder bezahlen nach seiner Wuerde/ wann es verlohren were. Verkaufft/ vergaebe/ versetzte/ oder alienirete er aber das gelehnete Gut/ es sey welcher Hand es wolle/ so hat der Commodans oder Ausleiher keine Ansprache wider diejenigen/ welchen es verkaufft/ vergeben/ oder versetzet worden/ sondern muß bey seinem Manne dem Commodatario, dem er es gelehnet/ oder bey seinen Erben/ auff dem Todesfall bleiben/ Dann Hand muß Hand wahren.*“, zit. nach Völkl, S. 54.

Ausnahme zu „Hand wahre Hand" bedeutet. Allerdings gibt uns die Rechtsprechung des Lübecker Rates keine Anhaltspunkte dafür, dass der Eigentümer das Recht gehabt hätte, die unterschlagene Sache vom Käufer gegen Zahlung einer Lösesumme herauszuverlangen. Zwei Urteile aus dem Jahr 1494 gelangten stattdessen zu dem Ergebnis, dass ein Besitzer, der seinen redlichen Kauf beweisen konnte, die Sache behalten durfte, es sei denn, der Kläger machte den Diebstahl der Sache geltend. Auch Ratsurteile aus dem 16. Jh. verwiesen den gegen den Käufer klagenden Eigentümer darauf, seinen Glauben dort zu suchen, wo er ihn gelassen hatte.[347] Auf der Grundlage der überlieferten Rechtsprechung wird Art. 145 dahingehend auszulegen sein, dass er die Verpflichtung des Eigentümers, die Sache auszulösen, lediglich für die Fälle der Verpfändung durch bzw. der Pfändung bei dem Vertrauensmann anordnete. Die Höhe der Lösungssumme bedurfte hier keiner näheren Bestimmung, da sie sich aus der Kreditsumme bzw. im Fall der Pfändung aus dem objektiven Wert der Sache ergab. Hatte der Vertrauensmann die Sache dagegen an einen Dritten verkauft, so gab Art. 145 dem Eigentümer lediglich den Rat, dem Dritten die Lösung der Sache anzubieten. Die Höhe des Lösungspreises blieb der Vereinbarung durch die Parteien vorbehalten. Damit enthielt das Lübecker Stadtrecht von 1280 noch kein Lösungsrecht im Sinne einer Ausnahme zu „Hand wahre Hand". Nicht anders als die Bestimmungen des Augsburger und Hamburger Rechts war die Regelung in Art. 145 nicht das Ergebnis einer differenzierten Interessenabwägung, sondern resultierte aus den Rechtsfolgen von Pfändung und Verpfändung.[348]

Ebenso wird Art. 2 des Zweiten Teils des Revidierten Lübischen Stadtrechts von 1586 zu verstehen sein. Da die Rechtsprechung im 16. Jahrhundert in der Frage einer Lösung beim Käufer nicht von den vorhergehenden Urteilen abwich, dürfte eine bewusste Rechtsänderung im Revidierten Recht auszuschließen sein. Ein echtes Lösungsrecht - vergleichbar mit den modernen Bestimmungen der Art. 2280 C.c. oder § 984 ZGB - kannte also auch das jüngere lübische Recht nicht.[349]

Eine andere Sichtweise wurde erstmals in dem 1643 erschienenen *Commentarius in Jus Lubecense* von David Mevius (1609-1670) niedergelegt.[350] Darin vertrat Mevius die Auffassung, bei Art. 2 handele es sich um eine Sonderregelung gegenüber der unbeschränkten Vindikation des (römischen) Ius Commune im Sinne eines echten Lösungsrechts. Er legte die Bestimmung dahingehend aus, dass der Eigentümer auch den gutgläubigen Erwerber, der die Lösung um den Kaufpreis zurückwies, zur Herausgabe zwingen konnte. Das Lösungsrecht sei durch das

[347] Anners, S. 127; Völkl, S. 36 ff

[348] Völkl, S. 50 ff, 174; anders Korte, S. 72.

[349] Völkl, S. 54; Hinz, S. 33 ff

[350] Zu Mevius s. Wieacker, Privatrechtsgeschichte der Neuzeit, S. 218 m.w.N.

Bedürfnis nach Sicherheit des Handelsverkehrs gerechtfertigt. Einerseits sollte also der Erwerber die Sache nicht ersatzlos wieder verlieren, andererseits sollte der Eigentümer darauf vertrauen dürfen, die einem anderen anvertraute Sache wieder zurück zu erhalten.

Was den Anwendungsbereich der Norm anbelangt, so wählte Mevius hier den Mittelweg, indem er nicht allein auf die Art des Besitzverlustes beim Eigentümer, sondern auch auf die dem Vertrauensmann eingeräumte Befugnis abstellte. So sollte die Vindikation des Eigentümers nur in den Fällen durch das Lösungsrecht eingeschränkt sein, in denen die Überlassung der Sache vorwiegend im Interesse des Vertrauensmannes lag und / oder diesem eine gewisse Macht über die Sache einräumen sollte. Typischerweise war dies bei der Verpfändung, Vermietung und Verleihe durch den Eigentümer der Fall. Erhielt der Vertrauensmann dagegen keine Befugnis zum Gebrauch der Sache, wie z.B. bei Verwahrung oder Übergabe an einen Transportunternehmer, sollte in der Weiterveräußerung ein *furtum* liegen. Hier war der Eigentümer also zur uneingeschränkten Vindikation der Sache berechtigt. Die Rechtsprechung des Lübecker Rats folgte seit dem 17. Jahrhundert der Auffassung von Mevius.

Mevius stellte mit seiner Kommentierung des Art. 2 nicht das geltende lübische Recht dar, sondern lieferte seine eigene Interpretation der Regelung. Entsprechend dem Grundsatz *„statuta sunt stricte interpretanda"*, wonach Statuten dem Gemeinen Recht gegenüber eng und nicht über ihren Wortlaut hinaus auszulegen sind, war Mevius bestrebt, die Bestimmungen des lübischen Rechts so eng wie möglich dem Gemeinen, d.h. dem römischen Recht anzupassen. In dieser Tendenz legte Mevius Art. 1 und 2 des Revidierten Stadtrechts dahingehend aus, dass die Klage gegen den Erwerber nur ausgeschlossen war, wenn dieser gutgläubig war und den Besitz auf der Grundlage eines gültigen Titels erworben hatte. Auf diese Weise wurde der Anwendungsbereich der Vindikationsbeschränkung weiter eingeengt. Aufgrund der Autorität seiner Person und der Verbreitung seines Kommentars als Standardwerk zum lübischen Recht beeinflusste Mevius' Auffassung die spätere Gerichtspraxis, die das lübische Recht in der Auslegung von Mevius anwendete.[351]

---

[351] Völkl, S. 55 ff, 175; Anners, S. 159, Hinz, S. 31 ff, 39 f, 42 f; anders Luig, Ius Commune 1, S. 196 f, der annimmt, Mevius wollte das lübische vom römischen Recht lösen und als eigenständiges System verstanden haben. Dem ist insofern zuzustimmen, als jedenfalls die Überlegungen des Mevius zum Anwendungsbereich des Art. 2 des Revidierten Stadtrechts nicht römisch-rechtlich beeinflusst waren, sondern auf sein Bestreben zurückgehen, aus den kasuistischen Regelungen des Stadtrechts allgemeingültige Grundsätze abzuleiten, Hinz, S. 49 ff, 60.

Auch für das Stadtrecht von München[352] führt eine Analyse der Bestimmungen des Versiegelten Buches von 1340/47 zu der Erkenntnis, dass auch hier kein echtes Lösungsrecht des Eigentümers geregelt ist. Grundsätzlich sah Art. 177 des Versiegelten Buches keine Rechtsschutzmöglichkeit des Eigentümers für den Fall vor, dass der Vertrauensmann die anvertraute Sache unterschlagen hatte. Nach dem Vorbild des Sachsenspiegels galt „Hand wahre Hand" uneingeschränkt und unabhängig von der Art des Anvertrauens.[353]

Art. 191 des Versiegelten Buches[354] regelte nur scheinbar ein allgemeines Lösungsrecht für das Herausgabeverlangen unterschlagener Sachen und damit keine echte Ausnahme zum „Hand-wahre-Hand"-Prinzip. Nach ihrem klaren Wortlaut betraf diese Bestimmung - wie im lübischen Recht - nur die Situation, dass derjenige, dem der Eigentümer die Sache, auf welche Weise auch immer, anvertraut hatte, diese verpfändete bzw. sie bei ihm gepfändet wurde. Im Fall der Verpfändung durch den Vertrauensmann wurde der Eigentümer ausdrücklich darauf verwiesen, sich an diesen zu halten, eine Klage gegen den Besitzer war ihm verwehrt. Stattdessen war der Vertrauensmann dem Eigentümer zur Wiederbeschaffung der Sache verpflichtet, d.h. er musste die Sache beim Pfandgläubiger auslösen. Lediglich wenn die Sache beim Vertrauensmann gepfändet worden war, blieb dem Eigentümer eine Durchgriffsmöglichkeit auf den Pfandgläubiger gegen Erstattung der gesicherten Forderung erhalten. Dies setzte jedoch voraus, dass der Eigentümer von der Pfändung nichts gewusst und keinen Einspruch erhoben hatte. Diese differenzierte Regelung des Münchner Rechts resultierte ebenso wie die des lübischen Rechts aus der Natur des Pfandrechts.[355]

---

[352] Allgemein zur Stadtrechtsentwicklung in München vgl. Völkl, S. 60 ff, Korte, S. 102 ff. Die Sachverfolgung einer gestohlenen oder geraubten Sache regelte das Münchner Stadtrecht ähnlich wie der Sachsenspiegel mit deutlichen Anklängen an das Anefangsverfahren der germanischen Volksrechte. In den Art. 65 und 71 war der Gewährenzug aber bereits in den Hintergrund getreten, wohl eine Folge der großen Einwohnerzahl, die die Kenntnis und Beibringung des Gewähren erschwerte, vgl. Völkl, S. 76 ff.

[353] Völkl, S. 87 ff, 125; Korte, S. 105

[354] Art. 191 des Versiegelten Buches (1340): *„Swer loenguot oder daz suest gelihen ist, versetzzt, der sol ez loesen. - Swer gewant, vederwat oder anderlay guot, swie daz genant sey, hinleicht umb lon oder umb zins oder durch triw, wirt daz von dem, dem ez gelihen ist, versetzzt oder verchummert, so sol der, dez ez ist, an enen choemen, dem ez gelihen ist, und sol in anchlagen und enen nicht bechlagen, dem ez gesetzt ist. Chaem auch iemant an enen, dem ez gelihen ist und welt im daz guot nehmen mit dem rechten umb gelt, so sol ez ener versprechen, dez aigen ez ist. Waer auch daz ez mit fronboten aus wurd getragen, als der stat recht ist, und verchauft, und daz er ez nicht verspraech, ob er ez west, so mag der, dez es gewesen ist, nicht mer darnach gesprechen. Doch chumpt er wol an enen, dem er ez gelihen hat, er mag ez auch wider loesen als tewr, als es versetzzt oder verchauft ist."*, zit. nach Völkl, S. 125.

[355] Völkl, S. 125 ff, 129, 138 ff, 176; Korte, S. 106 f

*d) Die Berücksichtigung der Redlichkeit des Besitzers*

Die Stadtrechte von Lübeck und München sind außerdem unter dem Aspekt der Berücksichtigung der Redlichkeit des auf Herausgabe verklagten Besitzers aufschlussreich für die mittelalterliche Rechtsentwicklung:

Nach Art. 119 des lübischen Stadtrechts von 1280 musste der Gastwirt, der eine fremde Sache als Pfand für die Zeche angenommen hatte, diese Sache dem Eigentümer ohne Ersatz herausgeben, wenn sie gestohlen oder geraubt war. War sie vom Pfandgeber veruntreut worden, erhielt sie der Eigentümer nur gegen Begleichung der gesicherten Forderung zurück. Wie in den bereits erörterten Verpfändungsfällen hätte es auch hier einer gesonderten Regelung der Lösungspflicht des Eigentümers nicht bedurft, da sie die Folge des Pfandrechts des Gastwirts war. Die Besonderheit der Regelung ergibt sich jedoch aus der Rechtsprechung des Lübecker Rats. So musste der Gastwirt die veruntreute Sache dann ohne Ersatz herausgeben, wenn er nachweislich wusste, dass sie nicht Eigentum des Gastes war. Die Redlichkeit des Erwerbers spielte für die Beurteilung, ob er im Gegenzug zur Sachherausgabe Ersatz erhielt, also bereits zu einer Zeit eine Rolle, als die *bona fides* des römischen Rechts noch nicht in die weitere Rechtsentwicklung in Deutschland eingegriffen hatte. Wie wir gesehen haben, stellten auch Ratsurteile zur allgemeinen Regelung des Art. 145 des Stadtrechts von 1280 auf die Redlichkeit des Käufers ab.[356]

Auch das Münchner Stadtrecht enthält derartige Sonderbestimmungen: So sah Art. 172 als Ausnahme zu der ansonsten unbeschränkten Vindikation gestohlener und geraubter Sachen vor, dass der Eigentümer, der seine Sache in der Hand eines Juden fand, der sie als Pfand erhalten hatte, die Sache nur gegen Erstattung der gesicherten Forderung (ohne Zinsen) herausverlangen konnte. Die Norm stellte zwar ihrem Wortlaut nach nicht auf die Redlichkeit des gewerbsmäßigen

---

[356] Korte, S. 68 f; Völkl, S. 31 ff, 39 ff, 180 f; Hinz, S. 54; Wehmann, S. 71 f; Anners, S. 65 f zum Pfandrecht des Gastwirts im französischen Recht und S. 124 ff mit einer anderer Interpretation zu Art. 119. Unter dem Aspekt der Redlichkeit werden auch weitere Vorschriften des lübischen Rechts verständlich: So berechtigte Art. 98 den Mieter eines Schiffes lediglich zur Weitervermietung. Die Verpfändung oder der Verkauf des Schiffes war unwirksam, hatte also eine erfolgreiche Vindikation des Eigentümers zur Folge. Die Besonderheit der Regelung liegt nicht in der Art des Anvertrauens durch Miete, sondern darin, dass es sich bei Schiffen um seltene, individuelle Güter handelte. Einem Erwerber war es also zumutbar, sich über die Eigentumverhältnisse zu erkundigen, seine Unredlichkeit konnte infolgedessen unterstellt werden. Anders bei Pferden: Sie waren kaum individualisierbar, wurden laufend gehandelt, bewegten sich über weite Entfernungen. Hier konnte vom Erwerber nicht verlangt werden, Nachforschungen über den wahren Eigentümer anzustellen, so dass Art. 126 des Stadtrechts von 1280 mit Recht seine Redlichkeit vermutete, wenn das Pferd drei Zwischenbesitzer gehabt hatte, Völkl, S. 31 f, 43 ff.

Pfandnehmers ab. Aus dem Augsburger Judenrecht, das offensichtlich das Vorbild für die Münchner Regelung war, ergibt sich jedoch, dass dem Pfandnehmer der Erstattungsanspruch nur zustand, wenn er nicht gewusst hatte, dass es sich um eine gestohlene Sache handelte. Der Nachweis seiner Unkenntnis wurde ihm - anders als z.B. im Sachsenspiegel - dadurch erleichtert, dass es nicht auf die Erfüllung objektiver Kriterien ankam, sondern er sein Nichtwissen lediglich beeiden musste.[357] Auch der Schankwirt, der ebenso wie der gewerbsmäßige Pfandnehmer in Zeiten der Bargeldknappheit auf die Annahme von Pfändern als Bezahlung angewiesen war, wurde privilegiert: Art. 110 des Versiegelten Buches sicherte ihm den Erstattungsanspruch gegen den Eigentümer im Gegenzug zur Sachherausgabe auch bei gestohlenen Sachen, wenn er seine Redlichkeit durch Eid nachweisen konnte.[358] Auch diese beiden Erstattungsbestimmungen sind nicht als echtes Lösungsrecht zu qualifizieren. Der Eigentümer hatte vielmehr eine Lösungspflicht, die weniger auf dem Bestreben nach einer die widerstreitenden Interessen gleichmäßig berücksichtigenden Konfliktlösung, als auf der Privilegierung der Gewerbe beruhte, die der Pfandnahme zur ihrer Existenzsicherung bedurften. Die Besonderheit dieser Regelungen liegt in erleichterten Nachweisbarkeit der Redlichkeit des Besitzers.

Die insbesondere aus der Gerichtspraxis zu erschließende weitere Rechtsentwicklung in München hielt auch noch im 15. Jahrhundert an der grundsätzlichen Geltung von „Hand wahre Hand“ für unterschlagene Sachen fest. Allerdings wurde nur noch derjenige Besitzer geschützt, der vom Treubruch des Vertrauensmannes nichts wusste. Auch für Süddeutschland können wir also davon ausgehen, dass sich die Berücksichtigung der Redlichkeit des Erwerbers als Kriterium für seine Schutzwürdigkeit unabhängig von der Rezeption des römischen Rechts in einer eigenständigen Entwicklung herausbildete.[359]

*e) Der Erwerb gestohlener Sachen auf dem Markt*

Wie wir gesehen haben, hatte man es bereits im Frühmittelalter als Problem erkannt, dass jemand eine Sache von einem ihm persönlich unbekannten Verkäufer erwarb. War die Sache gestohlen und versuchte der Eigentümer, sie im Wege der Anefangsklage wiederzuerlangen, war der unschuldige, als mutmaßlicher Dieb beklagte Besitzer darauf angewiesen, seine Unschuld nachzuweisen, indem er seinen Verkäufer als Gewähren beibrachte. Die Verteidigung durch Gewährenzug funktionierte aber nur, wenn der Erwerber den Veräußerer kannte. Das Problem des unbekannten Verkäufers versuchten die germanischen Stammesrechte auf verschiedene Weisen zu lösen. Für die Westgoten und in Anlehnung daran für die

[357] Völkl, S. 98 ff
[358] Völkl, S. 111 ff
[359] Völkl, S. 165 ff, 180 f

Baiuvaren war der Gedanke der Schadensteilung maßgeblich. Dementsprechend verpflichteten sie den Besitzer, der seine Unschuld mit Hilfe von Zeugen beweisen konnte, lediglich die Hälfte der Sache herauszugeben. Die Langobarden zogen Anfang des 8. Jahrhunderts objektive Kriterien zur Beurteilung der Redlichkeit des Erwerbers hinsichtlich der Herkunft der Sache heran. Demnach konnte sich der Beklagte nur vom Diebstahlsverdacht reinigen, wenn er den Kauf der Sache auf dem Markt durch drei Zeugen nachweisen konnte. Auch nach dem Recht des Sachsenspiegels konnte nur der nachgewiesene Kauf der Sache auf dem Markt und bei Tageslicht „als ungestohlen und unverhohlen" den Diebstahlsverdacht entkräften. Vor der Verpflichtung zur Herausgabe der Sache schützte den Erwerber jedoch keine dieser Regelungen, sie bewahrten ihn lediglich vor der Zahlung der Diebstahlsbuße.[360]

Noch das Stadtrecht von Freiburg im Breisgau kannte das Nebeneinander von Gewährenzug und Marktkauf: Der wohl im Jahr 1218 entstandene Art. 28 des Stadtrechts[361] ließ grundsätzlich keine Vindikation zu, es sei denn, der Eigentümer wies nach, dass die Sache gestohlen war. Der Besitzer wurde nach dieser Vorschrift aber dann nicht als Dieb bestraft, wenn er beeidete, dass er die Sache auf einem öffentlichen Markt von einem Unbekannten gekauft hatte, dessen Wohnsitz er nicht kannte. Auch hier entband die Regelung den Besitzer nicht davon, die Sache an den Eigentümer herauszugeben.[362] Diese Regelung ist bis ins 14. Jahrhundert auch in den Rechten weiterer zähringischer Stadtgründungen zu finden, wie z.B. in der Handfeste von Burgdorf, sowie von Orten im Aargau wie Bremgarten, Aarau, Brugg, Lenzburg oder Sursee.[363]

Auch das französische Gewohnheitsrecht, z.B. die Coutume de Toulouse (1280) oder die Coutumes de Beauvaisis, berücksichtigte die besondere Situation des Kaufes auf dem Markt. Anklänge an den Gewährenzug lassen dabei noch die ca. 1280-1283 von Philippe de Beaumanoir aufgezeichneten Coutumes de Beauvaisis erkennen. Dort war als Grundsatz unabhängig von der Art des Besitzverlustes durch den Eigentümer die Vindikation der Sache bei jedem Besitzer vorgesehen. Das Vindikationsprinzip erfuhr aber eine Einschränkung dadurch, dass der Eigentümer die Herausgabe nur gegen Erstattung des Kaufpreises verlangen konnte, wenn der Besitzer die gestohlene Sache auf dem Markt *„sans fraude"*, also redlich, und ohne den Verkäufer zu kennen oder ihn als Gewähren beibringen zu können, erworben hatte. Hatte der Besitzer die Sache dagegen außerhalb des

---

360 S. oben II.3.; vgl. Feenstra, FS Kisch, S. 250 f; Merk, RhZS 7, S. 129.

361 Art. 28 ist im Urbar von 1341 enthalten und entspricht den Art. 58 und 59 des Stadtrodels aus der Mitte des 13. Jahrhunderts, Reinhard, S. 42 f.

362 Korte, S. 96 ff; Anners, S. 175; van Apeldoorn, TRG 11, S. 152; Reinhard, S. 42 f, 88 ff; Hübner, S. 22

363 Reinhard, S. 44 ff, 51 ff, 68, 70 f, 75

Marktes oder zu einem geringen Preis gekauft, blieb es bei der uneingeschränkten Vindikation.[364]

Demgegenüber hatte sich das Stadtrodel von Murten in der Westschweiz aus dem Jahr 1245 bereits von der Diebesverfolgung entfernt. Art. 34 betrachtete in einer hochdifferenzierten Regelung die Vindikationslage aus der Sicht des Erwerbers und stellte die Konsequenzen verschiedener Erwerbssituationen dar: Hatte der Erwerber den Kauf *„domum tacite"*, also nicht in der Öffentlichkeit getätigt, musste er die erwiesenermaßen gestohlene Sache dem Eigentümer zurückgeben und verlor auch den gezahlten Kaufpreis. Das gleiche galt, wenn er die Sache außerhalb der Stadt gekauft hatte. War der Kauf aber auf dem Markt und ohne den Widerspruch eines anderen erfolgt, sollte der Käufer den gezahlten Kaufpreis nicht verlieren. Eine ähnliche Bestimmung traf auch Art. 29 des Murtener Freibriefs von 1377. Die Regelung findet sich sogar noch in der Stadtsatzung von Murten aus dem Jahr 1715 in der Form eines echten Lösungsrechtes. Das Murtener Recht ging damit bei der Berücksichtigung der Schutzwürdigkeit des Erwerbers einen entscheidenden Schritt weiter als das freiburgische Recht und gewährte ihm einen Anspruch auf Erstattung des gezahlten Kaufpreises.[365]

Das Stadtrecht von Payerne[366] aus dem Jahr 1347 sah ein Lösungsrecht vor, wie wir es aus den modernen Kodifikationen kennen. Ausgangspunkt war die Vindikation des Eigentümers, dem die Sache gegen seinen Willen abhanden gekommen war, und der als Voraussetzung für den Erfolg der Herausgabeklage durch Eid mit zwei Eideshelfern nachweisen musste, dass er die Sache vorher in friedlichem Besitz gehabt hatte. Hatte der Beklagte die Sache auf dem öffentlichen Markt gekauft und konnte dies durch zwei Zeugen beweisen, war er nur gegen Erstattung des gezahlten Kaufpreises zur Herausgabe der Sache verpflichtet.[367] Payerne und

---

[364] Göler von Ravensburg, S. 54 f; Anners, S. 53 f, 119; Römer, S. 59 f; Merk, RhZS 7, S. 89 ff, 118 ff, 129 f. Daneben statuierten zahlreiche südfranzösische Quellen aus dem 12. und 13. Jahrhundert die Herausgabepflicht der gestohlenen und auf dem Markt gekauften Sache nur gegen Kaufpreiserstattung. Die Besonderheit der südfranzösischen Marktkaufbestimmungen liegt darin, dass die Wirkung der besonderen Erwerbssituation auch jedem auf der öffentlichen Straße getätigten Kauf beigemessen wurde, Feenstra, FS Kisch, S. 251 ff.

[365] Reinhard, S. 56 f, 91 f, 98

[366] Payerne befindet sich im Westteil der heutigen Schweiz und auf dem Boden des im 10. Jahrhundert erneut entstandenen Königreiches Burgund. Im Jahre 1038 erneuerte Konrad II. die Geltung der um 500 n. Chr. verfassten burgundischen *Lex Gundobada* für das Gebiet von der Mündung der Rhône bis zum Rhein bei Basel. Das Königreich Burgund endete mit dem Tod Kaiser Karls IV. im Jahre 1378, Wolf, Gesetzgebung, Handbuch der Quellen I, S. 627 ff.

[367] Reinhard, S. 57 f, 93 ff; das savoyische Recht wurde auch in den Orten Monthey (1352), Conthey (1301) und Evian (1265) übernommen. In diesen drei Orten stellte man aber explizit darauf ab, dass die gestohlene Sache von einer nicht verdächtigen Person erworben

Lausanne mit einer ähnlichen Regelung beschränkten das Lösungsrecht nicht auf den Fall des Erwerbes einer gestohlenen Sache. Anvertraute und unterschlagene Sachen wurden gleichermaßen erfasst. In der deutschsprachigen Schweiz regelte erstmals das Stadtrecht von Zürich aus dem Jahre 1431 den Marktkauf mit der Konsequenz eines Lösungsrechtes.[368]

Aus diesem Vergleich einiger Stadtrechte und Coutumes der hochmittelalterlichen Schweiz und Frankreichs werden die Entwicklung des Lösungsrechtes und ihre Gründe besonders deutlich: Ab dem 12. Jahrhundert nahm die wirtschaftliche Bedeutung der Wochenmärkte sowie des ständigen Markts in den Städten erheblich zu. Die Märkte boten dem Handel die Möglichkeit, die Waren und Erzeugnisse jederzeit anzubieten und einen großen Kundenkreis zu erreichen. Dieser neuen Situation war jedoch das überkommene rechtliche Instrumentarium nicht mehr gewachsen. Die bisher übliche, kombinierte Diebes- und Sachverfolgung mit der Anefangsklage passte nicht mehr zu den Anforderungen der Zeit, in der es dem Eigentümer eher auf die Wiedererlangung der Sache als Handelsgut denn auf die Diebstahlsbuße ankam. Der Gewährenzug stellte sich mit dem Zunehmen des Groß- und Fernhandels sowie der wachsenden Bevölkerungszahl der Städte als unpraktikabel heraus, da die Käufe von unbekannten und nicht am Ort des Erwerbs ansässigen Personen zunahmen. Vor diesem Hintergrund bildete sich die Würdigung der Kaufsituation auf dem Markt anfangs als Pendant zum Gewährenzug heraus, um auch dem Erwerber, der von einem Unbekannten oder nicht Beiziehbaren gekauft hatte, eine Möglichkeit zu bieten, seine Unschuld nachzuweisen. Sichtbar wird dies z.B. in den Stadtrechten Freiburgs und der Städte des Aargaus, in denen der Marktkauf noch neben dem Gewährenzug stand. Die nächste Entwicklungsstufe dokumentieren beispielsweise die Coutumes de Beauvaisis und die Rechte von Städten wie Murten und Payerne, die im Rahmen der Vindikation des Eigentümers der Schutzwürdigkeit des Erwerbers allein aufgrund des Marktkaufs als typischerweise unverdächtiger Erwerbssituation Raum gaben, indem sie ihm einen Erstattungsanspruch gegen den Eigentümer einräumten. Der Marktkauf vereinte dabei zwei Elemente: Zum einen konnte jemand, der eine Sache vor allen Leuten bei hellichtem Tag gekauft hatte, kaum der Dieb der Sache sein; im Regelfall war er redlich, wusste also nicht, dass es sich um eine gestohlene Sache handelte. Zum anderen hätte der Markt dem bestohlenen Eigentümer Gelegenheit gegeben, unter den offen präsentierten Waren nach dem Diebesgut zu suchen. Der Marktkauf mit der Folge eines Lösungsrechts stellte damit eine erste Form des bewussten Umgangs mit dem Problem des Erwerbs vom Nichtberechtigten dar, jedoch noch ohne eine Aussage über die materielle

---

wurde. Auch das Weissbuch von Luzern (1421-1488) legte die grundsätzliche Herausgabepflicht gestohlener Sachen fest, außer die Sache war auf dem offenen Markt erworben worden, Reinhard, S. 60, 62.

[368] Reinhard, S. 67, 72

Berechtigung des Erwerbers an der Sache oder gar dessen Eigentumserwerb zu treffen.[369]

## 5. Zusammenfassung

Die Betrachtung der früh- und hochmittelalterlichen Regelungen zu Sachverfolgung und Erwerberschutz hinterlässt den Eindruck einer Vielfalt an Gestaltungen. So wurde deutlich, dass die mit dem Grundsatz „Hand wahre Hand" umschriebene Verfolgungsbeschränkung zu Lasten des Eigentümers hinsichtlich von Sachen, die er einem anderen anvertraut hatte und die dann von diesem unterschlagen wurden, kein für das germanische Stammesrecht typisches Prinzip war. Erst Anfang des 13. Jahrhunderts im Sachsenspiegel und in französischen Coutumes als Rechtsnorm festgeschrieben, kam „Hand wahre Hand" bzw. *„Meubles n'ont pas de suite"* zwar weite Verbreitung, aber keine im germanischstämmigen Bereich einheitliche Geltung zu.

Was gestohlene Sachen anlangt, so lag in den germanischen *Leges* und der Mehrzahl der Stadtrechte und Rechtsbücher des Hochmittelalters der Schwerpunkt erkennbar auf der Diebstahlsverfolgung und damit verbunden den Verteidigungsmöglichkeiten des unschuldigen Sachbesitzers gegen den Diebstahlsvorwurf. Allerdings zeigen bereits die frühmittelalterlichen Regelungen mit der Anordnung der Schadensteilung, dass die Schutzbedürftigkeit des Erwerbers eine gewisse Berücksichtigung fand. Mit dem Aufschwung von Handel und Gewerbe ab dem 12. Jahrhundert hinterließ der Gedanke des Erwerberschutzes deutliche Spuren in den Rechtsaufzeichnungen, sei es in den Verpfändungsregelungen zugunsten bestimmter Gewerbe, in der Maßgeblichkeit der Redlichkeit des Erwerbers oder schließlich im Lösungsrecht nach Kauf auf dem Markt. Begründet wurden diese Konfliktlösungsversuche jedoch weder mit der Publizität des Veräußererbesitzes noch mit Verkehrsschutz- oder Vertrauensschutzerwägungen. Sofern solche Überlegungen eine Rolle spielten, so hatten sie jedoch noch keine grundsätzliche Bedeutung erlangt und waren noch nicht als allgemeingültiges Prinzip formuliert worden. Die hochmittelalterlichen Regelungen der Sachverfolgung sind als Ergebnis differenzierter Interessenabwägungen im Einzelfall zwischen dem Sicherheitsbedürfnis des Eigentümers und den Interessen von Handelsverkehr und Gewerbe zu sehen. Es handelte sich durchweg um prozessuale Regelungen, die eine konkrete Prozesssituation vor Augen hatten. Schlussfolgerungen für die materielle Güterzuweisung wurden selbst im Spätmittelalter noch nicht gezogen.[370]

---

[369] Vgl. Reinhard, S. 36 ff, 57, 73 f, 80 f, 83 ff, 88 ff; Hübner, S. 22 f; Geyrhalter, S. 20; v. Lübtow, Hand wahre Hand, S. 195; Guisan, S. 42; Feenstra, FS Kisch, S. 256 f.

[370] Vgl. Anners, S. 167.

## III. Die Rezeption des römischen und kanonischen Rechts

### 1. Die Bedeutung der Rezeption

Unter Rezeption verstehen wir im allgemeinen den Prozess der Auf- und Übernahme des römischen Rechts des *Corpus Iuris* Justinians in die nationalen Rechtsordnungen Europas. Dieser Vorgang nahm im 12. Jahrhundert, ausgehend von Bologna, seinen Anfang und wird mit der Vollrezeption des römischen Rechts in Deutschland um 1500 als abgeschlossen angesehen.

Das 12. Jahrhundert ist aus heutiger Sicht das Synomym für einen epochemachenden Wandel in Wirtschaft und Kultur. Ausgehend von Italien, schufen das Aufblühen von Handel und Gewerbe sowie die beginnende Konzentration der Bevölkerung in neugegründeten und aufstrebenden Städten die wirtschaftlichen und gesellschaftlichen Rahmenbedingungen für eine Renaissance von Bildung und Wissenschaft. Die neue, intensive Beschäftigung mit dem römischen Recht wurde durch das Auftauchen einer vollständigen Handschrift der justinianischen Digesten im letzten Drittel des 11. Jahrhunderts in Oberitalien ausgelöst. Seit diesem Zeitpunkt standen die seit dem 6. Jahrhundert aus dem Bewusstsein der Rechtsanwendung verschwundenen Digesten im Mittelpunkt der Aufmerksamkeit sowohl der bestehenden Rechtsschule von Pavia als auch der neugegründeten Rechtsschule von Bologna. Die Wiederentdeckung der Digesten bedeutete jedoch entgegen dem ersten Anschein keine scharfe Zäsur in der europäischen Rechtsentwicklung. Wie wir gesehen haben, ist das römische Recht jedenfalls im südwestlichen Europa in seiner vulgarisierten Form über die Jahrhunderte der Germanenherrschaft lebendig geblieben. Aber erst im 12. Jahrhundert war die Gesellschaft reif für die Aufnahme der Staatsidee und des Bildungsideals des justinianischen Klassizismus. Das *Corpus Iuris* als Gesetzgebungswerk eines Kaisers, der das römische Imperium in seiner alten Blüte wieder erstehen lassen wollte, passte zu einem römisch-deutschen Kaisertum, das seit Karl dem Großen mit der Kaiserkrönung in Rom die Idee des Römischen Reiches wiederzubeleben versuchte. Nachdem sich die Rechtspraxis jahrhundertelang auf aufgezeichnetes Gewohnheitsrecht gestützt hatte, konnte das *Corpus Iuris* als umfassende Rechtssammlung außerdem das Bedürfnis nach einem einheitlichen und geschriebenen Recht decken, das für die neuen, komplexen Rechtsprobleme Lösungen bereithielt.[371]

Voraussetzung für den erneuten europaweiten Siegeszug des römischen Rechts waren jedoch nach Überwindung der das frühe Mittelalter beherrschenden

[371] Koschaker, S. 60 ff, 79 ff; Wieacker, Vom römischen Recht, S. 240 f, 288 ff; ders., Vulgarismus und Klassizismus, S. 63; Ausgewählte Schriften I [11], S. 216 f, 221; Recht und Gesellschaft in der Spätantike, S. 136; Kaspers, S. 94

Irrationalität die Hinwendung zur Rationalität und die wissenschaftliche Aufbereitung der antiken Rechtstexte. An den oberitalienischen Universitäten wie Pavia, Bologna und Ravenna waren die Studenten bislang entsprechend dem mittelalterlichen Bildungsideal in den *artes liberales*, Rhetorik, Grammatik und Dialektik, ausgebildet worden. Die auf den Regeln dieser drei Disziplinen aufbauende scholastische Methode wandten sie auf die seinerzeit bekannten philosophischen und juristischen Texte an.[372] Die Rechtsschule von Pavia befasste sich im 11. Jahrhundert mit dem langobardischen und dem bekannten römischen Recht. Die Lombardisten prägten den Satz von der Geltung des römischen Rechts als „*lex omnium generalis*", d.h. als allgemein und subsidiär geltendes Recht, und legten damit den Grundstein für die Sichtweise, die den Umgang mit dem römischen Recht zum Teil bis zum Ende des 19. Jahrhunderts beherrschen sollte.[373]

Dem Eindringen des römischen Rechts in die Rechtspraxis wurde aber von Bologna aus der Weg bereitet. Die dort von Irnerius (gestorben um 1140) gegründete Rechtsschule setzte sich intensiv mit dem *Corpus Iuris*, nun auch unter Einbeziehung der Digesten, auseinander. Irnerius und seine Nachfolger, zu denen insbesondere die „*Quattuor doctores*" Bulgarus, Jacobus, Hugo und Martinus sowie Azo (1150-1230) und Accursius (1183-1263) gehörten, verfolgten mit ihrer wissenschaftlichen Arbeit das Ziel, die Kompilation Justinians als widerspruchsfreies Ganzes zu begreifen. Charakteristisch für die Arbeitsweise der Rechtsschule von Bologna und resultierend aus der Anwendung der scholastischen Methode war der Umgang mit dem Text als *ratio scripta*, als unangreifbare Autorität. Dies hatte zur Folge, dass man sich darauf konzentrierte, den Text mit der exegetischen Methode inhaltlich zu erfassen. Das Ergebnis dieser Textanalyse wurde in Glossen, handschriftlichen Bemerkungen am Rand oder zwischen den Zeilen der Texte, festgehalten.[374] Die nach ihrer Arbeitsweise benannten Glossatoren hinterfragten jedoch nicht den Sinn der Quellentexte. Sie begriffen die Texte losgelöst von ihrer Entstehungszeit als aktuell geltendes Recht, stellten dabei aber keine Beziehung zur praktischen Rechtsanwendung ihres eigenen Zeitalters her. Infolgedessen erkannten sie nicht den Hintergrund der im *Corpus Iuris Civilis* als Kompilation aus Juristenschriften, kaiserlichen Reskripten und Konstitutionen aus mehreren Jahrhunderten naturgemäß vorhandenen Widersprüche und versuchten deshalb, diese Widersprüche aufzuklären oder durch entsprechende Auslegung auszumerzen. Da die Glossatoren auch Parallelstellen sammelten und Querverbindungen zwischen den Fragmenten herzustellen ver-

---

[372] Coing, Von Bologna bis Brüssel, S. 3 ff; ders., Einleitung, Handbuch der Quellen I, S. 26; Weimar, Glossatorenzeit, Handbuch der Quellen I, S. 129 ff

[373] Kaspers, S. 94; Wesenberg/Wesener, S. 24; Weimar, Glossatorenzeit, Handbuch der Quellen I, S. 132 ff

[374] Zum Begriff der Glosse s. Schrage, S. 1 f.

suchten, kommt ihnen das Verdienst erster Systematisierungsbemühungen zu. Die als monographische Gesamtdarstellung des gesamten Rechtsstoffes um 1210 entstandene *Summa codicis* des Azo wurde bis ins 17. Jahhundert als Lehrbuch des römischen Rechts verwendet. Den Abschluss der Arbeit der Glossatoren bildete die *Glossa ordinaria* des Accursius, in der er die Einzelglossen seiner Vorgänger nach einer kritischen Sichtung sammelte. Die Praxis stützte sich zu dieser Zeit schon nicht mehr auf die Quellentexte, sondern auf die kommentierenden Darstellungen der Glossenapparate.[375]

Parallel zu Irnerius wirkte Anfang des 12. Jahrhunderts der Mönch Gratian in Bologna. Als Kirchenrechtslehrer unterzog er sich der Aufgabe, die vorhandenen Materialien des kanonischen Rechts, vorwiegend Konzilsbeschlüsse und Papstbriefe, zu sammeln und mit dem Ziel einer widerspruchsfreien Synthese zu ordnen. Das im Jahr 1140 vollendete *Decretum Gratiani* erlangte, obwohl eine Privatarbeit ohne Gesetzeskraft, eine derartige Autorität, dass es Gegenstand der wissenschaftlichen Bearbeitung durch die Glossatoren an den Rechtsschulen wurde. Neuer Rechtsstoff, z.B. nach Vollendung des Dekrets gefasste Konzilsbeschlüsse, wurden als „*Extravagantes*", als außerhalb des Dekrets stehend, bezeichnet. Dem *Decretum Gratiani* folgte 1234 das *Liber Extra*. Die von Papst Gregor IX. in Auftrag gegebene und von Raymund de Peñaforte zusammengestellte Sammlung enthielt die seit dem Dekret angefallenen Dekretalen, d.h. päpstlichen Rechtsäußerungen.[376] Wie die Legisten, d.h. die Wissenschaftler, die sich an den oberitalienischen Universitäten mit den weltlichen Rechtsquellen, insbesondere mit dem *Corpus Iuris* Justinians befassten, widmeten sich die Kanonisten in gleicher Weise der wissenschaftlichen Erfassung und Bearbeitung des kirchlichen Rechtsstoffes des aus *Decretum*, *Liber Extra* und den darauffolgenden Sammlungen von *Liber Sextus* (1298), *Clementinae* (1317) und *Extravagantes* (1325) bestehenden *Corpus Iuris Canonici*. Anders als die Glossatoren waren die Kanonisten von Anfang an stärker an der praktischen Anwendung des Rechts orientiert.[377]

Mit dem weltlichen und dem kanonischen Recht standen im Hochmittelalter zwei Rechtssysteme nebeneinander, die sich ergänzten, in mancher Hinsicht aber nicht unerheblich voneinander abwichen. Nach dem Prinzip „*ecclesia vivit lege ro-*

---

[375] Koschaker, S. 62 ff, 84 ff; Wesenberg/Wesener, S. 24 ff; Genzmer, S. 5 ff, 13 f, 18 f, 25 ff, 37 ff; Wieacker, Vom römischen Recht, S. 292, 294 ff; Hausmaninger/Selb, S. 100 ff, Weimar, Glossatorenzeit, Handbuch der Quellen I; S. 139 ff, 168 ff, 173 f, 188 ff; Landsberg, Glosse des Accursius, S. 23 ff, 34; Kaspers, S. 95; Söllner, Die causa, S. 135

[376] Nörr, Die Entwicklung des Corpus Iuris Canonici, Handbuch der Quellen I, S. 835 ff; Landau, S. 41

[377] Nörr, Die kanonistische Literatur, Handbuch der Quellen I, S. 365 ff; Wesenberg/ Wesener, S. 16 f

*mana*" galt im kirchlichen Bereich grundsätzlich römisches Recht, weshalb die kirchliche Jurisdiktion weitgehend römisches Recht anwandte. Aufgrund der Machtstellung des Papsttums im Hochmittelalter und aufgrund der weitreichenden Herrschaft kirchlicher Würdenträger waren die geistlichen Gerichte nicht nur für rein geistliche, sondern auch für zahlreiche weltliche Streitfälle zuständig. Die Mehrheit der ersten Studenten an der Rechtsschule von Bologna, der bald weitere Fakultätsgründungen in Ober- und Mittelitalien sowie in Frankreich folgten, bildeten die Kleriker, die eine Ausbildung im römischen wie im kanonischen Recht (*doctores utriusque iuris*) erhielten.[378]

Ab Mitte des 13. Jahrhunderts wirkte die nächste Generation der Legisten an den oberitalienischen Universitäten. Die Arbeit der Postglossatoren hatte wesentlich stärkeren Praxisbezug als die Tätigkeit ihrer Vorgänger. So übten einige von ihnen eine umfangreiche Gutachtertätigkeit aus, erteilten also Rechtsauskünfte, Konsilien. Die Postglossatoren, aufgrund ihrer Arbeitsweise genauer als Kommentatoren oder Konsiliatoren bezeichnet, lösten sich von der engen Textbindung der Glosse und erörterten in den Kommentaren einzelne Rechtsmaterien zusammenhängend und umfassend mit reicher Kasuistik. Noch stärker als bei den Glossatoren stand bei den Kommentatoren die Systematik im Vordergrund. In ihre wissenschaftliche Bearbeitung des römischen Rechts Justinians bezogen sie die übrigen Rechtsquellen ihrer Zeit, allen voran das kanonische Recht sowie die Statuten der italienischen Stadtstaaten mit ein. Das daraus entstehende Bedürfnis zur Abgrenzung der Geltungsbereiche der verschiedenen Rechte führte zur Formulierung von Regeln wie „*statuta sunt stricte interpretanda*", wonach die Statuten grundsätzlich eng auszulegen und Lücken aus dem subsidiär geltenden römischen Recht zu schließen waren. Die bedeutendsten Vertreter der Kommentatorenschule, Cino da Pistoia (1270-1334), Bartolus de Saxoferrato (1314-1357) und Baldus de Ubaldis (1327-1400) wurden zu Autoritäten, die noch Jahrhunderte später in Gutachten und Urteilen zitiert wurden.[379]

Dieser kurze Überblick über die Renaissance der wissenschaftlichen Beschäftigung mit dem römischen Recht hat deutlich gemacht, dass die Anwendung des *Corpus Iuris Civilis* Justinians als geltendes Recht primär von den juristischen Fakultäten der oberitalienischen Universitäten, aber auch - Hand in Hand mit dem kanonischen Recht - von der kirchlichen Jurisdiktion ausging. Bereits im Jahr

---

[378] Hausmaninger/Selb, S. 104; Koschaker, S. 57; Wolter, S. 4 f m.w.N.; Landau, S. 39 ff; Nörr, Die kanonistische Literatur, Handbuch der Quellen I, S. 365; Weimar, Glossatorenzeit, Handbuch der Quellen I, S. 131; Wieacker, Vom römischen Recht, S. 292 ff

[379] Vgl. das Sprichwort „*Nemo jurista nisi bartolista.*"; Koschaker, S. 87 ff, 104 f; Hausmaninger/Selb, S. 104 ff; Wesenberg/Wesener, S. 28 ff; Horn, Die legistische Literatur der Kommentatoren, Handbuch der Quellen I, S. 261 ff; Coing, Von Bologna bis Brüssel, S. 7; Weimar, Glossatorenzeit, Handbuch der Quellen I, S. 139 ff.

1200 waren in Bologna rund 1000 Studenten des Rechts immatrikuliert. Schon bald folgten weitere Universitätsgründungen, nicht nur in Italien, sondern auch in Spanien und insbesondere in Südfrankreich. Bedeutende Glossatoren wirkten an den Rechtsschulen von Montpellier und Orléans. Studenten aus ganz Europa absolvierten ihr Rechtsstudium an diesen Universitäten, und mit der Rückkehr der im römischen und oft auch im kanonischen Recht ausgebildeten Juristen trugen sie das römische Recht in ihre Heimat. Einen großen Bedarf an Juristen hatten zunächst die oberitalienischen Städte mit einem bereits ausgeprägten Verwaltungs- und Gerichtssystem. Aber auch jenseits der Alpen erwarteten die Juristen zunächst vor allem Tätigkeiten bei kirchlichen Gerichten, später auch in den staatlichen und städtischen Verwaltungen und Gerichten. Zum einen ersehen wir daraus, dass sich - nachdem jahrhundertelang kein Bedürfnis nach juristischer Ausbildung und Betätigung bestanden hatte - sich der Stand der „gelehrten" Juristen herausbildete. Zum anderen ist klar geworden, dass es sich bei der Rezeption des „gelehrten" römischen Rechts um einen europäischen Vorgang handelt, der in Italien seinen Ausgang genommen hatte und sich in der Folgezeit vor allem durch die Verbreitung des römischen Rechts in der Form des *„mos italicus"*, d.h. der Lehre der Kommentatoren, über ganz Europa vollzog. Über manche Länder wie Spanien und Südfrankreich ging die Rezeptionswelle bereits im 12. und 13. Jahrhundert hinweg; dort fanden sich die gelehrten Juristen schon früh in öffentlichen Ämtern. Deutschland kam zwar zunächst mit dem kanonischen Recht und damit mittelbar mit dem römischen Recht schon ab der Mitte des 12. Jahrhunderts in Berührung, eine unmittelbare Aufnahme des römischen Rechts erfolgte aber erst später. Die ersten deutschen Universitäten lasen das römische Recht gegen Ende des 14. Jahrhunderts. In der Praxis setzte sich das römische Recht in Deutschland dann im 15./16. Jahrhundert durch, nachdem die Reichskammergerichtsordnung von 1495 die subsidiäre Anwendung des römischen Rechts vorgeschrieben hatte. Nach der Rezeption fanden das römische und kanonische Recht als *Ius Commune* einheitliche Anwendung in Europa.[380]

---

[380] Hausmaninger/Selb, S. 103 f, 107; Koschaker, S. 74, 82 f, 118 ff, 142 ff, 212, 223 ff; Wieacker, Vom römischen Recht, S. 292 ff; Coing, Von Bologna bis Brüssel, S. 1 ff, 6; ders., Einleitung, Handbuch der Quellen I, S. 26 ff; Europäisches Privatrecht I, S. 7 ff; Weimar, Glossatorenzeit, Handbuch der Quellen I, S. 137 f; Hattenhauer/ Buschmann, S. 6 ff; Wolter, S. 4, 123; Kaspers, S. 95 f. S. im einzelnen zur Verbreitung des gelehrten Rechts über Europa: Horn, die legistische Literatur der Kommentatoren, Handbuch der Quellen, S. 268 ff. Eine Rezeption des klassischen kanonischen Recht in Form des Decretum Gratiani ist in der Zeit von 1140 bis 1234 in allen Regionen nachweisbar. Die kanonistische Wissenschaft wurde vor allem von den Orden gepflegt. Eine selbständige wissenschaftliche Tätigkeit ist in der rheinischen Schule in der Zeit um 1170 um Köln und Mainz sowie im babenbergischen Österreich nach 1200 nachweisbar, Landau, Miscellanea XI, S. 274 f, 278 ff, 289. Für das Gebiet des heutigen Österreich s. auch Floßmann, S. 7 m.w.N.

## 2. Der Einfluss des kanonischen Rechts auf das römische Ersitzungsrecht

Wie bereits erwähnt, wandte die Kirche grundsätzlich römisches Recht an und entwickelte es unter kirchenrechtlichen Aspekten weiter. Dies galt im allgemeinen für das römische Eigentumsrecht wie auch insbesondere für das Rechtsinstitut der *longi temporis praescriptio*. In seiner Sammlung kirchenrechtlicher Vorschriften, dem *Decretum* aus dem Jahr 1140, suchte Gratian zunächst die Frage zu beantworten, ob ein Rechtserwerb durch *praescriptio* zu Lasten des bisherigen Eigentümers, gestützt auf langjährigen Besitz, aus Sicht der Kirche überhaupt gerechtfertigt ist. Diese Frage nach der generellen Vereinbarkeit dieses Rechtsinstituts mit dem Recht der Kirche stand vor dem Hintergrund eines kirchlichen Interessenkonflikts: Einerseits hatte die Kirche sehr oft selbst aufgrund langjährigen Besitzes oder Übung Rechte erworben, andererseits betrachtete sie den entsprechenden Rechtserwerb von Laien zu Lasten der Kirche gerne als Akte rechtswidriger Aneignung. Gratian gelangte zu dem Ergebnis, dass die Akquisitivverjährung zwar nicht dem Naturrecht entspreche, aber unter dem Aspekt der Schaffung von Rechtssicherheit zuzulassen sei. Dementsprechend sollten Regelungen, die die Ersitzung zuließen, restriktiv ausgelegt werden. In Übereinstimmung mit dem römischen Recht zählt das *Decretum* Gratians eine Reihe von Fällen auf, in denen eine Ersitzung ausgeschlossen war, z.B. wenn der Besitz gewaltsam erlangt wurde, wenn die Sache nicht ersitzungsfähig war oder die Ersitzung gegen einen Minderjährigen gelaufen wäre. Ferner konnten Laien keine Spiritualia ersitzen. Als Voraussetzungen eines Ersitzungserwerbs nannte Gratian neben Besitz und einer generell gültigen Ersitzungsfrist von 30 Jahren lediglich die Besitzerlangung aufgrund eines rechtmäßigen Titels. Die Gutgläubigkeit des Ersitzungsbesitzers fand keine Erwähnung im Dekret.[381]

Die Forderung nach der *bona fides* des Ersitzungsbesitzers stellte das IV. Laterankonzil im Jahre 1215 unter Papst Innozenz III. (Papst 1198-1216) auf. Das *Liber Extra* von Papst Gregor IX. enthält im Canon *Quoniam omne* den Konzilsbeschluss, der das kanonische wie das weltliche Ersitzungsrecht revolutionieren sollte. Darin wird nicht nur der gute Glaube des Ersitzungserwerbers an das Eigentum des Veräußerers im Zeitpunkt seines Besitzerwerbs gefordert - wie dies auch im klassischen römischen Recht der Fall war -, sondern darüber hinaus, dass der Besitzer während des gesamten Laufes der Ersitzungszeit keine Kenntnis davon erlangen darf, dass es sich um die Sache eines anderen handelt. Nach dem Wortlaut des Konzilsbeschlusses sollte diese Voraussetzung für eine wirksame *praescriptio* sowohl im kanonischen wie auch im zivilen, d.h. im römischen Recht, gelten und alle entgegenstehenden geschriebenen oder gewohnheitsrechtlichen Regelungen außer Kraft setzen. Begründet wurde die Forderung nach un-

[381] Decretum Gratiani, C.16 q. 3; Helmholz, S. 174 ff, 180 ff; Vilain, Traditio XIV, S. 133 ff

unterbrochener Gutgläubigkeit mit einer Stelle aus dem Römerbrief des Apostels Paulus, wonach alles, was sich nicht auf Redlichkeit stützen kann, Sünde sei.[382]

Was war in den knapp hundert Jahren seit dem Dekret Gratians geschehen, das die Kirche in der Frage der *bona fides* zu dieser scheinbar radikalen Positionierung im Beschluss *Quoniam omne* des IV. Laterankonzils bewog? Papst Innozenz III. hatte sich schon vor 1215 in zwei Dekretalen zu dem Problem geäußert. Einmal, im Jahr 1206, hatte er die Voraussetzungen der *bona fides* und des Titels für die kanonische *praescriptio* hervorgehoben. Im Canon *Veniens* aus dem Jahr 1212 hatte er bereits die während der gesamten Ersitzungsfrist andauernde Gutgläubigkeit gefordert.[383] In die gleiche Richtung geht c. *Vigilanti*, die lange Zeit fälschlich Papst Alexander III. zugeschrieben und deshalb in die Zeit vor 1181 datiert wurde, aber wohl ebenfalls von Innozenz III. stammt.[384]

Obwohl ein reformfreudiger Papst, ging die Idee von der Kontinuität der *bona fides* nicht auf Innozenz III. selbst zurück. Als Schüler des Bologneser Dekretisten[385] Huguccio hatte er dessen Lehre übernommen. Schon 1188-1190 hatte Huguccio († 1210) in seiner Dekretsumme die Ansicht vertreten, dass - entgegen den Vorschriften des säkularen Rechts - nur derjenige Besitzer durch die *praescriptio* geschützt werde, der während der gesamten Frist an die Redlichkeit seines Erwerbes glaubte. Aber auch schon vor Huguccio existierte eine entsprechende kanonistische Lehre. Als erster hatte Rufinus Mitte des 12. Jahrhunderts die über die gesamte Ersitzungszeit fortgesetzte *bona fides* als Voraussetzung für den Ersitzungserwerb verlangt. Weder die Bologneser Dekretisten Rolandus Bandinelli, der spätere Papst Alexander III., noch Paucapalea vor ihm hatten entsprechende Forderungen aufgestellt. Anknüpfungspunkte waren für Ru-

---

382 X. 2.26.20: „*Quoniam omne, quod non est ex fide, peccatum est, synodali judicio diffinimus, ut nulla valeat absque bona fide praescriptio tam canonica quam civilis, quum generaliter sit omni constitutioni atque consuetudini derogandum, quae absque mortali peccato non potest observari. Unde oportet, ut qui praescribit in nulla temporis parte rei habeat conscientianm alienae.*“; Wacke, JA 1981, S. 233; Helmholz, S. 185, 188 f. Dem entspricht die *Regula iuris* 2 im *Liber Sextus*: „*Possessor malae fidei ullo tempore non praescribit.*“ Im übrigen hatte das *Liber Extra* die Ersitzungsvoraussetzungen und -hindernisse des Dekrets übernommen. Die Frist für Ersitzungen gegen die Kirche dehnte Alexander III. auf 40 Jahre aus. Mit der Festlegung der allgemeinen Ersitzungsfrist von 30 Jahren wich das *Liber Extra* nicht vom römischen Recht ab, beseitigte aber die Rechtsunsicherheit, die das Dekret in diesem Punkt gelassen hatte, Helmholz, S. 186 ff.

383 X. 2.26.17/19; Vilain, Traditio XIV, S. 138

384 X. 2.26.5; Vilain, Traditio XIV, S. 136 ff; Hildenbrand, AcP 36, S. 33 ff

385 Als Dekretisten wurden die Wissenschaftler bezeichnet, die sich mit dem *Decretum Gratiani* beschäftigten. Entsprechend ihrem weltlichen Gegenstück, der Legistik, ging die Dekretistik bzw. Kanonistik auch von den Hochschulen aus. Auch hier entstanden die ersten Schulen in Italien und Frankreich.

finus zwei Stellen im Dekret Gratians, wonach ein Besitzer nur solange als gutgläubig zu qualifizieren ist, solange er nicht weiß, dass er eine fremde Sache besitzt, und tätige Reue nur in der tatsächlichen Rückgabe einer fremden Sache besteht.[386] Im Gegensatz zu Gratian, der daraus keine Schlussfolgerungen für die Ersitzung gezogen hatte, ergab sich für Rufinus aus der Definition des gutgläubigen Besitzers zwingend das Erfordernis kontinuierlicher Gutgläubigkeit. Der französische Dekretist Stephan von Tournay (gestorben 1203) war dagegen - in Übereinstimmung mit den Romanisten - der Auffassung, dass auch schon derjenige Besitzer, der lediglich im Zeitpunkt seines Besitzerwerbs gutgläubig war, vor der Pflicht zur Rückgabe der Sache geschützt war. Demgegenüber hatte sich aber wohl bereits ab 1170-1180 die Ansicht von Rufinus durchgesetzt und bildete die herrschende Meinung unter den Kanonisten, die den fortgesetzten guten Glauben als aus dem Naturrecht resultierendes Erfordernis ansahen.[387]

Aber worauf stützte die Kirche den Geltungsanspruch des Konzilsbeschlusses von 1215 auch für das weltliche Recht? Johannes Teutonicus († 1245/46), der aus Deutschland stammende Autor der *Glossa ordinaria* zum Dekret Gratians, war der erste, der eine Rechtfertigung dafür zu finden versuchte. Er begründete den Eingriff in das römische Zivilrecht mit dem Recht der Kirche, unter dem Aspekt der Sünde in jeden Bereich des Lebens einzugreifen. Diese Argumentation wurde von weiteren Kanonisten, unter anderem von Hostiensis (1200-1270) und Johannes Andreae (1270-1348), aufgegriffen.[388]

Fraglich blieb zunächst auch, wie weit die Forderung nach fortgesetzter *bona fides* reichen sollte. Sowohl das Dekret Gratians, die Canones *Sanctorum patrum* und *Vigilanti* wie auch c. *Quoniam omne*[389] erwähnen die *usucapio* nicht, sondern beziehen sich stets nur auf die *praescriptio*. Da die kanonistische Lehre wie das römische Recht zwischen der *longi temporis praescriptio* und der *usucapio* unterschied, könnte man meinen, dass die *usucapio* von den Neuerungen unberührt blieb. Lediglich Huguccio und in Anlehnung an ihn der Autor der Glossa Palatina hatten vor dem IV. Laterankonzil die ununterbrochene *bona fides* auch bei der *usucapio* verlangt. Allerdings können wir davon ausgehen, dass die Kanonisten nach 1215 die in c. *Quoniam omne* aufgestellten Grundsätze gleichermaßen auf die *longi temporis praescriptio* wie die *usucapio* anwendeten.[390]

---

[386] *Si res* (Decretum Gratiani C.14 q. 6 c.1); *Si virgo* (Decretum Gratiani C. 34 q.1-2 c.5)

[387] Vilain, Traditio XIV, S. 139 ff; danach erscheint die Meinung von Hildenbrand, AcP 36, S. 40 ff, der Konzilsbeschluss des Jahres 1215 habe eine einheitliche Linie innerhalb der kanonischen Lehre festlegen sollen, wenig wahrscheinlich.

[388] Vilain, Traditio XIV, S. 151 f; Hildenbrand, AcP 36, S. 42 ff; Helmholz, S. 194 ff

[389] X. 2.26.3/5/20

[390] Vilain, Traditio XIV, S. 162 ff

### 3. Das römische Ersitzungsrecht aus Sicht der Glossatoren und Kommentatoren

Mit dem römischen Recht in der Form des justinianischen *Corpus Iuris* rückte Anfang des 12. Jahrhunderts auch das römische Ersitzungsrecht wieder in den Blickpunkt von Rechtswissenschaft und -praxis. Nachdem die klassische *usucapio* ab dem 4. Jahrhundert n. Chr. aus dem Rechtsleben verschwunden und die *longi temporis praescriptio* zu einer allgemeinen, dreißigjährigen Verjährung verwässert worden war, bedeutete die Wiederbelebung des justinianischen Rechtsklassizismus auch die erneute Renaissance der klassischen Inhalte der Rechtsinstitute. In ihrer Interpretation der Quellentexte wichen die Glossatoren und Kommentatoren jedoch in einigen Punkten vom justinianischen Verständnis der Ersitzung ab:

Bei Justinian standen *usucapio* und *longi temporis praescriptio* hinsichtlich ihrer Rechtsfolge gleichberechtigt nebeneinander. Die beiden Rechtsinstitute unterschieden sich im wesentlichen nur in ihrem Anwendungsbereich, führten aber jeweils nach Ablauf der Ersitzungsfrist zum originären Eigentumserwerb des Ersitzungsbesitzers.[391] Dies stellten einige der Glossatoren nun in Frage: Während Martinus für jede Form der Ersitzung mit Ausnahme der *longissimi temporis praescriptio* einen Eigentumserwerb annahm, legten Bulgarus, Johannes Bassianus und Azo die von den Glossatoren herausgearbeitete Unterscheidung zwischen *dominium directum* und *dominium utile*[392] auch dem Ersitzungsrecht zugrunde: Da bei Mobilien der Eigentumsübergang leicht vonstatten gehe, werde durch die *usucapio* wirkliches Eigentum erworben. Bei Grundstücken dagegen könne die *longi temporis praescriptio* nur das *dominium utile* verschaffen, das aber auch zur Vindikation gegenüber Dritten berechtige. In der Praxis wirkte sich diese Unterscheidung jedoch nicht aus, da in beiden Fällen der Eigentümer den Zugriff auf die Sache verlor.[393]

Abweichend von den Kanonisten, die wie die spätklassischen römischen Juristen und Justinian unter *praescriptio* nur die Akquisitivverjährung als Eigentumserwerbstatbestand verstanden, vertraten die Glossatoren einen anderen Begriff der

---

391 S. oben I.5.b).

392 Die Wurzeln der Unterscheidung zwischen *dominium directum* und *dominium utile* liegen vermutlich schon im römischen Vulgarrecht, das bereits die Grenzen zwischen dem *dominium* als absolutem, allumfassenden Eigentumsrecht und *iura in re aliena* verwischt hatte, Coing, SZ 70, S. 355 ff.

393 Auch Bartolus schloss sich der Glosse an, während französische Kommentatoren, die sog. Ultramontani, für den Eigentumserwerb in beiden Fällen eintraten, Coing, SZ 70, S. 357, 361 ff; Landsberg, Glosse des Accursius, S. 150 ff; Kriechbaum, S. 306 f, 376 ff; Wesenberg/Wesener, S. 44.

*praescriptio*: Sie rückten den prozessualen Aspekt des Rechtsinstituts - und damit, vermutlich unbewusst, die Wurzeln der *longi temporis praescriptio* - in den Vordergrund. Die *praescriptio* wurde auf diese Weise zu einer Einrede, mit der der Zeitablauf sowohl dinglichen wie persönlichen Klagen entgegengehalten werden konnte. Wie im Vulgarrecht, konnte *praescriptio* nach der Auffassung der Glossatoren damit sowohl erwerbende wie erlöschende Verjährung sein. Den Unterschied zwischen den beiden Verjährungsarten machte die *bona fides* aus, die eine Verjährung zur Ersitzung werden ließ. Die dreißigjährige Frist war immer dann erforderlich, wenn eine Voraussetzung zur Ersitzung nicht erfüllt war, sei es, dass der Titel fehlte, der Erwerber bösgläubig oder die Sache gestohlen war.[394]

Im Gegensatz zum klassischen Verständnis von der *bona fides* als irrtümliches Nichtwissen von der fehlenden Berechtigung des Veräußerers[395] verlangte die Glosse des Accursius nun die positive Überzeugung des Ersitzungsbesitzers, vom Eigentümer oder dessen Beauftragten erworben zu haben. Azo definierte die *bona fides* als den Glauben, die Sache auf eine nicht unredliche Weise erworben zu haben. Der dieser Überzeugung zugrunde liegende Irrtum musste durch eine *causa probabilis*, eine wahrscheinliche Ursache, gerechtfertigt sein. Mit den klassischen römischen Juristen waren sich die Glossatoren darin einig, dass nur ein Tatsachenirrtum, nicht aber ein Rechtsirrtum Grundlage der *bona fides* sein konnte.[396]

Wie reagierten die Romanisten des 12. Jahrhunderts aber auf den Geltungsanspruch, den der Beschluss des IV. Laterankonzils von 1215 hinsichtlich des Erfordernisses fortgesetzten guten Glaubens des Ersitzungsbesitzers auch für das weltliche Recht erhoben hatte? Entgegen und in Kenntnis der Forderung des kanonischen Rechts nach Kontinuität des guten Glaubens hielten die Glossatoren zunächst daran fest, dass das Vorliegen der *bona fides* im Zeitpunkt des Besitzerwerbs genüge. Azo und Cino da Pistoia erwähnten die kanonistische Position nicht. Accursius nahm zwar die entsprechende Bestimmung des kanonischen Rechts unter Hinweis auf ihre Konformität mit dem Naturrecht in seine Glosse auf, setzte sich aber mit ihrer Anwendung im weltlichen Recht nicht auseinander. Stattdessen prägten die Glossatoren den Grundsatz *„mala fides superveniens non nocet"*. Der Kommentator Bartolus gestand schließlich die Geltung des Kontinuitätserfordernisses auch im weltlichen Recht, dort aber nur für Güter der Kirche, zu. Dennoch setzte sich das kanonische Recht in diesem Punkt langsam durch, so dass im 15. Jahrhundert sowohl vor weltlichen wie vor geistlichen Ge-

---

394 Vilain, Traditio XIV, S. 122, 128 ff, 134, 141 f

395 S. oben I.3.a).

396 Landsberg, Glosse des Accursius, S. 159 ff

richten sich nur derjenige Ersitzungsbesitzer auf seinen Ersitzungserwerb berufen konnte, der während der gesamten Besitzzeit gutgläubig gewesen war.[397]

Wie die Klassiker unterschieden auch die Glossatoren strikt zwischen *bona fides* und *iustus titulus* als voneinander unabhängigen Voraussetzungen von *usucapio* und *longi temporis praescriptio*. Das Problem eines nur vermeintlich vorliegenden Zuwendungsverhältnisses erkannten sie demnach auch als Problem des Titels. In den Quellen stießen die Legisten jedoch auf Widersprüche zwischen den Digesten und den Konstitutionen Diokletians und Justinians in der Frage des Putativtitelproblems. Da sie das *Corpus Iuris* als einheitliches Gesetzbuch ansahen, waren sie bemüht, diese Widersprüche im Rahmen ihrer wissenschaftlichen Bearbeitung der Quellen aufzulösen. Dazu bildeten sie aber keine Synthese aus den verschiedenen Rechtsfolgen, sondern versuchten, die Anwendungsbereiche der einzelnen Fragmente voneinander abzugrenzen. Die Anerkennung des Putativtitels als ausreichend für die Ersitzung war deshalb unter den Glossatoren umstritten. So forderte Irnerius wie Justinian grundsätzlich eine *causa vera*, gestand jedoch in Ausnahmefällen, z.B. beim nicht richtig ausgeführten Kaufauftrag, eine Ersitzung aufgrund eines Putativtitels zu, wenn ein besonderer Rechtfertigungsgrund für den Irrtum des Ersitzungsbesitzers, eine *iustissima causa erroris*, vorlag.[398] Dies entsprach der Grundhaltung der meisten Glossatoren wie Placentinus, Azo und Accursius. Die Ersitzung *pro herede*, bei der ein nicht zum Erben Berufener den Nachlass in Besitz nimmt, fasste insbesondere Accursius als Fall der Putativtitelersitzung auf. Hier ließ jedenfalls ein Teil der Glossatoren die durch Kaiser Hadrian eingeführte *heredis petitio* des wahren Erben gegen den Ersitzungserwerber nicht durchgreifen.[399]

Originär auf die Glossatoren geht die Formulierung einer Eigentumsvermutung durch den Besitzer zurück. Der von Placentinus formulierte Grundsatz *„Qui possidet dominus esse praesumitur"* war dem klassischen römischen Recht fremd. Die Funktion der Beweiserleichterung zugunsten des beklagten Besitzers hatte in der Antike die *usucapio* erfüllt. Dem Schutz des Ersitzungsbesitzers oder des Eigentümers, der sein Eigentum nicht nachweisen konnte, in der Klägerposition hatte die *actio Publiciana* gedient. Die Vermutung des Eigentums zugunsten des gegenwärtigen und des früheren Besitzers für die Dauer von dessen Besitz wurde nicht von allen Glossatoren und Kommentatoren bedenkenlos aufgenommen,

---

[397] Vilain, Traditio XIV, S. 146, 153; Helmholz, S. 198 f; Wolter, S. 51 f, 92 ff, 103 f; Wesenberg/Wesener, S. 19; Landsberg, Glosse des Accursius, S. 167 f

[398] Mayer-Maly, Putativtitelproblem, S. 15 f. Gegenteiliger Ansicht ist Landsberg, Glosse des Accursius, S. 172 f, wonach Irnerius den Putativtitel grundsätzlich den *iustae causae* als gleichwertig angesehen und lediglich bei den Quellenstellen, die explizit *titulus verus* verlangen, den Putativtitel als nicht ausreichend angenommen habe.

[399] Landsberg, Glosse des Accursius, S. 173 ff; Mayer-Maly, Putativtitelproblem, S. 16

setzte sich aber gegen Ende des Mittelalters als herrschende Lehre für andere Ansprüche als die Vindikation durch.[400]

## 4. Die Wirkungen der Rezeption

Als Folge der Rezeption des römischen und kanonischen Rechts kam in den Ländern West- und Mitteleuropas das römisch-kanonische Recht als *Ius Commune*, als Gemeines Recht, in Geltung. Grundlage seiner Anwendung waren die Lehren der Kommentatoren und in der Folge die italienischen Kommentare und Monographien des 16. Jahrhunderts.[401] In der Praxis ergab sich die Wirkung des römisch-kanonischen Rechts dadurch, dass die gelehrten Juristen auf ihr an der Universität erlerntes Wissen zurückgriffen, wenn die mittelalterlichen Aufzeichnungen des Gewohnheitsrechts oder die territoriale Gesetzgebung Lücken enthielten. Vor allem allgemeine Fragen oder Rechtsprobleme, die in einer Zeit geringeren Handelsverkehrs nicht aufgetreten waren, bildeten unter dem Aspekt vernünftiger und gerechter Lösungen Einfallstore für das römische Recht. Allerdings konnte das Gemeine Recht dadurch lediglich subsidiäre Geltung erlangen. Im Gewohnheitsrecht und den Statuten konnten sich so Rechtsinstitute, die sich im Mittelalter entwickelt hatten, erhalten. In der praktischen Anwendung haben sich das römische und das territoriale mittelalterliche Recht gegenseitig durchdrungen und beeinflusst.[402] Richten wir den Blick auf die weitere Rechtsentwicklung im Zuge der Rezeption in Italien, Frankreich und Deutschland:

### *a) Italien*

Die Wirkungen der Rezeption wurden in ihrem Ausgangsland Italien bereits im frühen 12. Jahrhundert spürbar. Dort wirkten an der Entstehung der Statuten, der Aufzeichnungen der Stadtrechte, zum Teil schon im 13. Jahrhundert gelehrte Juristen mit. Auf diese Weise kam der Einfluss des römisch-kanonischen Rechts zum Tragen. So sahen verschiedene italienische Statuten dann auch das Erfordernis der Kontinuität des guten Glaubens bei der Ersitzung vor.[403]

Für viele der Rechtsaufzeichnungen der oberitalienischen Stadtrepubliken war das Gesetzbuch Kaiser Friedrichs II. für Sizilien, das *Liber Augustalis* aus dem Jahr 1231, Vorbild. Mit den auch nach dem Ort seines Beschlusses benannten

---

[400] Kiefner, S. 233 ff, 253 ff; Wesenberg/Wesener, S. 44; vgl. dazu auch Feenstra, Mél. Meylan I, S. 97 ff.

[401] Vgl. Holthöfer, Literatur zum gemeinen und partikularen Recht, Handbuch der Quellen II/1, S. 109 ff, 119 ff, 137 ff.

[402] Vgl. Coing, Europäisches Privatrecht I, S. 12 f, 25 f, 32 ff, 39 f; Koschaker, S. 221 ff.

[403] Wolf, Gesetzgebung, Handbuch der Quellen I, S. 573 ff; Wesenberg/Wesener, S. 44

„Konstitutionen von Melfi“ verfolgte Friedrich II. das Ziel eines umfassenden Gesetzgebungswerkes, wollte bewusst neues Recht schaffen und ältere Gesetze außer Kraft setzen. Das *Liber Augustalis* führte damit die erste bedeutende europäische Kodifikationswelle an, in deren Zuge es in Deutschland und Frankreich zwar zu keiner Kodifikation, aber zu Rechtsaufzeichnungen wie dem Sachsen- und Schwabenspiegel und in Frankreich den Ordonnances de St. Louis (1254/1258) kam.[404]

Schon Friedrichs Großvater Roger II. hatte in seine Gesetzessammlung des Jahres 1140 Bestimmungen aus dem *Corpus Iuris* Justinians aufgenommen. Friedrich II. kam mit dem römischen Recht durch die Legisten Roffredus, ein Schüler Azos, und Petrus de Vinea in Berührung. Obwohl in Sizilien vor Friedrich II. eineinhalb Jahrhunderte lang die Normannen geherrscht hatten, die dem fränkischen Feudaladel angehörten und nach fränkischem Recht lebten, konnte sich der Geist des fränkisch-normannischen Rechts nur im Lehnrecht der Konstitutionen von Melfi erhalten. Ansonsten wird fränkisches Recht im friederizianischen Gesetzbuch nur dann ausdrücklich erwähnt, wenn es um seine Abschaffung geht. Dies betraf insbesondere die Entwerung, d.h. den Entzug der Gewere sowie den germanischen Prozess. Das Privatrecht des *Liber Augustalis* ist klar römisch-rechtlich geprägt. Dies ist aber nicht nur eine Folge der Renaissance des römischen Recht im 12. Jahrhundert, sondern vermutlich auch darauf zurückzuführen, dass sich das im Jahre 554 n. Chr. in Italien in Kraft gesetzte *Corpus Iuris* in Süditalien halten konnte und das - vom römischen Recht beeinflusste - langobardische Recht bis ins 13. Jahrhundert subsidiär für die langobardischen Einwohner Siziliens galt.[405]

So legten die Konstitutionen von Melfi das römische Eigentumsrecht zugrunde. Auch das Ersitzungsrecht übernahmen sie in der Form, die ihm Justinian gegeben hatte. So bestimmte Friedrich II. in Buch III, Titel 37 seines Gesetzbuches, dass die *usucapio* mit dreijähriger Frist für bewegliche Sachen gelten sollte. Ansonsten sollte unter der Voraussetzung einer *iusta causa* und von *bona fides* des Besitzers die *longi temporis praescriptio* mit den Fristen von 10 Jahren *inter praesentes* und 20 Jahren *inter absentes* Anwendung finden. Nach Ablauf der allgemeinen Frist von dreißig Jahren sollten schließlich alle Ansprüche zwischen Privatleuten ausgeschlossen sein.[406]

---

404 Wolf, Gesetzgebung, Handbuch der Quellen I, S. 551 ff, 573; Conrad, Gesetzgebung im Königreich Sizilien, S. XXXV

405 Buyken, Jus Francorum, S. 9 ff, 27 f; dies., Das römische Recht, S. 7 ff, 50 ff; Wolf, Gesetzgebung, Handbuch der Quellen I, S. 556

406 Buyken, Das römische Recht, S. 19

In der Folgezeit zeigten die Statuten italienischer Städte durchaus auch Widerstand gegen die Anwendung der römisch-rechtlichen Grundsätze und hielten an gewohnheitsrechtlichen Vindikationsbeschränkungen wie den Marktkaufregelungen fest. Im 17. Jahrhundert forderten die Juristen De Luca (1614-1683) und De Casaregis (1678-1737) sogar den gänzlichen Ausschluss der Vindikation gegenüber dem Dritterwerber unabhängig von der Art des Besitzverlustes des Eigentümers.[407]

*b) Frankreich*

In Südfrankreich war das römische Recht, wenn auch in der durch die germanischen *Leges Romanae* vermittelten vulgaren Form, kontinuierlich in Anwendung gewesen.[408] Dementsprechend stand diese Region dem wiederbelebten *Corpus Iuris* sehr offen gegenüber, so dass man dessen Geltung in Südfrankreich bereits für das zweite Drittel des 12. Jahrhunderts annehmen kann. Nach Nordfrankreich drang das römische Recht im 13. und 14. Jahrhundert vor und setzte sich zunächst auch dort unter weitgehender Verdrängung der kasuistischen Coutumes durch. Im Konfliktfall zwischen Gewohnheits- und gemeinem Recht wurde nach letzterem entschieden. Die großen Rechtsaufzeichnungen des 16. und 17. Jahrhunderts, Somme Rurale und Grand Coutumier, normierten dementsprechend die unbeschränkte Vindikation des Eigentümers gegen jeden Besitzer. Aus dem römischen Recht übernommen wurde der weite Diebstahlsbegriff, der auch unterschlagene Sachen umfasste.[409]

Allerdings stand das - im Gegensatz zu Deutschland - in Frankreich zu dieser Zeit sehr starke Königtum der römischen Renaissance ablehnend gegenüber. So verbot Papst Honorius III. auf Wunsch des Königs bereits im Jahre 1219 das Studium des römischen Rechts an der Universität von Paris. Dieses Verbot wurde von den Königen mehrfach wiederholt. Um die im germanischen Recht wurzelnden Coutumes als Gegengewicht zum römischen Recht zu stärken, erließ König Karl VII. im Jahre 1454 die Ordonnance de Montils-les-Tours, die die Aufzeichnung aller Landrechte bzw. die Redigierung vorhandener Aufzeichnungen anordnete. Zwar konnte das römische Recht auf diese Weise nicht die absolute Vorherrschaft über die mittelalterlich-germanischen Grundsätze erringen. Die lückenhaften Coutumes ließen aber dennoch Raum für das Eindringen römischer Rechtsinstitute, wobei in der Folge der gegenseitigen Durchdringung der beiden

---

407 Mengoni, S. 67 ff

408 S. oben 2.

409 Coing, Europäisches Privatrecht I, S. 13; Göler von Ravensburg, S. 70 ff, 77; Jeroscheg, S. 195; Koschaker, S. 77 ff, 221; Merk, RhZS 7, S. 177 ff

Rechtsmassen ein neues französisches Recht, das *droit commun français*, entstand.[410]

So kam neben dem Vindikationsgrundsatz auch das klassische römische Ersitzungsrecht wieder in Geltung, allerdings mit lokalen Modifikationen insbesondere hinsichtlich der Dauer der Ersitzungsfrist. So ließen einige Städte und Regionen, z.B. Bordeaux, den Ersitzungserwerb allgemein schon nach drei Jahren eintreten, anderenorts, z.B. in Toulouse, Bourges, Lille, der Normandie oder der Auvergne, kam es erst nach dreißig Jahren zum Erwerb, wurde zum Teil auch nicht zwischen Mobilien und Immobilien unterschieden. Enthielt die einschlägige Coutume jedoch keine Bestimmung über die Ersitzung von Mobilien, war oft zweifelhaft, ob diese zugelassen werden sollte.[411] Das kanonische Erfordernis der Kontinuität des guten Glaubens setzte sich mit der Ersitzung durch und fand seinen Niederschlag im Grand Coutumier.[412]

Obwohl das römische Vindikationsprinzip bis zum 16. Jahrhundert die germanischen Strafklagen vollständig verdrängt hatte, behaupteten sich insbesondere der Ausschluss der Vindikation gegen den Pfandgläubiger bzw. deren Einschränkung durch die Pflicht zur Erstattung der Pfandsumme sowie die Regelungen zum Marktkauf mit der Folge des Lösungsrechtes. Auch als ab dem 16. Jahrhundert Handelsgeschäfte auch außerhalb von Märkten zugelassen waren, hielt man an einer entsprechenden Anwendung der Grundsätze des Marktkaufes fest.[413]

### *c) Deutschland*

Sehr spät erfasste die Rezeption das Deutsche Reich. Dort konnte sich die Anwendung des durch das *Corpus Iuris Civilis* in der Form der Lehren der Kommentatoren vermittelten römischen Rechts erst im Wege der praktischen Rezeption im 15. und 16. Jahrhundert durchsetzen. Träger der Rezeption waren die gelehrten Juristen, die das römische und zum Teil auch das kanonische Recht studiert hatten und es nun in der Verwaltung und als Richter zur Anwendung brachten. Da es im Deutschen Reich - anders als in Frankreich - kein starkes Königtum und keine einheitliche privatrechtliche Reichsgesetzgebung gab, wurde das römisch-kanonische Recht in Deutschland in sehr weitem Umfang aufgenommen,

---

410 Mitteis, SZ-GA 63, S. 159 ff, 170; Merk, RhZS 7, S. 175; Wolf, Gesetzgebung, Handbuch der Quellen I, S. 549, 554; Wesenberg/Wesener, S. 59 ff.

411 Göler von Ravensburg, S. 73; Jeroscheg, S. 195, je m.w.N.; Coing, Europäisches Privatrecht I, S. 189

412 Wesenberg/Wesener, S. 19

413 Römer, S. 60 ff; Jeroscheg, S. 195; Coing, Europäisches Privatrecht I, S. 296; Minuth, S. 230 ff

was zudem durch die starke Rechtszersplitterung begünstigt wurde.[414] In der Folge galten weitgehend der römische Grundsatz der uneingeschränkten Vindikation bei jedem Besitzer wie auch das justinianische Ersitzungsrecht.[415]

Unter dem Einfluss des römischen Rechts wurden ab dem Ende des 15. Jahrhunderts die Aufzeichnungen der Stadt- und Landrechte überarbeitet. In diese sogenannten Rechtsreformationen, die nun ausnahmslos in gedruckter Form erschienen, fanden die römischen Rechtsgrundsätze in unterschiedlichem Maße Aufnahme: Konnte ein Rechtsproblem bereits aufgrund des aufgezeichneten mittelalterlichen Gewohnheitsrecht einer zufriedenstellenden Lösung zugeführt werden, hielt man in der Regel daran fest, allenfalls erweiterte oder ergänzte man die bestehenden Bestimmungen. So kam das römische Recht in erster Linie bei Regelungslücken zum Tragen. Die Nürnberger Reformation von 1479, die erste Stadtrechtsreformation, atmete noch den Geist des mittelalterlichen, germanisch geprägten Rechts. Es fand noch keine durchgreifende Romanisierung statt, die römischen Quellen wurden vermutlich nur ergänzend herangezogen. So ließ die Nürnberger Reformation zwar eine Ersitzung von Fahrnis nach tituliertem Besitzerwerb bei Redlichkeit nach drei Monaten, bei Unredlichkeit nach einem Jahr zu. Gestohlene und geraubte Sachen wurden von der Ersitzung ausdrücklich ausgenommen. Die Reformation enthält aber nicht den römischen Vindikationsgrundsatz, sondern regelte die Klage des Eigentümers auf Herausgabe gestohlener oder geraubter Sachen noch als Anefangsklage mit Gewährenzug und Reinigungseid (Tit. XXIX.1/2). Die Wormser Reformation von 1498 dagegen ersetzte das überkommene Recht fast vollständig durch römischrechtliche Regelungen. Dadurch erwarb sie sich den Stellenwert eines Lehrbuches des Gemeinen Rechts.[416]

Das neue Freiburger Stadtrecht von 1520 sah unter Aufgabe der vorher noch bestehenden Bezüge zu Anefangsklage und Gewährenzug die unbeschränkte Vindikation vor. In der Stadtrechtsreformation verschwand damit auch die Berücksichtigung der Marktkaufsituation in Form des Lösungsrechts.[417] Auch das Württemberger Landrecht von 1555 und das Solmser Landrecht von 1571 waren weitgehend romanisiert. Nach dem Wortlaut ihrer Bestimmungen galt das Vindika-

[414] Wesenberg/Wesener, S. 83 ff; Koschaker, S. 226 ff. In der Schweiz kam das römische Recht bereits im 13. und 14. Jahrhundert zur praktischen Anwendung. Dort verloren jedoch die gelehrten Juristen ab dem 16. Jahrhundert ihren Einfluss in Verwaltung und Rechtsprechung wieder, Coing, Europäisches Privatrecht I, S. 13 f; Wesenberg/Wesener, S. 107 f.

[415] v. Lübtow, Hand wahre Hand, S. 187; v. Gierke, PR II, S. 561, 577

[416] Kaspers, S. 47, 54; Wesenberg/Wesener, S. 91 f, 102 f; Beyerle/Kunkel/Thieme I, S. XVI ff; XIX ff; Wolf, Gesetzgebung, Handbuch der Quellen I, S. 611 f; zu Stadt- und Landrechten ab dem 16. Jahrhundert im Gebiet des heutigen Österreichs s. Wesener, Einflüsse, S. 16 ff.

[417] Reinhard, S. 100 ff

tionsprinzip nur für gestohlene Sachen. Da aber das weite Verständnis von *res furtivae* aus dem römischen Recht übernommen worden war, waren auch unterschlagene Sachen erfasst, so dass die Rechte praktisch die unbeschränkte Vindikation statuierten.[418] Im Revidierten Bayerischen Landrecht von 1518 konnten die römischen Grundsätze sogar die mittelalterlichen Privilegien der Pfandgläubiger und der Handwerker überwinden. Nach Titel 29 konnte die Pfandhaftung der Vindikation des Eigentümers nicht entgegengehalten werden.[419] Das Bayerische Landrecht von 1616 enthält dagegen eine eigentümliche Mischung aus rezipiertem römischen und mittelalterlichem Gewohnheitsrecht: So blieb die Sachverfolgung nach Diebstahl noch in der Anefangsklage mit Gewährenzug verhaftet. Der Kauf auf dem Markt führte nach VI Art. 7 des Landrechts von 1616 nur zur Reinigung vom Diebstahlsverdacht und bewahrte den Erwerber nicht vor der Verpflichtung zur Sachherausgabe. Im übrigen übernahm man den römischen Vindikationsgrundsatz aus dem Revidierten Bayerischen Landrecht von 1518 in das Landrecht von 1616 und begrenzte ihn dort nach VIII Art. 1, IX. Art. 6 lediglich durch die dreijährige Ersitzung.[420]

Wo bereits ausgeprägte Vorschriften zum Konfliktfall zwischen Eigentümer und Besitzer vorhanden waren, wurden die mittelalterlichen Lösungen nicht durch das römische Recht verdrängt. Vor allem im norddeutschen Raum entstanden Mischformen aus den römischrechtlichen und mittelalterlichen Grundsätzen. So hielt man dort neben der Vindikation gestohlener Sachen an „Hand wahre Hand“ für freiwillig weggegebene Sachen - jedoch nicht uneingeschränkt - fest. Nach dem Vorbild des römischen Ersitzungsrechts rückte nun die Art und Weise des Besitzerwerbes des Dritten ins Blickfeld: So sollte der Eigentümer nur dann keinen Zugriff auf freiwillig aus der Hand gegebene und dann vom Vertrauensmann unterschlagene Sachen beim Dritten mehr haben, wenn dieser den Besitz an der Sache in gutem Glauben an das Eigentum seines Veräußerers und aufgrund eines Titels erworben hatte. Die Vindikation gestohlener Sachen wurde ohne Rücksicht auf die Qualität des Erwerbs des Dritten zugelassen. Im Revidierten Lübecker Recht von 1586 war sogar die Herausgabepflicht gestohlener Sachen ausgeschlossen, wenn der Erwerber die Sache „aufrichtig über die dritte Hand“ erworben hatte und sowohl seine Gutgläubigkeit wie auch die seiner beiden Vormänner beweisen konnte.[421] Die Wurzeln der Berücksichtigung der Redlichkeit

---

418 v. Lübtow, Hand wahre Hand, S. 187; Beyerle/Kunkel/Thieme I, S. XXII ff, XXVIII ff; Wesenberg/Wesener, S. 99 f, 102; Guisan, S. 45; Minuth, S. 232

419 Zur Entstehung der Reformation des Bayerischen Landrechts von 1518 s. Beyerle/Kunkel/Thieme II, S. XIII ff.

420 Völkl, S. 94 f, 176; Anners, S. 153; Hinz, S. 214 f

421 v. Lübtow, Hand wahre Hand, S. 191. Die Interpretation des nach seinem Wortlaut auf Pferde beschränkten Art. 3 des 1. Titels im 4. Buch des Revidierten Lübecker Rechts von 1586 als auf alle Sachen anwendbar geht auf Johann Lucas Stein (1711-1785) zurück und

des Erwerbers liegen somit nicht rein im germanischen, sondern in nicht unerheblichem Maße auch im römischen Recht. Maßgeblich beeinflusst wurde diese Entwicklung vermutlich auch durch das kanonische Recht, das jeden unredlichen Erwerb ächtete.[422]

Im heutigen Österreich behielten die Stadt- und Landrechte noch bis ins 17. Jahrhundert hinein ihre mittelalterliche Prägung. Eine stärkere Romanisierung setzte im 15. Jahrhundert im Bereich des Prozessrechts ein. Die Lehre des römischen Rechts an der Universität Wien wurde erst Ende des 15. Jahrhunderts aufgenommen. Die Rezeption vollzog sich dadurch in Österreich in weit geringerem Umfang als im Gebiet des übrigen Deutschen Reiches. Das Gemeine Recht setzte sich in Österreich erst im 17. und 18. Jahrhunderts vor allem im Zusammenhang mit Kodifikationsbestrebungen durch.[423]

### 5. Der Erwerberschutz im Älteren Gemeinen Recht

#### *a) Die Rechtswissenschaft im 17. und 18. Jahrhundert*

Die obigen Ausführungen zur Rezeption und ihren Wirkungen lassen sich dahingehend zusammenfassen, dass seit dem 16. Jahrhundert das römisch-kanonische Recht als *Ius Commune*, als einheitliches europäisches Recht, in Mittel- und Westeuropa subsidiär hinter den territorialen Gesetzen und Rechtsaufzeichnungen zur Anwendung kam, wobei sich aus dem Neben- und Miteinander von römischem und Gewohnheitsrecht regionale Besonderheiten ergaben.[424]

Ab dem 16. Jahrhundert ging auch die Rechtswissenschaft neue Wege: Führend wurde der von Frankreich ausgehende juristische Humanismus, die französische „elegante“ Jurisprudenz. Im Gegensatz zum *„mos italicus“* der Kommentatoren, der die römischen Quellen nach wie vor als *„ratio scripta“*, als absolute Autorität verstanden hatte, setzte sich der *„mos gallicus“* kritisch mit den Quellen auseinander, sah sie als Produkt ihrer Zeit und berücksichtigte damit die Entstehungsgeschichte des *Corpus Iuris* Justinians bei der Interpretation der Fragmente. Die Ju-

---

entspricht der herrschenden Auffassung in der neueren Literatur. Diese Ansicht findet ihre Stütze darin, dass auch die entsprechende Vorschrift im Hamburger Stadtrecht von 1290 und 1497 Sachen aller Art erfasst. Mevius beschränkte den Geltungsbereich der Vorschrift entsprechend ihrem Wortlaut und sah ihre Wirkung nicht als Ausschluss der Vindikation gestohlener Sachen, sondern als Beweisregel an, Hinz, S. 60 ff.

[422] v. Lübtow, Hand wahre Hand, S. 188 ff; Ogris, Hand wahre Hand, HRG I, Sp. 1934 f; Geyrhalter, S. 30; Guisan, S. 45; van Apeldoorn, TRG 11, S. 174 ff

[423] Wesenberg/Wesener, S. 103 ff; Wesener, Einflüsse, S. 11 ff; Floßmann, S. 10 ff

[424] Coing, Europäisches Privatrecht I, S. 188 f; ders., Europäisches Privatrecht II, S. 1

risten der „eleganten“ Jurisprudenz, allen voran Alciatus (1492-1550), Cujacius (1552-1590) und Donellus (1527-1591), strebten darüber hinaus nach einer umfassenden Systematisierung des geltenden materiellen Rechts.[425]

Daneben entwickelte sich, ausgehend von der spanischen Spätscholastik und in Anknüpfung an die Moraltheologie des Thomas von Aquin, das Naturrecht. Hugo Grotius (1583-1645)[426] sowie Samuel Pufendorf (1632-1694), Samuel Stryk (1640-1710), Christian Thomasius (1655-1728) und Johann Gottlieb Heineccius (1681-1741) übertrugen naturrechtliche Grundsätze in das Privatrecht und formten eine über den positiven Regelungen stehende Lehre.[427]

Die dritte rechtswissenschaftliche Strömung, der sog. Usus modernus (pandectarum),[428] war im Gegensatz zum *mos gallicus* und zum Naturrecht stärker an der Praxis orientiert und beschäftigte sich aufgrunddessen auch eingehend mit den territorialen Statuten.[429] Die Vertreter des Usus modernus wie David Mevius (1609-1670), Benedikt Carpzov (1595-1666) und Dumoulin (Carolus Molinaeus, gest. 1566) waren bestrebt, das Gemeine und das partikulare Recht in Einklang zu bringen und etwaige Widersprüche auszugleichen.[430] In welcher Weise haben nun diese drei rechtswissenschaftlichen Ansätze das Recht der Sachverfolgung im 17. und 18. Jahrhundert beeinflusst?

### *b) Der Vindikationsgrundsatz und seine Einschränkungen: Die Entwicklung des Erwerberschutzes*

Das Gemeine Recht war beherrscht vom römischen Grundsatz *„nemo plus iuris transferre potest quam ipse habet“*, der Erwerb einer Sache vom Nichtberechtigten konnte also nur eine Ersitzungslage begründen. Ein Rechtserwerb des Dritten trat erst nach Ablauf der Ersitzungsfrist ein. Die ansonsten uneinge-

---

[425] Wesenberg/Wesener, S. 63 ff; Bauer, Periculum emptoris, S. 113 m.w.N.; Wieacker, Vom römischen Recht, S. 296 ff, Troje, Einfluss des Humanismus, Handbuch der Quellen II/1, S. 615 ff. Zur Bedeutung des Humanismus in der österreichischen Rechtswissenschaft s. Wesener, Einflüsse, S. 36 ff.

[426] Zum Lebenslauf von Hugo Grotius s. Zimmermann/Carey-Miller, Jura 1984, S. 1 ff.

[427] Wesenberg/Wesener, S. 139 ff; Bauer, Periculum emptoris, S. 114; Koschaker, S. 247 ff

[428] Diese Bezeichnung ist dem Titel des Werkes *„Usus modernus pandectarum“* von Samuel Stryk (1640-1710) entnommen, Hinz, S. 153 m.w.N.

[429] Söllner, Literatur in Deutschland, Handbuch der Quellen II/1, S. 501 ff, 516 ff, 553 ff; Wieacker, Privatrechtsgeschichte der Neuzeit, S. 204 ff. S. zur Literatur in Italien und Frankreich Holthöfer, Literatur zum gemeinen und partikularen Recht, Handbuch der Quellen II/1, S. 213 ff, 317 ff.

[430] Wesenberg/Wesener, S. 115 ff; Bauer, Periculum emptoris, S. 115; Koschaker, S. 100 f, 246 f; Luig, Ius Commune 1, S. 195; Hinz, S. 31, 67, je m.w.N.; Wieacker, Privatrechtsgeschichte der Neuzeit, S. 217 ff

schränkte Vindikation des Eigentümers bei jedem Besitzer fand ihre Grenze lediglich in der Ersitzung.[431]

Die Juristen des Usus modernus und die Naturrechtler, so z.B. Carpzov, Struve, Lauterbach, Grotius, Pufendorf oder Wolff, hielten in der Mehrzahl am Vindikationsgrundsatz fest und lehnten eine allgemeine Beschränkung des Herausgabeanspruchs im Sinne von „Hand wahre Hand" ab.[432] Die Geltung der römischen Rechtsinstitute wurde jedoch nicht kraft der Autorität des geschriebenen, vernünftigen Rechts wie noch im Hochmittelalter angenommen, sondern bedurfte nach Ansicht der Naturrechtler der Begründung. So waren Grotius und Pufendorf der Auffassung, dass jeder Besitzer die naturrechtliche Pflicht habe, eine fremde Sache zurückzugeben, sobald er davon Kenntnis erlangte, dass sie nicht ihm gehöre. Dies gelte unabhängig davon, ob der Besitzer die Sache gut- oder bösgläubig erworben habe. Ausgehend vom absoluten Eigentumsbegriff des römischen Rechts und dem *nemo-plus-iuris*-Grundsatz gab es aus dem Naturrecht grundsätzlich keine Rechtfertigung für einen Lösungsanspruch des gutgläubigen Erwerbers gegen den vindizierenden Eigentümer, außer dieser hätte seine Sache ohnehin nur unter Leistung bestimmter Aufwendungen zurückerlangt.[433] Demgegenüber vertraten Thomasius, sein Schüler Georg Beyer (1665-1714) und Heineccius zwar aus naturrechtlicher Sicht den Grundsatz der uneingeschränkten Vindikation, hielten in Auseinandersetzung mit den Partikularrechten aber an der Geltung von „Hand wahre Hand" fest. Der Grund für eine Verfolgungsbeschränkung lag ihrer Ansicht nach in dem besonderen Vertrauen, das der Eigentümer seinem Vertrauensmann entgegengebracht hatte, während die Sache in die Hände des Dritterwerbers nur zufällig gelangt sei.[434]

Wenn auch Vindikationsbeschränkungen in der Theorie mit dem Naturrecht nicht vereinbar waren, in der Praxis waren sie, noch in der Form der mittelalterlich-gewohnheitsrechtlichen Regelungen oder der Mischformen, die sich aufgrund der

[431] Coing, Europäisches Privatrecht I, S. 306 f; Wieacker, Privatrechtsgeschichte der Neuzeit, S. 237 f. Für Österreich vgl. Wesener, Einflüsse, S. 71.

[432] Allenfalls wurde eine Einschränkung des Vindikationsgrundsatzes im Sinne von „Hand wahre Hand" für verliehene Sachen angenommen, vgl. Hinz, S. 83, 90, 93, 100 ff, 149 f, 189 ff; 238 Fn. 89 m.w.N., 307.

[433] Hinz, S. 100 ff, 149 f. Dabei gingen aber insbesondere die niederländischen Juristen Grotius, Matthaeus und Voet von eine Verfolgungsbeschränkung im Fall der Verpfändung anvertrauter Sachen durch den Vertrauensmann aus. Dies entsprach jedoch dem gemeinen niederländischen Recht, so dass Grotius hier eine Harmonisierung der römischen und gewohnheitsrechtlichen Grundsätze vornahm, Hinz, S. 105 ff, 130 ff. Thomasius wie auch sein Schüler Georg Beyer (1665-1714) vertraten zwar aus naturrechtlicher Sicht den Grundsatz der uneingeschränkten Vindikation, hielten in Auseinandersetzung mit den Partikularrechten aber an der Geltung von „Hand wahre Hand" fest, Hinz, S. 158 ff, 167 ff.

[434] Hinz, S. 158 ff, 167 ff, 177 ff, 185 ff

Durchmischung der römischen mit den mittelalterlichen Grundsätzen gebildet waren, vorhanden und von den Gerichten in der Anwendung der Statuten zu berücksichtigen. Die Vertreter des Usus modernus waren nun in ihrer Beschäftigung mit beiden Rechtsmassen darum bemüht, die Widersprüche zwischen dem Partikularrecht und dem Gemeinen Recht zu überwinden und die Rechtsgrundsätze zu harmonisieren. Wir haben schon gesehen, dass David Mevius in seinem *Commentarius in Jus Lubecense* aus dem Jahre 1643 bestrebt war, die Vorschriften des Revidierten Lübischen Rechts von 1586, insbesondere die Vindikationsbeschränkung des Art. 2 für anvertraute Sachen, in Einklang mit dem römischen Vindikationsgrundsatz zu bringen.[435] Anders als Benedikt Carpzov, der nach Auseinandersetzung mit der Hand-wahre-Hand-Regelung des Sachsenspiegels zu dem Ergebnis kam, dass eine derartige Beschränkung des Herausgabeanspruchs unzweckmäßig sei und sie deshalb ablehnte,[436] begründete Mevius die Notwendigkeit der Verfolgungsbeschränkung im lübischen Recht mit der Sicherheit des Handelsverkehrs. Für den bedeutenden Warenumschlagplatz Lübeck stand das reibungslose Funktionieren des Handels im höchsten staatlichen Interesse. Nach Ansicht von Mevius war es dem Käufer einer Sache nicht zuzumuten, schwierige Nachforschungen über ihre Herkunft anzustellen. Ohne ein Lösungsrecht wäre jeder Erwerb für den Käufer mit dem Risiko des Verlustes von Sache und Kaufpreis behaftet gewesen.[437]

Mevius' Kommentierung der lübischen Regelungen der Sachverfolgung ist durch das Bestreben einer möglichst engen Interpretation des Stadtrechts und damit einer Minimierung der Abweichung von den gemeinrechtlichen Grundsätzen geprägt.[438] Wie wir gesehen haben, verlangte Mevius zu diesem Zweck auch den guten Glauben des Erwerbers und das Vorliegen eines gültigen Erwerbstitels als Voraussetzungen für das Eingreifen der Vindikationsbeschränkung. Die Berücksichtigung der Redlichkeit des Erwerbers, vor allem zu seiner Reinigung vom Diebstahlsverdacht, war den früh- und hochmittelalterlichen Rechten nicht fremd. Mevius kommt jedoch das Verdienst zu, als erster den Aspekt der Gutgläubigkeit des Erwerbers mit einer umfassenden Begründung eingeführt zu haben. War die Redlichkeit im Hochmittelalter in erster Linie in Zusammenhang mit der Diebstahlsklage und der Unschuld des Beklagten gesehen worden, so rechtfertigte Mevius das Eintreten der Verfolgungsbeschränkung zugunsten eines gutgläubigen Erwerbers nun mit dessen Schutzwürdigkeit und mit dem Interesse des Handelsverkehrs.[439]

---

435 S. oben II.4 c).
436 Hinz, S. 69 ff, 83
437 Hinz, S. 32
438 Vgl. Hinz, S. 39 f, 98 f.
439 Hinz, S. 64 ff

Mevius leistete damit einen entscheidenden Beitrag zur Entwicklung des gutgläubigen Erwerbs, wenn er selbst auch noch keinen Eigentumserwerb des Dritten annahm, sondern nach wie vor von einer Beschränkung der Sachverfolgung durch den Eigentümer ausging.[440] Er sorgte jedoch dafür, dass das bislang nur im Einzelfall für bestimmte Gewerbe oder in besonderen Erwerbssituationen berücksichtigte Interesse des Erwerbers am Bestand seines Erwerbes bzw. an der Minimierung seines finanziellen Risikos nun als allgemeines Bedürfnis zum Schutz des Handelsverkehrs und des Erwerbers in den Vordergrund rückte. So stimmten weitere bedeutende Juristen, z.B. Samuel Stryk (1640-1710), seiner Auffassung zu.[441]

Geteilt wurde der Gedanke der Sicherheit des Handelsverkehrs auch von holländischen Naturrechtslehrern.[442] Trotz seiner generellen Ablehnung von Verfolgungsbeschränkungen erkannte Grotius als Ausnahme ein Lösungsrecht bei Kauf auf dem offenen Markt an, wie es der Praxis in weiten Teilen Frankreichs, der Schweiz, der Niederlande und Belgiens entsprach. Allerdings war für Grotius das Lösungsrecht nur dann gerechtfertigt, wenn der Marktkäufer keine Möglichkeit hatte, bei seinem Verkäufer Regress zu nehmen, weil ihm dieser unbekannt war.[443]

Die Niederländer Anton Matthaeus (1601-1654) und Johannes Voet (1647-1713) setzten sich auch mit dem Erwerb im Rahmen einer öffentlichen Versteigerung auseinander. Nach ihrer Auffassung war der Verlust der Zugriffsmöglichkeit des Eigentümers auf die Sache dann gerechtfertigt, wenn der Eigentümer der Versteigerung nach der öffentlichen Verkaufsbekanntmachung nicht widersprochen hatte. Allerdings führte diese Verletzung seiner Obliegenheit, den Verbleib seiner Sache zu beobachten, nur dann zu einem Rechtsverlust des Eigentümers, wenn sich die Versteigerung gegen seinen Vertrauensmann richtete. Erfolgte die Versteigerung dagegen im Interesse von Gläubigern eines Dritterwerbers, konnte der Eigentümer die Sache vindizieren, da er nicht gehalten war, sich über alle möglichen Versteigerungen zu informieren. Neben der Nachlässigkeit des Eigentümers führte Matthaeus die Verfolgungsbeschränkung auch auf die staatliche Autorität, auf der eine Versteigerung beruht, zurück.[444]

---

[440] Hinz, S. 46 ff

[441] v. Lübtow, Hand wahre Hand, S. 192 ff; Ogris, Hand wahre Hand, HRG I, Sp. 1934 f; Minuth, S. 234 ff; Hinz, S. 157 f

[442] Vgl. Hinz, S. 108.

[443] Hinz, S. 132 ff

[444] Hinz, S. 108 ff, 124, 143 ff. S. auch Merk, RhZS 7, S. 205 f; Neubert, S. 127.

### c) Das Recht der Ersitzung im Usus modernus

Grundlage für das Ersitzungsrecht im Gemeinen Recht des 17. und 18. Jahrhunderts waren das justinianische Recht in der Form, die ihm die Glossatoren und Kommentatoren gegeben hatten, sowie die kanonischen Grundsätze zur Kontinuität des guten Glaubens des Ersitzungsbesitzers. Die Ersitzung wurde als weitere Form der Verjährung neben der einen Rechtsverlust verursachenden Verjährung aufgefasst und dementsprechend als *praescriptio favorabilis*, als zum Rechtserwerb führende Verjährung bezeichnet. Grundsätzlich galten die justinianischen Fristen, wobei die dreijährige Ersitzung beweglicher Sachen wie auch die zehn- bzw. zwanzigjährige Ersitzung von Immobilien als Erscheinungsformen der ordentlichen Verjährung den guten Glauben des Ersitzungsbesitzers und dessen Besitzerwerb aufgrund eines gültigen Rechtsgeschäfts erforderten. Ein Putativtitel genügte nur, wenn der zugrunde liegende Irrtum des Besitzers gerechtfertigt war. Die *longissimi temporis praescriptio* als außerordentliche Verjährung mit einer Frist von 30 bzw. 40 Jahren erforderte zwar *bona fides*, nicht aber einen gültigen Titel und führte auch zum Erwerb an gestohlenen Sachen. Im späteren Usus modernus wurde hinsichtlich der Rechtsfolgen der Ersitzung nicht mehr wie bei den Glossatoren und Kommentatoren zwischen *usucapio* und *longi temporis praescriptio* unterschieden, sondern einheitlich der Erwerb des Eigentums durch den langjährigen Besitzer angenommen.[445]

Für Grotius stand die Ersitzung nicht im Einklang mit dem Naturrecht, so dass er zur Rechtfertigung des Ersitzungserwerbs eine in der langjährigen Säumigkeit des Eigentümers bei der Sachverfolgung liegende, stillschweigende Dereliktion der Sache konstruierte, die dem Besitzer die Aneignung ermöglichte. Pufendorf dagegen sah die Rechtswirkungen, die an den Zeitablauf geknüpft werden, als mit dem Naturrecht vereinbar an, da sich die Eigentumsvermutung zugunsten des Besitzers im Laufe der Zeit verstärke. Zudem sei der Besitzer aufgrund seines guten Glaubens schutzwürdig, während sich der Eigentümer nachlässig zeige. Die Härte, die durch den Erwerb auch gestohlener Sachen im Wege der *longissimi temporis praescriptio* entstehe, werde durch den allgemeinen Nutzen der Ersitzung für die Schaffung von Rechtssicherheit und Rechtsfrieden aufgewogen.[446]

Auch für die österreichischen Naturrechtler Karl Anton von Martini (1726-1800) und sein Schüler Franz Edler von Zeiller (1751-1828) war jegliche Einschränkung der Vindikation und damit auch die Ersitzung mit dem absoluten Eigentumsbegriff unvereinbar. Ähnlich wie Grotius bediente sich Zeiller deshalb der Kon-

445 Coing, Europäisches Privatrecht I, S. 184 ff; ders., Europäisches Privatrecht II, S. 280 f

446 Demgegenüber lehnte Thomasius die Ersitzung als mit dem Naturrecht unvereinbar ab, Hinz, S. 102 f, 151 f, 160 f.

struktion der Herrenlosigkeit der Sache, die aufgrund des langen Nichtgebrauches entstehe, um einen Ersitzungserwerb zu erklären.[447]

[447] Hinz, S. 199 ff

## IV. Die Kodifikationen des 18. und 19. Jahrhunderts

### 1. Die Kodifikationsidee

Während die Lehren des Usus modernus stark an der praktischen Rechtsanwendung orientiert und damit kasuistisch strukturiert waren, strebten die Naturrechtler primär nach der Errichtung eines über den positiven Normen stehenden, abstrakten Rechtssystems. Die Rechtswirklichkeit überall in Europa sah jedoch anders aus. Ein Fleckenteppich oft erheblich differierender Partikularrechte und die subsidiäre Geltung des römischen Rechts boten nur wenig Mehr an Rechtssicherheit als im Hochmittelalter. Die kasuistischen Quellen waren weit entfernt davon, für jeden Fall und für jede Person geltende Regelungen zu enthalten.

Vor dem Hintergrund eines aufgeklärten Absolutismus führten die Forderungen des Naturrechts nach abstrakten, der Vernunft entsprechenden Normen zu dem Bewusstsein, dass die modernen Staaten des 17. Jahrhunderts eines Gesetzbuches bedurften, das dem Anspruch, für Rechtssicherheit und Rechtsgleichheit zu sorgen, genügte. Die Rechtsbildung ging von der Wissenschaft auf die staatliche Autorität über: Die Kodifikationsidee war geboren. In Zusammenhang mit dem Selbstverständnis der europäischen Staaten als Nationalstaaten bedeutete dies auch eine Abwendung vom gemeineuropäischen Charakter des Rechts hin zu nationalen Kodifikationen.[448]

### 2. Codex Maximilianeus Bavaricus Civilis von 1756

Der Codex Maximilianeus Bavaricus Civilis aus dem Jahre 1756 ist der Vorläufer der späteren großen Naturrechtskodifikationen des Preußischen Allgemeinen Landrechts, des französischen Code civil und des österreichischen ABGB. Das Werk von Freiherr Franz Xaver Aloys Wiguläus von Kreittmayr (1705-1790) hatte zwar den Anspruch eines umfassenden Gesetzgebungswerkes, blieb jedoch noch in der Unterscheidung zwischen dem subsidiären Gemeinen Recht und den vorrangigen Partikularrechten verhaftet. Dadurch konnte es keine Rechtseinheit für Bayern erreichen.[449]

---

[448] Vgl. Wesenberg/Wesener, S. 156 ff; Wieacker, Privatrechtsgeschichte der Neuzeit, S. 226 ff, 322 ff, 333 f; Hausmaninger/Selb, S. 108 f; Kaspers, S. 129; Krause, Aufklärung 1988, S. 7 ff; Coing, Europäisches Privatrecht II, S. 2 ff, 7 ff, 14 ff; Barta, Kodifikationsgeschichte, S. 333; Dilcher, ZEuP 1994, S. 450 ff, 465 ff.

[449] Kaspers, S. 129; Hinz, S. 212; Wesenberg/Wesener, S. 158 f; Gehrke, Deutsches Reich, Handbuch der Quellen II/2, S. 410

Mit der Regelung der Fahrnisverfolgung in II 2 § 6 des Codex Maximilianeus[450] normierte Kreittmayr das römische Vindikationsprinzip. Darin folgte er der herrschenden Lehre und Rechtsprechung des Usus modernus und knüpfte nahtlos an das Bayerische Landrecht von 1616 an. Zwar setzte sich Kreittmayr in seinen „Anmerkungen" zum Codex auch mit „Hand wahre Hand" auseinander, befand jedoch das reine Vindikationsprinzip als im Gemeinen Recht „mehr fundirt". Zudem sei es vor Gericht überall rezipiert worden mit Ausnahme einzelner Orte, wo noch die „Hand wahre Hand" normierenden Statuten in Geltung waren. Deshalb stellte er in seinen „Anmerkungen" ausdrücklich klar, dass der Eigentümer auch gegen den Detentor, d.h. gegen den Mieter, Entleiher, Verwahrer etc. auch mit der *rei vindicatio* vorgehen könne.[451]

Konsequent ging Kreittmayr von der Geltung des *nemo-plus-iuris*-Grundsatzes aus, so dass die Veräußerung durch einen Nichtberechtigten nicht zum sofortigen Eigentumserwerb, sondern allenfalls zu einer Ersitzung durch den Dritterwerber führen konnte. Die Ersitzung regelte der Codex Maximilianeus als eine Form der Verjährung in einem eigenen Abschnitt mit dem erläuternden Zusatz *„usucapio und praescriptio"*. II 4 § 1 definierte sie als den Erwerb fremder Sachen durch langjährigen Besitz. Auch hier griff Kreittmayr auf die naturrechtlichen Rechtfertigungsversuche zurück und verwies in seinen „Anmerkungen" auf die von Grotius und Wolff vertretene „stillschweigende Dereliktion" der Sache durch den Eigentümer sowie auf die seit der Zeit Ciceros als Zweck der Ersitzung angeführte Beseitigung der Unsicherheit über die Eigentumsverhältnisse. Unter dem Hinweis auf das Sprichwort „Es sei bereits das Gras darüber gewachsen" vertrat Kreittmayr die Ansicht, der lange Zeitlauf verdunkele die Rechtslage, zudem sei der Eigentümer ob seiner Nachlässigkeit bei der Sachverfolgung mit dem Eigentumsverlust zu bestrafen.[452]

Auf die Ersitzung waren nach dem Codex Maximilianeus die justinianischen Regeln anzuwenden, d.h. ein Eigentumserwerb des gutgläubigen Besitzers, der die Sache aufgrund eines gültigen Rechtsgeschäftes erlangt hatte, trat bei Mobilien nach drei, bei Immobilien nach 10 bzw. 20 Jahren ein. Daneben konnte eine Sache im Wege der außerordentlichen Ersitzung nach 30 Jahren von einem gut-

---

[450] II 2 § 6 CMBC: *„Wer vollkommener Herr von der Sache ist, [...] der kann sie auch mit Ausschluße aller anderen [...] gebrauchen, [...]. Kommt ihm aber die Sache aus der Hand, oder wird ihm unrechtmäßiger Weise von anderen vorenthalten, so mag er sie nach Maßgabe der folgenden §phi 7mi aller Orten retten und vindicieren, [...]."*, zit. nach Hinz, S. 213.

[451] Kreittmayr, Anmerkungen II, S. 429 f; Hinz, S. 212 ff

[452] Kreittmayr, Anmerkungen II, S. 552

gläubigen, aber titellosen Besitzer erworben werden. Der gute Glaube musste die gesamte Ersitzungszeit hindurch andauern.[453]

In Anknüpfung an die Institutionen Justinians (Inst. 2.6.2) schloss II 4 § 3 CMBC „entwendete oder mit unrechtmäßiger Gewalt an sich gebrachte Dinge, solange das Vitium nicht purgirt ist", von der Ersitzung aus. Entsprechend dem römisch-gemeinrechtlichen Verständnis von *res furtivae* konnten damit unterschlagene Sachen ebensowenig ersessen werden. Kreittmayr gestattete jedoch die Ersitzung gestohlener Sachen in drei Fällen: einmal in Übereinstimmung mit der klassischen römischen Doktrin, nachdem die Sache in die Hand ihres Eigentümers zurück gelangt war; zum zweiten, wenn die Sache in die Hand einer dritten, an der Besitzentziehung nicht beteiligten und gutgläubigen Person gelangt war, die nach Ablauf von dreißig Jahren ersitzen konnte. Zum dritten löste Kreittmayr Sachen, die von einem *malae fidei possessor* ohne Wissen des Eigentümers veräußert wurden, also unterschlagene Sachen, aus ihrer Gleichstellung mit den gestohlenen Sachen und ließ unter Berufung auf das Bayerische Landrecht von 1616 den Eigentumserwerb daran im Wege der ordentlichen Ersitzung, d.h. für Mobilien schon nach drei Jahren zu.[454]

Kreittmayr strebte in seiner stark am Gemeinen Recht ausgerichteten Kodifikation nach einer gewissen Harmonisierung mit den mittelalterlichen und frühneuzeitlichen Rechtstraditionen und blieb dabei insbesondere den Traditionen der Bayerischen Landrechte von 1518 und 1616 verhaftet. Damit entsprach sein Arbeitsziel durchaus der Tendenz der Kodifikationsarbeiten des 18. Jahrhunderts. Mit der Anwendung der kurzen dreijährigen Mobiliarersitzung auf unterschlagene Sachen nahm er - wahrscheinlich unbewusst, da lediglich mit der bestehenden Regelung des Bayerischen Landrechts von 1616 begründet - bereits eine Art von Kompromisslösung auf, die ungefähr zeitgleich in Frankreich von Pothier zur Begrenzung des Vindikationsprinzips im Sinne des Erwerberschutzes vorgeschlagen wurde.

### 3. Das Allgemeine Landrecht für die Preußischen Staaten von 1794

Nachdem Friedrich Wilhelm I. von Preußen im Jahre 1738 Samuel von Cocceji (1679-1755) den Auftrag erteilt hatte, ein „allgemeines Gesetzbuch, gegründet auf das römische Recht" zu schaffen, ordnete Friedrich II. im Jahre 1746 an, „ein teutsches allgemeines Landrecht, welches sich bloß auf die Vernunft und die Landes-Verfassung gründet" zusammenzustellen. Nach dem Tode Coccejis 1755

[453] II 4 §§ 4, 7, 8 CMBC; Kreittmayr, Anmerkungen II, S. 419, 553
[454] Kreittmayr, Anmerkungen II, S. 555

wurden die Arbeiten an der Kodifikation ab 1780 wieder aufgenommen und von Justizminister von Carmer (1721-1801) mit Carl Gottlieb Svarez (1746-1798)[455] und Ernst Ferdinand Klein (1744-1810)[456] fortgeführt und vollendet. In der Kabinettsordre vom 14.04.1780 hatte Friedrich der Große festgelegt, dass in dem zu schaffenden Gesetzbuch die unter Berücksichtigung des Naturrechts nach wie vor gültigen Grundsätze des römischen Rechts mit dem Statutarrecht vereinigt werden sollten. Das ALR, die „größte kodifikatorische Leistung der Neuzeit", wurde am 01.06.1794 von Friedrich Wilhelm II. in Kraft gesetzt und blieb bis zur Einführung des BGB zum 01.01.1900 in Geltung.[457]

Entsprechend den herrschenden Grundsätzen des Usus modernus und des Naturrechts statuiert das ALR in I 15 § 1 im Titel über die Verfolgung des Eigentums das Recht des Eigentümers, ohne seinen Willen aus seinem Gewahrsam gekommene oder ihm vorenthaltene Sachen bei jedem Besitzer zu vindizieren.[458] Für Svarez, den Redaktor dieses Teiles des ALR, stellte aber die uneingeschränkte Geltung des Vindikationsprinzips eine einseitige Privilegierung des Eigentümers dar, die die Sicherheit und Zuverlässigkeit des Handelsverkehrs und mittelbar die Produktivität der Industrie zu sehr beschränke. Andererseits nahm „Hand wahre Hand" in seiner Reinform, wie es noch nach einigen Statuten galt, seiner Ansicht nach auf die Eigentümerinteressen zu wenig Rücksicht. Für die Regelungen der Sachverfolgung im ALR, das man wegen zahlreicher ähnlicher Entscheidungen des Gesetzgebers auch als „Gesetzbuch der Kompromisse"[459] bezeichnen könnte, beschritt Svarez deshalb einen „Mittelweg":

So war der Herausgabeanspruch des Eigentümers gegen einen redlichen Besitzer, der die Sache entgeltlich erworben hatte, dadurch eingeschränkt, dass der Erwerber nur gegen Erstattung des von ihm gezahlten Kaufpreises zur Herausgabe verpflichtet war, I 15 §§ 25, 26.[460] Eine entsprechende Regelung enthielt das ALR in I 20 § 80 zugunsten des redlichen Pfandgläubigers. Nach der Definition in I 7

---

[455] Zur Person Svarez' s. Birtsch, GS Schieder, S. 85 ff.

[456] Zur Person Kleins s. Hellmuth, Aufklärung 1987, S. 121 ff.

[457] Wesenberg/Wesener, S. 159 f; Hinz, S. 217 f, 237 f, je m.w.N.; Coing, Europäisches Privatrecht II, S. 10 f; zur Entstehungsgeschichte s. Hattenhauer, Einführung, S. 1 ff; Schwennicke, JuS 1994, S. 456 ff; Luig, AcP 194, S. 521 ff, 524 ff; Kaspers, S. 130.

[458] I 15 § 1 ALR: *„Der wahre Eigenthümer hat das Recht, seine Sache, die seiner Gewahrsam ohne seinen Willen entnommen ist, oder vorenthalten wird, von jedem Inhaber oder Besitzer zurück zu fordern."*

[459] Hattenhauer, Einführung, S. 17 ff

[460] I 15 § 25 ALR: *„Wer die dem rechtmäßigen Eigenthümer oder Besitzer abhanden gekommene Sache, von einer unverdächtigen Person, durch einen lästigen Vertrag an sich gebracht hat, muß diese zwar ebenfalls zurückgeben."*
§ 26: *„Er kann jedoch dagegen die Erstattung alles dessen, was er dafür gegeben, oder geleistet hat, fordern."*

§§ 11, 13 war der Besitzer nur dann unredlich, wenn er positive Kenntnis davon hatte, dass sein Besitzerwerb nicht auf einem gültigen Titel beruhte. Aus der Regelung in I 10 § 24 ist zu schließen, dass nur der gute Glaube an das Eigentum, nicht aber an die Verfügungsbefugnis des Veräußerers geschützt war. Beim Erwerb von einer verdächtigen Person, d.h. nach I 15 § 19 einer Person, die gewöhnlich mit den in Rede stehenden Sachen nicht handelt bzw. nach ihrem Stand und nach ihrer Lebensart derartige Sachen üblicherweise nicht besitzt, wurde die Unredlichkeit des Besitzers vermutet. Die positive Vermutung der Redlichkeit löste dagegen gemäß I 15 § 44 der Kauf auf einer Messe und Märkten sowie von einem Händler aus, der derartige Sachen aufgrund „obrigkeitlicher Erlaubniß" öffentlich zum Verkauf anbot.[461] Obwohl I 15 § 25 ALR nach seinem Wortlaut nur Sachen erfasst, die dem Eigentümer ohne seinen Willen abhanden gekommen sind, ist unter Heranziehung des in den Schlußvorträgen von Svarez niedergelegten Willens des Gesetzgebers davon auszugehen, dass das ALR nicht nach der Art des Besitzverlustes durch den Eigentümer differenzieren wollte.[462]

Mit der Einschränkung des Vindikationsprinzips durch ein Lösungsrecht in den Fällen des gutgläubigen entgeltlichen Erwerbs manifestierte sich Svarez' Streben nach dem bestmöglichen Schutz des staatlichen Interesses an der Gewährleistung der „Zuverlässigkeit und Lebhaftigkeit" des Handelsverkehrs. Wäre nur der Erwerb vom Berechtigten von Bestand, bedeutete dies für den Erwerber eine Erkundigungspflicht nach der Herkunft der Sache, die jedoch den Handel hemmen würde. Eine Verringerung der Kaufbereitschaft aber hätte negative Auswirkungen auf die Gesamtwirtschaft. Das Lösungsrecht stellte demgegenüber den idealen Kompromiss zwischen den Erwerber- und Eigentümerinteressen dar. So war nach Svarez' Auffassung der Eigentümer, der durch Nachlässigkeit oder Vertrauen in die falsche Person das Risiko des Sachverlustes selbst gesetzt hatte, weniger schutzwürdig als der Erwerber, der die Sache im öffentlichen Handel gutgläubig von einem unverdächtigen Veräußerer gekauft hatte. Dennoch blieb der Eigentümer nicht völlig schutzlos, indem er seine Sache zurückerhielt und von einem etwaigen Mehrwert gegenüber der Lösesumme profitierte. Svarez schloss sich mit dieser Argumentation den Grundsätzen an, die Mevius in seiner Kommentierung des Revidierten lübischen Rechts aufgestellt hatte. Der unentgeltliche Erwerb dagegen hatte keine wirtschaftlichen Auswirkungen, blieb also gemäß I 15 § 24 - wie jeglicher unredliche Erwerb nach I 15 § 17 - uneingeschränkt der Vindikation unterworfen, gleichgültig, ob der Erwerber gut- oder bösgläubig war.[463]

---

[461] Hinz, S. 218 ff, 229 ff

[462] Bei der Pfandverfolgung dagegen konnte der Eigentümer nur abhanden gekommene Sachen - gegen den redlichen entgeltlichen Pfandgläubiger eingeschränkt durch das Lösungsrecht - vindizieren, während ansonsten „Hand wahre Hand" galt, Hinz, S. 221 f.

[463] Svarez, Vortrag „Vom Besitz" IV 11; Hinz, S. 222 ff, 239 f; Völkl, S. 59; vgl. auch v. Lübtow, Hand wahre Hand, S. 194 ff; Goldschmidt, ZHR 8, S. 281 f; Hübner, S. 26.

Gänzlich dem Zugriff des Eigentümers entzog das ALR schließlich Sachen, die der Besitzer vom Fiskus, in öffentlicher Versteigerung (I 15 § 42) oder im Laden eines gildemäßigen Kaufmannes (I 15 § 43) erworben hatte. Auch der entgeltliche Erwerb von in Kurs befindlichem Bargeld sowie von Inhaberpapieren war nach I 15 §§ 45-47 ALR vindikationsfest. Grund für die Privilegierung des Erwerbs vom Fiskus bzw. in öffentlicher Versteigerung war die dahinterstehende Autorität des Staates, der im Zeitalter des aufgeklärten Absolutismus besondere Bedeutung zukam. Die Besserstellung eines Kaufes vom Gildekaufmann beruhte auf den Verkehrsschutzerwägungen Svarez'. Die Vorschriften I 15 §§ 45-47 ALR dagegen gingen maßgeblich auf den Einfluss Friedrichs des Großen selbst zurück, der für eine Regelung eintrat, die die hohe Umlauffähigkeit dieser Zahlungsmittel unterstützen sollte. Das römische Recht, das das Inhaberpapier als Zahlungsmittel noch nicht gekannt hatte und somit dafür keine adäquaten Rechtsgrundsätze bereithielt, sollte deshalb hier mit seinem Vindikationsprinzip zurücktreten.[464]

Die geschilderten Bestimmungen stehen im ALR im Titel über die Verfolgung des Eigentums. Inhaltlich hatte jedoch das ALR die prozessuale Sichtweise des Erwerbes vom Nichtberechtigten bereits überwunden und einen Schritt hin zur Regelung der materiellen Rechtsfolgen gemacht. Zwar ergibt sich dies noch nicht ausdrücklich aus den Vorschriften der Kodifikation. Mittelbar lässt sich aber I 10 §§ 3 und 24 entnehmen, dass der redliche und entgeltliche Erwerber das Eigentum auch vom Nichtberechtigten übertragen erhalten sollte. Deutlich wird dies aus den „Vorträgen über Recht und Staat", die Svarez zur Unterrichtung des Kronprinzen Friedrich Wilhelm III. hielt, den sogenannten „Kronprinzenvorträgen", aus denen hervorgeht, dass Svarez von einem originären, okkupationsähnlichen Eigentumserwerb des gutgläubigen entgeltlichen Besitzers ausging.[465]

Die Regelungen des ALR stellten in mehrfacher Hinsicht einen großen Fortschritt auf dem Weg zum Erwerberschutz im Interesse der Förderung des Handelsverkehrs dar: Im Anschluss an die von Mevius formulierten Verkehrsschutzgedanken wählte das ALR eine Kompromisslösung in Form des durch das Lösungsrecht zugunsten des redlichen und entgeltlichen Erwerbers beschränkten Vindikationsprinzips. Bestimmte typische Erwerbssituationen wie der Kauf auf dem Markt oder von einem durch staatliche Erlaubnis befugten Händler führten in Weiterentwicklung der mittelalterlichen Marktkaufregelungen zur Redlichkeitsvermutung. Mit dem Ziel der Vervollkommnung des Verkehrs- und Erwerberschutzes überwand das ALR schließlich die bei Mevius noch vorhandene Differenzierung nach der Art des Besitzverlustes des Eigentümers sowie - zumindest mittelbar - die prozessuale Verortung der Problematik als Vindikationsbeschrän-

---

[464] Hinz, S. 240 ff

[465] Svarez, Vortrag „Vom Besitz" IV 13/14; Hinz, S. 224 ff, 245 f

kung und fasste die Ausnahmen zum Vindikationsgrundsatz als originären Eigentumserwerb vom Nichtberechtigten auf.[466]

Neben diesem sofortigen Eigentumserwerb vom Nichtberechtigten enthielt das ALR auch Regelungen zur Ersitzung. Grundsätzlich orientierte sich das Ersitzungsrecht des ALR an den Grundsätzen des Usus modernus, wich jedoch in einigen Punkten auch davon ab. Im neunten Abschnitt des Ersten Teils des ALR sind zunächst die Vorschriften aufgeführt, die für die erlöschende wie für die erwerbende Verjährung gleichermaßen gelten. Die Ersitzung als Akquisitivverjährung erforderte generell gemäß I 9 § 579 ALR einen zur Eigentumsübertragung geeigneten Titel sowie über die Ersitzungsfrist andauernden ruhigen und redlichen Besitz. Für die „gewöhnliche" Verjährung sah das ALR Fristen von 10 Jahren bzw. 20 Jahren *inter absentes* bei Vorliegen aller Ersitzungsvoraussetzungen, und von 30 Jahren bei Fehlen des Erwerbstitels vor. Ins Auge springt dabei die Gleichstellung von Mobilien und Immobilien hinsichtlich der Fristen.[467] I 9 § 584 ALR schloss den Ersitzungserwerb desjenigen, der eine gestohlene Sachen vom Dieb oder Räuber erworben hatte, durch gewöhnliche Verjährung aus und verwies ihn auf die „ungewöhnliche" Verjährung, die nach I 9 § 648 ALR Redlichkeit und den Ablauf von vierzig Jahren erforderte. War aber schon der Besitzvorgänger des aktuellen Ersitzungsbesitzers einer *res furtiva* redlicher Besitzer gewesen, konnte der aktuelle Besitzer gemäß I 9 § 585 ALR im Wege der gewöhnlichen Verjährung das Eigentum erwerben. Aufgrund der Gleichstellung gestohlener und unterschlagener Sachen galten die Regelungen über *res furtivae* auch für letztere.

Verwundern mag zunächst die lange Ersitzungsfrist von regulär 10 Jahren für Mobilien. Mit der Entscheidung Svarez', in bestimmten Fällen einen (sofortigen) Eigentumserwerb vom Nichtberechtigten eintreten zu lassen, war jedoch die Mobiliarersitzung aus ihrer Rolle, dem Erwerber Schutz zu gewähren, verdrängt worden. Sie kam nun in den Fällen zum Tragen, in denen keine privilegierte Erwerbssituation nach I 15 §§ 42 ff ALR vorlag oder der Erwerb unentgeltlich war. In den übrigen Fällen des entgeltlichen Erwerbs war der Käufer durch die Kaufpreiserstattung nach I 15 §§ 25, 26 ALR hinreichend geschützt.

[466] Vgl. Hinz, S. 245 ff, 248, der davon ausgeht, dass sich Svarez dabei maßgeblich von der naturrechtlichen Ersitzungslehre leiten ließ; Goldschmidt, ZHR 8, S. 283.
[467] I 9 §§ 620 f, § 625 ALR

### 4. Die österreichischen Kodifikationsprojekte

#### *a) Der Codex Theresianus von 1766*

Nahezu zeitgleich mit Preußen begannen auch in Österreich die Arbeiten an Kodifikationsprojekten. 1753 setzte Maria Theresia (Königin 1740-1780) eine Gesetzgebungskommission ein, die eine Privatrechtskodifikation auf der Grundlage des Usus modernus unter Berücksichtigung des Vernunftrechts zusammenstellen sollte. Von Joseph Azzoni und seinem Nachfolger Bernhard von Zencker wurde der Ende 1766 vorgelegte Entwurf des Codex Theresianus erarbeitet. Der von Maria Theresia und vom Staatsrat als zu umfangreich erachtete Entwurf erlangte jedoch keine Gesetzeskraft.[468]

Hinsichtlich seiner Regelung der Sachverfolgung reiht sich der Codex Theresianus unter die Entwürfe ein, die einen Mittelweg zwischen dem reinen römischen Vindikationsprinzip und dem mittelalterlichen „Hand wahre Hand“ zu finden versuchten. Bahnbrechend war der Entwurf Azzonis, indem er als erster Kodifikationsentwurf den gutgläubigen Erwerb vom Nichtberechtigten als Eigentumserwerbstatbestand, als Erwerb „Macht Rechtens“, ausdrücklich und umfassend regelte.[469] II 8 § 1 Nr. 21 Cod. Ther. ließ die Vindikation nur gegen den bösgläubigen Besitzer zu. Der gutgläubige, entgeltliche Erwerber einer fremden Sache erwarb daran aufgrund der Kraft des guten Glaubens, die das fehlende Eigentum des Veräußerers überwand, gemäß II 8 § 4 Nrn. 43 f, II 30 § 5 Nr. 42 lastenfreies Eigentum, unabhängig davon, auf welche Weise der Eigentümer den Besitz an der Sache verloren hatte. Nach II 8 § 4 Nrn. 46 ff Cod. Ther. war der Erwerber bösgläubig, wenn er wusste oder aufgrund grober Fahrlässigkeit nicht wusste, dass der Veräußerer weder der Eigentümer noch verfügungsbefugt war. Eine Reihe von Vorschriften gab positive und negative Indizien für die Gut- bzw. Bösgläubigkeit an, wobei es maßgeblich auf die Erkennbarkeit der Befugnis des Veräußerers aufgrund objektiver äußerer Umstände ankam. Der Erwerb vom Fiskus und in öffentlicher Versteigerung führte gemäß II 8 § 4 Nr. 52 zur Vermutung der Redlichkeit des Erwerbers.[470]

Erneut stand die Interpretation des lübischen Rechts durch Mevius Pate für diese äußerst verkehrsfreundliche Lösung. Als Grund gab II 8 § 4 Nr. 45 Cod. Ther. die Sicherheit des Handelsverkehrs an, die selbst bei gestohlenen Sachen die Interessen des Eigentümers dahinter zurücktreten ließ. Den von Mevius allgemein-

---

[468] Wesener, FS Kroeschell, S. 1369 ff; Wesenberg/Wesener, S. 163; Hinz, S. 249, je m.w.N.; Ogris, Liber Memorialis Laurent, S. 374; Völkl, Österreichische Kodifikation, S. 283 ff; Brauneder, S. 121 ff

[469] Hübner, S. 24; Hinz, S. 251 f, 256

[470] Hinz, S. 253 ff; Frotz, FS Kastner, S. 144 f

gültig formulierten Verkehrsschutzgedanken hatte die theresianische Gesetzgebungskommission aufgegriffen und zu einem konsequenten Schutz des redlichen Erwerbers weiterentwickelt, indem sie an abhanden gekommenen wie an freiwillig aus der Hand gegebenen Sachen aufgrund der Wirkung von objektiv unverdächtigen, die Redlichkeit des Erwerbers begründenden Erwerbssituationen einen Eigentumserwerb eintreten ließ. Diese Rechtsfolge begründete die Kommission mit dem Ziel, ein Auseinanderfallen von Eigentum und Besitz zu verhindern. Damit dürfte auch ein gewisser Einfluss des Ersitzungsrechts nicht auszuschließen sein.[471]

Die Bestimmungen des Codex Theresianus wurden zwar unter Kürzungen und Zusammenfassung von Vorschriften, aber inhaltlich unverändert, in den Entwurf Johann Bernhard Hortens, der mit der Kürzung und Umarbeitung des Codex Theresianus beauftragt worden war, übernommen. Als Teilergebnis dieser Arbeit wurde der Entwurf des Ersten Teils (Personenrecht) zum 01.01.1787 von Joseph II. (Kaiser 1765-1790) probeweise als „Josephinisches Gesetzbuch" in Kraft gesetzt.[472]

*b) Das Westgalizische Gesetzbuch von 1797*

Erneut gerieten die Kodifikationsarbeiten ins Stocken. Leopold II. (Kaiser 1790-1792) setzte daraufhin eine neue Kommission unter der Leitung von Karl Anton von Martini ein. Der Entwurf Martini wurde 1797 probeweise in Westgalizien, danach auch in Ostgalizien, in Kraft gesetzt.[473]

Von den revolutionären Ansätzen des Codex Theresianus, der den Erwerberschutz über die Eigentümerinteressen stellte, kehrte sich das Westgalizische Gesetzbuch ab. Ähnlich der Kompromisslösung des ALR sah der stark am Gemeinen Recht orientierte Entwurf Martini als Grundsatz die Vindikation vor. II 3 §§ 20, 22 machten Ausnahmen zugunsten des gutgläubigen, entgeltlichen Erwerbers: Hatte der Erwerb in einer öffentlichen Versteigerung, von einem zu diesem Verkehr befugten Handelsmann stattgefunden oder wurde die Sache demjenigen abgekauft, dem sie der Eigentümer anvertraut hatte, war die Vindikation ausgeschlossen. Weitere Ausnahmetatbestände zum Vindikationsprinzip waren der Erwerb von Inhaberpapieren oder vom legitimierten vermeintlichen Erben. Als redlich geschützt war der Erwerber, wenn er keine positive Kenntnis davon hatte, dass er nicht Eigentümer geworden war. Damit genügte der gute Glaube an die Verfügungsbefugnis des Veräußerers.

---

471 Hinz, S. 256 ff; Völkl, S. 55; Hübner, S. 25
472 Wesenberg/Wesener, S. 164; Hinz, S. 249, 259; Ogris, Liber Memorialis Laurent, S. 374 f
473 Wesenberg/Wesener, S. 164; Hinz, S. 249 f; Völkl, Österreichische Kodifikation, S. 289 ff; Ogris, Liber Memorialis Laurent, S. 37

Im Entwurf des Naturrechtlers Martini kamen vermutlich starke Einflüsse des Naturrechts zum Tragen. Wie wir gesehen haben, war Martini ein Verfechter des reinen Vindikationsprinzips, was ihn wohl zur Abkehr von der Annahme eines Eigentumserwerbs und zur Rückkehr zu einer prozessualen Beschränkung der Vindikation veranlasste.[474] Auf den Einfluss des ALR dürfte die Formulierung der Tatbestände, die eine Vindikationsbeschränkung zur Folge hatten, zurückzuführen sein.[475] Im Gegensatz zu den Bestimmungen der preußischen Kodifikation schützte der Entwurf Martinis den Erwerber gestohlener Sachen lediglich bei obrigkeitlich autorisiertem Erwerb. Ansonsten kam die Vindikationsbeschränkung nur bei unterschlagenen Sachen zum Tragen. Mit der Aufgabe des generell eingreifenden Schutzes eines redlichen Erwerbers und der Wiedereinführung der Differenzierung nach der Art des Besitzverlustes des Eigentümers trat das Westgalizische Gesetzbuch wieder einen deutlichen Schritt hinter die bisherigen Kodifikationsleistungen eines umfassenden Erwerberschutzes zurück.[476]

## 5. Die Rechtsentwicklung in Frankreich im 17. und 18. Jahrhundert

Der Rechtszustand im Frankreich des 16. Jahrhunderts war nach wie vor durch die Zweiteilung zwischen dem *droit écrit* im Süden und dem *droit coutumier* im Norden geprägt. Im Bereich der Sachverfolgung waren die Unterschiede freilich im Zuge der Rezeption durch den Vormarsch des römischen Vindikationsprinzips unter weitgehender Verdrängung des gewohnheitsrechtlichen Grundsatzes „*Meubles n'ont pas de suite*" eingeebnet worden. Überwiegend galt auch für die Mobiliarersitzung, von der entsprechend dem römischen Diebstahlsverständnis gestohlene und unterschlagene Sachen ausgeschlossen waren, eine Frist von dreißig Jahren. Dass das römische Recht den Interessen des Erwerbers durch die dreijährige *usucapio* Rechnung getragen hatte, war im französischen Gemeinen Recht untergegangen. In der Konsequenz existierte in Frankreich praktisch kein Erwerberschutz.[477]

In der Folgezeit erkannte man das Bedürfnis, den Interessen des Erwerbers am Bestand seiner Berechtigung an der Sache zu größerer Geltung zu verhelfen und bemühte sich um Lösungsmöglichkeiten. Die 1679 eingeführte Professur für französisches Recht an den Universitäten war zwar ein erster Schritt, das französische Gewohnheitsrecht mit dem Grundsatz „*Meubles n'ont pas de suite*" bzw.

[474] S. oben III.5.c); Völkl, Österreichische Kodifikation, S. 293 f.
[475] Hinz, S. 264, 267 f; Völkl, Österreichische Kodifikation, S. 295; vgl. auch Barta, Kodifikationsgeschichte, S. 345 ff, 358 ff.
[476] Vgl. Frotz, FS Kastner, S. 146 ff, 149.
[477] S. oben III.4.b); Römer, S. 60 f, 63 f; Göler von Ravensburg, S. 77 f; Merk, RhZS 7, S. 180 ff

den Marktkaufregeln wieder in das Bewusstsein der Rechtswissenschaft zu rücken. Allerdings geriet der Vorschlag des Richters de Parence aus dem Jahre 1709, den Anspruch des Eigentümers auf Herausgabe einer vom Verwahrer oder Pfandgläubiger unberechtigt weiterveräußerten Sache nur gegen Kaufpreiserstattung zuzulassen, da der leichtfertig vertrauende Eigentümer selbst das Risiko eines Sachverlustes gesetzt habe und deshalb weniger schutzwürdig als der Erwerber sei, bald wieder in Vergessenheit.[478] Denn die naturrechtlichen Lehren, insbesondere von Jean Domat (1625-1696), gingen vom römischen Recht aus, das am besten die Umsetzung der naturrechtlichen Grundsätze gewährleiste.[479]

So nahm auch Pothier (1699-1772) seinen Ausgangspunkt beim römischen Vindikationsgrundsatz. Aufgrund der Geltung von *„Nemo plus iuris"* konnte der Erwerb vom Nichtberechtigten allenfalls über die Ersitzung erfolgen. Angesichts der unbefriedigenden Situation, die sich aus der geltenden dreißigjährigen Frist ergab, plädierte Pothier in seiner Ausgabe der Coutume d'Orléans für die Verkürzung der Frist der Mobiliarersitzung auf drei Jahre. Daneben setzte er voraus, dass der Besitzer guten Glaubens war und die Sache aufgrund eines wirksamen, zur Eigentumsverschaffung geeigneten Rechtsgeschäfts erlangt hatte. Die Dreijahresfrist ergab sich nicht nur aus dem rezipierten römischen Recht, sondern auch aus einigen wenigen Coutumes, wie z.B. von Amiens oder Sedan. Den gemeinrechtlichen Ausschluss von *res furtivae*, also gestohlener wie auch unterschlagener Sachen, von der Ersitzung lehnte Pothier als naturrechtswidrig ab. Auch diese Sachen sollten vom gutgläubigen Besitzer nach drei Jahren ersessen werden können, vorausgesetzt, er konnte einen wirksamen Titel nachweisen. Eine Berücksichtigung besonderer Erwerbssituationen wie z.B. des Marktkaufes in Form eines Lösungsrechts, was im mittelalterlichen Frankreich weit verbreitet gewesen war, schloss Pothier dagegen mit dem Hinweis aus, dass schließlich der Erwerber selbst den Fehler, von einem Nichtberechtigten zu erwerben, begangen habe.[480]

Die meisten Coutumes übernahmen die neue Ersitzungslehre Pothiers. Die Coutume von Paris dagegen schien nach ihrem Wortlaut die dreißigjährige Frist auch auf bewegliche Sachen als *„autre chose prescriptible"* zu erstrecken. Um diese unerwünschte Rechtsfolge zu umgehen, schloss das Châtelet de Paris, das Pariser Stadtgericht, bewegliche Sachen gänzlich von der Ersitzung aus. Damit kam die dreijährige Frist im Bereich der Rechtsprechung des Châtelet nicht zum Tragen.[481]

---

[478] Jeroscheg, S. 69; Göler von Ravensburg, S. 79; Römer, S. 63, je m.w.N.; Merk, RhZS 7, S. 200 ff

[479] Jeroscheg, S. 69 f

[480] Göler von Ravensburg, S. 80 ff, 90 ff; Römer, S. 63 ff; Jeroscheg, S. 200, je m.w.N.

[481] Römer, S. 79 ff; Göler von Ravensburg, S. 97 f

Statt dessen soll das Pariser Châtelet im 18. Jahrhundert nach dem Grundsatz *„En fait de meubles, la possession vaut titre (de propriété)"* verfahren und den Besitz einer beweglichen Sache als Erwerbstitel gewertet haben. So erfahren wir es jedenfalls von Bourjon († 1751), der im Jahre 1747 erstmals dieses Prinzip als ständige Rechtsprechung des Gerichts referierte. Ob die fortan das französische Mobiliarsachenrecht beherrschende Maxime *„la possession vaut titre"* tatsächlich auf das Châtelet zurückgeht, ist eher unwahrscheinlich, da die französische Rechtsprechung auch im 18. Jahrhundert noch stark gemeinrechtlich geprägt war und eine Abkehr von den römischrechtlichen Grundsätzen vermutlich vom Châtelet selbst entsprechend publik gemacht worden wäre.[482]

War Mevius, der in seiner Interpretation des lübischen Rechts als Erster den Aspekt der Sicherheit und Schnelligkeit des Handelsverkehrs in das Blickfeld gerückt hatte, der Wegbereiter des Erwerberschutzes im Usus modernus und damit der Impulsgeber für die Entwicklung des gutgläubigen Erwerbs vom Nichtberechtigten in Deutschland und Österreich, so kommt diese Rolle Bourjon für die französische Rechtsentwicklung zu. Er griff die - wie auch immer geartete - Rechtsprechung des Châtelet de Paris auf und entwickelte sie zu einem System des Erwerberschutzes weiter: Der Besitz an einer beweglichen Sache sollte als Eigentumserwerbstitel gelten. Bourjon rechtfertigte den damit verbundenen gänzlichen Ausschluss der Vindikation gegenüber einem gutgläubigen Erwerber mit der Sicherheit des Handelsverkehrs und dem Erfordernis einer Beschleunigung des Warenumschlages. Den Allgemeininteressen des Handels und der Kreditwirtschaft sei Vorrang gegenüber den Individualinteressen des Eigentümers einzuräumen. Für eine Ersitzung, die nach dem geltenden Recht in Frankreich ohnehin sehr uneinheitlich gestaltet war, blieb nach seiner Konzeption kein Raum mehr.[483]

Unter dem Aspekt, dass der Eigentümer im Fall von Diebstahl oder Raub - im Gegensatz zur freiwilligen Besitzaufgabe durch Miete, Leihe, Verwahrung etc. - selbst keine Ursache für den Besitzverlust gesetzt hatte, nahm Bourjon *res furtivae* im engeren Sinne von der Anwendung des Grundsatzes *„la possession vaut titre"* aus. Hatte der Besitzer die gestohlene Sache aber auf dem Markt oder von einem Kaufmann, der mit ähnlichen Waren handelte, erworben, war er nur gegen Erstattung des von ihm gezahlten Kaufpreises zur Herausgabe an den Eigentümer verpflichtet.[484]

---

[482] Vgl. Göler von Ravensburg, S. 98 ff; Römer, S. 69, 72; Jeroscheg, S. 197 f; Coing, Europäisches Privatrecht I, S. 298.

[483] Römer, S. 70 ff; Jeroscheg, S. 198, 201 ff; Göler von Ravensburg, S. 100; Feenstra, Mél Meylan, S. 94 f; Merk, RhZS 7, S. 207 f, 210 ff

[484] Jeroscheg, S. 199; Römer, S. 74 ff; Guisan, S. 51 f; a.A. ist Göler von Ravensburg, S. 104 ff, die bei Bourjon auch Indizien für ein Ausgehen vom weiten römischen Diebstahlsbegriff sieht.

Pläne, auch in Frankreich eine einheitliche Zivilrechtskodifikation zu schaffen, blieben insbesondere aufgrund der Schwäche des Königshauses, der Macht der Parlamente und der bewahrenden Tradition der Coutumes noch im 18. Jahrhundert ohne Erfolg. Erst die Französische Revolution von 1789 bereitete den Boden für Kodifikationsarbeiten, die zunächst stark vom revolutionären Gedankengut geprägt waren. Ein erstes Gesetzgebungsprojekt aus dem Jahre 1793 sah vor, einen Eigentumserwerb im Wege einer kurzen Ersitzung von 2 Jahren für Mobilien und 20 Jahren für Immobilien eintreten zu lassen, wobei weder guter Glaube noch ein Erwerbstitel vorausgesetzt wurden.

## 6. Entwurf eines Bürgerlichen Gesetzbuchs für das Königreich Bayern von 1811

Die bayerischen Gebietsgewinne seit 1803 hatten dazu geführt, dass auf bayerischem Territorium der Codex Maximilianeus, das preußische ALR, das Josephinische Gesetzbuch und zahlreiche Lokalstatuten nebeneinander galten. Ziel des bayerischen Herrschers musste es deshalb sein, durch die Schaffung eines einheitlichen Zivilrechts für bayerisches Territorium die legislative und politische Integration in das seit 1806 bestehende Königreich Bayern voranzutreiben, und daneben die drohende Inkraftsetzung des Code civil in den Rheinbundstaaten abzuwenden. Einen ersten Entwurf unter der Federführung von Anselm von Feuerbach (1775-1833), der sich stark an den Code civil anlehnte, hielt Minister Graf von Montgelas (1759-1838) für in Bayern unanwendbar. Daraufhin wurde eine neue Kommission unter Beteiligung Feuerbachs eingesetzt, die den Codex Maximilianeus überarbeiten sollte. Auf die Arbeit dieser Kommission geht der 1811 vorgelegte Entwurf eines „Revidirten Codex Maximilianeus Bavaricus Civilis" zurück, der jedoch nie in Kraft trat, nachdem die weiteren Kodifikationsarbeiten aufgrund von Streitigkeiten innerhalb der Gesetzgebungskommission nicht zum Abschluss kamen.[485]

Stand der Codex Maximilianeus Kreittmayrs noch gänzlich in der Tradition des naturrechtlich beeinflussten Gemeinen Rechts, werden im Kodifikationsentwurf von 1811 die Einflüsse der bereits existenten Kodifikationen deutlich. So übernahm der Entwurf von 1811 nahezu wörtlich die Regelungen des preußischen ALR zum Vindikationsgrundsatz und zum Vindikationsausschluss bei Erwerb vom Fiskus und in öffentlicher Versteigerung sowie von Bargeld und Inhaberpapieren (II 2 §§ 6 und 7 des Entwurfs). Die preußische Privilegierung des Erwerbs im Laden eines gildemäßigen Kaufmannes wurde jedoch nicht in den bayerischen Entwurf überführt.

---

[485] Demel, S. XLVI ff

II 2 § 8 des Entwurfs von 1811 sah für bestimmte Erwerbsfälle ein Lösungsrecht vor, das eine Kombination aus den Vorschriften des ALR über das Lösungsrecht und dem österreichischen Entwurf Martini darstellt. So sollte der redliche Besitzer, der die Sache auf dem Markt, auf einer Messe oder von Personen, „welche dergleichen Sachen mit obrigkeitlicher Erlaubniß öffentlich feil haben", entgeltlich erworben hatte, die Sache nur gegen Erstattung des gezahlten Kaufpreises herausgeben müssen. Das Vorbild dieser Bestimmung liegt in den Tatbeständen, die nach preußischem Recht die Redlichkeit des Besitzers vermuten lassen. Daneben beschränkte der Entwurf von 1811 in II 2 § 8 auch die Vindikation anvertrauter Sachen durch das Lösungsrecht und nahm damit Anleihen beim Entwurf Martini. Die Regelung der Ersitzung als erwerbender Verjährung (II 4 §§ 1 ff) übernahm der Entwurf des Revidirten Codex Maximilianeus aus seinem Vorläufer.

## 7. Die Rechtsentwicklung in Deutschland im 19. Jahrhundert

Während der Zeit des Deutschen Bundes von 1815 bis 1866 fehlte in Deutschland eine einheitliche gesetzgebende Gewalt. Auf dem Gebiet des Zivilrechts galt primär das Recht des jeweiligen Territorialstaates. Somit standen Kodifikationen wie das ALR, der Code civil oder später das ABGB und neuere Fassungen von Stadtrechts- oder Landrechtsreformationen nebeneinander. Subsidiär galt grundsätzlich das Gemeine Recht, in Holstein, Sachsen-Anhalt und Thüringen sogar noch der Sachsenspiegel. Gerade im Bereich der Sachverfolgung bedeutete dies, dass die territorialen Rechte hinsichtlich der Lösung des Interessenkonflikts zwischen Eigentümer und Dritterwerber stark differierten. Von einer Rechtseinheit war man noch weit entfernt.

Maßgeblichen Einfluss auf die weitere Rechtsentwicklung nahm aufgrund dessen die Rechtswissenschaft, die sich in Befürworter und Gegner des Kodifikationsgedankens spaltete. Als Gegner erwies sich in erster Linie Friedrich Carl von Savigny (1779-1861), der den Anspruch des Naturrechts auf zeitlose Geltung bestritt. Seiner Ansicht nach hatten die Naturrechtskodifikationen, die vom Gemeinen Recht in der Form geprägt waren, die es durch den Usus modernus und die Naturrechtslehre erhalten hatte, das römische Recht verfälscht. Er postulierte deshalb die Rückkehr zum justinianischen Recht des *Corpus Iuris* unter Bereinigung der Einflüsse des Usus modernus und des Naturrechts. Die sogenannte Historische Schule betrachtete das römische Recht nun aus einem geschichtlichen Verständnis heraus und stand damit ganz in der Tradition des seit 1760 einsetzenden Klassizismus. Die sich mit dem römischen Recht beschäftigenden Rechtswissenschaftler, die Pandektisten,[486] strebten nach einer weitgehenden Systematisierung des römischen Rechts und versuchten, allgemeingültige, präzise Begriffe zu bilden, weshalb die Pandektenwissenschaft des 19. Jahrhunderts auch als „Begriffsjurisprudenz“ bezeichnet wird. Das Ergebnis der Arbeit der Pandektenwissenschaft war ein System des römischen Rechts, das einen hohen Grad an Abstraktion zeigte, von der Rechtsausübung des freien Bürgers ausging und damit von den sozialen Fragen unberührt blieb. Die Germanisten, die sich um die Edition germanischer und mittelalterlicher Rechtsquellen und die Erforschung des germanischen Rechts bemühten, bildeten das Pendant zu den Pandektisten.[487]

Im Bereich des Ersitzungsrechts gab die Historische Schule die Zusammenfassung von Ersitzung und Verjährung unter dem Dach der *praescriptio* auf und kehrte zum römischen Recht mit der Differenzierung zwischen der Eigentumsersitzung an körperlichen Gegenständen und der Klageverjährung zurück. Die ordentliche Ersitzung gewährleistete gegenüber dem Vindikationsprinzip die Berücksichtigung der Erwerberinteressen. Die widerrechtliche Veräußerung fremder beweglicher Sachen wurde aber wie im klassischen römischen Recht als Diebstahl qualifiziert und führte zum Ausschluss der Sache von der Ersitzung. Damit erfuhr deren Anwendungsbereich eine erhebliche Beschneidung.[488]

In der Frage eines weitergehenden Erwerberschutzes verlief die Diskussion zwischen den Pandektisten und den Germanisten kontrovers. Der gutgläubige Eigentumserwerb vom Nichtberechtigten wurde schließlich im deutschen Recht erstmals in §§ 306 f des ADHGB von 1861 normiert. Dies beruht jedoch nicht auf der Übernahme von auf das mittelalterliche Gewohnheitsrecht zurückgehenden Lösungsansätzen, sondern auf der Forderung, insbesondere Goldschmidts, nach einer stärkeren Berücksichtigung der Bedürfnisse des Handelsverkehrs nach dem Vorbild der bereits existierenden Kodifikationen. Nach der Regelung des ADHGB wird derjenige, der redlich eine bewegliche Sache von einem Kaufmann in einem Geschäftsbetrieb erworben hat, Eigentümer. Mit Ausnahme von Bargeld und Inhaberpapieren ist jedoch der gutgläubige Erwerb an Sachen, die dem bisherigen Eigentümer abhanden gekommen sind, ausgeschlossen. Die Ausdehnung

[486] Pandekten ist das griechische Synonym für Digesten.

[487] Wesenberg/Wesener, S. 173 ff, 184 ff; Wieacker, Vom römischen Recht, S. 300 f, ders., Privatrechtsgeschichte der Neuzeit, S. 348 ff, 377 ff, 430 ff; Hausmaninger/ Selb, S. 112 ff; Zimmermann, JBl. 1998, S. 274 ff

[488] Coing, Europäisches Privatrecht II, S. 281; Zöll, S. 18 ff; Landsberg, Furtum, S. 194 ff m.w.N. Vgl. allgemein zum Ersitzungsrecht aus dem Blickwinkel des 19. Jahrhunderts bei Unterholzner, Verjährung durch fortgesetzten Besitz, S. 37 ff, 367 ff; ders., Verjährungslehre.

dieser Bestimmungen auf den gesamten Handelsverkehr setzte sich erst in der dritten Lesung durch.[489]

Demgegenüber ging das Bürgerliche Gesetzbuch für das Königreich Sachsen aus dem Jahre 1865 von der grundsätzlich uneingeschränkten Vindikation aus, die es lediglich beim Erwerb von Bargeld und Inhaberpapieren ausschloss. Hatte ein redlicher Besitzer die Sache im Wege einer öffentlichen Versteigerung, auf einem Markt oder einer Messe vom befugten Kaufmann erworben, sah das Gesetzbuch ein Lösungsrecht vor. Dagegen wurden die Ersitzungsvoraussetzungen gelockert, indem nach dem sächsischen BGB der redliche Besitzer, der den Besitz auf der Grundlage eines wirksamen Rechtsgeschäfts erlangt hatte, auch eine gestohlene Sache in drei Jahren ersitzen konnte.[490]

Die Rahmenbedingungen für ein einheitliches Zivilgesetzbuch in Deutschland lagen erst seit Bestehen des Deutschen Reiches ab 1871 vor. Ab 1874 begannen die Vorarbeiten für ein stark am Pandektensystem und den Ergebnissen der Pandektenwissenschaft orientiertes Zivilgesetzbuch. Unter dem Aspekt des Verkehrsschutzes knüpfen die §§ 932 ff BGB nahtlos an das Vorbild des ADHGB an.[491]

---

489 Goldschmidt, ZHR 8, S. 225; Neubert, S. 131 f; Coing, Europäisches Privatrecht II, S. 399 f; v. Lübtow, Hand wahre Hand, S. 200; Wesenberg/Wesener, S. 207

490 §§ 295 f, 315 sächs. BGB; v. Lübtow, Hand wahre Hand, S. 201; Hübner, S. 27; Wesenberg/Wesener, S. 207 f

491 Zur Entstehung des BGB vgl. stv. Wesenberg/Wesener, S. 208 ff; vgl. auch Coing, Europäisches Privatrecht II, S. 20; Römer, S. 84 f.

## C. Länderberichte

Jemand erwirbt eine bewegliche Sache von einem Verkäufer, der nicht Eigentümer der Sache ist: Die aus dieser Situation resultierenden Interessenkonflikte zwischen dem bisherigen Eigentümer und dem Erwerber der Sache haben wir bereits in der Einführung skizziert. In dem Zusammenhang haben wir auch gesehen, dass es drei Lösungsmöglichkeiten für diesen Interessenkonflikt gibt:[492] Zum einen die *Nemo-plus-iuris*-Regel des römischen Rechts, die dem Eigentümer die uneingeschränkte Vindikation seiner Sache vom Besitzer offenhält. Die strikte Anwendung dieses Prinzips finden wir heute u.a. wieder im englischen Recht.[493] Den Gegenpol zu dieser Lösung stellt die uneingeschränkte Zulassung des Eigentumserwerbs vom Nichtberechtigten dar, wie dies im italienischen Recht praktiziert wird. Daneben finden wir sog. Mittellösungen unterschiedlicher Ausprägung. Beispielhaft dafür sind die Regelungen des gutgläubigen rechtsgeschäftlichen Erwerbs in Deutschland, Österreich und Frankreich. Dabei ist charakteristisch für das kontinentaleuropäische Recht des germanischen und romanischen Rechtskreises, dass für die Zulassung eines gutgläubigen Eigentumserwerbs danach differenziert wird, ob der ursprüngliche Eigentümer die Sache freiwillig weggegeben oder unfreiwillig verloren hat.[494]

Die Einführung und der Überblick über die historische Entwicklung haben außerdem gezeigt, dass jede der drei Lösungsmöglichkeiten nach dem geltenden Recht noch Raum und Bedarf für den Schutz des (langjährigen) Besitzers durch das Rechtsinstitut der Ersitzung[495] bietet. Einen kategorischen Ausschluss jeglichen Erwerbs vom Nichtberechtigten halten also auch die Rechtsordnungen mit strikter Geltung des *Nemo-plus-iuris*-Prinzips nicht durch. Auch sie erkennen Situationen an, in denen der Schutz des Erwerbers gerechtfertigt ist.

Als Grundlage für unsere rechtsvergleichende Untersuchung sollen die folgenden Berichte die geltende Rechtslage in Deutschland, Österreich, Frankreich und Italien hinsichtlich des gutgläubigen rechtsgeschäftlichen Erwerbs und der Ersitzung von gestohlenen und unterschlagenen beweglichen Sachen darstellen.

---

[492] Vgl. Henrich, FS Heini, S. 199 ff; Römer, S. 40 ff; Zweigert, RabelsZ 23, S. 4 f, 10 f.

[493] S.o. Einführung, Fn. 5.

[494] Vgl. Zweigert, RabelsZ 23, S. 5; diese Differenzierung fand sich auch im italienischen Codice civile von 1865, vgl. Einführung, Fn. 6.

[495] In England wird ein vergleichbares Ergebnis im Wege der Verjährung der Eigentumsklage nach sechs Jahren erreicht, s.o. Einführung, Fn. 5. Die weiteren Ausnahmen des Sale of Goods Act von der *Nemo-dat*-Regel zugunsten des gutgläubigen Erwerbers verschaffen diesem nur eine relative Berechtigung, vgl. Dreyer, S. 18 f, 162 ff, 169 f. Vgl. auch Motive III, S. 341 zu §§ 877-880 des ersten Entwurfs des BGB; Apathy, JBl. 1999, S. 206

## I. Deutschland

### 1. Grundsätze des rechtsgeschäftlichen Eigentumserwerbs an beweglichen Sachen

Das deutsche Sachenrecht wird beherrscht durch das Trennungs- und das Abstraktionsprinzip, durch den Bestimmtheits- sowie den Publizitätsgrundsatz: Das dingliche Erfüllungsgeschäft ist ein gegenüber dem schuldrechtlichen Verpflichtungsgeschäft gesonderter Vertrag. Nach dem Abstraktionsprinzip ist die dingliche Einigung über den Eigentumsübergang in ihrer Wirksamkeit vom schuldrechtlichen Rechtsgeschäft unabhängig. Sie bedarf zudem keiner kausalen Begründung im schuldrechtlichen Vertrag. Der Bestimmtheitsgrundsatz erfordert es, die übereignete Sache in der dinglichen Einigung durch äußere Merkmale so klar zu bezeichnen, dass sie im Zeitpunkt des Eigentumsübergangs eindeutig identifizierbar ist.[496] Das Publizitätserfordernis schließlich wird bei der Übereignung beweglicher Sachen nach den Vorschriften der §§ 929 ff BGB durch die Übergabe, d.h. durch Besitzübertragung, gewahrt. Dadurch wird der Wechsel in der Eigentümerstellung auch für Dritte nach außen erkennbar.[497]

Entsprechend diesen Grundsätzen erfordert die Übertragung des Eigentums an beweglichen Sachen gemäß § 929 Satz 1 BGB eine vom schuldrechtlichen Verpflichtungsgeschäft unabhängige Einigung zwischen Veräußerer und Erwerber über den Eigentumsübergang an einer konkret bestimmten Sache auf den Erwerber. Zudem muss der Veräußerer dem Erwerber durch Übergabe den Besitz an der Sache verschaffen. Dies braucht nicht der unmittelbare Besitz im Sinne der unmittelbaren Ausübung der tatsächlichen Sachherrschaft zu sein. Es genügt nach den Vorschriften der §§ 930, 931 BGB, wenn Erwerber und Veräußerer ein sog. Besitzkonstitut vereinbaren, so dass der Veräußerer als unmittelbarer Besitzer für den Erwerber als mittelbaren Besitzer die Sachherrschaft ausübt, bzw. wenn der Veräußerer dem Erwerber seinen Herausgabeanspruch gegen einen dritten Besitzer abtritt.

### 2. Der gutgläubige rechtsgeschäftliche Erwerb vom Nichtberechtigten

Die Regelung der §§ 929 ff BGB für die Eigentumsübertragung an beweglichen Sachen geht davon aus, dass der Veräußerer der Eigentümer der Sache ist, der Erwerber also vom Berechtigten erwirbt. Im Sinne des Verkehrsschutzes ist je-

[496] Vgl. Palandt-Bassenge, § 930 Rn. 2.
[497] Vgl. Motive III, S. 333 zu § 874 des ersten Entwurfs des BGB.

doch zu berücksichtigen, dass der Sachbesitz des Veräußerers den Rechtsschein des Eigentums erzeugt.[498] Der Gesetzgeber des BGB hat sich deshalb gegen die Geltung des *Nemo-plus-iuris*-Grundsatzes entschieden und in den §§ 932 ff auch den Eigentumserwerb vom Nichtberechtigten ermöglicht. Diese Vorschriften greifen ein, wenn der Veräußerer nicht der Eigentümer der zu übereignenden Sache oder lediglich Miteigentümer ist, sich aber als Alleineigentümer geriert. Die Redaktoren des ersten Entwurfs des BGB begründeten ihre Entscheidung für die Zulassung des Erwerbs vom Nichtberechtigten damit, dass der Erwerber sich nicht über die Berechtigung des Veräußerers vergewissern, aber der Eigentümer sich gegen die Unterschlagung seiner Sache dadurch schützen kann, dass er sie nicht aus der Hand gibt.[499] Die Bevorzugung der Erwerber- gegenüber den Eigentümerinteressen trägt damit dem Allgemeininteresse des Verkehrsschutzes Rechnung. Dabei vereinigen sich im Begriff „Verkehrsschutz" das Einzelinteresse am Schutz des Vertrauens in den Rechtsschein des Veräußererbesitzes, die Erfordernisse eines sicheren und schnellen Warenverkehrs sowie das Bedürfnis nach Rechtssicherheit durch die Schaffung klarer Eigentumsverhältnisse.[500]

*a) Voraussetzungen des gutgläubigen Erwerbs*

Da die Regelungen des gutgläubigen Erwerbs nur über das fehlende Eigentum des Veräußerers hinweghelfen, erfordert ein Erwerb vom Nichtberechtigten ebenso wie vom Berechtigten eine wirksame dingliche Einigung über den Eigentumsübergang an einer bestimmten Sache auf den Erwerber sowie die Besitzverschaffung durch Übergabe bzw. eines der Übergabesurrogate. Darüberhinaus muss es sich um ein sogenanntes „Verkehrsgeschäft" handeln, d.h. in Erwerber und Veräußerer müssen sich verschiedene Personen gegenüberstehen.[501] Die fehlende Berechtigung des Veräußerers wird kompensiert durch den guten Glauben des Erwerbers an die Eigentümerstellung des Veräußerers. Kraft Verweisung kommen die §§ 932 ff BGB auch dann zur Anwendung, wenn der Veräußerer zwar der Eigentümer, aber in seiner Verfügungsberechtigung über das Eigentum durch relative Verfügungsverbote beschränkt ist. So kann beispielsweise der Erbe nicht über Nachlassgegenstände verfügen, die der Testamentsvollstreckung unterliegen. Tut er es dennoch, so ist die Verfügung gegenüber dem Testamentsvollstrecker, allgemein gegenüber der durch das Verfügungsverbot geschützten Person, unwirksam. Der gute Glaube des Erwerbers an eine uneingeschränkte Verfügungsberechtigung des Veräußerers kann das relative Verfügungsverbot in ent-

[498] BGHZ 10, S. 81; BGHZ 56, S. 124, 128. S. auch Hager, S. 239 m.w.N., S. 241 ff. Kritisch zur Rechtsscheinlehre u.a. Ernst, FS Gernhuber, S. 95 ff.
[499] Motive III, S. 344, S. 348; Protokolle III, S. 208; Rebe, AcP 173, S. 198; Giehl, AcP 161, S. 358
[500] Wehmann, S. 88 ff, 95 ff, 110 ff; Protokolle III, S. 208; Giehl, AcP 161, S. 369
[501] Vgl. Hager, S. 118 ff m.w.N.

sprechender Anwendung der §§ 932 ff BGB jedoch überwinden; der Erwerber wird Eigentümer.[502]

Die Anforderungen an die Qualität des guten Glaubens legt § 932 Abs. 2 BGB in Form einer Negativdefinition fest: Der Erwerber darf weder positiv wissen noch aufgrund grober Fahrlässigkeit nicht wissen, dass der Veräußerer nicht der Eigentümer ist. Dem Erwerber ist der Mangel in der Berechtigung seines Gegenübers dann aufgrund grober Fahrlässigkeit unbekannt, wenn er die im Verkehr erforderliche Sorgfalt in ungewöhnlich hohem Maß verletzt und das unbeachtet gelassen hat, was sich im gegebenen Fall jedem aufgedrängt hätte. Bereits nach dem Willen des Gesetzgebers hat der Erwerber also eine gewisse Nachforschungspflicht.[503] Im Laufe der Zeit hat die Rechtsprechung den Begriff der groben Fahrlässigkeit im Sinne des § 932 Abs. 2 BGB durch die Entwicklung von Erkundigungsobliegenheiten konkretisiert und so die Anforderungen an den guten Glauben des Erwerbers verschärft. Diese Entwicklung ist vor allem dadurch bedingt, dass im Gegensatz zur Entstehungszeit des BGB die Rechtsinstitute der Sicherungsübereignung oder des Kaufs unter Eigentumsvorbehalt ungleich häufiger vorkommen und somit der Rechtsschein des Besitzes in zunehmendem Maß seine Eignung verliert, das Vertrauen des Erwerbers zu tragen. Deshalb ist der Erwerber bei bestimmten Geschäften, z.B. beim Gebrauchtwagenkauf oder in generell verdächtigen Erwerbssituationen wie auch beim Vorliegen konkreter Zweifel an der Eigentümerstellung des Veräußerers zu weiteren Nachforschungen verpflichtet. Vernachlässigt er diese Nachforschungsobliegenheit, so wird dadurch seine Bösgläubigkeit begründet, da er in der konkreten Situation auf den Rechtsschein des Besitzes allein nicht vertrauen durfte.[504]

Der gute Glaube des Erwerbers wird vermutet, solange nicht derjenige, der den gutgläubigen Erwerb bestreitet, die Bösgläubigkeit beweist.[505] Dies lässt sich der Formulierung des § 932 Abs. 1 BGB entnehmen: „... es sei denn, dass er [scil.

---

[502] Eine entsprechende Anwendung der §§ 932 ff BGB ist bei folgenden relativen Verfügungsverboten angeordnet: § 135 Abs. 2, § 136 (gesetzliches und behördliches Verfügungsverbot), § 161 Abs. 3 (Verfügungen während der Schwebezeit bei Vereinbarung einer aufschiebenden Bedingung), § 2113 Abs. 3, § 2129 Abs. 2 (Verfügungen des Vorerben über Grundstücke und Schiffe bzw. nach Entziehung der Verwaltung), § 2211 Abs. 2 BGB (Verfügungen bei Testamentsvollstreckung). Absolute Verfügungsverbote können dagegen nicht durch guten Glauben überwunden werden; ein Verstoß gegen sie führt zur Nichtigkeit des Rechtsgeschäfts nach § 134 BGB.

[503] Motive III, S. 346 f

[504] Krämer, S. 101 ff, 108 ff, 114 ff, 122 f; beim Gebrauchtwagenkauf hat sich der Erwerber den Kfz-Brief vorlegen zu lassen (st. Rspr.), BGH NJW 1994, S. 2022, BGH NJW-RR 1987, S. 1456 f; NJW 1992, S. 310 f; NJW 1975, S. 735 f; s. auch BGH NJW 1994, S. 2093 zu Inhaberpapieren.

[505] Protokolle III, S. 207 f

der Erwerber] zu der Zeit, zu der er nach diesen Vorschriften das Eigentum erwerben würde, nicht in gutem Glauben ist". Daraus ergibt sich außerdem, dass die Gutgläubigkeit des Erwerbers solange andauern muss, bis alle Erfordernisse zur Vollendung des Rechtserwerbs, Einigung und Übergabe, erfüllt sind.

*b) Ausschluss des gutgläubigen Erwerbs an abhanden gekommenen Sachen*

§ 935 Abs. 1 BGB nimmt dem Eigentümer abhanden gekommene Sachen grundsätzlich vom gutgläubigen Erwerb nach den §§ 932 ff BGB aus. Im ersten Entwurf des BGB war als Ausgleich zugunsten des Erwerbers abhanden gekommener Sachen noch ein Lösungsrecht vorgesehen. Der vom Eigentümer auf Herausgabe in Anspruch genommene Erwerber konnte im Gegenzug die Erstattung seines gezahlten Kaufpreises verlangen. Mit der Begründung, dass diese Regelung dem Erwerber einseitige Vorteile bringen und den finanziell weniger leistungsfähigen gegenüber einem solventen Eigentümer schlechter stellen würde, strich die zweite Kommission den Lösungsanspruch ersatzlos.[506]

Die in § 935 Abs. 1 BGB genannten Fälle des Diebstahls und des Verlusts der Sache sind keine eigenständigen Tatbestände, sondern nur Beispiele des Abhandenkommens. Eine Sache unterfällt dann der Ausnahme des § 935 Abs. 1 BGB, wenn der Eigentümer den unmittelbaren Besitz daran verloren hat und wenn dieser Besitzverlust unfreiwillig geschehen ist. Diese Regelung beruht im Grundsatz auf dem „Hand-wahre-Hand"-Prinzip. Aus Sicht der Verfasser des Entwurfs des BGB erschien es in Anknüpfung daran nur dann gerechtfertigt, einen Eigentumsverlust aufgrund gutgläubigen Erwerbs beim ursprünglichen Eigentümer eintreten zu lassen, wenn dieser selbst durch freiwillige Besitzüberlassung an eine andere Person dazu beigetragen hat, dass Eigentum und Rechtsschein auseinanderfallen. Deshalb soll der Eigentümer auch die von ihm geschaffene Gefahr einer unrechtmäßigen Verfügung durch den Besitzer tragen. Zu schützen ist der Eigentümer aber vor den Folgen eines unfreiwilligen Besitzverlusts.[507] Aus diesem Grund statuiert § 935 Abs. 1 BGB für diesen Fall den Grundsatz der unbeschränkten Vindikation.

Im modernen Wirtschaftsleben kommt es jedoch regelmäßig vor, dass der Eigentümer die Sache aus der Hand geben muss. So sind Personen, die die tatsächliche Herrschaft über eine Sache für einen anderen in dessen Haushalt, Erwerbsgeschäft oder einem ähnlichen Verhältnis ausüben, gemäß § 855 BGB als Besitzdiener zu qualifizieren. Es handelt sich hier um soziale Beziehungen, die es mit sich bringen, dass der Besitzdiener die Sachgewalt innehat. Dies lässt jedoch den

[506] Motive III, S. 348, 350, 417 ff zu § 939 des Ersten Entwurfs; Protokolle III, S. 368 f
[507] Vgl. Motive III, S. 348, Müko-Quack, § 935 Rn. 7; Dorff, S. 85; Wehmann, S. 113 f m.w.N.

unmittelbaren Besitz des Besitzherrn unberührt, der Besitzdiener ist nicht Besitzer. Hat der Eigentümer die Sache aber im Rahmen eines sogenannten Besitzmittlungsverhältnisses nach § 868 BGB, also z.B. im Rahmen eines Miet-, Leihe- oder Pachtverhältnisses aus der Hand gegeben, so wird der Eigentümer mittelbarer Besitzer, derjenige, der die tatsächliche Sachherrschaft ausübt, aber unmittelbarer Besitzer.

Diese unterschiedlichen Gestaltungsmöglichkeiten der freiwilligen Weggabe der Sache haben auch Einfluss auf die Beurteilung des Abhandenkommens. In den Fällen, in denen der Eigentümer nur seinen mittelbaren Besitz unfreiwillig verliert, weil der Besitzmittler die Sache unterschlägt, indem er sie weiterveräußert, sich aneignet oder auf sonstige Weise das Besitzmittlungsverhältnis zum ursprünglichen Eigentümer beendet, ist diesem die Sache nicht abhanden gekommen, ein gutgläubiger Erwerber kann also Eigentum erwerben. Der Eigentümer wird hier nach der Entscheidung des Gesetzgebers in § 935 BGB als nicht schutzwürdig angesehen, da er durch die Begründung des Besitzmittlungsverhältnisses die Gefährdung seines Eigentums veranlasst hat. Kommt die Sache dagegen dem Besitzmittler unfreiwillig abhanden, so stellt § 935 Abs. 1 Satz 2 diesen Fall mit dem Abhandenkommen beim Eigentümer gleich, schließt einen gutgläubigen Erwerb also aus.[508] Anders verhält es sich im Fall des Besitzdieners: hier ist ein Abhandenkommen beim Eigentümer anzunehmen, wenn der Besitzdiener ohne Willen des Eigentümers oder weisungswidrig die Sache unterschlägt oder weggibt.[509]

### *c) Gutgläubiger Erwerb abhanden gekommener Sachen im Wege einer öffentlichen Versteigerung*

Als Ausnahme von der Ausnahmeregelung des § 935 Abs. 1 BGB ermöglicht § 935 Abs. 2 BGB unter den Voraussetzungen des § 932 BGB den gutgläubigen Erwerb an Geld und Inhaberpapieren. Im Sinne des Verkehrsschutzes sollte in diesen Fällen das Risiko für den Erwerber minimiert werden.[510] Das gleiche gilt für Sachen, die im Wege einer öffentlichen Versteigerung im Sinne des § 383 Abs. 3 BGB veräußert werden. Die öffentlich bekannt gemachte Versteigerung hat durch einen Gerichtsvollzieher, einen öffentlichen Versteigerungsbeamten oder einen öffentlich bestellten Versteigerer zu erfolgen. Unerheblich ist dabei, ob die öffentliche Versteigerung mit oder ohne den Willen des Eigentümers statt-

[508] Palandt-Bassenge, § 935 Rn. 7; Müko-Quack, § 935 Rn. 6; s. auch Dorff, S. 56 ff.
[509] Palandt-Bassenge, § 935 Rn. 8; Müko-Quack, § 935 Rn. 11
[510] Vgl. Motive III, S. 349.

findet.[511] Anstelle des ursprünglich vorgesehenen Lösungsanspruchs (s. oben b) bei jeglichem gutgläubigen Erwerb abhanden gekommener Sachen entschied sich der Gesetzgeber in den Fällen der Versteigerung für die endgültige Eigentumszuweisung an den gutgläubigen Ersteigerer. Die Regelung ist jedoch vor dem Hintergrund zu sehen, dass zur Zeit ihrer Entstehung nur gesetzliche Versteigerungen als öffentliche Versteigerungen galten. Beweggrund für die Einführung des gutgläubigen Versteigerungserwerbs war es, das Vertrauen, das der öffentlichen Autorität entgegengebracht wird, zu schützen und nicht zu schmälern. Damit sollten öffentliche (gesetzliche) Versteigerungen aufgewertet und ihr materieller Erfolg gefördert werden.[512]

*d) Ausgleichsanspruch aus Ungerechtfertigter Bereicherung*

Die Kehrseite des Rechtserwerbs des Dritten ist der Eigentumsverlust beim ursprünglichen Eigentümer. Dieser bleibt darauf angewiesen, einen wenigstens finanziellen Ausgleich für seinen Rechtsverlust beim nichtberechtigt Verfügenden zu suchen. So kann sich ein Schadensersatzanspruch gegen den Nichtberechtigten wegen Eigentumsverletzung aus § 823 Abs. 1 BGB ergeben. Daneben sieht das Bereicherungsrecht mit § 816 Abs. 1 Satz 1 BGB einen speziellen Ausgleichsanspruch des Eigentümers für den Fall vor, dass ein Nichtberechtigter entgeltlich über einen Gegenstand verfügt und diese Verfügung dem Berechtigten gegenüber wirksam ist. Der Eigentümer kann vom Nichtberechtigten die Herausgabe des durch die Verfügung Erlangten, im praktisch wichtigsten Fall des Verkaufs der Sache also Herausgabe des empfangenen Kaufpreises verlangen. Dass das Gesetz diesen Ausgleichsanspruch vorsieht, kann jedoch nicht darüber hinwegtäuschen, dass dies für den Eigentümer nur ein unzureichender Ersatz ist. Sowohl beim Schadensersatz- als auch beim Bereicherungsanspruch trägt der Eigentümer das Insolvenzrisiko des Nichtberechtigten. In der Mehrzahl der Fälle wird insbesondere dann, wenn eine gewisse kriminelle Energie hinter der Verfügung steckt, beim Nichtberechtigten „nichts zu holen" sein. Die Möglichkeit des Verfügenden, sich nach § 818 Abs. 3 BGB auf Entreicherung zu berufen, macht deutlich, dass Kondiktionsansprüche nur eine schwache Position geben.[513]

Hat der gutgläubige Dritte unentgeltlich vom Nichtberechtigten erworben, muss sich der Eigentümer nicht mit einem finanziellen Ausgleich begnügen, sondern

---

[511] Bei öffentlichen Versteigerungen im Wege der Zwangsvollstreckung bleiben die Gutglaubensvorschriften überhaupt außer Betracht, Müko-Quack, § 935 Rn. 20; Dorff, S. 64 ff; BGH NJW 1990, S. 899 f.

[512] Vgl. Motive III, S. 349 f; Dorff, S. 83 f, 86 f, S. 107 ff. Dorff sieht in der Anwendung von § 935 Abs. 2 BGB auf freiwillige öffentliche Versteigerungen durch die Rechtsprechung eine unzulässige Ausdehnung des Anwendungsbereichs, S. 125 ff, 130 ff.

[513] Vgl. Hager, S. 190 ff.

erhält durch § 816 Abs. 1 Satz 2 BGB primär die Chance, seine Sache unmittelbar vom gutgläubigen Erwerber zurückzufordern. Im Ergebnis stellt sich damit der unentgeltliche gutgläubige Erwerb als nur vorübergehend und als weniger schutzwürdig als das Recht des ursprünglichen Eigentümers dar.[514] Dadurch, dass der Interessenausgleich in das Bereicherungsrecht verschoben wurde, der unentgeltliche Erwerber dem Eigentümer also den Entreicherungseinwand entgegenhalten kann, relativiert sich die Entscheidung für ein Überwiegen der Eigentümerinteressen jedoch wieder.

### 3. Die Ersitzung

Die Ersitzung beweglicher Sachen führt zu einem originären Eigentumserwerb des langjährigen gutgläubigen Besitzers. Damit verhindert die Ersitzung ein dauerhaftes Auseinanderfallen von Eigentum und Besitz und dient so dem Verkehrsschutz und dem Allgemeininteresse an Streitbeendigung und Rechtssicherheit.[515]

#### *a) Anwendungsbereich der Ersitzung*

Neben den §§ 932 ff, 935 Abs. 2 BGB hat dieses Rechtsinstitut nur einen sehr eingeschränkten Anwendungsbereich.[516] Als eine Art „Auffang-Erwerbstatbestand" ermöglichen die §§ 937 ff BGB den Eigentumserwerb in erster Linie dann, wenn ein gutgläubiger rechtsgeschäftlicher Erwerb gemäß § 935 Abs. 1 BGB fehlgeschlagen ist, weil die übereignete Sache gestohlen oder abhanden gekommen war. Nach Ansicht der Redaktoren des ersten Entwurfs des BGB begründete dieser Fall den Bedarf der Aufnahme des Rechtsinstituts der Ersitzung neben dem gutgläubigen rechtsgeschäftlichen Erwerb in das BGB. Dieser sei an die Stelle der „ordentlichen Ersitzung" des gemeinen Rechts getreten, die dieselbe Funktion gehabt und ebenfalls den Erwerb gestohlener Sachen nicht zugelassen hatte. Man entschied sich deshalb bewusst für eine Regelung im Sinne der gemeinrechtlichen „außerordentlichen" Ersitzung und gegen die Normierung einer kürzeren Ersitzungsfrist.[517]

---

[514] Vgl. Hager, S. 200 f.

[515] Vgl. stv. Staudinger-Wiegand, Vorbem. 3 zu §§ 937 ff; Müko-Quack, § 937 Rn. 1 f.

[516] Müko-Quack, § 937 Rn. 4-7; Staudinger-Wiegand, Vorbem. 4 zu §§ 937 ff; § 937 Rn. 12

[517] Motive III, S. 350 ff; Protokolle III, S. 230. Die Zweite Kommission lehnte den Antrag auf Aufnahme einer 30jährigen, nicht an die Gutgläubigkeit des Besitzers gebundenen Ersitzung ab, da mit einer derartigen, auch den Dieb schützenden Regelung die Gefahr bestünde, Unrecht in Recht zu verwandeln, Protokolle III, S. 235 f.

Ein Eigentumserwerb im Wege der Ersitzung kommt ferner in Betracht, wenn die Eigentumsübertragung durch den Nichtberechtigten aus anderen Gründen als § 935 Abs. 1 BGB oder durch den Berechtigten nach den §§ 929 ff BGB nicht zustande kommt. Dies ist insbesondere dann der Fall, wenn die dingliche Einigung wegen unerkannter Geschäftsunfähigkeit einer Partei nach § 105 Abs. 1 BGB oder wegen Entgegenstehen eines gesetzlichen Verbots gemäß § 134 BGB nichtig oder die zu übereignende Sache nicht hinreichend bestimmt ist. Scheitern kann die Eigentumsübertragung auch an Mängeln der Übergabe. Außerdem kann die Ersitzung in Fällen zum Tragen kommen, in denen ein gutgläubiger Erbe eine nicht dem Erblasser gehörende Sache als Nachlassgegenstand behandelt, sowie bei Fehlschlagen der Aneignung einer vermeintlich herrenlosen Sache.

*b) Voraussetzungen eines Ersitzungserwerbs*

Die Ersitzung erfordert zunächst nach § 937 Abs. 1 BGB den Eigenbesitz des Erwerbers, der über einen Zeitraum von zehn Jahren ununterbrochen fortgesetzt werden muss. Eigenbesitzer ist gemäß § 872 BGB, wer eine Sache als ihm gehörend, insbesondere keinem anderen untergeordnet, besitzt. So ist z.B. auch der Dieb Eigenbesitzer. Für diese Voraussetzung trägt der Ersitzungsbesitzer die Beweislast, die jedoch durch die Eigentumsvermutung des § 1006 Abs. 1 BGB und die Vermutung für die Fortdauer des Besitzes gemäß § 938 BGB erleichtert wird.[518] Die Unterbrechung der Besitzzeit durch einen Besitzverlust oder durch die Erhebung der Eigentumsklage gegen den Ersitzungsbesitzer hat nach den Vorschriften der §§ 940 bis 942 BGB zur Folge, dass nach Beendigung der Unterbrechung, also nach Wiedererlangung des Eigenbesitzes eine neue Ersitzung zu laufen beginnt. Dabei wird die bis zur Unterbrechung verstrichene Zeit nicht angerechnet.

Im Sinne eines Ausschlusstatbestandes regelt § 937 Abs. 2 BGB das Gutglaubenserfordernis als weitere Voraussetzung der Ersitzung: So kann nicht ersitzen, wer bei Erwerb des Eigenbesitzes nicht in gutem Glauben ist oder wer später erfährt, dass ihm das Eigentum nicht zusteht. Normiert ist hier der mittelalterlich-kanonische Grundsatz *„mala fides superveniens nocet"*. Der Erwerber muss glauben, dass er selbst der Eigentümer der Sache ist. Damit bleibt dem Dieb ein Ersitzungserwerb verschlossen. Seine Bösgläubigkeit kann sich im Zeitpunkt des Besitzerwerbs daraus ergeben, dass er positiv von seinem fehlenden Eigentum weiß bzw. grob fahrlässig die Umstände nicht kennt, aus denen sich seine mangelnde Berechtigung ergibt, oder diese Umstände falsch bewertet. Während des Laufs der Ersitzungsfrist schadet dem Besitzer nur positive Kenntniserlangung bzw. ein eigennütziges Sich-Verschließen vor sich aufdrängenden Umständen.

---

[518] h.M., vgl. Staudinger-Wiegand, § 937 Rn. 2; Protokolle III, S. 229.

Diese Differenzierung rechtfertigt sich daraus, dass dem einmal Gutgläubigen nicht fortwährende Nachforschungspflichten zuzumuten sind.[519] Aus der Formulierung der Vorschrift ergibt sich - wie schon bei § 932 Abs. 1 BGB - dass der die Gutgläubigkeit bestreitende Gegner die Bösgläubigkeit des Ersitzungsbesitzers beweisen muss.[520]

Nach Ablauf der zehnjährigen Ersitzungsfrist und bei ununterbrochenem Vorliegen von Eigenbesitz und gutem Glauben hinsichtlich seiner Eigentümerstellung erwirbt der Ersitzungsbesitzer originäres Eigentum an der Sache. Dieser Erwerb hat gemäß § 945 BGB auch das Erlöschen derjenigen Rechte Dritter an der Sache zur Folge, hinsichtlich derer ebenfalls die Ersitzungsvoraussetzungen erfüllt sind.

*c) Ausgleichsansprüche*

Auch beim Ersitzungserwerb stellt sich die Frage nach seiner Kondiktionsfestigkeit. Wegen der besonderen Funktion der Ersitzung, nach langer Zeit des Auseinanderfallens Rechtsschein und Rechtswirklichkeit wieder in Einklang zu bringen, besteht grundsätzlich kein Bedarf, dem Eigentümer über das Bereicherungsrecht einen Ausgleich für seinen Rechtsverlust zu verschaffen. Anders als z.B. der gesetzliche Eigentumserwerbstatbestand der Verbindung, Vermischung oder Verarbeitung gibt deshalb die Ersitzung nach der Entscheidung des Gesetzgebers dem Besitzer einen Rechtsgrund für seinen Eigentumserwerb. Entsprechend der gemeinrechtlichen außerordentlichen Ersitzung sollte ein Erwerb nach den §§ 937 ff BGB gerade keinen gültigen Erwerbstitel voraussetzen.[521]

Im Anschluss an die berühmte Menzel-Bilder-Entscheidung des Reichsgerichts[522] vertritt heute die Mehrheit in Rechtsprechung und Literatur die Ansicht, es handele sich bei der Ersitzung um einen gesetzlichen Eigentumserwerbsgrund, der keiner weiteren causa bedürfe, weshalb eine Eingriffskondiktion ausgeschlossen sei. Nicht berührt werden jedoch vertragliche Rückgabeansprüche sowie Bereicherungsansprüche, wenn der Erlangung des Ersitzungsbesitzes ein fehlerhaftes Austauschverhältnis zugrunde lag, z.B. wenn wie im Menzel-Bilder-Fall die

---

[519] Müko-Quack, § 937 Rn. 15 f; Staudinger-Wiegand, § 937 Rn. 7, 9; Motive III, S. 352, 355.
[520] Müko-Quack, § 937 Rn. 26
[521] Müko-Quack, § 937 Rn. 20; Staudinger-Wiegand, § 937 Rn. 21; vgl. Motive II, S. 851 f; III, S. 351. S. auch Bauer, S. 171 ff.
[522] Urteil vom 06.10.1930, RGZ 130, S. 69 ff. Die wegen Geistesschwäche geschäftsunfähige Nichte des Malers Adolf von Menzel hatte 1908 der Pinakothek in München 66 Werke ihres Onkels geschenkt. Der Freistaat Bayern berief sich auf Eigentumserwerb durch die inzwischen vollendete Ersitzung. Die Entscheidung des Reichsgerichts beruht auf der Lehre von Oertmann, s. stv. Bauer, S. 174 ff m.w.N.

der Besitzverschaffung zugrunde liegende Schenkung wegen Geschäftsunfähigkeit des Schenkers nichtig war.[523]

Abzuwarten bleibt, ob die Schuldrechtsreform zum 01.01.2002 wieder zu einer Abkehr von dieser Haltung führt. Denn ein Bedarf zur Korrektur der durch die Ersitzung eingetretenen Vermögensverschiebung über vertragliche bzw. Bereicherungsansprüche erschien sich vor allem aus der Diskrepanz zwischen der 10jährigen Ersitzungsfrist und der 30jährigen Verjährung von vertraglichen und Kondiktionsansprüchen zu ergeben. Seit dem 01.01.2002 gilt jedoch für vertragliche und Bereicherungsansprüche eine nur noch dreijährige Verjährungsfrist.

## 4. Nicht im Eigentum des Erblassers stehende Nachlassgegenstände

### *a) Grundsätzliche Wirkung des Anfalls der Erbschaft*

Der Anfall der Erbschaft hat hinsichtlich von Eigentum und Besitz an den Nachlassgegenständen zunächst zwei Wirkungen: So geht zum einen nach §§ 1922 Abs. 1, 1942 Abs. 1 BGB mit dem Anfall der Erbschaft das Vermögen an sich - und damit das Eigentum an einzelnen Nachlassgegenständen - auf den Erben über. Dies kann selbstverständlich nur für diejenigen Gegenstände gelten, die tatsächlich im Eigentum des Erblassers standen. Zum anderen folgt der Erbe dem Erblasser gemäß § 857 BGB de iure in die Besitzstellung nach, die der Erblasser an den einzelnen Nachlassgegenständen hatte. Dies erfolgt unabhängig davon, ob der Erbe auch die tatsächliche Sachherrschaft über die Gegenstände erlangt. Hatte der Erblasser den Besitz an einer Sache durch verbotene Eigenmacht, also z.B. durch Diebstahl erlangt, so bestimmt § 858 Abs. 2 BGB, dass sich dieser Mangel im Besitz auch in der Person des Erben fortsetzt.

Hat der Erbe keine Anhaltspunkte, die ihn an der Eigentümerstellung des Erblassers zweifeln lassen, so nimmt er in dem guten Glauben, im Wege der Universalsukzession nach § 1922 Abs. 1 BGB Eigentümer der einzelnen Gegenstände geworden zu sein, die Sachen in Besitz und verhält sich wie deren Eigentümer. Wie ist die Rechtsstellung des Erben aber tatsächlich hinsichtlich der Gegenstände, die nicht im Eigentum des Erblassers standen, die dieser vielleicht nur gemietet oder geliehen hatte? Kann der Erbe daran Eigentum erwerben? Kann er einem Käufer dieser Gegenstände wirksam Eigentum daran verschaffen?

---

[523] Vgl. zum Überblick über den Meinungsstand Müko-Quack, § 937 Rn. 21 ff m.w.N.; Staudinger-Wiegand, § 937 Rn. 18 ff.

### *b) Eigentumserwerb des Erben an Nachlassgegenständen, die nicht im Eigentum des Erblassers standen*

War der Erblasser nicht Eigentümer geworden, weil die Eigentumsübertragung an ihn z.B. wegen eines Einigungsmangels fehlgeschlagen war, kann diese Verfügung in der Person des Erben durch Konvaleszenz des Mangels rückwirkend wirksam werden. Denkbar ist auch, dass der ursprüngliche Eigentümer die Verfügung über eine gestohlene oder ihm abhanden gekommene Sache genehmigt und der Erwerb des Erblassers auf diese Weise rückwirkend gemäß § 185 Abs. 2 BGB wirksam wird. Kommt keine dieser Möglichkeiten in Betracht, so kann der Erbe allenfalls im Wege der Ersitzung Eigentümer am vermeintlichen Nachlassgegenstand werden.

Betrachten wir zunächst den Fall, dass der Erbe weiß, dass es sich um einen vom Erblasser nur geliehenen, gemieteten oder gar gestohlenen Gegenstand handelt. Eine Ersitzung scheitert dann bereits am Erfordernis der Gutgläubigkeit des § 937 Abs. 2 BGB. Veräußert der Erbe die Sache weiter, verfügt er als Nichtberechtigter.

Weiß der Erbe nicht, dass der fragliche Gegenstand nicht im Eigentum des Erblassers stand, glaubt er also, die Sache gehöre zum Nachlass, ist je nach der Besitzposition des Erblassers zu differenzieren: War der Erblasser bereits Ersitzungsbesitzer, d.h. Eigenbesitzer in dem Glauben, Eigentümer zu sein, so kommt dies dem Erben durch eine faktische Verkürzung seiner Ersitzungsfrist zugute. § 943 BGB bestimmt, dass die zugunsten des Erblassers bereits verstrichene Ersitzungszeit auf die Ersitzungszeit des Erben angerechnet wird. Umstritten ist, welche Anforderungen in diesem Fall an den guten Glauben des Erben zu stellen sind. So wird vertreten, es genüge, dass der Erbe keine positive Kenntnis vom fehlenden Eigentum des Erblassers hat. Dem ist entgegenzuhalten, dass § 943 BGB lediglich die Anrechnung der Ersitzungszeit gestattet, aber nicht von einer Weitergabe der Rechtsposition, einer Anwartschaft, ausgeht. Deshalb verlangt die wohl herrschende Meinung den sogenannten qualifizierten guten Glauben des Erben. Der Erbe darf demnach weder positiv wissen noch grob fahrlässig nicht wissen, dass es sich nicht um einen Nachlassgegenstand handelt. Der qualifizierte gute Glaube muss zudem in dem Zeitpunkt vorliegen, in dem der Erbe den tatsächlichen Sachbesitz erlangt.[524] War aber bereits der Erblasser bösgläubig hinsichtlich seiner Eigentümerstellung und damit selbst kein Ersitzungsbesitzer, so beginnt für den Erben eine neue Ersitzung. Dabei muss er alle Voraussetzungen der §§ 937 ff BGB in seiner Person erfüllen. Wenn der Erbe die Ersitzung - mit oder ohne Anrechnung einer Ersitzungszeit des Erblassers - vollendet hat, erwirbt

---

[524] Staudinger-Wiegand, § 943 Rn. 5; Müko-Quack, § 943 Rn. 6 ff

er originäres Eigentum an der Sache und kann ab diesem Zeitpunkt als Berechtigter über die Sache verfügen. Veräußert er die Sache aber vor Ablauf der Ersitzungsfrist an einen Dritten weiter, so verfügt er als Nichtberechtigter.

### c) *Eigentumserwerb eines Dritterwerbers vom Erben an nicht zum Nachlass gehörenden Gegenständen*

Die Frage, ob ein Dritter, der vom Erben Sachen erworben hat, die nicht im Eigentum des Erblassers standen, deren Eigentümer geworden ist, wird nach den obigen Ausführungen nur in zwei Fallgestaltungen virulent: zum einen, wenn ein hinsichtlich des Eigentums des Erblassers bösgläubiger Erbe verfügt hat, und zum anderen, wenn ein gutgläubiger Erbe vor Vollendung seiner Ersitzung verfügt. In beiden Fällen handelt der Erbe als Nichtberechtigter und ist ein rechtsgeschäftlicher Eigentumserwerb nach den §§ 932 ff BGB zu beurteilen. Letztendlich kommt es dabei darauf an, auf welche Weise die Sache in den Besitz des Erblassers gelangt war: Hatte der Erblasser die Sache selbst gestohlen oder eine gestohlene oder dem ursprünglichen Eigentümer abhanden gekommene Sache erworben, haftet dieser Mangel der Sache nach wie vor an; ein gutgläubiger rechtsgeschäftlicher Eigentumserwerb des Dritten ist nach § 935 Abs. 1 BGB ausgeschlossen, er kann die Sache allenfalls noch ersitzen. Dazu muss dieser alle Ersitzungsvoraussetzungen in seiner Person voll erfüllen. Hatte der Erblasser die Sache jedoch geliehen, gemietet usw., war die Sache vom ursprünglichen Eigentümer also freiwillig aus der Hand gegeben worden, kann der Dritte nach den §§ 932 ff BGB rechtsgeschäftlich Eigentum vom Erben erwerben.

§ 2366 BGB ist auf die vorliegende Situation nicht anwendbar: Der vom Erbschein ausgehende öffentliche Glaube begründet nur die Vermutung für das Erbrecht des genannten Erben. Die Vermutungswirkung erstreckt sich nicht auf die Feststellung, dass ein Gegenstand zum Nachlass gehört und damit im Eigentum des im Erbschein als Erbe ausgewiesenen Veräußerers steht.

### d) *Erbschaftsersitzung*

Das BGB kennt - im Gegensatz zum römischen Recht - keine Erbschaftsersitzung im Sinne einer Ersitzung der Erbenstellung. Auch für den Erbschaftsbesitzer, der etwas aus der Erbschaft aufgrund eines ihm tatsächlich nicht zustehenden Erbrechts erlangt hat, ist gemäß § 2026 BGB die Ersitzung des gesamten Nachlasses oder auch einzelner Nachlassgegenstände gegenüber dem Erben faktisch ausgeschlossen. § 2026 BGB synchronisiert damit die 10jährige Ersitzungsfrist des § 937 Abs. 1 BGB mit der 30jährigen Verjährungsfrist für den Herausgabeanspruch des Erben gegenüber dem Erbschaftsbesitzer.[525] Das BGB lässt aber - wie wir gesehen haben - eine Erbschaftsersitzung in dem Sinne zu, dass der Erbe im Wege der Ersitzung das Eigentum an Sachen, die nur vermeintlich zum Nachlass gehören, erwerben kann.

## 5. Zusammenfassung

Das System des gutgläubigen Erwerbs abhanden gekommener und unterschlagener Sachen stellt sich im deutschen Recht wie folgt dar:

Eine Sache ist dem Eigentümer abhanden gekommen, wenn der unmittelbare Besitzer seinen Besitz an der Sache unfreiwillig verloren hat bzw. wenn die Sache durch den Besitzdiener unterschlagen wurde. Ein gutgläubiger rechtsgeschäftlicher Eigentumserwerb an gestohlenen und abhanden gekommenen Sachen ist lediglich im Wege einer öffentlichen Versteigerung möglich und ansonsten grundsätzlich ausgeschlossen. Unter der Voraussetzung, dass der Besitzer die abhanden gekommene Sache während einer Frist von zehn Jahren ununterbrochen in dem Glauben, Eigentümer der Sache zu sein, in Eigenbesitz hat, erwirbt er originäres Eigentum im Wege der Ersitzung.

An Sachen, die der Eigentümer freiwillig aus der Hand gegeben hat und die vom Besitzmittler, z.B. einem Mieter oder Entleiher usw., unterschlagen wurden, ist ein gutgläubiger rechtsgeschäftlicher Erwerb uneingeschränkt zugelassen und mit einem endgültigen Rechtsverlust des bisherigen Eigentümers verbunden. Konditionsfest ist jedoch nur ein entgeltlicher Erwerb. Die Ersitzung kommt in diesen Fällen zum Tragen, wenn der rechtsgeschäftliche Erwerb z.B. an einem Einigungsmangel scheiterte.

[525] Seit dem 01.01.2002 nach § 197 Abs. 1 Nr. 2 BGB.

## II. Österreich

### 1. Das Allgemeine bürgerliche Gesetzbuch von 1811

Der als „Westgalizisches Gesetzbuch“ im Jahre 1797 publizierte Entwurf Martinis[526] wurde als sog. „Urentwurf“ erneut einer Überarbeitung unterworfen. 1806 legte die Hofkommission unter Leitung Franz von Zeillers den Entwurf des Allgemeinen bürgerlichen Gesetzbuchs vor, das unter Kaiser Franz I. am 01.06.1811 veröffentlicht wurde und am 01.01.1812 in Kraft trat. Inhaltlich beruht das ABGB überwiegend auf den Lehren des jüngeren Usus modernus und des Naturrechts unter Berücksichtigung partikularer Statuten.[527] Die Wirkung des ABGB reichte weit über die Länder der Habsburger Monarchie hinaus. So trat es z.B. 1815 in Lombardo-Venezien in Kraft, wo es die italienische Fassung des französischen Code civil ablöste und bis 1871 in Geltung blieb. Auch in kleinen, ehemals österreichischen Teilen Bayerns und Schwabens galt das ABGB bis zum Inkrafttreten des BGB. Für Kodifikationsarbeiten in zahlreichen Einzelstaaten des Deutschen Bundes wurde es zum Vorbild genommen. Das ABGB stellte damit jedenfalls im 19. Jahrhundert ein grundsätzlich universell verwendbares Gesetzbuch dar.[528]

### 2. Grundsätze des rechtsgeschäftlichen Eigentumserwerbs an beweglichen Sachen

Nach dem Wortlaut der Vorschriften der §§ 423 bis 425 ABGB scheint die rechtsgeschäftliche Eigentumsübertragung an beweglichen Sachen neben dem schuldrechtlichen Verpflichtungsgeschäft, dem Titel (§ 424), nur die Übergabe der Sache als rein tatsächliche Vollzugshandlung (§ 425)[529] zu erfordern. Die Verfasser des ABGB gingen in der Tat von dieser Konzeption aus.[530] Demgegenüber vertraten die herrschende Lehre und lange Zeit auch die Rechtsprechung die Auffassung, dass die Eigentumsübertragung einen zweiten, verfügenden Vertrag erfordere.[531] Die Rechtsprechung und ein Teil der Lehre sind nun aber wieder zur Konzeption der Väter des ABGB zurückgekehrt: Die Übereignung soll zwar rechtsgeschäftlichen Charakter haben, die Übergabe wird jedoch als von der Ei-

---

[526] S. oben B.IV.4.b).

[527] Wesenberg/Wesener, S. 164 ff; Ogris, Liber Memorialis Laurent, S. 375 ff, 381; Hinz, S. 250

[528] Brauneder, S. 135 ff

[529] § 425 ABGB: *„Das Eigentum und alle dinglichen Rechte überhaupt können [...] nur durch die rechtliche Übergabe und Übernahme erworben werden.“*

[530] Bydlinski, FS Larenz, S. 1029

[531] OGH JBl. 1984, S. 671 f

nigung getrennt und der rechtsgeschäftliche Teil der Verfügung als im schuldrechtlichen Grundgeschäft enthalten angesehen.[532]

Das österreichische Recht ist geprägt durch das Kausalitäts- und das Publizitätsprinzip: Unbeschadet der Diskussion um die Trennung von Verpflichtungs- und Verfügungsgeschäft setzt ein rechtsgeschäftlicher Eigentumserwerb gemäß § 424 ABGB voraus, dass der Verfügung ein wirksames schuldrechtliches Verpflichtungsgeschäft, der Titel, zugrunde liegt, das auf die Übertragung des Eigentums gerichtet ist. Das Rechtsgeschäft kann dabei in einem Vertrag oder in einer Verfügung von Todes wegen bestehen. Titel und Verfügung sind kausal miteinander verknüpft, d.h. das Eigentum geht nicht über, wenn der Titel z.B. wegen mangelnder Geschäftsfähigkeit nichtig ist.[533] Wirksamkeitsvoraussetzung ist ferner, dass der Veräußerer Eigentümer der Sache ist, und dem Erwerber durch Übergabe („Modus") den Sachbesitz verschafft. Statt der körperlichen Übergabe der Sache genügen auch die Vereinbarung eines Besitzkonstituts bzw. die brevi manu traditio, § 428 ABGB, und unter Umständen auch eine symbolische Übergabe, § 427 ABGB.

### 3. Der gutgläubige rechtsgeschäftliche Erwerb vom Nichtberechtigten

Unter dem Aspekt des Verkehrsschutzes hat der österreichische Gesetzgeber den gutgläubigen Erwerb vom Nichtberechtigten in eingeschränktem Umfang zugelassen.[534] Von der Systematik her erfasst das ABGB wie der „Urentwurf" Martinis die Privilegierung des Erwerbers als Ausschluss der Vindikation. In unverkennbar naturrechtlicher Tradition steht damit die Vorschrift des § 366 ABGB, wonach das Eigentumsrecht zum Ausschluss jeder anderen Person vom Besitz der Sache und damit grundsätzlich auch dazu berechtigt, die Sache von jedem Inhaber herauszuverlangen. Nach § 367 Satz 1 ABGB ist die Vindikation aber gegenüber dem redlichen Besitzer einer beweglichen Sache ausgeschlossen, der die Sache unter bestimmten Voraussetzungen erworben hat. § 367 Satz 2 ABGB stellt dabei ausdrücklich klar, dass in diesen Fällen das Eigentum an der Sache erworben wird, und kehrt so zu der im Codex Theresianus ausgesprochenen Rechtsfolge zurück.[535]

---

[532] Vgl. Koziol/Welser I, S. 289 f; Gschnitzer, S. 103 f; Bydlinski, FS Larenz, S. 1034 f.

[533] Bydlinski, FS Larenz, S. 1028; Koziol/Welser I, S. 292; Ehrenzweig, S. 191 f; Rummel-Spielbüchler, § 424 Rn. 6. Das Kausalitätsprinzip wurde aus dem von Naturrecht und Usus modernus geprägten Gemeinen Recht übernommen, Ogris, Liber Memorialis Laurent, S. 381; Wesenberg/Wesener, S. 166; Floßmann, S. 155 f; s. auch Petronio, Vendita e trasferimento I, S. 187 ff.

[534] Gschnitzer, S. 109; Koziol/Welser I, S. 295 f; Frotz, FS Kastner, S. 133, 141 f

[535] S. oben B.IV.4.a).

### a) *Voraussetzungen des redlichen Erwerbs vom Nichtberechtigten*

Wie im deutschen Recht kann nach der Konzeption des ABGB der gute Glaube des Erwerbers an das Eigentum des Veräußerers[536] nur dessen fehlende Berechtigung überwinden. Deshalb müssen im übrigen alle Voraussetzungen des rechtsgeschäftlichen Eigentumserwerbs durch Vorliegen eines objektiv gültigen Titels und Übergabe der Sache an den Erwerber[537] erfüllt sein. Die Anforderungen an die Redlichkeit des Erwerbers ergeben sich mit der Maßgabe, dass sich der gute Glaube nicht auf die eigene Eigentümerstellung des Besitzers, sondern auf diejenige des Veräußerers beziehen muss, aus der Definition des redlichen (Ersitzungs-) Besitzes in § 326 ABGB. Danach ist der Erwerber bösgläubig, wenn er positiv weiß oder aus den Umständen vermuten muss, dass der Veräußerer nicht Eigentümer ist. Noch heute wird kontrovers diskutiert, welcher Grad an Fahrlässigkeit die Bösgläubigkeit des Erwerbers begründet. Die Vorschriften des ABGB wie auch die Ausführungen Zeillers sind in diesem Punkt widersprüchlich. Auch die Rechtsprechung in der zweiten Hälfte des 20. Jahrhunderts ist in dieser Frage uneinheitlich. Der mutmaßlichen Intention des Gesetzgebers entspricht am ehesten die Annahme eines Scheiterns des Erwerbes nach § 367 ABGB bei positiver Kenntnis und grob fahrlässiger Unkenntnis der fehlenden Berechtigung des Veräußerers. Die Lösung des ALR, einen Erwerb auch bei grob fahrlässiger Unkenntnis eintreten zu lassen, erschien den Redaktoren des ABGB als nicht sachgerecht.[538]

Das Vorliegen des guten Glaubens wird gemäß § 328 Satz 2 ABGB vermutet. § 368 ABGB nennt aber typisierte Verdachtsmomente, bei deren Vorliegen die Vermutungswirkung eingeschränkt und die Anforderungen an die Gutgläubigkeit erhöht werden. So kann ein Erwerber, dem das Geschäft aufgrund der Natur der erworbenen Sache, dem auffallend geringen Preis, den persönlichen Eigenschaften des Veräußerers, dessen Gewerbe oder anderen Umständen objektiv ver-

---

536 Nach der Rechtsprechung des OGH schützt jedenfalls § 367 Satz 1, 3. Alt. ABGB nicht den guten Glauben an die Verfügungsmacht des Veräußerers, vgl. Schwimann-Klicka, § 367 Rn. 5. In den beiden anderen Alternativen des § 367 Satz 1 ABGB liegen neben dem Veräußererbesitz weitere äußere Umstände vor, die auf die Verfügungsbefugnis schließen lassen, vgl. auch Reischauer, JBl. 1973, S. 593, Fn. 52. § 1088 Satz 2 ABGB i.V.m. § 367 ABGB betrifft den Fall, dass der Eigentümer die Sache einem Dritten zur Veräußerung übergeben hat, der die Sache in eigenem Namen veräußert und dabei seine Verfügungsmacht überschreitet, vgl. Frotz, FS Kastner, S. 134 ff, S. 141; Bydlinski, JBl. 1967, S. 355 ff.

537 § 367 Satz 1 ABGB setzt voraus, dass der Erwerber die Sache „an sich gebracht hat".

538 Vgl. Hinz, S. 277 ff, 291; Schwimann-Klicka, § 326 Rn. 1 f; § 367 Rn. 4; OGH SZ 50/142; OGH JBl. 1994, S. 330; OGH JBl. 1980, S. 589. Zur Kodifikationsgeschichte s. auch Apathy, NZ 1989, S. 138 ff.

dächtig erscheinen musste, nicht als redlich gelten.[539] Der gute Glaube des Erwerbers muss im Zeitpunkt des Abschlusses des Titelgeschäfts vorliegen und bis zur Übergabe andauern.[540]

Der gute Glaube des Erwerbers an das Eigentum des Veräußerers findet regelmäßig seine Stütze im Rechtsschein des Eigentums, der vom Besitz an der Sache ausgeht. So hat nach § 323 ABGB der Besitzer einer Sache „die rechtliche Vermutung eines gültigen Titels für sich".[541] Das Rechtsscheinprinzip ist auch die Grundlage für den Erwerberschutz nach § 367 ABGB. Das Gesetz legt dabei typisierte Anknüpfungspunkte für das Vertrauen zugrunde.

Zu den Erwerbssituationen des § 367 ABGB im einzelnen: Ein gutgläubiger Erwerb vom Nichtberechtigten findet in öffentlicher Versteigerung, § 367 Satz 1, 1. Alt., sowie dann statt, wenn der Veräußerer ein „zu diesem Verkehre befugter Gewerbsmann" ist, § 367 Satz 1, 2. Alt. ABGB. Der redliche Erwerb wird in diesen Fällen zugelassen, da hier der Erwerber auf die kraft staatlicher Autorität verliehene Veräußerungsbefugnis vertrauen können muss.[542] Eine öffentliche Versteigerung bietet dann eine begünstigte Erwerbssituation, wenn sie vorher ordnungsgemäß angekündigt wurde und durch das funktionell zuständige Organ ordnungsgemäß durchgeführt wird.[543] Im Hinblick auf § 368 ABGB ist hier für die Redlichkeit des Erwerbers zu fordern, dass er keine Zweifel hinsichtlich der Eigentümerstellung des Versteigerungsschuldners hegt.[544] Für den Erwerb vom befugten Gewerbsmann ist dessen nach österreichischem Gewerberecht erteilte Gewerbebefugnis maßgeblich. Das betreffende Veräußerungsgeschäft muss sich zudem im Rahmen der Gewerbebefugnis halten.[545]

---

[539] Während der Codex Theresianus noch auf die positive Feststellung der Unverdächtigkeit der Erwerbssituation abstellte, legt das ABGB konsequent zur Gutglaubensvermutung bestimmte Verdachtslagen fest, die aber inhaltlich den Verdachtsmomenten der Vorläuferentwürfe entsprechen, Frotz, FS Kastner, S. 146. Dementsprechend muss der Käufer eines Gebrauchtwagens in Österreich wie in Deutschland in den Typenschein Einsicht nehmen; Schwimann-Klicka, § 368 Rn. 1 ff, 4. S. aber auch OGH JBl. 1994, S. 330 f.

[540] Schwimann-Klicka, § 367 Rn. 5. In jüngerer Zeit wird die Frage, ob die Gutgläubigkeit bis zur vollständigen Kaufpreiszahlung andauern muss, kontrovers diskutiert, vgl. Schwimann-Klicka, § 367 Rn. 9 m.w.N.

[541] Die in § 372 ABGB normierte *Actio Publiciana* ermöglicht einem Kläger, der sein Eigentum an der Sache nicht nachweisen kann, dessen Eigentum aber vermutet wird, sogar die allein auf sein Besitzrecht gestützte Herausgabeklage gegen den Besitzer. Der Kläger obsiegt, wenn der Beklagte kein oder ein „schwächeres" Recht an der Sache hat, vgl. Gschnitzer, S. 5; Koziol/Welser I, S. 244 f; 248 ff.

[542] Gschnitzer, S. 110 f; SZ 10/144

[543] Schwimann-Klicka, § 367 Rn. 10 f; Gschnitzer, S. 110

[544] Vgl. Reidinger, JBl. 1980, S. 579 ff.

[545] Schwimann-Klicka, § 367 Rn. 12

Mit dem Erwerb vom befugten Gewerbsmann und in öffentlicher Versteigerung übernahmen die Redaktoren des ABGB die im Codex Theresianus als typisierte Beispielsfälle für die Unverdächtigkeit des Erwerbs genannte besondere Veräußererqualität und die öffentliche Erwerbssituation. Vertrauensgrundlage ist hier die grundsätzliche Unverdächtigkeit des öffentlichen Erwerbs, bzw. im Fall des Gewerbsmannes die diesem erteilte staatliche Erlaubnis, die in diesen Fällen auch den vom Besitz ausgehenden Rechtsschein der Verfügungsberechtigung einschließt.[546] Zum Teil wird angenommen, die Fallgruppe des Erwerbs vom befugten Gewerbsmann gehe auf die mittelalterlichen Marktkaufregeln zurück. Dafür ergeben sich aber weder aus dem Wortlaut der Regelung noch aus der Kodifikationsgeschichte Anhaltspunkte. Stattdessen ist anzunehmen, dass auch hier der Einfluss des ALR, das in I 15 §§ 42 f entsprechende Bestimmungen enthält, maßgeblich war.[547]

Als dritten privilegierten Erwerbsfall nennt § 367 Satz 1, 3. Alternative ABGB den redlichen, entgeltlichen Erwerb einer beweglichen Sache von einer Person, der „sie der Kläger [scil. der Eigentümer] selbst zum Gebrauche, zur Verwahrung, oder in was immer für einer andern Absicht anvertraut hatte". Der Eigentümer soll sich nur noch an den halten können, bei dem er sein Vertrauen gelassen hat.[548] Vorausgesetzt ist, dass der Eigentümer dem Vertrauensmann freiwillig den ausschließlichen Gewahrsam an der Sache übertragen hat. Dabei muss kein besonders qualifiziertes schuldrechtliches Verhältnis zwischen Eigentümer und Vertrauensmann bestehen. Auch betrügerisch herausgelockte bzw. irrtümlich herausgegebene Sachen sind als „anvertraut" im Sinne des § 367 ABGB anzusehen. Im Falle einer Drohung liegt jedoch keine freiwillige Weggabe durch den Eigentümer und damit kein Anvertrauen im Sinne des § 367 Satz 1, 3. Alt. ABGB vor.[549] Die Privilegierung erstreckt sich außerdem nicht nur auf den unmittelbaren Vertrauensmann, sondern auch auf die Personen, an die der erste Vertrauensmann die Sache freiwillig weitergegeben hat.[550]

Der sog. Erwerb vom Vertrauensmann des Eigentümers ist gegenüber den Vorläuferregelungen in § 367 ABGB neu hinzugekommen. Diese Alternative geht auf den Grundsatz „Hand wahre Hand" zurück und nimmt damit in Anknüpfung an den Entwurf Martini die vom Codex Theresianus bereits überwundene Differenzierung nach der Art des Besitzverlustes des Eigentümers wieder auf. Maßgeblich war hier wohl der Gedanke, dass der Eigentümer in den Fällen freiwilliger Be-

---

546 Vgl. Frotz, FS Kastner, S. 144 ff, 149 ff.

547 Vgl. auch Hinz, S. 371 ff; Frotz, FS Kastner, S. 150.

548 Ehrenzweig, S. 187

549 OGH SZ 58/75; vgl. auch Reischauer, JBl. 1973, S. 590 ff, 594 ff.

550 Schwimann-Klicka, § 367 Rn. 15 ff; Koziol/Welser I, S. 298; Gschnitzer, S. 111; anderer Ansicht ist Hinz, S. 276 f.

sitzaufgabe weniger schutzwürdig ist als der gutgläubige Erwerber, da er selbst das Risiko für seinen Rechtsverlust gesetzt hat. Demgegenüber kann der Erwerber beweglicher Sachen in der Regel nur schwer prüfen, ob sein Gegenüber tatsächlich verfügungsbefugt ist.[551]

In Anbetracht des Rechtsverlustes, der infolge des gutgläubigen Erwerbs auf Seiten des ursprünglichen Eigentümers eintritt, erschien dem Gesetzgeber des ABGB über das Erfordernis der Gutgläubigkeit hinaus nur ein Erwerber als hinreichend schutzwürdig, der selbst finanzielle Aufwendungen getätigt hat und somit einen Vermögensnachteil erleiden würde, würde ihm § 367 ABGB nicht das Eigentum zuweisen. § 367 ABGB erfasst deshalb nur die Fälle des entgeltlichen Erwerbs vom Nichtberechtigten. Neben diesem Aspekt der Billigkeit stehen hinter dieser Einschränkung des Erwerberschutzes auch die Verkehrsschutzerwägungen des Usus modernus: Während ein nicht vindikationsfester, entgeltlicher Erwerb ein erhebliches Handelshemmnis darstellen würde, hat eine Einschränkung des unentgeltlichen Erwerbs unter diesem Aspekt keine negativen Auswirkungen auf Handel und Wirtschaft. Obwohl der Gesetzestext die Entgeltlichkeit des Erwerbs nur in der dritten Alternative für den Erwerb vom Vertrauensmann des Eigentümers nennt, wird sie aufgrund der ratio legis auch bei den anderen Alternativen als selbstverständlich vorausgesetzt.[552]

### b) *Redlicher Erwerb an gestohlenen oder sonst abhanden gekommenen Sachen*

Wie sich aus der Formulierung der drei begünstigten Erwerbssituationen in § 367 Satz 1 ABGB ergibt, unterscheidet auch das österreichische Recht zwischen Sachen, die der Eigentümer einem anderen anvertraut, also freiwillig aus der Hand gegeben hat, und Sachen, die ihm gestohlen, geraubt oder sonst unfreiwillig abhanden gekommen sind. Der Erwerb vom Vertrauensmann setzt eine lückenlose Kette des Anvertrauens voraus.[553] Damit ist ein Erwerb abhanden gekommener Sachen vom Vertrauensmann schon rein begrifflich nicht denkbar.

Die öffentliche Versteigerung bzw. der befugte Gewerbsmann bieten jedoch ein Forum, das aufgrund der staatlich anerkannten Veräußerungsbefugnis den Erwerber besonders schutzwürdig erscheinen lässt: Wer hier eine Sache erwirbt, muss darauf vertrauen können, dass er Eigentum erhält. In der öffentlichen Versteigerung bzw. bei befugten Gewerbsleuten kann daher auch an gestohlenen oder sonst abhanden gekommenen Sachen gutgläubig Eigentum erworben werden.[554]

---

[551] Hinz, S. 273 ff

[552] Gschnitzer, S. 113; Koziol/Welser I, S. 297; Schwimann-Klicka, § 367 Rn. 8; vgl. Hinz, S. 298.

[553] Gschnitzer, S. 112

[554] OGH JBl. 1950, S. 378

Für bestimmte, nicht unterscheidbare Sachen regelt § 371 ABGB einen weiteren, § 367 ABGB ergänzenden Erwerbstatbestand. Um einen gesteigerten Verkehrsschutz zu gewährleisten und um ihre Umlauffähigkeit zu fördern, ermöglicht § 371 ABGB den redlichen Erwerb an Geld sowie Inhaber- und Orderpapieren ohne weitere Voraussetzungen. Ein gutgläubiger Erwerb ist hier - außer an das Vorliegen eines gültigen Titels und die Übergabe der Sache - nicht an eine bestimmte Erwerbssituation gebunden und unterliegt auch nicht dem Erfordernis der Entgeltlichkeit. Eine Vindikation greift nur durch, d.h. ein redlicher Erwerb an Geld und Inhaberpapieren ist ausgeschlossen, wenn der Eigentümer sein Eigentum durch Darlegung individualisierender Merkmale nachweisen kann.[555] Für die Redlichkeit des Erwerbers gilt der Maßstab der §§ 367, 368 ABGB.[556] § 371 ABGB entspricht damit seiner Vorläuferregelung in I 15 §§ 45 ff ALR.

*c) Ausgleichsansprüche*

Rechtsfolge der §§ 367, 371 ABGB ist der Rechtserwerb auf Seiten des Erwerbers. Die Sache kann sich der Eigentümer von diesem somit nicht mehr zurückholen. § 367 Satz 2 ABGB verweist den ursprünglichen Eigentümer auf seine Schadensersatz- oder Bereicherungsansprüche gegen „jene, die ihm dafür verantwortlich sind“. Der Eigentümer muss sich an seinen Vertrauensmann bzw. die Personen halten, die für einen unfreiwilligen Verlust seiner Sache verantwortlich sind, und trägt damit deren Insolvenzrisiko.[557]

## 4. Die Ersitzung

Die Ersitzung führt mit Ablauf der gesetzlich bestimmten Zeit zu einem originären Rechtserwerb durch qualifizierten Besitz.[558] Das Rechtsinstitut soll durch den Schutz des Vertrauens auf einen lang andauernden Besitzstand für Rechtssicherheit sorgen und dem auf Herausgabe in Anspruch genommenen Ersitzungserwerber den Beweis seines Eigentums erleichtern. Die Ersitzung dient damit in erster Linie dazu, den ursprünglichen Eigentumserwerb dort zu vermitteln, wo eine Eigentumsübertragung aufgrund der mangelnden Berechtigung des Veräußerers fehlgeschlagen ist.[559] In der Tradition des Usus modernus versteht das ABGB die Ersitzung als akquisitive Verjährung und regelt das Rechtsinstitut im Zusammenhang mit der (extinktiven) Verjährung. Daraus wird deutlich, dass für die Verfas-

---

[555] Gschnitzer, S. 116; Koziol/Welser I, S. 300 f; Schwimann-Klicka, § 371 Rn. 1 f, 4

[556] Apathy, NZ 1989, S. 139 f

[557] Vgl. Schwimann-Klicka, § 367 Rn. 22.

[558] Gschnitzer, S. 117; Koziol/Welser I, S. 301; Klang-Klang, § 1452 Anm. 4

[559] Apathy, JBl. 1999, S. 215; Klang-Klang, Vorbemerkung I.3 zum 4. Hauptstück (vor § 1451); § 1461 Rn. 2

ser des ABGB bei der Ersitzung der Rechtsverlust des Eigentümers gegenüber dem Rechtserwerb des Dritten im Vordergrund stand. Dementsprechend bestimmt § 1478 ABGB, dass „jede Ersitzung eine Verjährung in sich begreift".[560]

*a) Arten und Anwendungsbereich der Ersitzung*

Entsprechend der rezipierten Unterscheidung zwischen der ordentlichen und der außerordentlichen Ersitzung differenziert das österreichische Recht zwischen der eigentlichen und der uneigentlichen Ersitzung. Die beiden Formen unterscheiden sich im Hinblick auf die Länge der Ersitzungsfrist und die Anforderungen, die an die Qualifikation des Ersitzungsbesitzes gestellt werden. Damit verbunden sind unterschiedliche Anwendungsbereiche.

Die eigentliche oder kurze Ersitzung, geregelt in den §§ 1460 ff, 1466 ABGB, führt grundsätzlich schon nach drei Jahren zum Eigentumserwerb des Ersitzungsbesitzers. Der Formulierung des § 1461 ABGB[561] lässt sich der Zweck dieses Rechtsinstituts entnehmen, dort zu einem originären Eigentumserwerb zu führen, wo die rechtsgeschäftliche Eigentumsübertragung aufgrund der fehlenden Berechtigung des Veräußerers scheiterte.[562] Nach Voraussetzungen und Frist ist die eigentliche Ersitzung das Pendant zur *usucapio* des justinianischen Rechts. Neben dem sofortigen redlichen Erwerb nach § 367 ABGB kommt die kurze Ersitzung nur dann zum Zuge, wenn dessen enge Voraussetzungen nicht erfüllt sind. Dies ist in erster Linie der Fall beim unentgeltlichen Erwerb, beim nicht privilegierten Erwerb gestohlener Sachen bzw. dann, wenn ein Erwerb vom Vertrauensmann daran scheitert, dass der Eigentümer diesem die Sache tatsächlich nicht anvertraut hatte, sondern der Veräußerer dies nur vorgibt.[563] Die eigentliche Ersitzung erfordert jedoch wie § 367 ABGB das Vorliegen eines objektiv gültigen Erwerbstitels und steht damit streng in der Tradition des römischen und Gemeinen Rechts.

Dies lässt Raum für die uneigentliche oder lange Ersitzung, § 1477 ABGB. Diese führt ohne das Titelerfordernis nach Ablauf von regelmäßig 30 Jahren auch in den Fällen zu einem Eigentumserwerb, in denen ein Erwerb nach § 367 ABGB oder im Wege der kurzen Ersitzung am Fehlen oder an der Unwirksamkeit des Kau-

[560] Vgl. Klang-Klang Vorbemerkung I.1, I.2 zum 4. Hauptstück (vor § 1451); Koziol/Welser I, S. 301; Apathy, JBl. 1999, S. 206, 208.

[561] „Jeder Besitz, der sich auf einen solchen Titel gründet, welcher zur Übernahme des Eigentums, *wenn solches dem Übergeber gebührt hätte, hinlänglich gewesen wäre*, ist rechtmäßig und zur Ersitzung hinreichend."

[562] Vgl. Klang-Klang, § 1461 Anm. 2, 3 a).

[563] Gschnitzer, S. 117; Koziol/Welser I, S. 303; Apathy, JBl. 1999, S. 215; Klang-Klang, § 1466

salgeschäftes gescheitert ist.[564] Damit verbunden ist die beweiserleichternde Funktion der langen Ersitzung: Kann ein Besitzer den rechtsgeschäftlichen Erwerb nicht beweisen, kann er sich auf einen originären Erwerb durch Ersitzung berufen. Ein weiterer Anwendungsbereich der langen Ersitzung liegt im Erwerb von Sachen trotz des Bestehens eines Veräußerungsverbots. Die Bestimmung des Kreises der ersitzungsfähigen Gegenstände in § 1455 Satz 2 ABGB, wonach kraft Gesetzes oder „schlechterdings" unveräußerliche Sachen und Reche nicht ersessen werden können, gilt nur für die eigentliche Ersitzung.[565]

*b) Die eigentliche Ersitzung*

Die eigentliche Ersitzung setzt nach § 1460 ABGB voraus, dass der Erwerber die Sache tatsächlich besitzt, dass sein Besitz rechtmäßig, redlich und echt ist, sowie die vom Gesetz bestimmte Zeit hindurch fortgesetzt wurde.

*aa) Qualifizierter Besitz*

Mit den Anforderungen an die Qualität des Ersitzungsbesitzes konkretisieren die §§ 1460 bis 1464 ABGB die allgemeinen Regelungen der §§ 309 ff ABGB über den Besitz für den speziellen Fall der Ersitzung. Die Innehabung einer Sache ist dann als Besitz anzusehen, wenn der Besitzer gemäß § 309 ABGB neben der tatsächlichen Sachherrschaft auch den Willen hat, die Sache als die seinige zu behalten.[566] Die Ersitzung erfordert damit Eigenbesitz, der gemäß § 1460 ABGB dem zu erwerbenden Recht entsprechen muss. Soll beispielsweise Alleineigentum erworben werden, muss der Ersitzungsbesitzer Alleinbesitz haben.[567]

Der Besitz muss rechtmäßig sein, d.h. nach §§ 316, 1461 ABGB auf einem zur Eigentumsübertragung geeigneten Titel wie Kauf, Schenkung etc. beruhen. Entsprechend dem Kausalitätsprinzip führt die eigentliche Ersitzung nur zum Eigentumserwerb, wenn das zugrunde liegende Verpflichtungsgeschäft wirksam ist. Im Gegensatz zum klassischen römischen Recht kennt das österreichische Recht keine Putativtitelersitzung. Ein z.B. wegen Geschäftsunfähigkeit oder Formmangel unwirksamer Titel macht den aufgrunddessen erlangten Besitz unrechtmäßig, auch wenn der Ersitzungsbesitzer irrtümlich annimmt, das Verpflichtungsgeschäft sei wirksam. Die Redlichkeit des Erwerbers kann nur über fehlendes Eigentum des Veräußerers hinweghelfen, nicht aber Mängel des Titels heilen.[568] § 1462

[564] Gschnitzer, S. 118; Koziol/Welser I, S. 304

[565] Schwimann-Mader, § 1455 Rn. 1, 3; Klang-Klang, § 1455 Anm. I.B, Gschnitzer, S. 118

[566] Koziol/Welser I, S. 229

[567] Vgl. Klang-Klang, § 1460 Anm. 2 a).

[568] Gschnitzer, S. 10, 12; Klang-Klang, § 1461 Anm. 3 b); Schwimann-Mader, § 1461 Rn. 1; Apathy, JBl 1999, S. 211 ff

Satz 1 ABGB stellt klar, dass Personen, die eine Sache als Pfand, aufgrund Leihe, Verwahrung, Miete oder ähnlicher Schuldverhältnisse in Besitz haben, diese Sache nicht ersitzen können. Diese Titel sind nicht auf Eigentumsübertragung gerichtet und können somit keinen rechtmäßigen Ersitzungsbesitz begründen. Dem Inhaber der Sache fehlt es in diesen Fällen am Eigenbesitzwillen, er kann sich auch nicht durch eine Änderung seines Besitzwillens zum Eigenbesitzer aufschwingen.[569]

Über das Erfordernis der Echtheit des Besitzes schließen die §§ 345, 1464 ABGB denjenigen, der den Besitz gewaltsam oder heimlich erlangt hat oder „nur bittweise besitzt", von der Ersitzung aus. Das österreichische Recht knüpft damit an die Qualität des Ersitzungsbesitzes im römischen Recht als *nec vi, nec clam, nec precario* an. Abgesehen von der überdies fehlenden Rechtmäßigkeit und Redlichkeit können Räuber und Dieb damit auch wegen der Unechtheit ihres Besitzes nicht ersitzen. Mit demjenigen, der „nur bittweise besitzt", ist der Prekarist gemeint, der die Sache auf der Grundlage eines jederzeit widerrufbaren Gefälligkeitsverhältnisses, der sog. Bittleihe, innehat. Widersetzt sich der Prekarist dem Rückgabeverlangen, wird sein Besitz unecht. Hintergrund dieser Ersitzungsvoraussetzung ist, dass niemand in die sachenrechtliche Position eines anderen eingreifen, also auch ein rechtmäßiger Besitzer seinen Anspruch nicht auf unerlaubte Weise durchsetzen darf.[570]

Die Ersitzungsvoraussetzung der Gutgläubigkeit des Ersitzungserwerbers ist ebenfalls im Rahmen der Besitzqualifikation über das Erfordernis des redlichen Besitzes, § 1463 ABGB, geregelt. Wie beim redlichen Erwerb vom Nichtberechtigten nach § 367 ABGB bestimmt sich der Maßstab der Redlichkeit nach § 326 ABGB. Demnach muss der Ersitzungsbesitzer aus wahrscheinlichen Gründen die Sache für die seinige, sich also für den Eigentümer halten.[571] Dies gilt jedenfalls für den Zeitpunkt der Besitzerlangung. Entsprechend dem mittelalterlichen kanonischen Grundsatz *„mala fides superveniens nocet"* muss die Redlichkeit des Ersitzungsbesitzers während der ganzen Ersitzungszeit ununterbrochen gegeben sein. Vertretern der Lehre erscheinen die Anforderungen an den Besitzer zu hoch gesteckt, wollte man die Schädlichkeit schon leichter Fahrlässigkeit während der ganzen Ersitzungszeit aufrechterhalten. Deshalb wird dafür plädiert, in Anlehnung an § 936 Abs. 2 BGB während der Ersitzungszeit die Redlichkeit des Erwerbers

[569] Vgl. Klang-Klang, § 1462 Anm. 1.
[570] Koziol/Welser I, S. 234 f; Klang-Klang, § 1464; Ehrenzweig, S. 197
[571] S. o. 2 a), Fn. 9. Unter Hinweis auf die Entstehungsgeschichte des § 1463 ABGB will Apathy, NZ 1989, S. 140, § 368 mit seinen objektiv typisierten Verdachtsmomenten auch im Rahmen der Ersitzung analog anwenden. Aus den Protokollen gehe hervor, dass die Redaktoren des ABGB die Begriffe des unredlichen Besitzers nach § 326 ABGB und des verdächtigen Erwerbers im Sinne der §§ 367, 368 ABGB übereinstimmend regeln wollten.

nur bei Erlangung positiver Kenntnis von seiner mangelnden Berechtigung entfallen zu lassen.[572] Die Rechtsprechung vertritt dagegen den Standpunkt, dass der Erwerber schon dann bösgläubig wird, wenn er nachträglich von Umständen erfährt, die ihm Anlass geben, an der Rechtmäßigkeit seines Besitzes zu zweifeln.[573] Gemäß § 328 ABGB muss derjenige, der die Ersitzung bestreitet, die Unredlichkeit des Erwerbers beweisen.

*bb) Ersitzungsfrist*

Das österreichische Ersitzungsrecht unterscheidet innerhalb der eigentlichen und der uneigentlichen Ersitzung jeweils zwischen der ordentlichen und der außerordentlichen Ersitzung. Die beiden letzteren Begriffe beziehen sich auf die Ersitzungszeit. Dabei ist die ordentliche Ersitzungszeit für jede Ersitzungsart die im Regelfall geltende Frist. Für die eigentliche Ersitzung beweglicher Sachen beträgt sie gemäß § 1466 ABGB drei Jahre. Die außerordentliche Ersitzung privilegiert nach § 1472 durch die Verlängerung der Frist auf sechs Jahre Fiskus, Kirchen, Gemeinden und allgemein juristische Personen des öffentlichen und privaten Rechts, wenn die Ersitzung gegen sie gerichtet ist, sie also durch die Ersitzung ihr Eigentum verlieren.[574] Diese Differenzierung nach der Person des Usukapionsgegners geht bereits auf das spätklassische römische Recht zurück und wurde während der Rezeption noch verfeinert.

§ 1476 ABGB sieht ausschließlich für die eigentliche Ersitzung beweglicher Sachen eine weitere außerordentliche Ersitzungsfrist in Form einer Verdoppelung der ordentlichen Ersitzungszeit von drei Jahren vor. Die Fristverlängerung geht zu Lasten desjenigen, der seinen Ersitzungsbesitz unmittelbar von einem unechten oder unredlichen Besitzer, also z.B. vom Dieb, erworben hat. Die außerordentliche Frist greift außerdem, wenn der Ersitzungsbesitzer seinen Vormann nicht nennen kann. *Res furtivae* sind im ABGB damit nicht generell von der Ersitzung ausgeschlossen. Ihr redlicher Erwerber wird auch nicht auf die lange Verjährung verwiesen, sondern kann sie sogar innerhalb relativ kurzer Frist ersitzen. Mit der Verdoppelung der Dreijahresfrist soll dem Eigentümer aber etwas mehr Zeit gegeben werden, um gestohlene oder betrügerisch entzogene Sachen zu verfolgen.[575]

Erwirbt ein Einzelrechtsnachfolger seinen Besitz von einem Ersitzungsbesitzer, so ermöglicht ihm § 1493 Satz 1 ABGB die Anrechnung der Ersitzungszeit seines Vorgängers. In den Fällen des § 1476 ABGB, also bei Besitzerwerb von einem

---

[572] Vgl. Gschnitzer, S. 11; Klang-Klang, § 1463 Anm. 3 a); Koziol/Welser I, S. 234 m.w.N.
[573] Schwimann-Mader, § 1463 Rn. 3 m.w.N.
[574] Schwimann-Mader, § 1472 Rn. 2
[575] Schwimann-Mader, § 1476 Rn. 1; Klang-Klang, § 1476 Anm. 1

unredlichen und/oder unechten Besitzer, findet § 1493 ABGB keine Anwendung; der Rechtsnachfolger muss eine neue Ersitzung mit doppelter Ersitzungszeit beginnen.[576]

*c) Die uneigentliche Ersitzung*

Die uneigentliche Ersitzung führt gemäß § 1477 ABGB nach Ablauf von dreißig Jahren unter Verzicht auf das Erfordernis rechtmäßigen Besitzes zum originären Eigentumserwerb. Der Besitz muss jedoch wie bei der eigentlichen Ersitzung redlich und echt sein.[577] Historischer Vorläufer der „langen" Ersitzung des österreichischen Rechts war die *longissimi temporis praescriptio* des justinianischen Rechts.[578]

Die ordentliche Ersitzungsfrist der uneigentlichen Ersitzung beträgt dreißig Jahre. Ist eine juristische Person des öffentlichen oder Privatrechts Ersitzungsgegner, sieht § 1472 ABGB eine außerordentliche Ersitzungsfrist von vierzig Jahren vor. Dagegen findet die Verdoppelung der Frist nach § 1476 ABGB keine Anwendung auf die uneigentliche Ersitzung.[579] Die Anrechnung der Ersitzungszeit des Vorgängers ist nach § 1493 Satz 3 ABGB auch bei Besitzerwerb von einem unrechtmäßigen Besitzer möglich.[580]

*d) Ausgleichsansprüche*

Der Ersitzungserwerb ist kondiktionsfest. Dies gilt auch für die Fälle des unentgeltlichen Erwerbs, gegenüber § 367 ABGB der Hauptanwendungsbereich der Ersitzung. Dass die Redaktoren des ABGB auch den unentgeltlichen Erwerber als schutzwürdig ansahen, zeigt sich in der Streichung der noch im Urentwurf III vorgesehenen Verdoppelung der Ersitzungszeit bei fremden verschenkten Sachen. Vertragliche Ansprüche oder Verwendungsansprüche des Eigentümers gegen den Besitzer bleiben jedoch bestehen.[581]

---

576 Schwimann-Mader, § 1493 Rn. 3
577 Klang-Klang, § 1477 Anm. 2, 3; Schwimann-Mader, § 1477 Rn. 1, 4
578 Vgl. Klang-Klang, § 1452 Anm. 6.
579 Schwimann-Mader, § 1477 Rn. 1
580 Schwimann-Mader, § 1493 Rn. 3
581 Apathy, JBl. 1999, S. 215

## 5. Nicht im Eigentum des Erblassers stehende Nachlassgegenstände

### *a) Grundsätzliche Wirkung des Anfalls der Erbschaft*

Nach dem Tod des Erblassers ruht der Nachlass zunächst. Der Erbe ist erst in einem gerichtlichen Verfahren zu ermitteln. Er wird durch Gerichtsbeschluss, durch die sog. Einantwortung, als Gesamtrechtsnachfolger des Erblassers festgestellt und erhält dadurch das Eigentum an den Nachlassgegenständen.[582] Stellt sich nach der Einantwortung heraus, z.B. durch ein nachträglich aufgefundenes Testament oder den Nachweis der Ungültigkeit des der Erbenfeststellung zugrunde liegenden Testaments, dass eine andere Person der wahre Erbe ist, so hat dieser gemäß § 823 ABGB die Erbschaftsklage gegen den eingeantworteten Nichterben zu erheben. Die Klage entspricht einer *rei vindicatio* auf „Abtretung" der gesamten Erbschaft. Erst das der Erbschaftsklage stattgebende Urteil zerstört die mit der Einantwortung geschaffene Vermutung der Berechtigung des Scheinerben.[583]

Aufgrund seines Erbrechts kann der Erbe aber Eigentümer nur der Nachlassgegenstände werden, die auch im Eigentum des Erblassers standen. Es stellt sich also auch hier die Frage, welche Rechtsstellung der Erbe hinsichtlich der Gegenstände hat, die der Erblasser nur geliehen hatte oder an denen sein rechtsgeschäftlicher Eigentumserwerb gescheitert war.

### *b) Eigentumserwerb des Erben an Nachlassgegenständen, die nicht im Eigentum des Erblassers standen*

War ein Eigentumserwerb des Erblassers an der Unwirksamkeit des Titels oder bei fehlender Berechtigung des Veräußerers an den Voraussetzungen des § 367 ABGB gescheitert, so besteht wie im deutschen Recht die Möglichkeit der Konvaleszenz des Mangels bzw. der rückwirkenden Genehmigung der Veräußerung durch den Eigentümer. Ist dies nicht der Fall oder handelt es sich um Sachen, die der Erblasser als bloßer Inhaber in seinem Gewahrsam hatte, kommt ein Ersitzungserwerb des Erben in Betracht. Dabei muss der Erbe grundsätzlich sämtliche Ersitzungserfordernisse in seiner Person erfüllen. Die Ersitzung ist somit bereits aufgrund Unredlichkeit nach §§ 1460, 1463 ABGB ausgeschlossen, wenn der Erbe weiß oder leicht fahrlässig nicht weiß, dass die betreffende Sache nicht dem Erblasser gehörte.

---

582 Vgl. stv. Holzner, NZ 1994, S. 121 f.

583 Koziol/Welser II, S. 536 f

Ist der Erbe gutgläubig hinsichtlich der Berechtigung des Erblassers, so ist weiter nach dessen Besitzposition zu differenzieren: War bereits der Erblasser Ersitzungsbesitzer, hatte er also entsprechend § 1460 ABGB rechtmäßigen, redlichen und echten Besitz, so wird dem Erben nach der Regelung des § 1493 Satz 1 ABGB die Ersitzungszeit des Erblassers angerechnet. Eingerechnet wird dabei auch die Zeit zwischen dem Tod des Erblassers und dem Besitzerwerb des Erben.[584]

War der Besitz des Erblassers unrechtmäßig, d.h. lag der Übereignung an ihn kein wirksamer oder überhaupt kein Titel zugrunde, oder war der Erblasser bloßer Entleiher, Verwahrer oder dergleichen, so haftet gemäß § 1462 Satz 2 ABGB dieser Mangel weiterhin auch dem Besitz des Erben an. Ein Eigentumserwerb im Wege der kurzen Ersitzung scheidet damit aus. Entgegen dem Wortlaut der Vorschrift, die davon ausgeht, dass der Besitzüberlassung ein nicht zur Eigentumsübertragung geeigneter Titel zugrunde liegt, gilt das Ersitzungshindernis auch für den Fall, dass ein Eigentumstitel unwirksam ist oder fehlt. Dies ist aus der Entstehungsgeschichte des § 1462 ABGB zu erschließen: Während der Entwurf Horten schon den Ausschluss einer Ersitzung für den Erben eines Diebes oder Räubers vorsah, gestattete er noch den Ersitzungserwerb durch den redlichen Erben eines Mieters, Entleihers etc. Erst der Entwurf Martini brachte die Normierung des römisch-rechtlichen Grundsatzes *„nemo sibi ipse causam possessionis mutare potest“* in § 1462 Satz 2 ABGB und damit die Gleichstellung aller Fälle des unrechtmäßigen Besitzes des Erblassers.[585] Nach § 1462 Satz 3 ABGB kann erst der Rechtsnachfolger des Erben, der von diesem rechtmäßig erworben hat, ersitzen. Dem Erben selbst bleibt freilich noch ein Erwerb im Wege der langen, uneigentlichen Ersitzung offen, die keinen Titel voraussetzt.

Dagegen hindert die Unredlichkeit des Erblassers eine Ersitzung des Erben nicht. Dieser beginnt eine neue Ersitzung mit gemäß § 1476 ABGB verdoppelter Ersitzungszeit, wenn er sämtliche Voraussetzungen in seiner Person erfüllt.[586] Hatte der Erblasser unechten, insbesondere durch Raub oder Diebstahl erlangten Besitz, so kann dieser Mangel in der Person des Erben nicht überwunden werden. Nach § 1464 ABGB bleibt dem Erben die Ersitzung verschlossen. Auch eine lange Ersitzung nach § 1477 scheidet aus, da diese ebenfalls echten Besitz voraussetzt.

Zusammenfassend lässt sich feststellen, dass der Erbe jedenfalls dann in der kurzen Frist ersitzen kann, wenn der Erblasser Ersitzungsbesitz hatte bzw. recht-

---

[584] Schwimann-Mader, § 1493 Rn. 2

[585] Apathy, FS Strasser, S. 953 ff; Schwimann-Mader, § 1462 Rn. 4; Klang-Klang, § 1462 Anm. 2

[586] Klang-Klang, § 1476 Anm. 2; Schwimann-Mader, § 1476 Rn. 2

mäßiger und echter Besitzer war. Auf die lange Ersitzung muss sich der Erbe verweisen lassen, wenn der Erblasserbesitz unter dem Mangel der Unrechtmäßigkeit litt.

*c) Eigentumserwerb eines Dritterwerbers vom Erben an nicht dem Erblasser gehörenden Gegenständen*

Ist der Erbe (noch) nicht im Wege der Ersitzung Eigentümer an diesen Gegenständen geworden, verfügt er als Nichtberechtigter an einen Dritten. Ob der Dritte trotz der fehlenden Berechtigung des Erben Eigentum erwirbt, bestimmt sich zunächst nach § 367 ABGB. Hier wird relevant, wie der Erblasser in den Besitz des Gegenstandes gelangt ist: Gibt es eine lückenlose Kette des Anvertrauens bis zum Erblasser, führt ein entgeltliches Rechtsgeschäft zwischen Erben und Drittem zu dessen Eigentumserwerb. Anderenfalls kann der Dritte nur in einer öffentlichen Versteigerung bzw. vom befugten Gewerbsmann Eigentum an der Sache erwerben.

Sind die Voraussetzungen des § 367 ABGB nicht erfüllt, kommt eine eigentliche Ersitzung durch den Dritten in Betracht, insbesondere wenn der Erbe unentgeltlich an den Dritten verfügte oder ihm eine gestohlene Sache übereignete. Die Unrechtmäßigkeit oder Unechtheit des Erblasserbesitzes schlägt nach §§ 1462 Satz 3, 1464 ABGB auf die Verfügung des Erben an den Dritten jedoch nicht mehr durch.[587] Fehlt schließlich ein geeigneter Titel zwischen Erben und Drittem bzw. ist er unwirksam, so könnte der Dritte noch im Wege der langen Ersitzung Eigentümer werden.

Ein Erwerb des Dritten nach § 824 ABGB im Vertrauen auf den Rechtsschein, der durch die gerichtliche Einantwortung des Erben erzeugt wird, hilft hier nicht weiter: Die Einantwortung begründet eine Vermutung für die Berechtigung des Erben im Sinne seiner Erbenstellung, schützt aber den Dritten nur, wenn ein eingeantworteter Nichterbe verfügte. Das fehlende Eigentum des Erblassers kann die Einantwortung und infolgedessen auch die Regelung des § 824 ABGB nicht überwinden.[588]

*d) Erbschaftsersitzung*

Auch das ABGB kennt keine Erbschaftsersitzung in dem Sinne, dass ein Nichterbe das Erbrecht oder die Erbschaft im Wege der Ersitzung erwerben könnte: Erbrecht und Erbschaft sind keine ersitzungsfähigen Gegenstände. In jedem Fall

[587] Schwimann-Mader, § 1464 Rn. 2
[588] Koziol/Welser II, S. 539 f

fehlt dem Nichterben aber der gültige Titel; der Glaube, Erbe zu sein, würde einen bloßen Putativtitel begründen, der nicht zur Rechtmäßigkeit des Besitzes führt. Für einzelne Erbschaftsgegenstände ist der Mangel des Titels freilich durch die lange, uneigentliche Ersitzung überwindbar. Eine *usucapio pro herede* ist im österreichischen Recht daneben in der Form möglich, dass der Erbe in den oben dargestellten Konstellationen das Eigentum an Sachen ersitzen kann, die nicht im Eigentum des Erblassers standen. Insofern ist der Titel *„pro herede"* ein Titel im Sinne des § 1461 ABGB, da er zu einem derivativen Erwerb des Erben geführt hätte, wenn der Erblasser der Berechtigte gewesen wäre.[589]

## 6. Zusammenfassung

Das ABGB ist eine stark durch die Lehren des Usus modernus und des Naturrechts geprägte Kodifikation. Im Gegensatz zu Kodifikationen bzw. Kodifikationsprojekten des 18. Jahrhunderts wie ALR oder Codex Theresianus, die das Bemühen um eine Harmonisierung der Grundsätze des Gemeinen Rechts mit partikularen Regelungen in Form von neuen und eigenständigen Lösungsansätzen deutlich werden lassen, fällt bei den Bestimmungen des ABGB ins Auge, dass sie überwiegend dem Gemeinen Recht entnommen sind. Insbesondere das österreichische Ersitzungsrecht erscheint als Abbild des justinianischen Rechts in der Form, die es in der Rezeption und der frühneuzeitlichen wissenschaftlichen Bearbeitung erhalten hat. Im Rahmen der Sachverfolgung berücksichtigte man Verkehrsschutzerwägungen, jedoch bei weitem nicht so konsequent, wie dies vorher im ALR oder Codex Theresianus der Fall war. Zwar sind deren Einflüsse noch spürbar vorhanden, in voller Konsequenz zur Übernahme ihrer Konzeption des Erwerberschutzes durchringen konnte sich die Kommission unter Leitung Zeillers aber nicht. Das ABGB trägt dagegen deutlich die Handschrift der Naturrechtler Martini und Zeiller. Indem das ABGB aber in § 367 Satz 2 ABGB klarstellte, dass als Rechtsfolge der privilegierten Erwerbssituationen ein Eigentumserwerb eintritt, ist das ABGB die erste Kodifikation, die den gutgläubigen Eigentumserwerb vom Nichtberechtigten ausdrücklich regelt.[590]

In den folgenden Situationen räumt das ABGB dem Schutz des Erwerbers abhanden gekommener und unterschlagener Sachen Vorrang vor dem Schutz der Eigentümerinteressen ein:

Durch Rechtsgeschäft kann ein gutgläubiger Dritter an gestohlenen oder abhanden gekommenen Sachen nur in einer öffentlichen Versteigerung oder von einem

[589] Apathy, FS Strasser, S. 950 ff

[590] Vgl. Hinz, S. 309.

zu diesem Geschäft befugten Gewerbsmann erwerben. Dabei muss es sich um ein entgeltliches Rechtsgeschäft handeln. Ist die Verfügung unentgeltlich oder fehlt es an der privilegierten Erwerbssituation, scheitert zwar eine Übereignung nach § 367 ABGB, der ununterbrochen redliche Dritte kann aber im Wege der kurzen Ersitzung nach Ablauf von drei Jahren das Eigentum an der Sache erlangen. Steht einem Erwerb nach § 367 ABGB und § 1460 ABGB das Fehlen oder die Unwirksamkeit des Verpflichtungsgeschäftes entgegen, hilft schließlich die lange Ersitzung nach § 1477 bei ununterbrochener Redlichkeit nach Ablauf von dreißig Jahren über dieses Erwerbshindernis hinweg.

An unterschlagenen Sachen erwirbt ein gutgläubiger Käufer in allen drei Erwerbssituationen des § 367 ABGB sofort das Eigentum. Die kurze und die lange Ersitzung führen auch hier insbesondere dann zum Eigentumserwerb, wenn die Verfügung unentgeltlich war.

## III. Frankreich

### 1. Der Code civil von 1804

Erst unter Napoléon kam der heute noch gültige Code civil zustande: Mit Beschluss vom 12.08.1800 setzte er eine vierköpfige Kodifikationskommission ein, der unter anderem Bigot-Préameneu angehörte. Die Kodifikation sollte nach den Vorgaben Napoléons einen Kompromiss aus dem römischen *droit écrit* des Südens sowie dem Gewohnheitsrecht vor allem von Paris unter Berücksichtigung der revolutionären Grundsätze beinhalten.[591] Der aus 36 Einzelgesetzen zusammengefügte Code civil wurde am 21.03.1804 verkündet. Das französische Zivilgesetzbuch erfuhr eine weite Verbreitung: Es war in allen Ländern, die unter der Herrschaft Napoléons standen, eingeführt worden und damit in Belgien, Luxemburg, Holland sowie in den von Frankreich besetzten linksrheinischen Gebieten Deutschlands in Geltung. Auch in Italien wurde er in Kraft gesetzt. Dort wurde er nach dem Zusammenbruch des napoleonischen Reiches durch Zivilgesetzbücher der italienischen Einzelstaaten abgelöst, die sich jedoch eng an den Code civil anlehnten.[592]

### 2. Grundsätze des rechtsgeschäftlichen Eigentumserwerbs an beweglichen Sachen

Charakteristisch für das französische Recht ist die Geltung des Einheits- sowie des reinen Konsensprinzips. Bereits im 13. Jahrhundert kehrte sich das alte französische Recht unter dem Einfluss des kanonischen Rechts vom römischen Traditionsprinzip ab und erklärte die Willenseinigung zwischen den Parteien für ausreichend, um den Eigentumsübergang vom Veräußerer auf den Erwerber zu bewirken. Auch dem naturrechtlichen Verständnis vom Konsualvertrag zwischen den Parteien entspricht es, dem Vertrag dingliche Wirkung beizumessen. Zunächst wurde die Übergabe dadurch ersetzt, dass der Verkäufer äußerte, für den Käufer besitzen zu wollen. Später wurde gefordert, dass der Verkäufer seine Absicht erklärt, den Besitz aufzugeben und ihn dem Käufer einzuräumen. Art. 1138 C.c. enthält diese Klausel in allgemeingültiger Form.[593] Die dingliche Einigung ist

---

[591] Vgl. Gordley, Am. Journal of Comparative Law 42, S. 459 ff, 462 ff.

[592] Wesenberg/Wesener, S. 160 ff; Kaspers, S. 132 ff; Jeroscheg, S. 71 ff, 77 f; Coing, Europäisches Privatrecht II, S. 3, 12 f, 19; Zweigert/Kötz, Einführung, S. 101 f

[593] Art. 1138 C.c.: *„L'obligation de livrer la chose est parfaite par le seul consentement des parties contractantes. Elle rend le créancier propriétaire et met la chose à ses risques dès l'instant où elle a dû être livrée, encore que la tradition n'en ait point été faite,[...]."*

damit im schuldrechtlichen Vertrag enthalten.[594] Dementsprechend ist im Code civil die rechtsgeschäftliche Eigentumsübertragung nicht im Sachenrecht, sondern im Schuldrecht geregelt.

Art. 711 C.c.[595] bestimmt allgemein für alle translativen Schuldverträge, dass das Eigentum mit Abschluss des Verpflichtungsgeschäfts auf den Erwerber übergeht. Der Veräußerer hat gemäß Art. 1138 C.c. die schuldrechtliche Verpflichtung, dem mit dem Konsens Eigentümer gewordenen Erwerber den Besitz an der Sache zu verschaffen. Statt der tatsächlichen Übergabe genügt auch eine *brevi manu traditio*, wenn der Erwerber seinen Willen, für einen anderen zu besitzen, hin zum Eigenbesitz ändert. Die Übergabe der Sache ist jedoch weder für die Wirkung der Übereignung inter partes noch gegenüber Dritten erforderlich.[596] Als Konsequenz aus der Geltung des Einheitsprinzips muss das Verpflichtungsgeschäft, der Titel, objektiv wirksam sein, um den Eigentumsübergang zu bewirken. Dies wiederum setzt voraus, dass die betreffende Sache durch ihren Eigentümer veräußert wird: Der Verkauf einer fremden Sache ist nach Art. 1599 C.c. nichtig.[597]

Kennzeichen der rechtsgeschäftlichen Eigentumsübertragung nach französischem Recht ist demnach das Fehlen der Publizität. Diese Konzeption trägt zwar zur Leichtigkeit, nicht aber zur Sicherheit des Handelsverkehrs bei, da infolge sich schnell ändernder Rechtsverhältnisse an beweglichen Sachen das Auseinanderfallen von Eigentum und Besitz eher noch gefördert wird.

### 3. Der gutgläubige rechtsgeschäftliche Erwerb vom Nichtberechtigten

„*En fait de meubles, la possession vaut titre*": Dem Wortlaut des Art. 2279 al.1$^{er}$ C.c. nach ist der Besitz einer beweglichen Sache gleichwertig mit dem eigentumsverschaffenden Rechtsgeschäft.

Hat der Erwerber mit dem Eigentümer der Sache kontrahiert, so hat er - wie wir oben gesehen haben - bereits durch den Abschluss z.B. eines Kaufvertrages Eigentum erworben. Da Mobilien in der Mehrzahl der Fälle ohne schriftlichen Vertrag oder Quittung veräußert werden, kann es aber schwierig sein, den wirksamen

---

594 Jeroscheg, S. 169 ff m.w.N.; Petronio, Vendita e trasferimento I, S. 173 ff; Coing, Europäisches Privatrecht II, S. 396

595 Art. 711 C.c.: „*La propriété des biens s'acquiert et se transmet par succession, par donation entre vifs ou testamentaire, et par l'effet des obligations.*"

596 Vgl. stv. Jeroscheg, S. 166, 172 ff, 177 ff, 230 ff, je m.w.N.; Minuth, S. 25; Römer, S. 127 f.

597 Art. 1599 al. 1$^{er}$ C.c.: „*La vente de la chose d'autrui est nulle.*"

vertraglichen Erwerb der Sache nachzuweisen. In dieser Situation entfaltet die Regel des Art. 2279 al. 1er C.c. ihre *fonction probatoire*: Der Sachbesitz lässt zum einen auf die Eigentümerstellung des Besitzers schließen. Zum anderen hat der Besitz Beweiskraft dafür, dass das Eigentum auf der Grundlage eines Titels erworben wurde, der geeignet ist, das Eigentum zu übertragen. Im Prozess gegen den auf Sachherausgabe verklagten Erwerber wird nach Art. 2279 al. 1er C.c. sein rechtmäßiger Eigentumserwerb vermutet, solange der Eigentümer nicht das Gegenteil, z.B. die Unwirksamkeit des Vertrags aufgrund Willensmangels oder das Vorliegen eines bloßen Leihvertrags, nachweist.[598]

Art. 2279 C.c. ist jedoch in erster Linie sedes materiae des gutgläubigen Erwerbs vom Nichtberechtigten. Hierin liegt die *fonction acquisitive* der Regelung: Der Nichtberechtigte kann nicht mehr an Rechten übertragen, als er selbst hat. Der Besitz verleiht aber dem gutgläubigen Erwerber einen neuen, d.h. einen anderen als den vom Veräußerer erhaltenen, fehlerfreien Titel.[599] Damit regelt Art. 2279 C.c., vorletzte Vorschrift des Titels *„de la prescription et de la possession"*, die wichtigste Besitzwirkung im modernen Recht.

Ihre rechtspolitische Rechtfertigung finden die beiden Funktionen des Art. 2279 C.c. in den Erfordernissen des Handelsverkehrs nach einer schnellen und sicheren Güterzirkulation. Da die Kette der Eigentümer beweglicher Sachen für einen Erwerber kaum nachvollziehbar ist, gibt ihm die *fonction acquisitive* die nötige Sicherheit, auf die Wirksamkeit seines Erwerbs vertrauen zu können. Die Beweisfunktion befreit auch denjenigen, der vom Berechtigten erwirbt, von seinen Beweisschwierigkeiten, die aus der Natur der Mobilien herrühren. Art. 2279 C.c. korrigiert damit in gewisser Weise die Rechtsunsicherheit, die mit dem Verzicht auf das Publizitätserfordernis bei der rechtsgeschäftlichen Eigentumsübertragung vom Berechtigten verbunden ist.[600] Dies wird deutlich im Fall der Doppelveräußerung einer Sache: Als Anwendungsfall der Erwerbsfunktion des Art. 2279 C.c. statuiert Art. 1141 C.c.[601], dass der gutgläubige Zweiterwerber mit dem Besitz an

---

[598] Dabei wirkt die Beweisfunktion nur im Vindikationsprozess, nicht gegen eine persönliche Klage des Eigentümers wegen absoluter Nichtigkeit des Vertrags. Der Eigentümer, der die Nichtigkeit z.B. des Kaufs geltend machen will und dafür beweisbelastet ist, soll sich aber nicht zu Lasten des Erwerbers der Vindikation bedienen dürfen, zu deren Erfolg er nur sein Eigentum, nicht aber die Nichtigkeit des Vertrags mit dem Beklagten beweisen müsste. Vgl. Mazeaud/Chabas, II/2, Nr. 1524 f, 1542; Terré/Simler, Rn. 413, 435 ff, 440; Jeroscheg, S. 157 f, 225 f; Minuth, S. 171 f; Zénati, Nr. 312 bis.

[599] Terré/Simler, Rn. 412 f; Jeroscheg, S. 221; Ferid/Sonnenberger, Bd. 2, 3 B 11

[600] Mazeaud/Chabas, II/2, Nr. 1516; Terré/Simler, Rn. 413, 436; Carbonnier, S. 225 f, 397; Ferid/Sonnenberger, Bd. 2, 3 B 11; Minuth, S. 18 f

[601] Art. 1141 C.c.: *„Si la chose qu'on s'est obligé de donner ou de livrer à deux personnes successivement, est purement mobilière, celle des deux qui en a été mise en possession*

der Sache das Eigentum erlangt. Der Veräußerer, der dem ersten Erwerber bereits mit Vertragsabschluss das Eigentum verschafft hatte, handelte gegenüber dem zweiten Erwerber als Nichtberechtigter. Das Auseinanderfallen von Eigentum und Besitz war für den zweiten Erwerber nicht erkennbar.[602] Bigot-Préameneu lehnte sich mit dieser Argumentation eng an das von Bourjon aufgestellte System des Gutglaubensschutzes an.[603]

Während aus Sicht der Verfasser des Code civil für die Aufnahme des Art. 2279 C.c. fast ausschließlich der Verkehrsschutzgedanke bestimmend war, wird in der neueren Lehre auch die gegenüber dem gutgläubigen Erwerber geringere Schutzwürdigkeit des früheren Eigentümers angeführt, der die Sache aus der Hand gegeben und damit das Risiko eines Eigentumsverlustes gesetzt hat.[604] Dagegen war das Vertrauen des Erwerbers auf den vom Sachbesitz des Veräußerers ausgehenden Rechtsschein des Eigentums nicht maßgeblich für die Entscheidung des französischen Gesetzgebers zugunsten des Erwerberschutzes. Im französischen Recht wird dem Veräußererbesitz gerade keine Rechtsscheinwirkung zuerkannt. Entscheidend für den Eintritt der gemäß Art. 2279 C.c. an den Besitz geknüpften Wirkungen ist der Besitz des Erwerbers und damit dessen nach außen manifestierte Rechtsposition.[605]

Diese Sicht ist bedingt durch die Herkunft der Regel *„la possession vaut titre"* aus dem Vindikationsprozess. So hat sich zunächst die *fonction probatoire* des Art. 2279 C.c. aus der Notwendigkeit ergeben, den verklagten Besitzer von der Schwierigkeit zu befreien, eine lückenlose Erwerbskette bis zu einem originären Eigentümer zurück nachweisen zu müssen. In der Beweisfunktion begründet sein qualifizierter Besitz die widerlegliche Vermutung eines rechtmäßigen Eigentumserwerbs. Art. 2279 C.c. bewirkt damit eine Beweislastumkehr zugunsten des verklagten Besitzers.[606] In der Funktion des Erwerbs vom Nichtberechtigten regelt Art. 2279 C.c. die Rechtsfolge nicht als Eigentumserwerbstatbestand, sondern als grundsätzlichen Ausschluss der Vindikation des früheren Eigentümers gegen den gutgläubigen Erwerber. Hier lässt der Besitz das Vorhandensein eines Titels vermuten. Der Eigentümer kann jedoch das Fehlen der Voraussetzungen des Art. 2279 al. 1er C.c., insbesondere die Fehlerhaftigkeit des Besitzes oder die

---

*réelle est préférée et en demeure propriétaire, encore que son titre soit postérieur en date, pourvu toutefois que la possession soit de bonne foi."*

602 Jeroscheg, S. 233 ff, 239 f; Römer, S. 168 f

603 Göler von Ravensburg, S. 110 ff. Die Regel des § 2279 C.c. wurde ohne weitere inhaltliche Erörterung in den Code civil aufgenommen, vgl. Jeroscheg, S. 83 ff, 88, 200 f.

604 Mazeaud/Chabas, II/2, Nr. 1516; Terré/Simler, Rn. 416; Carbonnier, S. 398; Römer, S. 171 ff; Jeroscheg, S. 201 ff; 222, 224

605 Minuth, S. 104 ff, 127, 142; v. Gerlach, S. 99; Römer, S. 34

606 Jeroscheg, S. 226 f; Terré/Simler, Rn. 414; Ferid/Sonnenberger, Bd. 2, 3 B 12

Bösgläubigkeit des Erwerbers, nachweisen und so die Vermutung zu Fall bringen. Der Eigentumserwerb des Besitzers stellt sich damit als Konsequenz aus der Beschränkung der Fahrnisverfolgung dar. Obwohl die Rechtsprechung bislang nicht ausdrücklich klargestellt hat, dass Art. 2279 C.c. tatsächlich eine Eigentümerstellung des Erwerbers begründet, nimmt die Lehre einen lastenfreien Eigentumserwerb an.[607]

*a) Voraussetzungen des gutgläubigen Erwerbs vom Nichtberechtigten*

Vorausgesetzt ist zunächst nach dem Wortlaut von Art. 2279 al. 1er C.c. der Besitz. Nicht jeder Besitz rechtfertigt jedoch den Eintritt der Rechtsfolge, sondern nur besonders qualifizierter Besitz. Eine Konkretisierung bringt Art. 1141 C.c., der wie oben dargelegt ein Anwendungsfall der allgemeinen Regel des Art. 2279 C.c. ist und deshalb zu dessen ergänzender Auslegung herangezogen werden kann. Dort wird verlangt, dass der Erwerber die tatsächliche Sachherrschaft, *possession réelle*, über eine Sache erlangt. Daraus ergibt sich zweierlei: Zum einen ist ein gutgläubiger Erwerb damit zwar durch *brevi manu traditio* möglich, im Wege eines Besitzkonstituts aber ausgeschlossen.[608] Zum anderen ist die Erwerbs- wie auch die Beweiswirkung des Art. 2279 C.c. nur auf körperliche Sachen anwendbar.[609]

Daneben erfordert der gutgläubige Erwerb Eigenbesitz (*possession à titre de propriétaire*), d.h. der Erwerber muss die Sache für sich selbst, nicht für einen anderen, besitzen wollen.[610] Nach der Konzeption des französischen Besitzrechts liegt im Fall der Innehabung einer Sache für einen anderen aufgrund eines Schuldverhältnisses, z.B. als Mieter, Entleiher, Verwahrer usw., schon begrifflich kein Besitz vor, der sich aus der tatsächlichen Sachherrschaft und dem Eigenbesitzwillen zusammensetzt, sondern bloße prekaristische Innehabung, *détention précaire*.[611] Gemäß Art. 2230 C.c. wird das Vorliegen von Eigenbesitz bis zum Beweis des Gegenteils vermutet. Ferner muss der Besitz fehlerfrei, d.h. *paisible, publique et non équivoque* sein. Dies setzt voraus, dass der Erwerber den Besitz gewaltfrei (*paisible*) erlangt haben muss. Eine gewaltsame Inbesitznahme der

---

607 Jeroscheg, S. 181, 223; Minuth, S. 152 ff, 168-170, 217; Römer, S. 151 ff; Mazeaud/Chabas, II/2, Nr. 1537 ff

608 Ferid/Sonnenberger, Bd. 2, 3 B 16; Terré/Simler, Rn. 421; Römer, S. 124 ff

609 Davon ausgenommen sind jedoch körperliche Sachen wie z.B. Schiffe, deren Übertragung einer besonderen Publizität durch Eintragung unterliegt. Demgegenüber findet Art. 2279 C.c. aber Anwendung auf Autos sowie auf dingliche Rechte an körperlichen Sachen, Mazeaud/Chabas, II/2, Nr. 1527; Terré/Simler, Rn. 418; Minuth, S. 35 Rn. 1 m.w.N.

610 Minuth, S. 48 ff; Terré/Simler, Rn. 420; Jeroscheg, S. 211 ff; Römer, S. 118 ff

611 Vgl. Mazeaud/Chabas, II/2, Nr. 1434; Carbonnier, S. 218 ff; Terré/Simler, Rn. 163, 447.

Sache würde freilich auch den guten Glauben des Erwerbers ausschließen.[612] Weiterhin muss der Besitz offenkundig sein, darf also nicht im Verborgenen stattfinden, wobei die Besitzausübung durch den Erwerber unzweideutig seinen Willen zeigen muss, die Sache als Eigentümer zu besitzen.[613]

Weitere Voraussetzungen nennt Art. 2279 al. 1er C.c. nicht. Art. 1141 C.c. ist zu entnehmen, dass der Erwerber gutgläubig hinsichtlich des Eigentums des Veräußerers sein muss. Nur durch die *bonne foi* des Besitzers lässt sich die fehlende Berechtigung des Veräußerers überwinden und der Rechtsverlust des früheren Eigentümers rechtfertigen. Für die Verfasser des Code civil war in Anknüpfung an die französische Rechtstradition das Gutglaubenserfordernis offensichtlich so selbstverständlich, dass auf seine Aufnahme in die prägnante Regel des Art. 2279 C.c. verzichtet wurde.[614]

Der gute Glaube des Erwerbers muss sich darauf beziehen, dass der Veräußerer der Eigentümer der Sache bzw. zumindest berechtigt ist, die Sache zu veräußern.[615] Dem Besitzer, der um die fehlende Berechtigung des Veräußerers weiß, ist derjenige gleichgestellt, der jede Sorgfalt außer acht lässt oder berechtigte Zweifel an der Eigentümerstellung des Veräußerers hat. In zunehmender Tendenz zur Objektivierung der *bonne foi* darf nach der Rechtsprechung kein Umstand vorgelegen haben, der geeignet ist, beim Erwerber Zweifel an der Verfügungsberechtigung seines Kontrahenten zu wecken.[616] Nach Art. 2268 C.c. wird der gute Glaube des Erwerbers immer vermutet. Der das Gegenteil behauptende Eigentümer hat die Kenntnis oder grob fahrlässige Unkenntnis des Besitzers zu beweisen. Dafür genügt es darzulegen, dass Umstände vorgelegen haben, die die Bösgläubigkeit des Erwerbers wahrscheinlich machen.[617] Maßgeblicher Zeitpunkt für die Gutgläubigkeit des Erwerbers ist der Zeitpunkt seiner Besitzerlangung, im Fall einer *brevi manu traditio*, z.B. bei Übereignung der verliehenen Sache an den Entleiher, der Zeitpunkt der Einigung über den Eigentumsübergang.[618]

---

[612] Terré/Simler, Rn. 165, 422; Carbonnier, S. 222

[613] Terré/Simler, Rn. 166 f; Carbonnier, S. 222; Jeroscheg, S. 213 ff; Römer, S. 130 f

[614] Vgl. Römer, S. 137 f; Mazeaud/Chabas, II/2, Nr. 1532; Terré/Simler, Rn. 423.

[615] Im französischen Recht wird nicht eindeutig zwischen dem guten Glauben an das Eigentum bzw. an die Verfügungsbefugnis des Veräußerers unterschieden. Die Tendenz in Rechtsprechung und Lehre geht dahin, auch den guten Glauben an die Verfügungsbefugnis zu schützen, vgl. Römer, S. 139 ff; Minuth, S. 137 ff.

[616] Mazeaud/Chabas, II/2, Nr. 1447 f; Jeroscheg, S. 215 ff m.w.N., Römer, S. 142 f; Minuth, S. 43; Carbonnier, S. 399 f, 410. Dieses Verständnis der Bösgläubigkeit der französischen Rechtsprechung entspricht damit der Definition als grob fahrlässige Unkenntnis im deutschen Recht, Ferid/Sonnenberger, Bd. 2, 3 B 21.

[617] Mazeaud/Chabas, II/2, Nr. 1534

[618] Mazeaud/Chabas, II/2, Nr. 1535; Ferid/Sonnenberger, Bd. 2, 3 B 20; Jeroscheg, S. 218 ff

Der Erwerber muss ferner seinen Besitz aufgrund eines Rechtsgeschäfts erlangt haben, das zur Eigentumsübertragung grundsätzlich geeignet ist und nicht nur eine schuldrechtliche Besitzüberlassung auf Zeit zur Folge hat. Wie wir oben bereits gesehen haben, ist der eigentumsübertragende Titel, z.B. der Kauf nach Art. 1599 C.c. aber aufgrund des fehlenden Eigentums des Veräußerers nichtig. Ein Eigentumserwerb nach Art. 2279 al. 1$^{er}$ C.c. setzt demnach nicht das Vorliegen eines *juste titre*, eines wirksamen Titels voraus. Dieser Titel wird nach der Regel des Art. 2279 al. 1$^{er}$ C.c. durch den Besitz ersetzt. Allerdings muss der Erwerber tatsächlich einen translativen Vertrag abgeschlossen haben und sein guter Glaube muss sich auch darauf erstrecken, dass der Vertrag wirksam ist. Der Erwerber muss also glauben, aufgrund eines wirksamen Vertrags Eigentum vom Berechtigten erworben zu haben, sonst würde er besser gestellt als derjenige, der vom Berechtigten erwirbt. Im Rahmen des Art. 2279 C.c. genügt demnach ein Putativtitel als Grundlage für den Besitz.[619]

Nur wenn sämtliche Voraussetzungen erfüllt sind, tritt die Rechtsfolge, Vindikationsausschluss bzw. sofortiger Eigentumserwerb des gutgläubigen Besitzers ein. E contrario ist die Vindikation des Eigentümers gegen den bösgläubigen Besitzer sowie bei fehlerhaftem Besitz uneingeschränkt zugelassen. Auch der Dieb ist somit 30 Jahre lang der Herausgabeklage des Eigentümers ausgesetzt.

*b) Gutgläubiger Erwerb gestohlener und verlorener Sachen*

Hat der Besitzer eine gestohlene oder verlorene Sache vom Nichtberechtigten erworben, so tritt kein sofortiger Eigentumserwerb ein. Als Ausnahme von der Regel *„la possession vaut titre"* hält Art. Art. 2279 al. 2 C.c. dem Eigentümer während eines Zeitraums von drei Jahren ab Diebstahl oder Verlust die Vindikation gegen jeden offen, in dessen Händen er die Sache findet. Darin zeigt sich eine Privilegierung des Opfers einer Besitzentziehung, die auf dem kanonistischen Grundsatz *„Spoliatus ante omnia restituatur"* beruht.[620] Als Diebstahl definiert die Rechtsprechung in Anlehnung an den engen strafrechtlichen Diebstahlsbegriff eine „betrügerische Besitzentziehung fremder Sachen". Nicht unter Art. 2279 al. 2 C.c. fallen dem Eigentümer durch Betrug, Unterschlagung oder Veruntreuung abhanden gekommene Sachen. Demgegenüber wird der Begriff des „Verlustes" im Sinne des Art. 2279 al. 2 C.c. weiter verstanden und umfasst sämtliche Fälle des unfreiwilligen Besitzverlustes des Eigentümers.[621] Kein Fall des Diebstahls oder des Verlusts liegt somit vor, wenn ein Fremdbesitzer, z.B. Mieter, Verwahrer usw. die ihm vom Eigentümer anvertraute Sache ohne dessen Willen

---

[619] Mazeaud/Chabas, II/2, Nr. 1533, 1536; Carbonnier, S. 400; Römer, S. 148 ff; Jeroscheg, S. 217; Minuth, S. 39, 171 ff

[620] Vgl. Carbonnier, S. 412.

[621] Römer, S. 153 ff, Jeroscheg, S. 185 ff; Ferid/Sonnenberger, Bd. 2, 3 B 30-32

weggibt und dadurch unterschlägt. In diesen Fällen kommt es zum sofortigen Eigentumserwerb des Dritterwerbers nach Art. 2279 al. 1er C.c.[622]

Wie wir gesehen haben, ist der bösgläubige Besitzer unabhängig von der Art des Besitzverlustes des Eigentümers 30 Jahre lang der Herausgabeklage des Eigentümers ausgesetzt. Dasselbe gilt für denjenigen, der eine verlorene Sache findet.[623] Demgegenüber beschränkt Art. 2279 al. 2 C.c. zugunsten des gutgläubigen Erwerbers einer gestohlenen oder verlorenen Sache die Herausgabeklage des Eigentümers auf einen Zeitraum von drei Jahren ab Diebstahl oder Verlust. Nach Ablauf dieser Frist greift der Vindikationsausschluss, der gutgläubige Erwerber wird Eigentümer. Die Drei-Jahres-Frist ist keine Ersitzungs- oder Verjährungsfrist, da sie weder unterbrochen werden kann noch vom Besitzerwerbszeitpunkt abhängig ist, sondern eine Ausschlussfrist für die Herausgabeklage des Eigentümers. Sie knüpft an die im justinianischen Recht für die Mobiliarersitzung festgelegte Zeitspanne an, die aufgrund Pothiers Coutume d'Orléans bereits in weiten Teilen Frankreichs für die Ersitzung angewendet wurde.[624]

Für typische Umlaufpapiere wie Geld oder Inhaberschecks gelten nach Art. 38 des Dekrets vom 11.01.1956 keine Sonderregelungen, sondern die allgemeinen Regeln der Artt. 2279, 2280 C.c.[625]

*c) Lösungsrecht bei privilegierten Erwerbssituationen*

Macht der Eigentümer binnen der Drei-Jahres-Frist seinen Herausgabeanspruch gegen den gutgläubigen Besitzer einer gestohlenen oder verlorenen Sache geltend, so muss dieser die Sache gemäß Art. 2280 C.c. nur gegen Erstattung des von ihm gezahlten Kaufpreises herausgeben. Dieser Erstattungsanspruch steht dem Erwerber dann zu, wenn er die Sache unter besonderen Umständen gekauft hat. Privilegiert sind der Kauf auf dem Markt oder einer Messe sowie von einem Kaufmann, der mit ähnlichen Sachen handelt. Maßgebliches Kriterium aller Fälle des Art. 2280 C.c. ist die Publizität des Kaufs. Beim Kaufmann sprechen dafür z.B. eine Eintragung ins Handelsregister, ein Firmenschild oder ein öffentliches Geschäftslokal. Eine weitere begünstigte Erwerbssituation bietet eine öffentliche Versteigerung. Dieses Tatbestandsmerkmal umfasst sowohl die freiwillige Ver-

---

622 Mazeaud/Chabas, II/2, Nr. 1528; Carbonnier, S. 398; Terré/Simler, Rn. 426

623 Die prinzipiell unverjährbare Herausgabeklage des Eigentümers findet ihre Grenze in der Möglichkeit der Ersitzung selbst des bösgläubigen Besitzers nach Ablauf von 30 Jahren; Terré/Simler, Rn. 425; Carbonnier, S. 400 f; Mazeaud/Chabas, II/2, Nr. 1550 f; Jeroscheg, S. 184.

624 S. oben B.IV.5; Mazeaud/Chabas, II/2, Nr. 1553; Jeroscheg, S. 88, 183 f; Römer, S. 157; Terré/Simler, Rn. 427; Ferid/Sonnenberger, Bd. 2, 3 B 33; Göler von Ravensburg, S. 111

625 Vgl. Ferid/Sonnenberger, Bd. 2, 3 B 42 ff.

steigerung wie auch die Zwangsversteigerung.[626] Die das Lösungsrecht begründenden Tatbestände knüpfen an die erstmals im preußischen ALR festgelegte, Unverdächtigkeit des Erwerbs präsumierende staatliche Legitimation sowie an die seit dem Mittelalter im französischen Gewohnheitsrecht verankerten Marktkaufregeln an. Die Priviegierung des Erwerbs vom Kaufmann sollte das Vertrauen in den Handel schützen.[627]

Die einschränkende Wirkung des Lösungsrechts auf die Vindikation des Eigentümers einer gestohlenen oder verlorenen Sache in der Praxis ist nicht zu unterschätzen: Für den Eigentümer ist in diesen Fällen des Art. 2280 C.c. ein Herausgabeverlangen nur noch dann rentabel, wenn er ein Affektionsinteresse an der Sache hat oder der Wert der Sache den vom Erwerber gezahlten Kaufpreis übersteigt. Im Gegenzug bringt die Einschränkung der Ausnahme vom sofortigen Eigentumserwerb eine Aufwertung des regulären Handels mit sich. Derjenige, der statt vom Privatmann vom (Fach-)Händler erwirbt, kann sich sicher sein, die Sache als Eigentümer behalten zu dürfen bzw. zumindest keinen finanziellen Verlust zu erleiden. Gegen das Risiko der Insolvenz des Eigentümers schützt den Erwerber sein Zurückbehaltungsrecht, das aus seinem Kaufpreiserstattungsanspruch resultiert und das er gegenüber dem Herausgabeanspruch geltend machen kann. Die Rechtfertigung des gesteigerten Erwerberschutzes auch bei gestohlenen bzw. verlorenen Sachen liegt in den vertrauenerweckenden Erwerbsumständen begründet, die dem Erwerber keinen Anlass zu weiteren Nachforschungen nach der Herkunft der Sache geben und ihn besonders schutzwürdig erscheinen lassen, während der Eigentümer den Verlust oder Diebstahl der Sache durch Anwendung größerer Sorgfalt vielleicht hätte verhindern können.[628]

### *d) Ausgleichsansprüche*

Der gutgläubige Erwerb nach Art. 2279 C.c. ist kondiktionsfest und entzieht damit die Sache dem Zugriff des früheren Eigentümers. Dieser muss sich mit vertraglichen und Schadensersatzansprüchen an den nichtberechtigt Verfügenden halten, Ansprüche aus ungerechtfertigter Bereicherung sind nicht gegeben. Dies gilt auch in den Fällen, in denen er die Sache nach Art. 2279 al. 2 C.c. zwar wiedererlangt, dem gutgläubigen Besitzer aber nach Art. 2280 C.c. den Kaufpreis erstattet hat.[629]

---

[626] Geyrhalter, S. 43 f m.w.N.; Römer, S. 161 f

[627] Vgl. Göler von Ravensburg, S. 111 f.

[628] Jeroscheg, S. 188 f; Römer, S. 158 f; Minuth, S. 33; Carbonnier, S. 402; Terré/Simler, Rn. 428; Mazeaud/ Chabas, II/2, Nr. 1555, 1557

[629] Carbonnier, S. 400, 403; Teré/Simler, Rn. 429; Mazeaud/Chabas, II/2, Nr. 1558

Für den nicht nach Art. 2280 C.c. privilegierten Erwerber, der eine gestohlene oder verlorene Sache an den Eigentümer herausgeben musste, sieht Art. 2279 al. 2 C.c. einen Rückgriffsanspruch gegen seinen Verkäufer aus Garantiehaftung gemäß Art. 1626 C.c. vor.[630]

*e) Exkurs: Das Lösungsrecht im schweizerischen Recht*

Das schweizerische Sachenrecht[631] ist geprägt durch den Publizitäts- und Traditionsgrundsatz sowie das Kausalitätsprinzip: Die Entstehung eines dinglichen Rechts setzt die Erfüllung einer Publizitätsform, bei Mobilien gemäß Art. 714 Abs. 1 ZGB die Besitzübertragung durch Übergabe der Sache oder ein Übergabesurrogat nach Artt. 922 ff ZGB voraus. Die Rechtsbeständigkeit einer Verfügung ist davon abhängig, dass ihr ein wirksames Kausalgeschäft zugrunde liegt. Fehlt das Grundgeschäft oder ist es unwirksam, kann der Veräußerer die Sache vindizieren.[632]

Nach dem Publizitätsprinzip begründet der äußere Anschein eines Rechts die Vermutung für das Bestehen des Rechts. Dementsprechend schützt das schweizerische Recht den guten Glauben eines Dritten auf den durch den Besitz des Veräußerers erzeugten Rechtsschein und lässt den gutgläubigen Erwerb vom Nichtberechtigten zu.[633] Nach der Regelung des Art. 714 Abs. 2 ZGB erwirbt jemand gutgläubig Eigentum von einem nicht verfügungsbefugten Veräußerer,[634] „sobald er nach den Besitzregeln im Besitze der Sache geschützt ist". Damit verweist die Vorschrift auf die Regelungen der Artt. 930 ff ZGB. Nach Art. 933 ZGB wird der gutgläubige Erwerber dann geschützt, wenn die Sache „dem Veräußerer ohne jede Ermächtigung zur Übertragung anvertraut war". An einer z.B. vom Entleiher

---

[630] Römer, S. 157 f m.w.N.; Terré/Simler, Rn. 431

[631] In der Schweiz waren der Rezeption des römischen Rechts schnell reaktionäre Strömungen entgegengesetzt worden. Zivilrechtskodifikationen wurden im 19. Jahrhundert lediglich auf kantonaler Ebene geschaffen, wobei die Lösungen im Bereich der Sachverfolgung stark differierten: Während sich einige Kantone vom römischen Vindikationsgrundsatz leiten ließen, andere – zum Teil unter dem Einfluss des französischen Code civil - die Vindikation durch ein Lösungsrecht für anvertraute und weiterveräußerte Sachen beschränkten, orientierte sich eine andere Gruppe auch am österreichischen ABGB. Das Zivilgesetzbuch des Bundes (ZGB) wurde 1902 angenommen und 1912 in Kraft gesetzt, Kaspers, S. 148 ff; Guisan, S. 52 f; Coing, Europäisches Privatrecht II, S. 21 f; Wesenberg/Wesener, S. 217 f.

[632] BK-Meier-Hayoz, Systematischer Teil, Rn. 57 ff, 88 f; Hinderling, S. 466 ff; BK-Stark, § 933 Rn. 7

[633] Hinderling, S. 459 ff; Stark, § 933 Rn. 6

[634] Nicht nur die positive Kenntnis, sondern schon die fahrlässige Unkenntnis von der fehlenden Verfügungsmacht des Veräußerers schadet. Dem Erwerber ist dann ein Fahrlässigkeitsvorwurf zu machen, wenn Umstände vorlagen, die einen ernstlichen Verdacht begründen konnten und er eine sich aufdrängende Aufklärung nicht vorgenommen hat, Hinderling, S. 477 ff; BK-Stark, § 933 Rn. 46 ff, 55 ff.

unterschlagenen Sache erwirbt der gutgläubige Besitzer somit sofort Eigentum. Hintergrund der Unterscheidung nach dem Anvertrautsein der Sache ist das Veranlassungsprinzip: der Eigentümer hat die Sache aus der Hand gegeben und trägt damit das Risiko einer Veruntreuung durch seine Vertrauensperson.[635] Eine Sache aber, die dem früheren Eigentümer gestohlen, verloren gegangen oder sonst ohne seinen Willen abhanden gekommen war, kann dieser gemäß Art. 934 Abs. 1 ZGB von jedem Besitzer während einer Frist von fünf Jahren herausverlangen.[636] Diese Ausschlussfrist läuft ab dem Zeitpunkt des Abhandenkommens und korrespondiert daher nicht mit der ebenfalls fünfjährigen Ersitzungsfrist des Art. 728 Abs. 1 ZGB. Macht der Eigentümer innerhalb der Fünf-Jahres-Frist sein Herausgabeverlangen nicht geltend, tritt der Eigentumserwerb des Dritten mit Fristablauf ein.[637] Anders als bei der Ersitzung gilt im Fall des Art. 934 Abs. 1 ZGB der Grundsatz *„mala fides superveniens non nocet"*, so dass eine Kenntniserlangung von der fehlenden Berechtigung des Veräußerers nach Abschluss des Kausalgeschäfts, aber vor Fristablauf dem Eigentumserwerb nicht entgegensteht.[638]

Wie im französischen Recht ist auch in der Schweiz ein Lösungsrecht des gutgläubigen Erwerbers vorgesehen, wenn dieser die abhanden gekommene Sache unter besonderen Umständen erworben hat, die ihn schutzwürdig erscheinen lassen. Dies ist der Fall bei einer öffentlichen Versteigerung, beim Erwerb auf dem Markt oder von einem Kaufmann, der mit Waren der gleichen Art handelt. Als öffentliche Versteigerungen gelten sowohl Zwangsversteigerungen als auch freiwillige private Versteigerungen mit behördlicher Genehmigung, soweit sie öffentlich bekannt gemacht wurden und jeder mitbieten konnte.[639] Aus dem Lösungsrecht in Höhe des gezahlten Kaufpreises erwächst dem Erwerber ein Zurückbehaltungsrecht, das er gegenüber der Vindikation geltend machen kann.[640]

Art. 935 ZGB gibt die Differenzierung zwischen Anvertrautsein und Abhandenkommen für Geld und Inhaberpapiere auf. Hier tritt der Eigentumserwerb des gutgläubigen Dritten sofort ein, auch wenn die Sachen dem Eigentümer abhanden gekommen waren.[641]

---

[635] Hinderling, S. 471 ff; BK-Stark, § 933 Rn. 22, 23 a ff

[636] Die Sache darf keinem früheren Besitzer abhanden gekommen sein; das Abhandenkommen haftet der Sache während der gesamten Fünf-Jahres-Frist an, Hinderling, S. 474 ff. Maßgeblich für das Abhandenkommen ist der unfreiwillige Verlust des unmittelbaren Besitzes, BK-Stark, § 933 Rn. 26, § 934 Rn. 2.

[637] BK-Stark, § 934 Rn. 28 ff

[638] Geyrhalter, S. 37 f; Hinderling, S. 490 f

[639] Geyrhalter, S. 38 ff m.w.N.; BK-Stark, § 934 Rn. 36 ff

[640] Hinderling, S. 491 f

[641] Vgl. Hinderling, S. 493 f.

## 4. Die Ersitzung

Neben dem rechtsgeschäftlichen Eigentumserwerb durch Erbfolge, Schenkung unter Lebenden und Vertrag (Art. 711 C.c.) nennt Art. 712 C.c.[642] unter anderem die Verjährung als gesetzlichen Eigentumserwerbstatbestand. Gemeint ist damit die Ersitzung als erwerbende Verjährung, *prescription acquisitive*. Das französische Recht regelt (extinktive) Verjährung und Ersitzung als Erscheinungsformen desselben Rechtsinstituts zusammen mit den Besitzwirkungen im Schlusstitel des Code civil.[643] Von der Lehre wird die Ersitzung definiert als Erwerb des Eigentums oder eines nicht akzessorischen dinglichen Rechts durch die Wirkung des Besitzes, der eine bestimmte Zeit hindurch andauert.[644]

### *a) Funktion und Anwendungsbereich*

Da der gutgläubige fehlerfreie Besitz nach Art. 2279 C.c. dem Erwerber einer vom Eigentümer freiwillig aus der Hand gegebenen beweglichen Sache sofort und dem Erwerber einer gestohlenen oder verlorenen Sache nach Ablauf der dreijährigen Vindikationsfrist das Eigentum verschafft, bestand kein praktisches Bedürfnis für die Aufnahme einer kurzen Ersitzung in den Code civil. Die allgemeine dreißigjährige Ersitzung, *usucapion trentenaire*, setzt neben fehlerfreiem Eigenbesitz und Fristablauf weder das Vorliegen eines Titels noch guten Glauben des Ersitzungsbesitzers voraus. Damit liegt ihre Bedeutung für den Bereich der Mobilien allein darin, dass auf diesem Wege auch dem Bösgläubigen der Eigentumserwerb ermöglicht wird. Die abgekürzte *usucapion décennale* mit einer Ersitzungsfrist von 10 bzw. 20 Jahren, die sich durch die Gutgläubigkeit des Ersitzungsbesitzers und einen gültigen Titel rechtfertigt, findet nur bei Liegenchaften Anwendung.[645]

Aus der Sicht des Gesetzgebers des Code civil erschien aus „moralischen" Gesichtspunkten ein Eigentumserwerb vom Nichtberechtigten gegen die Interessen des Eigentümers nur dann vertretbar, wenn der Erwerber aufgrund seines Vertrauens in die Eigentümerstellung bzw. Verfügungsberechtigung des Veräußerers schutzwürdig ist. Dennoch sahen die Redaktoren des Code civil Gründe, die für einen Schutz auch des bösgläubigen Besitzers sprechen, so insbesondere das allgemeine Interesse an einer Befriedung der Rechtsverhältnisse und an Rechts-

---

[642] Art. 712 C.c.: *„La propriété s'acquiert aussi par accession ou incorporation, et par prescription."*

[643] Vgl. Ferid/Sonnenberger, Bd. 2, 3 C 318 f; Zénati, Nr. 316.

[644] Mazeaud/Chabas, II/2, Nr. 1482; Ferid/Sonnenberger, Bd. 2, 3 C 320; Carbonnier, S. 335; Zénati, Nr. 313, 315

[645] Ferid/Sonnenberger, Bd. 2, 3 B 142; 3 A 108, 235, 3 C 321; Mazeaud/Chabas, II/2, Nr. 1487

sicherheit. Ein bestimmendes Argument gegen die Eigentümerinteressen war jedoch die Nachlässigkeit, die ein Eigentümer gegenüber seiner Rechtsposition zeigt, wenn er innerhalb von dreißig Jahren sich nicht um eine Verfolgung seiner Rechte bemüht. Nach Ablauf einer langen Zeitspanne tritt deshalb das Schutzinteresse des Eigentümers hinter den Interessen sogar eines bösgläubigen Besitzers zurück. Schließlich kommt die *usucapion trentenaire* auch demjenigen zugute, der als rechtmäßiger Eigentümer die gesamte Zeit im Besitz der Sache ist, da ihm die Berufung auf die Ersitzung den Beweis seines Eigentums erleichtert.[646]

*b) Voraussetzungen der dreißigjährigen Ersitzung*

Ersitzungsbesitz ist nur an Sachen sowie dinglichen Rechten an Sachen möglich, die Gegenstand tatsächlichen Besitzes, *possession réelle*, sein können. Nicht ersitzbar sind gemäß Art. 2226 C.c. unveräußerliche Sachen.[647]

Erwerbswirkung kann – wie schon im Rahmen des Art. 2279 C.c. – nur besonders qualifizierter Besitz entfalten. Art. 2229 C.c. nennt die Anforderungen, die an die *„possession utile ad usucapionem"* gestellt werden. Zunächst muss es sich um Eigenbesitz handeln, d.h. der Besitzer muss die Sache für sich selbst, als Eigentümer besitzen wollen. Art. 2236 C.c. stellt klar, dass ein Fremdbesitzer nicht ersitzen kann. Das Verbot der Titelumwandlung, *„nemo sibi ipse causam possessionis mutare potest"*, normiert Art. 2240 C.c. Damit ist sichergestellt, dass sich ein Fremdbesitzer nicht durch Änderung seines Besitzwillens zum Eigenbesitzer aufschwingen und damit einen Ersitzungserwerb herbeiführen kann. Lediglich durch *contradiction* gegenüber dem Eigentümer gemäß Art. 2238 C.c. kann der *détenteur précaire* eine Umwandlung der rechtlichen Grundlage seines Besitzes erreichen. Das Vorliegen von Eigenbesitz wird jedoch gemäß Art. 2230 C.c. bis zum Beweis des Gegenteils vermutet.[648]

Des weiteren muss der Besitz gewaltfrei erlangt (*paisible*), offenkundig (*publique*) und unzweideutig als Eigenbesitz erkennbar (*non équivoque*) sein. Die Besitzmängel der gewaltsamen Besitzergreifung und der heimlichen Ausübung haben relative Wirkung, können also nur von denjenigen Personen gegen den Ersitzungsbesitz geltend gemacht werden, die davon betroffen sind.[649] Ferner setzt die Ersitzung fortgesetzten und ununterbrochenen Besitz voraus. Für denjenigen, der nachweisen kann, dass er zu Beginn und zum Ende der Ersitzungsfrist im Besitz der Sache war, wird nach Art. 2234 C.c. vermutet, dass sein Besitz während

[646] Mazeaud/Chabas, II/2, Nr. 1450, 1479, 1486; Terré/Simler, Rn. 443 f; Zénati, Nr. 314
[647] Ferid/Sonnenberger, Bd. 2, 3 C 323 ff; Mazeaud/Chabas, II/2, Nr. 1484; Terré/Simler, Nr. 446; Zénati, Nr. 317
[648] Ferid/Sonnenberger, Bd. 2, 3 C 326; vgl. oben Fn. 17.
[649] Mazeaud/Chabas, II/2, Nr. 1435 ff, 1440 ff, s. auch oben Fn. 18, 19.

der ganzen Zeit ununterbrochen angedauert hat. Eine Unterbrechung kann z.B. durch freiwillige oder unfreiwillige Besitzaufgabe erfolgen. Die Unterbrechung gilt aber dann als nicht erfolgt, wenn der Besitzer innerhalb eines Jahres den Besitz an der Sache wiedererlangt.[650] Ebenso wie fehlende Eindeutigkeit ist Diskontinuität ein absoluter Mangel, der einer Ersitzung von jedermann entgegengehalten werden kann. Sämtliche Besitzmängel hindern die Ersitzung jedoch nicht dauerhaft; sobald der Besitz fehlerfrei ist, beginnt die Ersitzung zu laufen.[651] Wie oben bereits erwähnt wurde, setzt die Mobiliarersitzung im französischen Recht weder guten Glauben des Ersitzungsbesitzers noch Besitzerlangung aufgrund eines gültigen Titels voraus.

Die Ersitzungsfrist entspricht derjenigen des Gemeinen Rechts und beträgt gemäß Art. 2262 C.c. dreißig Jahre. Art. 2265 lässt sowohl bei Gesamt- als auch bei Einzelrechtsnachfolge die Anrechnung der zugunsten des Besitzvorgängers bereits verstrichenen Ersitzungszeit zu.[652]

Die Ersitzung führt zu einem gesetzlichen Eigentumserwerb, der auf den Zeitpunkt des Besitzerwerbs zurückwirkt. Damit werden zwar durch den Ersitzungsbesitzer während der Ersitzungszeit vorgenommene Belastungen wirksam, vor dem Beginn der Ersitzung bereits bestehende Belastungen werden jedoch nicht „wegerworben". Gemäß Art. 2223 C.c. tritt die Erwerbswirkung der Ersitzung nicht de iure ein, sondern erst, wenn sich der Erwerber darauf beruft.[653]

*c) Ausgleichsansprüche*

Der Eigentümer, der sein Recht an der Sache durch Ersitzung verloren hat, hat keine Ausgleichsansprüche gegen den Ersitzungserwerber aus ungerechtfertigter Bereicherung. Wegen des Gleichlaufs der regulären Ersitzungsfrist mit der allge-

---

[650] Art. 2242, 2243 C.c.; Zénati, Nr. 319; Terré/Simler, Rn. 462 f

[651] Vgl. Art. 2233 C.c. für den Mangel der gewaltsamen Besitzerlangung; Mazeaud/Chabas, II/2, Nr. 1442 ff, 1438; Zénati, Nr. 309.

[652] Für Mobilien spielt die Unterscheidung zwischen Gesamt- und Einzelrechtsnachfolge keine Rolle, da es hier nicht auf den guten Glauben des Besitzers ankommt. War der Besitz des Einzelrechtsvorgängers fehlerhaft, war er schon kein Ersitzungsbesitzer; der Nachfolger kann eine neue Ersitzung beginnen, wenn er alle Voraussetzungen in seiner Person erfüllt, vgl. Art. 2239 C.c. Bei der Immobiliarersitzung dagegen können sich unterschiedliche Ersitzungsfristen ergeben: Bei Gesamtrechtsnachfolge ist allein die Gut- oder Bösgläubigkeit des Erblassers für die insgesamt zu erfüllende Ersitzungsfrist maßgeblich, während bei Einzelrechtsnachfolge die Frist 30 Jahre beträgt, sobald der Besitzvorgänger oder –nachfolger bösgläubig ist, Mazeaud/Chabas, II/2, Nr. 1489; Zénati, Nr. 318; Terré/Simler, Rn. 467; Carbonnier, S. 340.

[653] Zénati, Nr. 322 ff; Terré/Simler, Rn. 471 ff; Carbonnier, S. 344; Ferid/Sonnenberger, Bd. 2, 3 C 339 ff

meinen Verjährungsfrist entstehen ohnehin keine Diskrepanzen bei der Verjährung der verschiedenen Eigentümeransprüche.[654]

## 5. Nicht im Eigentum des Erblassers stehende Nachlassgegenstände

### *a) Grundsätzliche Wirkung des Anfalls der Erbschaft*

Mit dem Erbfall geht gemäß Art. 718 C.c. die Gesamtheit des Vermögens des Erblassers auf den oder die Erben über. Der Eigentumserwerb des Erben an den Nachlassgegenständen vollzieht sich ipso iure. Zur Ausübung der durch Universalsukzession erworbenen Rechte bedarf der Erbe jedoch noch eines gesonderten Rechtstitels. Diese Eigenart des französischen Rechts ist nur aus ihrer historischen Entwicklung und vor dem Hintergrund unübersichtlicher gesellschaftlicher Verhältnisse verständlich. Sie rechtfertigt sich aus dem Interesse der Allgemeinheit daran, dass der Vermögensübergang im Rahmen eines Erbfalls geordnet vor sich geht. Für die ordentlichen gesetzlichen Erben, d.h. die Blutsverwandten und den Ehegatten des Erblassers, sowie unter besonderen Umständen auch für den testamentarisch eingesetzten Alleinerben, ergibt sich der Titel zur Rechtsausübung, *saisine*, bereits aus dem Gesetz. In den übrigen Fällen, d.h. bei testamentarischer Erbfolge bzw. wenn der Staat als gesetzlicher Erbe berufen ist, ist eine gesonderte gerichtliche Besitzeinweisung in den Nachlass erforderlich. Fehlt dem Erben der Titel zur Rechtsausübung, ist er zwar Eigentümer der Nachlassgegenstände und oft auch ihr Besitzer, kann seine Rechte aber nicht gegenüber Dritten geltend machen.[655]

### *b) Eigentumserwerb des Erben an Nachlassgegenständen, die nicht im Eigentum des Erblassers standen*

Der Eigentumserwerb des Erben ipso iure mit dem Erbfall bezieht sich nur auf Sachen, die im Eigentum des Erblassers standen. Hinsichtlich von Gegenständen, die der Erblasser z.B. in Ersitzungsbesitz oder nur in *détention précaire* hatte, setzt sich der Erblasserbesitz in der Person des Erben fort, *„principe de la continuation de la personne du défunt par le successeur"*. Dieser Effekt tritt unabhängig von der *saisine* oder der gerichtlichen Besitzeinweisung ein.[656]

Lag lediglich *détention précaire* vor, war der Erblasser also Entleiher, Mieter usw. einer Sache, hatte er keinen Besitz im Sinne des Artt. 2279 oder 2229 C.c., in den der Erbe eintreten könnte. Hinsichtlich solcher Sachen erwirbt der Erbe,

---

[654] Ferid/Sonnenberger, Bd. 2, 3 C 338

[655] Ferid/Sonnenberger, Bd. 3, 5 D 1 ff; Mazeaud/Chabas, IV/2, Nr. 1147, 1149 ff

[656] Vgl. Mazeaud/Chabas, IV/2, 54e leçon, Sommaire; Nr. 1155.

der annimmt, es handele sich um Eigentum des Erblassers, nicht aufgrund des Erbfalls gutgläubig Eigentum nach Art. 2279 C.c. Hier hilft ihm auch die Ersitzung nicht weiter: Aufgrund des Grundsatzes der Fortsetzung der Person des Erblassers durch den Erben haftet dem Besitz weiterhin die Qualität als Fremdbesitz an. Dies stellt Art. 2237 C.c. ausdrücklich klar. Eine Titelumwandlung hin zum Eigenbesitz kann der Erbe allenfalls nach Art. 2238 C.c. in Auseinandersetzung mit dem Eigentümer herbeiführen.[657]

Ein Eigentumserwerb des Erben im Wege des Art. 2279 C.c. ist allenfalls denkbar, wenn der Erblasser, der eine gestohlene oder verlorene Sache gutgläubig vom Nichtberechtigten erworben hatte, während der dreijährigen Vindikationsfrist verstirbt und die Frist ohne Klageerhebung durch den Eigentümer abläuft. Dabei ist es unerheblich, ob der Erbe gutgläubig hinsichtlich der Wirksamkeit des Eigentumserwerbs des Erblassers ist oder nicht: Da er den Besitz des Erblassers fortsetzt, muss die *possession de bonne foi* nur in dessen Person vorgelegen haben.

War der Erblasser zwar Eigenbesitzer, sein Besitz aber fehlerhaft, z.B. gewaltsam erlangt, nicht offenkundig oder nicht eindeutig, so haftet auch die Fehlerhaftigkeit des Erblasserbesitzes dem Besitz des Erben an. Der Erbe kann allenfalls eine neue Ersitzung beginnen, wenn in seiner Person der Besitz fehlerfrei wird. Die Ersitzung läuft dann ab diesem Zeitpunkt. War der Erblasser dagegen bereits Ersitzungsbesitzer, so setzt der Erbe die begonnene Ersitzung unter Anrechnung der bereits zugunsten des Erblassers verstrichenen Ersitzungszeit gemäß Art. 2235 C.c. fort.[658]

*c) Eigentumserwerb eines Dritterwerbers vom Erben an nicht dem Erblasser gehörenden Gegenständen*

Verfügt der Erbe über eine Sache, die der Erblasser als Fremdbesitzer innehatte oder deren Ersitzung noch nicht vollendet ist, so handelt er als Nichtberechtigter. Ob ein Dritter Eigentum an der Sache erwirbt, bestimmt sich nach Art. 2279 C.c. mit der Unterscheidung, ob es sich um eine gestohlene bzw. verlorene oder vom Eigentümer freiwillig aus der Hand gegebene Sache handelte. Dem Dritten steht insbesondere bei Bösgläubigkeit auch die dreißigjährige Ersitzung offen. Das gleiche gilt, wenn der Dritte vom Erbschaftsbesitzer erwirbt.[659]

Da dem französischen Recht ein Pendant des Erbscheins unbekannt ist, sieht der Code Civil keinen Schutz des Dritten vor, der im Vertrauen auf die Erbenstellung

[657] Vgl. Zénati, Nr. 318.
[658] Vgl. Terré/Simler, Rn. 467.
[659] Mazeaud/Chabas, IV/2, Nr. 1258

des Veräußerers einzelne Gegenstände aus dem Nachlass erwirbt. Die Rechtsprechung lässt aber einen Erwerb praeter legem – ohne die Voraussetzungen des Art. 2279 C.c. - im Vertrauen auf den Rechtsschein zu, der durch Erbennachweise wie *acte de notoriété*, *intitulé d'inventaire*, *certificat de propriété* oder *attestation notariée* geschaffen wird. Der Dritte muss dabei gutgläubig hinsichtlich der Erbeneigenschaft seines Kontrahenten sein. Zusätzlich muss er einem allgemein unüberwindlichen Irrtum unterliegen, der im einzelnen nachzuweisen ist.[660]

### *d) Erbschaftsersitzung*

Der Erbschaftsbesitzer, also derjenige, der im Besitz der Erbschaft ist, ohne zum Erben berufen zu sein, kann die Erbschaft als ganzes weder ersitzen noch nach Art. 2279 C.c. gutgläubig erwerben, da allenfalls einzelne Gegenstände aus dem Nachlass Gegenstand der *possession réelle* sein können.[661] Die im Code civil nicht geregelte Erbschaftsklage nach dem Vorbild der römischen *hereditas petitio* wird als persönliche Klage angesehen. Auch der gutgläubige Erbschaftsbesitzer muss die Nachlassgegenstände bzw. als Surrogat den erlangten Veräußerungserlös herausgeben. Macht der wahre Erbe stattdessen die Herausgabe einzelner Nachlassgegenstände gegenüber dem Erbschaftsbesitzer mit der Vindikation geltend, kann der Erbschaftsbesitzer dieser die Wirkung des Art. 2279 C.c. entgegenhalten.[662]

## 6. Zusammenfassung

Die Regelungen der Sachverfolgung im Code civil beruhen auf den im 18. Jahrhundert von Pothier und überwiegend von Bourjon entwickelten Lehren. Danach ist ein Erwerb an gestohlenen oder verlorenen Sachen unter den folgenden Bedingungen möglich:

Macht der Eigentümer nicht innerhalb einer Frist von drei Jahren ab Diebstahl oder Verlust die Herausgabe geltend, erwirbt der gutgläubige Besitzer mit Fristablauf auch an einer gestohlenen oder verlorenen Sache Eigentum. Gegenüber der Vindikation des Eigentümers innerhalb der Frist ist der Besitzer, der die Sache unter den besonderen Umständen des Art. 2280 C.c. erworben hat, vor finanziellen Verlusten durch ein Lösungsrecht in Höhe seines gezahlten Kaufpreises geschützt.

---

[660] Ferid/Sonnenberger, Bd. 3, 5 D 426; Mazeaud/Chabas, IV/2, Nr. 1259 ff

[661] Terré/Simler, Rn. 446; Römer, S. 113

[662] Vgl. Mazeaud/Chabas, IV/2, Nr. 1248 ff; Ferid/Sonnenberger, Bd. 3, 5 D 429 ff, 436.

An Sachen, die der Eigentümer freiwillig aus der Hand gegeben hat und die von seinem Fremdbesitzer unterschlagen wurden, erwirbt der gutgläubige Besitzer sofort Eigentum vom Nichtberechtigten. Diese Rechtsfolge tritt unabhängig von der Entgeltlichkeit des Erwerbs ein.

Ein bösgläubiger Besitzer kann, fehlerfreien Eigenbesitz vorausgesetzt, nach Ablauf von 30 Jahren ersitzen. Aufgrund der Anforderungen an die Besitzqualität ist damit ein Ersitzungserwerb des Diebes, Räubers oder treuwidrig handelnden Vertrauensmannes ausgeschlossen.

## IV. Italien

### 1. Grundsätze des rechtsgeschäftlichen Eigentumserwerbs an beweglichen Sachen

Infolge der Geltung des französischen Code civil in Teilen Italiens übte das französische Recht unverkennbar seinen Einfluss auf das italienische Recht aus. So liegen auch die Wurzeln der italienischen Regelung des rechtsgeschäftlichen Eigentumserwerbs im französischen Recht. Auch der durch die nationale Einigung Italiens 1861 motivierte italienische Codice civile von 1865 war noch dem Code civil nachgebildet. Aufgrund der Orientierung der italienischen Zivilrechtswissenschaft an der deutschen Pandektenwissenschaft des 19. Jahrhunderts wurde der französische Einfluss etwas abgeschwächt. Der heute geltende Codice civile von 1942 stellt den Abschluss dieser Entwicklung dar.[663]

Wie das französische ist das italienische Recht geprägt durch das Einheits- und das Konsensprinzip: Das Eigentum geht bereits mit der Willenseinigung der Parteien, die sich nach außen manifestiert hat, vom Veräußerer auf den Erwerber über. Erforderlich ist somit lediglich der Abschluss eines schuldrechtlichen Vertrages, der auf eine Eigentumsübertragung gerichtet ist, Art. 1376 C.c.it.[664] Der Erwerber erhält die absolute Berechtigung an der übereigneten Sache; selbst um Drittwirkung zu erlangen, erfordert die Übereignung keinen Besitzübergang. Beim Kauf ist der Verkäufer gemäß Art. 1476 C.c.it. schuldrechtlich verpflichtet, dem Käufer die Sache zu übergeben.

Dabei muss der Veräußerer der Eigentümer der zu übereignenden Sache sein. Nach dem Grundsatz *nemo plus iuris transferre potest quam ipse habet* kann anderenfalls der Konsens der Parteien nicht zur Eigentumsübertragung führen.[665] Wurde eine fremde Sache verkauft, hat der Verkäufer nach Art. 1478 C.c.it. nicht nur die Verpflichtung zur Übergabe, sondern auch zur Eigentumsverschaffung an den Käufer. Dieser wird Eigentümer, sobald der Verkäufer das Eigentum vom Berechtigten erworben hat. Gelingt es dem Verkäufer nicht, dem Käufer das Eigentum zu übertragen, gibt Art. 1479 C.c.it. dem Käufer, der im Zeitpunkt des Vertragsabschlusses nicht wusste, dass es sich um eine fremde Sache handelt, die Möglichkeit, die Auflösung des Vertrages zu verlangen. Der Verkäufer muss

---

[663] Wieacker, Privatrechtsgeschichte der Neuzeit, S. 347; Coing, Europäisches Privatrecht II, S. 19; Zweigert/Kötz, Einführung, S. 102 ff

[664] Art. 1376 C.c.it.: *„Nei contratti che hanno per oggetto il trasferimento della proprietà di una cosa determinata, [....] la proprietà o il diritto si trasmettono e si acquistano per effetto del consenso delle parti legittimamente manifestato."*

[665] Vgl. Trabucchi, S. 464; Galgano, Diritto civile e commerciale, S. 448.

dann dem Käufer den gezahlten Kaufpreis sowie die auf die Sache gemachten Verwendungen erstatten.

## 2. Der gutgläubige Erwerb vom Nichtberechtigten

Auch der italienische Gesetzgeber erkannte das Bedürfnis, einen gutgläubigen Erwerb vom Nichtberechtigten zuzulassen. Gutgläubiger Besitz des Erwerbers sollte nach dem Vorbild des französischen Rechts[666] den Mangel der Berechtigung des Veräußerers überwinden. So hatten zunächst Partikular-Codices, die bis zur Vereinigung Italiens 1860 in Kraft waren, die Regelung des Art. 2279 Code civil übernommen und wörtlich übersetzt.[667] Die italienische Jurisprudenz beobachtete die Rechtsentwicklung in Frankreich und insbesondere die Diskussionen um die Interpretation der *„possession vaut titre"*-Regel sowie die deutsche Pandektenwissenschaft und versuchte die Erkenntnisse daraus für die eigene Zivilgesetzgebung fruchtbar zu machen.[668] So basierte Art. 707 des Codice civile von 1865 zwar noch auf der Vorschrift des Art. 2279 C.c., sah aber als Rechtsfolge gutgläubigen Besitzes nicht mehr den Ausschluss der Vindikation vor, sondern stellte klar, dass er dieselbe Wirkung wie der eigentumsübertragende Titel habe.[669] Aufgegeben wurde mit dieser Textfassung auch schon die Beweisfunktion der Regel *„possesso vale titolo"*. Art. 707 C.c.it. (1865) regelte ausdrücklich, dass die Wirkung gutgläubigen Besitzes nur dem Dritterwerber und damit nicht in Form einer Beweislastumkehr demjenigen zugute kommen soll, der vom Berechtigten erworben hat.[670] Indem die Regelung - anders als im Code civil - nicht mehr im Verjährungs- bzw. Ersitzungsrecht platziert wurde, erteilte der italienische Gesetzgeber der Theorie, bei Art. 2279 C.c. handele es sich um eine sofortige Ersitzung, eine Absage.[671] Beibehalten wurde in Art. 708 C.c.it. (1865) aber die Unterscheidung nach dem freiwilligen oder unfreiwilligen Besitzverlust des Eigentümers. Im letzteren Fall blieb dem Eigentümer die Vindikation gegenüber jedem Besitzer der Sache offen. Durch die in Art. 2146 C.c.it. (1865) vorgesehene zweijährige Verjährung der Herausgabeklage gestohlener oder abhanden gekommener Sachen trat mit Ablauf dieser Frist aber ein faktischer Eigentumser-

[666] Argiroffi, S. 11

[667] Auch die französische Rechtslehre wurde übernommen, die Werke der Kommentatoren zum Code civil ins Italienische übersetzt und wie Werke der italienischen Rechtswissenschaft behandelt, s. Argiroffi, S. 4, Fn. 3 und 4.

[668] Vgl. Argiroffi, S. 29 ff, 52, 95; Mengoni, S. 77 ff; Bonini, S. 13 ff.

[669] Art. 707 C.c.it. (1865): *„Riguardo ai beni mobili per loro natura e ai titoli al portatore, il possesso produce a favore dei terzi di buona fede l'effetto stesso del titolo. Questa disposizione non si applica all'universalità dei mobili."*

[670] Argiroffi, S. 42 ff, 53

[671] Argiroffi, S. 54

werb des Besitzers ein. Art. 709 C.c.it. (1865) schützte den gutgläubigen, innerhalb von zwei Jahren auf Herausgabe in Anspruch genommenen Erwerber durch ein Lösungsrecht in Höhe des von ihm gezahlten Kaufpreises, wenn er die Sache auf einer Messe, auf dem Markt, bei einem öffentlichen Verkauf oder bei einem mit ähnlichen Waren handelnden Kaufmann gekauft hatte.

Die Diskussionen in der Rechtswissenschaft über die Interpretation der Regel *„il possesso vale titolo"* waren jedoch mit den Neuerungen des Codice von 1865 nicht verstummt, sondern hatten sich nur auf andere Aspekte verlagert.[672] Insbesondere war die Forderung laut geworden, die Unterscheidung nach der (Un-)Freiwilligkeit des Abhandenkommens aufzugeben und eine einheitliche, homogene Regelung für alle Mobilien zu schaffen.[673]

Der derzeit geltende Codice civile von 1942[674] enthält mit den Artt. 1153 ff Vorschriften, die ihre Verwurzelung im französischen Recht kaum noch erkennen lassen. Als Konsequenz aus der Uneinigkeit in der Rechtswissenschaft über die Einordnung der französischen wie auch der ersten italienischen Kodifizierung der *„possession vaut titre"*-Regel als Beweisregel, Vindikationsausschluss und / oder Eigentumserwerbstatbe-stand hat der italienische Gesetzgeber Art. 1153 C.c.it. hinsichtlich seiner Rechtsfolge eindeutig formuliert: *„Colui al quale sono alienati beni mobili da parte di chi non ne è proprietario, ne acquista la proprietà mediante il possesso, purchè sia in buona fede al momento della consegna e sussista un titolo idoneo al trasferimento della proprietà."* Im geltenden italienischen Recht handelt es sich somit unzweifelhaft um einen Eigentumserwerbstatbestand, genauer um einen Fall des originären Eigentumserwerbs durch Besitz. Der Erwerber erwirbt das Eigentum unabhängig von der Berechtigung seines Rechtsvorgängers und kann als Berechtigter weiterveräußern.[675] Wie schon die Vorläuferregelung im Codice civile von 1865 findet Art. 1153 C.c.it. allein zugunsten des Dritten Anwendung, der vom Nichteigentümer erwirbt, hat also keine Beweisfunktion.[676]

---

672 Vgl. stv. Argiroffi, S. 57 ff m.w.N. So fasste die herrschende Meinung Art. 707 C.c.it. (1865) zwar als Eigentumserwerbstatbestand auf. Dies wurde jedoch u. a. mit dem Hinweis darauf bestritten, dass in der Aufzählung der Erwerbstatbestände des Art. 710 C.c.it. (1865) die Nennung des gutgläubigen Erwerbs vom Nichtberechtigten fehlte, Argiroffi, S. 61.

673 de Martino, S. 52

674 Zur Entstehung des Codice civile von 1942 s. Bonini, S. 39 ff.

675 de Martino, S. 52 f; Argiroffi, S. 6 f; Galgano, Diritto civile e commerciale, S. 448, 452; Trabucchi, S. 461

676 Argiroffi, S. 12, 51, 63 ff, 99. Obwohl damit eine Regelung der Eigentumsvermutung zugunsten des Besitzers fehlt, besteht aber im Prozess de facto der gleiche Schutz wie in Deutschland oder Frankreich, da der verklagte Besitzer solange im Besitz der Sache bleibt, bis der Kläger das Gegenteil beweist, Sauveplanne, L'unification du droit 1961, S. 53, 64, 71.

Eine tiefgreifende Reform stellt Art. 1153 C.c.it. im Hinblick auf die Behandlung gestohlener, allgemein ohne den Willen des Eigentümers abhanden gekommener Sachen dar: Die Vorschrift lässt den gutgläubigen Erwerb ausnahmslos zu, unabhängig davon, auf welche Weise der frühere Eigentümer den unmittelbaren Besitz an der Sache verloren hat. Dieser Schritt hin zum uneingeschränkten Erwerberschutz wird nicht nur mit den Erfordernissen eines raschen und sicheren Handels mit Mobilien gerechtfertigt, der nur effektiv sein kann, wenn der Erwerber die Sicherheit hat, die Sache nicht wieder herausgeben zu müssen. Die Vorteile des gutgläubigen Erwerbs abhanden gekommener Sachen sieht der italienische Gesetzgeber auch bei der Industrie, deren Produktivität gefördert wird, wenn die Waren gut und schnell abgesetzt werden können. Dieses Allgemeininteresse wird als dem Interesse des früheren Eigentümers an der Bewahrung seines Rechts übergeordnet erachtet. Damit stützten sich auch die Väter des Codice civile auf die Begründung, die schon Svarez für die Regelung des ALR herangezogen hatte.[677] Die Schutzwürdigkeit des Erwerbers aufgrund einer Rechtsscheinwirkung des Veräußererbesitzes spielt wie im französischen so auch im italienischen Recht kaum eine Rolle.[678]

*a) Voraussetzungen des gutgläubigen Erwerbs*

Der Besitz - *„mediante il possesso"* - stellt nach dem Wortlaut der Vorschrift die Grundlage für den Eigentumserwerb dar. Unter Besitz ist nach der Definition in Art. 1140 C.c.it. unmittelbarer oder mittelbarer Eigenbesitz zu verstehen. Derjenige, der die Sache für einen anderen innehat, ist kein Besitzer, sondern bloßer Detentor. Art. 1153 C.c.it. verlangt, dass der Erwerber im Zeitpunkt der Übergabe, *consegna*, gutgläubig ist, und geht somit davon aus, dass eine Übergabe vom nichtberechtigten Veräußerer an den Erwerber stattfindet. Daraus ist zu folgern, dass der Erwerber unmittelbaren Besitz, also die tatsächliche Sachherrschaft erlangen muss. Entsprechend dem Verständnis des italienischen Rechts vom Besitzbegriff erfüllt die Vereinbarung eines Besitzkonstituts zwischen dem Nichtberechtigten und dem Erwerber nicht die Voraussetzungen der Übergabe im Sinne des Art. 1153 C.c.it., wohl aber eine *brevi manu traditio*. Dies ist dann denkbar, wenn der Erwerber bereits als Mieter, Verwahrer, Entleiher usw. die tatsächliche Sachherrschaft innehatte und ihm nunmehr sein Vermieter, Verleiher usw., der nicht der Sacheigentümer ist, die Sache veräußert.[679]

---

677 Die Gesetzesbegründung verweist auf die *„esigenze di una larga e fiduciosa circolazione delle cose mobili"*, d.h. auf die Erfordernisse einer weitreichenden und vertrauenerweckenden Güterzirkulation, s. Galgano, Diritto civile e commerciale, S. 448 ff, 451 m.w.N.; Trabucchi, S. 460.

678 Vgl. Trabucchi, S. 460 Fn. 1; Argiroffi, S. 69 ff, 76 zu Art. 707 C.c.it. (1865).

679 de Martino, S. 53, Argiroffi, S. 100 f, 139 ff; Trimarchi, S. 588

Dem Besitzerwerb muss ein Titel zugrunde liegen, der zur Eigentumsübertragung geeignet ist. Gemeint ist damit ein Vertragstyp, wie z.B. der Kauf, der im Sinne von Art. 1376 C.c.it. beim Erwerb vom Berechtigten bereits mit dem Konsens der Parteien zum Eigentumsübergang führt. Da der gutgläubige Besitz nur das fehlende Eigentum des Veräußerers überwinden kann, darf der Vertrag lediglich wegen dieses Mangels unwirksam sein. Ist der Vertrag aus anderen Gründen, z.B. wegen Willensmangels unwirksam, kann der gutgläubige Besitz nicht zum Eigentumserwerb führen.[680] Grundsätzlich ist auch ein unentgeltlicher Vertrag ein zur Eigentumsübertragung im Sinne des Art. 1153 C.c.it. geeigneter Titel. In der italienischen Rechtswissenschaft ist jedoch umstritten, ob die Schenkung einer fremden Sache, die an sich nichtig ist,[681] einen geeigneten Titel im Sinne der Vorschrift darstellen kann.[682] Nach der herrschenden Meinung ist dies der Fall, da die Nichtigkeit wegen der fehlenden Berechtigung des Schenkers eintritt und dies gerade der Mangel ist, den der gutgläubige Besitz im Rahmen des Art. 1153 C.c.it. heilt. Die Schenkung kann damit ebenso wie z.B. der Kauf die Grundlage für den Besitz des Erwerbers bilden.[683]

Art. 1153 C.c.it. fordert weiterhin den guten Glauben des Erwerbers im Zeitpunkt der Übergabe der Sache. Nach der Legaldefinition des Art. 1147 C.c.it. ist derjenige gutgläubig, der eine Sache besitzt, ohne zu wissen, dass er dabei das Recht eines anderen verletzt. Der positiven Unkenntnis des Erwerbers stellt Art. 1147 comma 2° C.c.it. die auf grober Fahrlässigkeit beruhende Unkenntnis gleich. Hintergrund ist die Vorstellung, dass nur derjenige Schutz verdient, dessen Irrtum entschuldbar ist. Nach Art. 1147 comma 3° C.c.it. wird die Gutgläubigkeit vermutet. Der frühere Eigentümer kann im Rahmen der Vindikation das Gegenteil beweisen, indem er Umstände darlegt, die den Erwerber mit einem Minimum an Aufmerksamkeit und Sorgfalt auf das fehlende Eigentum des Veräußerers schließen lassen konnten.[684] Die *buona fede* des Erwerbers muss sich im Rahmen des Art. 1153 C.c.it. darauf beziehen, dass der Veräußerer der Eigentümer der

---

680 Galgano, Diritto civile e commerciale, S. 449; de Martino, S. 55 f; Trimarchi, S. 589; Trabucchi, S. 460, Fn. 2; Argiroffi, S. 109 ff. Auch Art. 707 C.c.it. (1865) setzte bereits einen wirksamen Eigentumstitel voraus. Dies ergab sich nicht unmittelbar aus der Vorschrift, sondern aus der Definition des guten Glaubens in Art. 701 C.c.it. (1865), Argiroffi, S. 56, 66, 80 ff.

681 Die Nichtigkeit der Schenkung einer fremden Sache ist nicht im Gesetz normiert; sie wird gewohnheitsrechtlich angenommen und findet ihre Stütze in der Formulierung der Definition der Schenkung in Art. 769 C.c.it. *(„... disponendo [...] di un suo diritto ...“)* sowie in der Nichtigkeit der Schenkung künftigen Eigentums nach Art. 771 C.c.it., Argiroffi, S. 118 f, de Martino, S. 56.

682 Vgl. stv. Argiroffi, S. 117 ff.

683 Vgl. de Martino, S. 55 f m.w.N.; Argiroffi, S. 117 f, Fn. 302; Galgano, Diritto civile e commerciale, S. 450 Fn. 28.

684 Trabucchi, S. 458 f; Argiroffi, S. 130 ff

Sache ist. Der gute Glaube an die Verfügungsberechtigung des Veräußerers genügt nicht; Art. 1153 C.c.it. schützt allein den Erwerb *a non domino*.[685]

Erhöht werden die Anforderungen an den guten Glauben durch die Vorschrift des Art. 1154 C.c.it.: Weiß der Erwerber, dass sein Kontrahent oder irgendeiner seiner Vormänner an der zu übereignenden Sache kein Eigentum erworben hat, sei es aufgrund Unwirksamkeit des zugrunde liegenden Vertrages oder weil der Erwerb vom Nichtberechtigten wegen Bösgläubigkeit gescheitert war, glaubt er aber irrtümlich, dass inzwischen ein Eigentumserwerb seines Vormannes, z.B. durch Ersitzung oder gutgläubigen Erwerb eingetreten ist, kann er sich nicht auf seinen Eigentumserwerb nach Art. 1153 C.c.it. berufen. Die Kenntnis von Lücken in der Erwerbskette vor ihm zerstört den Schutz seines eigenen guten Glaubens. Positiv ausgedrückt: Der Erwerber muss nicht nur gutgläubig hinsichtlich der Eigentümerstellung seines unmittelbaren Veräußerers sein, sondern darf außerdem nicht um einen gescheiterten Eigentumserwerb in der gesamten Erwerbskette vor ihm wissen. Diesbezüglich schadet grob fahrlässige Unkenntnis nicht.[686]

Die Wirkung sofortigen Eigentumserwerbs kommt nach Art. 1156 C.c.it. bei Sachgesamtheiten, wie z.B. einer Bibliothek, nicht zur Anwendung. Dem Erwerb nach Art. 1153 C.c.it. steht entgegen, dass die erforderliche Individualisierung der einzelnen Sachen nicht gewährleistet ist. Einzelne Bestandteile der Sachgesamtheit können jedoch selbständig Gegenstand des sofortigen Erwerbs vom Nichtberechtigten sein. Ebensowenig können Sachen, die in öffentlichen Registern geführt werden müssen, z.B. Autos oder Schiffe, Gegenstand des gutgläubigen Erwerbs sein. Hier stellt die öffentliche Registrierung, die wie bei der Immobilienveräußerung als besonderes Publizitätserfordernis wirkt, das Hindernis dar.[687]

Sind alle Voraussetzungen des Art. 1153 C.c.it. erfüllt, führt die Regelung zum Erwerb lastenfreien Eigentums, wenn der Erwerber auch hinsichtlich der Lastenfreiheit der Sache gutgläubig war.[688] Die ursprüngliche Herkunft der Regelung aus dem Code civil zeigt sich noch in Art. 1155 C.c.it., der den Fall der Doppelveräußerung einer Sache betrifft. Auch im italienischen Recht handelt es sich um einen Anwendungsfall des gutgläubigen Erwerbs vom Nichtberechtigten: Eigentümer wird derjenige Erwerber, der in gutem Glauben an das Eigentum des Veräußerers den Besitz an der Sache erwirbt.[689]

---

[685] de Martino, S. 53 f; Argiroffi, S. 128

[686] Trabucchi, S. 460 f; de Martino, S. 59 f; Galgano, Diritto civile e commerciale, S. 453; Argiroffi, S. 181 ff

[687] Vgl. Argiroffi, S. 147 f; de Martino, S. 57 f, 61 f.

[688] Trabucchi, S. 461; Galgano, Diritto civile e commerciale, S. 449

[689] Galgano, Diritto civile e commerciale, S. 449; vgl. auch Argiroffi, S. 191 ff.

*b) Gutgläubiger Erwerb gestohlener Sachen*

Bereits im Rahmen der Charakterisierung des Gutglaubenserwerbs im italienischen Recht haben wir gesehen, dass die Besonderheit der Regelung des Art. 1153 C.c.it. in der Aufgabe der Differenzierung zwischen freiwilligem und unfreiwilligem Besitzverlust des früheren Eigentümers liegt. Sofortiger Eigentumserwerb tritt somit bei Vorliegen aller Voraussetzungen der Vorschrift auch ein, wenn der Nichtberechtigte eine dem Eigentümer unfreiwillig abhanden gekommene Sache übereignet.

*c) Ausgleichsansprüche*

Infolge des Eigentumserwerbs nach Art. 1153 C.c.it. ist die Sache dem Zugriff des bisherigen Eigentümers entzogen. Wie die Vindikation, so ist auch ein Durchgriff auf den gutgläubigen Erwerber im Wege der Bereicherungsklage ausgeschlossen. Dies gilt sowohl für die Fälle des entgeltlichen wie auch des unentgeltlichen Erwerbs. Der frühere Eigentümer bleibt auf die Geltendmachung seines Bereicherungsanspruchs nach Art. 2041 C.c.it. auf Herausgabe des Veräußerungserlöses sowie auf etwaige, daneben bestehende Schadensersatzansprüche gegen den Veräußerer angewiesen.[690]

### 3. Die Ersitzung

Die Ersitzung führt auch im italienischen Recht zu einem originären Eigentumserwerb *„mediante il possesso continuato nel tempo"*, durch während der vorgeschriebenen Zeit fortgesetzten Besitz. Der Ersitzungsbesitzer erwirbt die Sache frei von Rechten Dritter, wenn er sie als frei von Belastungen besitzt.[691]

Der Rechtserwerb durch Zeitablauf rechtfertigt sich durch das Allgemeininteresse an Rechtssicherheit: Wenn Eigentum und Besitz über einen längeren Zeitraum auseinanderfallen, verfestigt sich die Beziehung des Besitzers zur Sache, gerade nach der Anschauung Außenstehender. Demgegenüber wird der Eigentümer, der sein Recht nicht verfolgt, mit zunehmendem Zeitablauf aufgrund seiner Untätigkeit immer weniger als schutzwürdig angesehen. Im Interesse eines sicheren und raschen Handelsverkehrs bringt die Ersitzung Rechtsschein und Recht wieder in Kongruenz, indem die Rechtslage der tatsächlichen Situation angepasst wird.[692]

---

[690] Vgl. Trimarchi, S. 388 f, 392.

[691] de Martino, S. 68 f; Galgano, S. 150, ders., Diritto civile e commerciale, S. 454 f

[692] Trabucchi, S. 467; Galgano, S. 151; ders., Diritto civile e commerciale, S. 454; Trimarchi, S. 581 f; de Martino, S. 63; de Cupis, S. 218

Neben der Erwerbsfunktion hat die Ersitzung zugunsten des langjährigen Besitzers auch die Funktion, dem langjährigen Eigentümer einer Sache den Beweis seines Eigentums zu erleichtern. Der Beweis eines wirksamen derivativen Eigentumserwerbs ist mitunter schwierig, der Nachweis einer lückenlosen Erwerbskette kaum zu erbringen. Hier hilft die Ersitzung: Es genügt, wenn der Eigentümer nachweist, die Sache während der für die Ersitzung erforderlichen Zeit in Besitz gehabt zu haben. Ist die Ersitzung noch nicht vollendet, kann der Eigentumsbeweis durch den Nachweis erbracht werden, dass der Vorgänger die Sache besessen bzw. die Sache durch Ersitzung erworben und an den Beklagten weiterveräußert hat.[693]

*a) Anwendungsbereich*

Der sofortige gutgläubige Erwerb nach Art. 1153 C.c.it. erfasst unterschiedslos alle beweglichen Sachen, ob sie dem bisherigen Rechtsinhaber abhanden gekommen sind oder nicht. Welcher Raum bleibt daneben noch für die Mobiliarersitzung? Die Antwort gibt Art. 1161 C.c.it. selbst: *„In mancanza di titolo idoneo...“*, wenn also der sofortige Erwerb scheitert, weil ein zur Eigentumsübertragung geeigneter Titel fehlt, findet die Ersitzung Anwendung. Da die reguläre, zwanzigjährige Ersitzung nach italienischem Recht keinen guten Glauben des Ersitzungsbesitzers voraussetzt, verschafft die Ersitzung im Gegensatz zu Art. 1153 C.c.it. auch dem Bösgläubigen und unter gewissen Umständen auch dem Dieb oder Räuber das Eigentum.[694]

Ein weiteres Anwendungsfeld ist der gutgläubige Erwerb *a non domino* von Sachgesamtheiten sowie von öffentlich registrierten Sachen. Deren sofortiger Erwerb ist nach Art. 1156 C.c.it. ausgeschlossen. Artt. 1160 und 1162 C.c.it. sehen für die Ersitzung in diesen Fällen aber höhere Anforderungen vor und stellen diese Sachen damit den Immobilien gleich. Die Ersitzung dient ferner dazu, beim Erwerb vom Berechtigten, der aufgrund der Unwirksamkeit des Vertrages gescheitert ist, diesen Mangel zu heilen.[695] Der Hauptanwendungsbereich der Ersitzung im italienischen Recht liegt jedoch im Bereich der Immobilien, da das Rechtsinstitut die einzige Möglichkeit des Erwerbs unbeweglicher Sachen vom Nichtberechtigten bietet.

*b) Voraussetzungen der regulären und der abgekürzten Ersitzung*

Die Regelung der Ersitzung nach den Artt. 1158 ff C.c.it. geht von einer regulären Ersitzungsfrist von zwanzig Jahren aus. Nach Ablauf dieser Frist erwirbt auch

693 Galgano, S. 151; ders., Diritto civile e commerciale, S. 456

694 Vgl. Galgano, S. 150, ders., Diritto civile e commerciale, S. 454.

695 de Martino, S. 90; Trimarchi, S. 588

der Bösgläubige das Eigentum an der Sache. Hat der Ersitzungsbesitzer den Besitz an der Sache aber in gutem Glauben erworben, führt dies zu einer Verkürzung der Ersitzungszeit auf zehn Jahre.[696]

Zu den Voraussetzungen der Ersitzung im einzelnen: Wie beim gutgläubigen Erwerb nach Art. 1153 C.c.it., ist auch für den Ersitzungserwerb der Besitz des Erwerbers die Grundlage. Nach Art. 1140 C.c.it. muss es sich um Eigenbesitz handeln.[697] Eigenbesitz wird gemäß Art. 1141 comma 1° C.c.it. vermutet, solange nicht nachgewiesen ist, dass es sich um bloße Detention handelt. Art. 1141 comma 2° C.c.it. verbietet eine eigenmächtige Titelumwandlung: Hat jemand eine Sache aufgrund eines Besitzmittlungsverhältnisses wie Leihe, Miete usw. besessen, kann er sich nicht durch die Änderung seines Besitzwillens hin zum Eigenbesitz zum Ersitzungsbesitzer aufschwingen. Dies ist nur dann möglich, wenn die Rechtsgrundlage seines Besitzes durch einen Dritten oder in Auseinandersetzung mit dem Eigentümer geändert wird. Art. 1161 C.c.it. stellt scheinbar keine weiteren Anforderungen an die Besitzqualität. Diese ergeben sich jedoch aus Art. 1163 C.c.it.: So ist gewaltsam erlangter sowie heimlich erlangter und im Verborgenen ausgeübter Besitz nicht tauglich zur Ersitzung. Eine Besitzentziehung ist nicht schon dann gewaltsam, wenn sie gegen den Willen des bisherigen Besitzers erfolgt. Es muss tatsächlich physische oder seelische Gewalt, die darauf gerichtet ist, den Besitz an der Sache zu erlangen, gegenüber dem Besitzer ausgeübt werden. Liegt einer dieser Besitzmängel vor, läuft die Ersitzung erst ab dem Zeitpunkt, in dem der Besitz friedlich und offenkundig ist. Ein Dieb kann dementsprechend nur ersitzen, wenn er die Sache nicht verborgen hält. Nach der herrschenden Meinung handelt es sich um relative Besitzmängel, die nur der frühere Rechtsinhaber oder seine Gesamtrechtsnachfolger dem Ersitzungserwerber entgegen halten können.[698]

Die reguläre Ersitzung stellt nach Art. 1161 comma 2° C.c.it. keine weiteren Anforderungen an den Ersitzungsbesitz, fordert ausdrücklich nicht den guten Glauben des Besitzers. In diesem Fall beträgt die Ersitzungsfrist zwanzig Jahre. Während dieses Zeitraums muss der Ersitzungsbesitz fortwährend ausgeübt und darf nicht unterbrochen werden. Das Erfordernis der *continuità* des Besitzes bedeutet, dass der Ersitzungsbesitzer sich während der gesamten Zeitspanne wie ein Sacheigentümer gerieren und mit der Sache verfahren muss.[699] Der Besitz wird unterbrochen, wenn der bisherige Rechtsinhaber die Herausgabeklage erhebt oder der Ersitzungserwerber den tatsächlichen Besitz an der Sache verliert. Der Besitz-

---

[696] Vgl. Trimarchi, S. 582 f.
[697] Trabucchi, S: 467
[698] de Martino, S. 92 ff; Trabucchi, S. 458;Galgano, S. 150; der., Diritto civile e commerciale, S. 454
[699] de Martino, S. 65 f

verlust wirkt jedoch erst dann als Unterbrechung der Ersitzung mit der Folge, dass eine neue Ersitzung begonnen werden muss, wenn der Besitz länger als ein Jahr fehlte. Hat der Ersitzungserwerber mit der Besitzschutzklage die Sache wiedererlangt, gilt nach Art. 1167 C.c.it. die Unterbrechung als nicht erfolgt.[700] Im übrigen sind gemäß Art. 1165 C.c.it. für Unterbrechung und Hemmung des Laufes der Ersitzung die Vorschriften über die Verjährung entsprechend anwendbar.[701] Den Nachweis des ununterbrochenen und fortgesetzten Besitzes erleichtert Art. 1142 C.c.it, wonach vermutet wird, dass der aktuelle Besitzer, der die Sache auch zu einem Zeitpunkt in der Vergangenheit besessen hat, auch in der Zwischenzeit im Besitz der Sache war.

Die kürzere Ersitzungsfrist von zehn Jahren kommt zum Tragen, wenn der Ersitzungserwerber nach dem Wortlaut des Art. 1161 comma 1° C.c.it. den Besitz in gutem Glauben erlangt hat. Im Gegensatz zur Immobiliarersitzung nach Art. 1159 C.c.it. erfordert die gutgläubige Mobiliarersitzung keinen zur Eigentumsübertragung geeigneten Titel. Die Anforderungen an die *buona fede* des Ersitzungsbesitzers ergeben sich aus Art. 1147 C.c.it. Dieser darf somit weder positiv wissen noch aufgrund grober Fahrlässigkeit nicht wissen, dass er das Recht eines anderen verletzt, d.h. dass er nicht Eigentümer der Sache ist. Sowohl in Art. 1147 comma 3° C.c.it. wie auch im Wortlaut des Art. 1161 comma 1° C.c.it. hat der Grundsatz „*mala fides superveniens non nocet*“ seinen Niederschlag gefunden. Dem Gutglaubenserfordernis ist damit genügt, wenn der Erwerber im Zeitpunkt der Besitzerlangung gutgläubig ist.

Der Ersitzungsbesitzer muss die gesamte Ersitzungszeit nicht in eigener Person erfüllen. Im Fall der Universalsukzession kommt ihm die bereits zugunsten des Erblassers verstrichene Ersitzungszeit zugute, da er in dessen Besitzposition nachfolgt, Art. 1146 comma 1° C.c.it. Ist er Einzelrechtsnachfolger, kann er fakultativ seiner Besitzzeit diejenige seines Besitzvorgängers hinzufügen. Da dann sein Besitz die Qualität des Besitzes seines Vorgängers annimmt, ist dies nur dann sinnvoll, wenn der Nachfolger durch die Besitzanrechnung in kürzerer Zeit zur Vollendung der Ersitzung gelangt, als wenn er die Ersitzungszeit allein in seiner Person erfüllen würde.[702]

### *c) Die Ersitzung öffentlich registrierter Sachen und von Sachgesamtheiten*

Eine besondere Regelung enthält Art. 1162 C.c.it. für die Ersitzung von Sachen, die in öffentlichen Registern eingetragen werden müssen. Betroffen sind davon nur Sachen, für die eine Eintragung in das Register zu Publizitätszwecken und

---

[700] Vgl. de Martino, S. 105 ff; Trimarchi, S. 584 f.
[701] Vgl. Galgano, Diritto civile e commerciale, S. 454 f.
[702] Trimarchi, S. 584

nicht z.B. zu bloßen Verwaltungszwecken vorgeschrieben ist,[703] also für Automobile, Schiffe und Flugzeuge. Art. 1156 C.c.it. schließt deren Erwerb nach Art. 1153 C.c.it. aus. Möglich ist aber ihr Erwerb vom Nichtberechtigten im Wege der Ersitzung, wobei Art. 1162 C.c.it. die registrierten Sachen den gleichen Konditionen unterwirft, wie sie nach den Artt. 1158 f C.c.it. für Immobilien gelten. Da die Registrierung in beiden Fällen dem gleichen Zweck, der Publizität, dient, erscheint dies nur konsequent. Im Vergleich zur Immobiliarersitzung setzt Art. 1162 comma 1° C.c.it. für die gutgläubige Ersitzung registrierter Mobilien eine erheblich verkürzte Frist von drei Jahren. Nach dieser Zeit tritt der Eigentumserwerb z.B. an einem vom Nichtberechtigten erworbenen Auto ein, wenn der Ersitzungserwerber bei Besitzerwerb in gutem Glauben war, der Besitzerlangung ein wirksamer, zur Eigentumsübertragung geeigneter Titel[704] zugrunde lag und die Rechtsänderung in das Register eingetragen wurde. Die Ersitzungsfrist beginnt nicht schon ab dem Zeitpunkt der Besitzerlangung, sondern erst ab der Registereintragung zu laufen. Art. 1162 comma 2° C.c.it. sieht für den Fall, dass die Voraussetzungen des vorhergehenden Absatzes nicht erfüllt sind, eine Ersitzungsfrist von zehn Jahren vor. Wenn man diese Vorschrift nun aber im Zusammenspiel mit Art. 1161 C.c.it. liest, wird klar, dass dessen Regelung bei der Interpretation von Art. 1162 comma 2° C.c.it. berücksichtigt werden muss, sonst würde der ansonsten durchgehaltene Gleichlauf der Ersitzungsfristen bei Immobilien und Mobilien - in beiden Fällen zwanzig Jahre als reguläre Frist für den bösgläubigen Besitzer, zehn Jahre als verkürzte Frist für den gutgläubigen Besitzer – aufgegeben und zwei hinsichtlich der Publizität gleiche Sachverhalte ungleich behandelt. Art. 1162 comma 2° C.c.it. ist demnach so zu verstehen, dass die Frist von zehn Jahren lediglich für die Fälle des fehlenden Titels bzw. der fehlenden Eintragung gilt, der Ersitzungsbesitzer aber gutgläubig hinsichtlich seiner Berechtigung an der Sache sein muss. Ist er aber bösgläubig, läuft für ihn die zwanzigjährige Frist des Art. 1161 comma 2° C.c.it. Diese Interpretation findet ihre Stütze auch in der Regelung der Ersitzung von Sachgesamtheiten, die hinsichtlich des sofortigen gutgläubigen Erwerbs in Art. 1156 C.c.it. den registrierten Sachen gleichgestellt werden. Im Gesetz findet sich kein Anhaltspunkt dafür, dass der Gesetzgeber die beiden Sachverhalte im Rahmen der Ersitzung unterschiedlich regeln wollte.[705]

Art. 1160 comma 2° C.c.it. ermöglicht den Ersitzungserwerb an Sachgesamtheiten nach Ablauf von zehn Jahren, wenn dieselben Voraussetzungen wie im Rahmen des Art. 1153 C.c.it., also gutgläubiger Besitzerwerb der Sachgesamtheit auf der Grundlage eines wirksamen Titels, der zur Eigentumsübertragung geeignet ist,

---

[703] de Martino, S. 61 f

[704] Wie bei Art. 1153 C.c.it. muss es sich um ein wirksames Rechtsgeschäft handeln, ein Putativtitel genügt nicht, vgl. de Martino, S. 74 ff.

[705] Vgl. de Martino, S. 91 f.

erfüllt sind. Ist dies nicht der Fall, d.h. besitzt der Erwerber die Sachgesamtheit, z.B. die Bibliothek oder Viehherde, bösgläubig oder fehlt der gültige Eigentumstitel, steht ihm die zwanzigjährige Ersitzung offen, wie Art 1160 comma 1° C.c.it. klarstellt. Im Unterschied zum Besitz der einzelnen Bestandteile der Sachgesamtheit liegt die Besonderheit beim Besitz an der Sachgesamtheit selbst darin, dass die Ersitzung nicht gehindert wird, wenn einzelne Bestandteile, z.B. ein Buch aus der Bibliothek oder ein Schaf aus der Herde, zeitweilig aus dem tatsächlichen Besitz des Ersitzungserwerbers entfernt werden, solange sie Bestandteile der Gesamtheit bleiben und an ihnen keine selbständigen Rechte begründet werden.[706]

*d) Ausgleichsansprüche*

Für den Eigentumserwerb durch Ersitzung hat der italienische Gesetzgeber keine Ausgleichsansprüche zugunsten des früheren Rechtsinhabers vorgesehen, im Gegensatz zum Eigentumserwerb durch Verbindung, Vermischung oder Verarbeitung, Artt. 935 ff C.c.it. Wäre der Ersitzungserwerber trotz originären Eigentumserwerbs weiterhin den Bereicherungsansprüchen des bisherigen Eigentümers ausgesetzt, würde dies dem Zweck der Ersitzung, für klare Rechtsverhältnisse und Rechtsberuhigung zu sorgen, zuwiderlaufen. Der Ersitzungserwerb ist somit kondiktionsfest.[707]

### 4. Nicht im Eigentum des Erblassers stehende Nachlassgegenstände

*a) Grundsätzliche Wirkung des Anfalls der Erbschaft*

Mit dem Tod des Erblassers *„la successione si apre..."*, fällt - nach deutscher Terminologie - die Erbschaft an, Art. 456 C.c.it. Der Erbe erwirbt den Nachlass zwar erst mit der Annahme der Erbschaft. Diese wirkt gemäß Art. 459 C.c.it. aber auf den Zeitpunkt des Anfalls der Erbschaft zurück, so dass mit dem Tod des Erblassers die Gesamtheit seiner Vermögenswerte auf den Erben übergeht.[708] Dieser Rechtserwerb des Erben im Wege der Universalsukzession bezieht sich selbstverständlich nur auf die Sachen, die im Eigentum des Erblassers standen.

Der Besitz des Erblassers an den Erbschaftsgegenständen setzt sich nach Artt. 1146 comma 1°, 460 comma 1° C.c.it. mit dem Anfall der Erbschaft de iure in der Person des Erben fort, ohne dass dieser die tatsächliche Sachherrschaft über die Gegenstände erlangen muss. Diese Rechtsnachfolge in den Besitz hat zur

---

706 S. de Martino, S. 88 f.
707 Trimarchi, S. 392
708 Galgano, S. 799 f, 803 f, 810 f; Trabucchi, S. 829 f, 888

Konsequenz, dass der Erbe den Besitz des Erblassers mit der Qualität fortsetzt, die der Besitz in der Person des Erblassers hatte.[709]

### *b) Eigentumserwerb des Erben an Nachlassgegenständen, die nicht im Eigentum des Erblassers standen*

Geht der Erbe irrtümlich davon aus, dass bestimmte Sachen, die er im Nachlass findet, im Eigentum des Erblassers standen, während der Erblasser tatsächlich z.B. nur Entleiher war oder selbst aufgrund Unwirksamkeit der Übereignung an ihn kein Eigentum daran erworben hatte, könnte man zunächst einen gutgläubigen Eigentumserwerb des Erben nach Art. 1153 C.c.it. auf der Grundlage seiner Berufung als Erbe in Betracht ziehen. Während Art. 707 C.c.it. (1865) noch den gutgläubigen Erwerb *mortis causa* erfasste, die Berufung zum gesetzlichen oder testamentarischen Erben somit als geeigneten Titel ansah, stellt der Wortlaut des Art. 1153 C.c.it. mit dem Erfordernis der Übergabe der Sache, *consegna*, klar, dass nur der Erwerb durch Rechtsgeschäft unter Lebenden von der Rechtsfolge der Vorschrift profitieren soll. Ein sofortiger gutgläubiger Erwerb des Erben scheidet somit aus.[710]

Nach dem allgemeinen Grundsatz des italienischen Erbrechts, dass der Erbe in die Rechtspositionen des Erblassers eintritt, hängt eine Ersitzungsmöglichkeit des Erben von der Qualität des Erblasserbesitzes ab: War der Erblasser bloßer Detentor, hatte er die Sache also z.B. als Entleiher inne, belastet die Rückgabeverpflichtung auch den Erben.[711] Der Erbe kann allenfalls unter den Voraussetzungen des Art. 1141 C.c.it. die Detention in Eigenbesitz umwandeln und in eigener Person eine Ersitzung beginnen.

Für den Fall, dass der Erblasser die Sache in Verwahrung hatte, und der Erbe die Sache in der irrigen Meinung, es handele sich um Eigentum des Erblassers, an einen Dritten veräußert, sieht Art. 1776 C.c.it. als lex specialis zu Art. 2041 C.c.it. die Verpflichtung des Erben zur Herausgabe des erlangten Veräußerungserlöses an den bisherigen Eigentümer vor.

War der Erblasser bereits Ersitzungsbesitzer, tritt der Erbe in die Ersitzung des Erblassers ein, die zugunsten des Erblassers verstrichene Zeit kommt dem Erben zugute. Dies ergibt sich aus der Normierung der *successione in possesso* in Art. 1146 comma 1° C.c.it. Für die Länge der Ersitzungsfrist ist die Person des Erblassers maßgeblich: War er gutgläubig, läuft selbst für den bösgläubigen Er-

---

[709] Trabucchi, S. 880; vgl. auch Trimarchi, S. 584.
[710] Vgl. Argiroffi, S. 102 ff.
[711] Vgl. Art. 1811 C.c.it. für die Leihe.

ben insgesamt die zehnjährige Ersitzung; war der Erblasser bereits bösgläubig, läuft insgesamt die Frist von zwanzig Jahren.[712]

*c) Eigentumserwerb eines Dritterwerbers vom Erben an nicht dem Erblasser gehörenden Gegenständen*

Der Erbe verfügt als Nichtberechtigter an einen Dritten, wenn es sich um eine Sache handelt, die der Erblasser als bloßer Detentor innehatte, sowie im Fall der noch nicht vollendeten Ersitzung. Die Erwerbsmöglichkeiten des Dritten bestimmen sich nach den allgemeinen Vorschriften: Für den Erwerb nach Art. 1153 C.c.it. sowie eine Ersitzung nach den Artt. 1160 ff C.c.it. muss er die Voraussetzungen in eigener Person erfüllen. Art. 534 C.c.it. mit besonderen Anforderungen an einen Gutglaubenserwerb betrifft den Erwerb vom Scheinerben und ist somit in unserem Ausgangsfall nicht einschlägig.

*d) Erbschaftsersitzung*

Der Erbschaftsbesitzer, der den gesamten Nachlass oder einzelne Nachlassgegenstände in der irrtümlichen Annahme, Erbe zu sein, in Besitz hat, kann zwar nicht den Nachlass in seiner Gesamtheit, aber doch einzelne Nachlassgegenstände im Wege der Ersitzung gegen den wahren Erben erwerben. Dem Erben steht zwar nach Art. 533 comma 1° C.c.it. die auf die Anerkennung seiner Erbenstellung und auf Herausgabe des Nachlasses gerichtete Erbschaftsklage gegen jeden Erbschaftsbesitzer offen. Art. 533 comma 2° C.c.it. stellt klar, dass die Erbschaftsklage unverjährbar ist, jedoch unbeschadet eines Rechtsverlustes des Erben durch die Ersitzung einzelner Gegenstände aus der Erbschaft. Einem Eigentumserwerb des Erbschaftsbesitzers nach Art. 1153 C.c.it. steht entgegen, dass es sich hier weder um einen Fall des Erwerbs vom Nichtberechtigten noch um ein Rechtsgeschäft unter Lebenden handelt. Veräußert der Scheinerbe einzelne Sachen aus dem Nachlass an einen Dritten weiter, bestimmt sich seine Ersatzpflicht gegenüber dem Erben nach Art. 535 C.c.it. War der Erbschaftsbesitzer selbst gutgläubig hinsichtlich seines Erbrechts, muss er dem Erben nur den erlangten Erlös herausgeben.[713]

Der Dritte, der mit dem Scheinerben kontrahiert hat, ist nach Art. 534 C.c.it. gegen den Durchgriff des wahren Erben nur dann geschützt, wenn er gutgläubig, d.h. im Glauben an die Erbenstellung des Scheinerben, eine bewegliche Sache von diesem auf der Grundlage eines entgeltlichen Rechtsgeschäfts erworben hat. Bei registrierten Sachen ist der Erwerb des Dritten nur dann vor der Erbschafts-

[712] Trimarchi, S. 584
[713] Trabucchi, S. 898, 900

klage des Erben sicher, wenn sein Erwerb vom Scheinerben zeitlich vor dem Erbschaftserwerb oder der Erhebung der Erbschaftsklage eingetragen wurde.[714]

### 5. Zusammenfassung

Charakteristisch für das italienische Recht ist seit dem Inkrafttreten des Codice civile von 1942 die Aufgabe der Differenzierung zwischen anvertrauten und gestohlenen bzw. abhanden gekommenen Sachen. Der gutgläubige Dritte, der den Besitz an der Sache auf der Grundlage eines wirksamen, zur Eigentumsübertragung geeigneten Titels vom Nichtberechtigten erlangt, erwirbt somit auch an gestohlenen Sachen sofort das Eigentum.

Die Ersitzung führt in erster Linie bei Fehlen des im Rahmen von Art. 1153 C.c.it. erforderlichen Titels sowie bei Bösgläubigkeit des Besitzers spätestens nach zwanzig Jahren zum Eigentumserwerb.

[714] Galgano, S. 814; Trabucchi, S. 899 ff

## D. Rechtshistorisch-rechtsvergleichende Betrachtung

### I. Vergleich der Erwerberschutzregelungen Deutschlands, Österreichs, Frankreichs und Italiens unter Berücksichtigung ihrer historischen Entwicklung

#### 1. Die Ansätze zur Lösung des Interessenkonflikts zwischen Eigentümer und Erwerber

Die Konfliktlage zwischen dem Eigentümer, der ohne seinen Willen – auf welche Weise auch immer – den Besitz an seiner Sache verloren hat, und demjenigen, der die Sache erwarb, gehört seit Jahrtausenden zur Rechtswirklichkeit in der Gesellschaft. Dies hat uns veranlasst, die verschiedenen Ansätze zur Lösung dieses Interessenkonflikts, die seit der Zeit des frührömischen Rechts von Gesetzgebung und Rechtswissenschaft entwickelt wurden bzw. sich in der alltäglichen Rechtspraxis herausgebildet haben, näher zu betrachten. Dabei haben wir einen rund zweieinhalb Jahrtausende umfassenden Bogen von der römischen Antike bis in die Gegenwart gespannt.

Ausgangspunkt unserer Untersuchung war der römisch-rechtliche Grundsatz des „*Nemo plus iuris transferre potest quam ipse habet*" und damit verbunden das Prinzip der uneingeschränkten Vindikation des Eigentümers, der sich seine Sache von jedem Besitzer zurückholen konnte. Auf dieser Grundlage entschieden die Römer den skizzierten Interessenkonflikt zunächst einseitig zugunsten des Eigentümers.

Unsere Untersuchung hat jedoch deutlich gemacht, dass, vom römischen Recht angefangen, jedes Rechtssystem die Notwendigkeit erkannte, einen Interessenausgleich herzustellen und durch – wie auch immer geartete - Einschränkungen des Vindikationsgrundsatzes auch den Interessen des Erwerbers zur Geltung zu verhelfen. In der römischen Antike diente diesem Zweck das Rechtsinstitut der Ersitzung, die bei Mobilien nach einjährigem Besitz zum Eigentumserwerb des Ersitzungsbesitzers führte. Die durch über einen längeren Zeitraum andauernden Besitz gekennzeichnete Ersitzung sollte dabei in erster Linie ein allzu langes Auseinanderfallen von Eigentum und Besitz, d.h. von Rechtswirklichkeit und Rechtsschein verhindern und damit Rechtssicherheit gewährleisten. Wichtig ist dies in einer Volkswirtschaft, in der Handel und Gewerbe maßgebliche Wirtschaftsfaktoren sind. So wurden die differenzierten Regelungen des römischen Ersitzungsrechts fast bis zur Unkenntlichkeit vereinfacht bzw. verschwanden ganz in der Zeit der Spätantike und des Frühmittelalters, die von einem wirtschaftlichen und gesellschaftlichen Niedergang und der Rückkehr zu einfachen Gesellschaftsstrukturen und Rechtsformen geprägt war.

Die Entwicklung von Vindikation und Ersitzung im römischen Recht hatte ihren Ausgang bei der Diebstahlsverfolgung genommen. Bald schon erkannte man, dass es für den Besitzer, der zu seiner Verteidigung von der Gewährschaft seines Veräußerers abhängig war, sehr schwierig war, seinen ordnungsgemäßen Erwerb nachzuweisen, und begrenzte im *usus-auctoritas*-Satz die Gewährschaftshaftung. Mit der Möglichkeit, sich zur Verteidigung auf seinen einjährigen Ersitzungsbesitz zu berufen, wurde eine bedeutende Beweiserleichterung für den auf Herausgabe verklagten Besitzer und gleichzeitig eine Einschränkung des Vindikationsrechts des Eigentümers geschaffen. Die Entwicklung der *usucapio* von einer prozessualen Verfolgungsbeschränkung hin zu einem originären Eigentumserwerb des Besitzers, der mit Ablauf der Ersitzungsfrist eintrat, vollzog sich schrittweise in Zusammenhang mit den Wirkungen der *usucapio* im Bereich des Familien- und Erbrechts und war vermutlich bereits im 2. Jahrhundert v. Chr. abgeschlossen.

In dieser Phase der Entwicklung der *usucapio* zu einem Eigentumserwerbstatbestand im 3. und 2. Jahrhundert v. Chr. richtete man das Augenmerk zudem auf die Anforderungen, die an die Qualität des Ersitzungsbesitzes zu stellen waren. So war nur ein Besitzer schutzwürdig, der auf seinen Erwerb vertrauen durfte, weil er geglaubt hatte, dass er vom Eigentümer oder zumindest von einer zur Verfügung über die Sache berechtigten Person erwarb, und weil er die Sache auf der Grundlage eines wirksamen, zur Eigentumsübertragung geeigneten Rechtsgeschäfts wie Kauf, Tausch, Schenkung usw. übergeben erhalten hatte. Ein unredlicher Besitzer bzw. ein Besitzer ohne *iusta causa* kam damit nicht in den Genuss der Erwerbswirkung seines Besitzes. Diese Entwicklung fällt mit der Ausdehnung des römischen Imperiums im westlichen Mittelmeerraum und der damit verbundenen Zunahme des Handels und Güterverkehrs zusammen.

Das römische Recht nahm ferner in Bereicherungsabsicht dem Eigentümer entzogene, d.h. gestohlene und betrügerisch unter Vorspiegelung des Willens zur treuhänderischen Innehabung entlockte und dann durch Weiterveräußerung unterschlagene, wie auch geraubte Sachen als *res furtivae* und *res vi possessae* von der Ersitzung aus. Der Erwerb *a non domino* war zwar seit republikanischer Zeit der Hauptanwendungsbereich der *usucapio*, erfuhr aber durch diese Ausnahme von *res furtivae* eine erhebliche Einschränkung. Dies bedeutete wiederum eine nicht zu unterschätzende Verringerung des Erwerberschutzes. Praktisch bedeutsam werden daher vor allem die Fälle gewesen sein, in denen eine rechtsgeschäftliche Eigentumsübertragung an der fehlenden oder beschränkten Geschäftsfähigkeit des Veräußerers scheiterte und die Ersitzung zur Überwindung dieses Mangels diente.

Das frühe Mittelalter führt uns wieder in ein der römischen Frühzeit vergleichbares Stadium zurück: Nachdem die Vulgarisierung des Rechts ab dem 4. Jahrhundert n. Chr. zu einer Verwischung der Konturen der beiden Ersitzungsformen *usucapio* und *longi temporis praescriptio* und schließlich zu ihrem Verschwinden aus der Rechtsanwendung zu Gunsten einer allgemeinen Berücksichtigung des Zeitlaufs im Rahmen der dreißigjährigen Verjährung, *praescriptio*, geführt hatte, kehrten die frühmittelalterlichen germanischen Stammesrechte zur Verortung des Eigentümer-Besitzer-Konflikts in der Diebstahlsverfolgung zurück. Die uns aus dieser Zeit überlieferten Quellen befassen sich nur mit der Verfolgung gestohlener und geraubter Sachen, wobei unterschlagenes Gut im Gegensatz zum römischen Diebstahlsverständnis nicht davon erfasst war. Der als mutmaßlicher Dieb auf Herausgabe verklagte Besitzer war zu seiner Verteidigung auf den Gewährenzug angewiesen.

Lediglich vereinzelt erkannte man die Schutzbedürftigkeit eines Besitzers, der seinen Gewähren nicht beibringen konnte, weil er ihm unbekannt war oder der Ladung nicht Folge leistete. Gelang dem Besitzer in diesen Fällen durch Zeugenbeweis oder Eid der Nachweis seiner Unschuld bezüglich des Diebstahls, konnte ihn das jedoch nicht vor der Pflicht zur Herausgabe der Sache bewahren. Die Herausgabepflicht wurde aber auf die Hälfte beschränkt. Die Annahme einer Verfolgungsbeschränkung war dem seinerzeitigen Rechtsverständnis fremd. Dementsprechend kann für das frühe Mittelalter die Geltung des als Vindikationsbeschränkung wirkenden Grundsatzes „Hand wahre Hand“ als allgemeingültiges Prinzip, was bereits eine differenziertere Betrachtung der zu lösenden Konfliktsituation erfordert hätte, nicht angenommen werden. In der agrarisch geprägten Gesellschaft der späten Völkerwanderungszeit und des Frühmittelalters, die allenfalls Tauschhandel betrieb und ansonsten das wenige Hab und Gut kaum anderen Personen außerhalb der Sippe anvertraute, stellten sich nicht die Rechtsprobleme, die in der wachsenden römischen Republik mit expansiver Außen- und Wirtschaftspolitik und einem hoch gebildeten, kreativen Juristenstand zur Herausbildung eines das Verfolgungsrecht des Eigentümers beschränkenden Eigentumserwerbs kraft langandauernden Besitzes zum Schutz des Erwerbers geführt hatten.

Erst im Hoch- und Spätmittelalter in Zusammenhang mit der Entwicklung der Städte und dem Aufblühen von Handel und Verkehr waren die Rahmenbedingungen wieder günstig für differenziertere Lösungsansätze unter Berücksichtigung der widerstreitenden Interessen von Eigentümer und Besitzer. In Italien und Südfrankreich hatten sich unter dem Einfluss des im Rechtsunterricht, ausgehend von der Universität Bologna, wieder belebten klassischen römischen Rechts in der Form des *Corpus Iuris* Justinians bereits ab dem 12. Jahrhundert das römische Vindikationsprinzip und seine Einschränkung durch die dreijährige justinianische Mobiliarersitzung durchgesetzt. In den zu dieser Zeit von der Rezeption noch unberührt gebliebenen Gebieten nördlich der Alpen, in Deutschland und Nordfrankreich, bildeten sich Lösungsversuche auf der Grundlage des bislang ungeschriebenen Gewohnheitsrechts heraus.

Weit verbreitet, wenn auch nicht überall geltendes Recht, war der erstmals um 1230 im Sachsenspiegel festgeschriebene Grundsatz „Hand wahre Hand", der vom Eigentümer einem anderen anvertrautes und dann vom Vertrauensmann durch Weiterveräußerung unterschlagenes Gut dem Zugriff des Eigentümers entzog. Damit taucht in der Rechtsentwicklung zum ersten Mal eine Unterscheidung zwischen gestohlenen und unterschlagenen Sachen auf, wird der Rechtsschutz des Eigentümers von der Art seines Besitzverlustes abhängig gemacht. Die im Hoch- und Spätmittelalter für die Verfolgungsbeschränkung bei unterschlagenen Sachen herangezogene Rechtfertigung setzte nicht beim Erwerber, sondern beim Verhalten des Eigentümers an, der dadurch, dass er einer nicht vertrauenswürdigen Person seine Sache anvertraut hatte, selbst das Risiko des Sachverlustes gesetzt habe. Das Recht des Sachsenspiegels fand weite Verbreitung im Norden und Osten und wurde von zahlreichen Stadt- und Landrechtsaufzeichnungen zum Vorbild genommen. In Nordfrankreich wurde der Ausschluss der Herausgabeklage gegenüber dem Besitzer unterschlagener Sachen mit *„Mobilia non habent sequelam"* oder *„Meubles n'ont pas de suite"* umschrieben.

Aber nicht überall folgte man dem sächsischen Grundsatz in seiner ganzen Tragweite. So differenzierten zahlreiche Stadtrechte nach der Art der Weiterveräußerung durch den Vertrauensmann. Hatte dieser die Sache verpfändet oder wurde sie bei ihm gepfändet, konnte der Eigentümer die Sache vom Pfandgläubiger herausverlangen, musste diesem aber im Gegenzug die Pfandsumme erstatten, im Ergebnis seine Sache also auslösen. Derartige Regelungen finden sich in den hochmittelalterlichen Rechtsaufzeichnungen auch und gerade in Zusammenhang mit dem Pfandrecht bestimmter Gewerbe, z.B. von Handwerkern oder Gastwirten. Diese waren in einer Zeit, die noch von einem weitgehend bargeldlosen Handel beherrscht war, auf bewegliche Sachen als Surrogat für ihren Lohn oder die Zeche und damit als Kreditobjekte angewiesen. Das Lösungsrecht nach Verpfändung oder Pfändung der vom Eigentümer einem anderen anvertrauten Sache war damit ein Ansatz, die widerstreitenden Interessen des Eigentümers und des Pfandgläubigers jeweils bestmöglich zu berücksichtigen, indem der Eigentümer seine Sache zurück erhielt, der Pfandgläubiger aber keinen finanziellen Verlust erlitt.

Gerade die differenzierten Lösungsansätze der hochmittelalterlichen Rechtsaufzeichnungen für den Streit zwischen Eigentümer und Besitzer um unterschlagene Sachen werden mit einem Blick auf die wirtschaftlichen Hintergründe verständlich. Sie lassen die Bedeutung erkennen, die bewegliche Sachen seinerzeit als Kreditobjekte hatten. Die dargestellten Vorschriften über das Lösungsrecht gaben dem Eigentümer die Sicherheit, um seine Sache bedenkenlos einem Handwerker anvertrauen zu können, da er bei einem Dritten wieder auf sie zugreifen konnte. Die Verpflichtung zur Auslösung der Sache stellte für ihn keine übermäßige Belastung dar, da er den Handwerkerlohn ohnehin hätte zahlen müssen. Andererseits bildete diese Rechtslage für den Handwerker einen wesentlichen Faktor seiner Existenzsicherung: Er erhielt Aufträge, war aber gegenüber mit der Lohnzahlung säumigen Auftraggebern unabhängig, da er sich durch Verpfändung der Sache Liquidität verschaffen konnte. Ähnlich verhielt es sich in den Fällen von Gastwirten oder gewerbsmäßigen Pfandleihern: Diese waren auf die Nutzung von Mobilien als Kreditobjekte angewiesen, konnten aber in den seltensten Fällen deren Herkunft überprüfen. Die im Hochmittelalter zur Lösung der Konfliktlage zwischen Eigentümer und Erwerber entwickelten Ansätze zeichnen sich somit dadurch aus, dass sie - zwar überwiegend in Einzelfallentscheidungen – aber doch aus sorgfältigen Abwägungen der widerstreitenden Interessen in der jeweiligen Situation hervorgegangen sind. Die entsprechenden Vorschriften waren damit aber auch ein wichtiges Instrument der Stadtväter zur Wirtschaftssteuerung, indem auf diese Weise bestimmte Gewerbe privilegiert und damit deren Wirtschaftskraft gesichert und gefördert werden konnte.

An der uneingeschränkten Verfolgbarkeit von gestohlenen und geraubten Sachen hielt man auch im Hoch- und Spätmittelalter fest. Die entsprechenden Bestimmungen der Rechtsaufzeichnungen standen überwiegend noch in der Tradition der Diebstahlsverfolgung der germanischen Stammesrechte im Wege der Anefangsklage mit dem Gewährenzug zur Verteidigung des Beklagten. Aber auch hier verlangten die inzwischen veränderten gesellschaftlichen und wirtschaftlichen Verhältnisse nach einem Wandel: In Städten mit großen Einwohnerzahlen überwogen nun die Fälle, in denen der Käufer den Veräußerer nicht mehr persönlich kannte, ihn also nicht als Gewähren benennen konnte. Mit wachsender Bedeutung der Märkte, die oft von auswärtigen Händlern beschickt wurden, nahm die Anonymität zu. Der als Dieb auf Herausgabe verklagte Besitzer war zu seiner Verteidigung daher auf andere Mittel wie den Beweis seiner Unschuld durch Eid oder Zeugen angewiesen. Außerdem machte man sich zunehmend Gedanken über die Schutzwürdigkeit des Erwerbers, sei es einer gestohlenen oder auch einer unterschlagenen Sache, die nur für einen redlichen Besitzer angenommen werden konnte. Auch hier zeigt sich also die Parallelität der mittelalterlichen zur römisch-antiken Rechtsentwicklung.

Für die Entlastung des Erwerbers vom Diebstahlsverdacht und den Nachweis seines guten Glaubens, vom Eigentümer erworben zu haben, zog man objektive Kriterien heran. So war bereits im langobardischen Recht des 8. Jahrhunderts sowie nach dem Sachsenspiegel der Kauf auf dem Markt vor Zeugen besonders geeignet, um die Unschuld des Erwerbers zu erweisen. War eine Sache in aller Öffentlichkeit auf dem Markt angeboten worden, gab dies dem bestohlenen Eigentümer Gelegenheit, nach seiner Sache zu suchen und den Verkäufer für den Diebstahl zur Rechenschaft zu ziehen. Demgegenüber konnte der Marktkäufer, der die Sache vor aller Augen erworben hatte, kaum der Dieb sein. Zudem musste er einem öffentlich auftretenden Händler vertrauen können. Der Kauf auf dem Markt erwies sich also als Erwerbssituation, die typischerweise unverdächtig war und den Käufer als redlich erscheinen ließ. War der Marktkauf anfänglich, z.B. im Stadtrecht von Freiburg im Breisgau, lediglich als objektives Kriterium zur Reinigung des Besitzers vom Diebstahlsverdacht herangezogen worden, gingen zahlreiche Orte und Städte in der Schweiz und in Frankreich bald darüber hinaus und gewährten dem Erwerber einen Erstattungsanspruch in Höhe des gezahlten Kaufpreises im Gegenzug zur Herausgabe an den Eigentümer. Diese Regelungen hatten im Ergebnis ebenfalls eine wirtschaftsfördernde Wirkung, indem der Kauf auf dem Markt von dem Risiko eines finanziellen Verlustes für den Käufer befreit und damit umso attraktiver wurde.

Die Betrachtung der historischen Entwicklung von Einschränkungen des Vindikationsgrundsatzes hat uns gezeigt, dass in Zeiten des wirtschaftlichen Aufschwungs und eines regen Handels und Güterverkehrs die ursprünglichen Beweggründe für Vindikationsbeschränkungen, die für die Ersitzung im frührömischen Recht auf eine Beweiserleichterung für den beklagten Besitzer, für die ersten „Hand-wahre-Hand"-Regelungen des Mittelalters auf die Bestrafung der Leichtfertigkeit des Eigentümers abzielten und damit in erster Linie aus einer Abwägung der Individualinteressen motiviert waren, in den Hintergrund traten. In den Vordergrund rückte dafür die allgemeinwirtschaftliche Bedeutung der Vindikationsbeschränkung, sei es zur Existenzsicherung oder Förderung einzelner Gewerbe oder zur Schaffung einer Atmosphäre der Rechtssicherheit, die Handel und Produktion allgemein anzukurbeln geeignet ist. Generell ist aus der historischen Entwicklung ersichtlich, dass mit dem Wandel von einfach strukturierten, agrarisch geprägten Gemeinwesen zu komplexeren Gesellschaftsstrukturen mit einer auf Handel und Gewerbe gestützten Volkswirtschaft die verstärkte Berücksichtigung des Allgemeininteresses an der wirtschaftlichen Entwicklung gegenüber Individualinteressen einhergeht.

Die Rezeption hatte zu einem Siegeszug des römischen Rechts auch nördlich der Alpen geführt, so dass auch dort der Vindikationsgrundsatz und seine Beschränkung durch die Ersitzung als Gemeines Recht in Anwendung waren. Die Juristen des Usus modernus befassten sich im 17. Jahrhundert sowohl mit dem römischen wie auch mit dem mittelalterlichen Gewohnheitsrecht und versuchten, beides in Einklang zu bringen. In der Praxis hatten sich in der gegenseitigen Durchdringung der beiden Rechtsmassen bereits Mischformen gebildet. Allerdings war seit der Antike bis in die Neuzeit der Gedanke des Verkehrsschutzes als hinter den – wie auch immer gearteten – Vindikationsbeschränkungen stehende Motivation noch nicht formuliert worden.

Der erste, dem dieses Verdienst zukommt, war David Mevius: Zum einen interpretierte er die Bestimmungen des Revidierten Lübischen Rechts, wonach der Eigentümer die durch Pfändung oder Verpfändung unterschlagene Sache auslösen musste, als für alle Fälle des Anvertrauens und der Weiterveräußerung geltendes Lösungsrecht. Zum anderen begründete er die darin liegende Vindikationsbeschränkung mit dem staatlichen Interesse an einem reibungslosen Funktionieren des Handelsverkehrs. Dieses war seiner Ansicht nach nur dann gewährleistet, wenn der Käufer sicher sein konnte, kein finanzielles Risiko zu tragen. Gerade bei Mobilien sei es dem Käufer nicht zuzumuten, Nachforschungen über die Herkunft der Sache anzustellen. Allerdings konnte nur derjenige Erwerber, der die Sache redlich, d.h. in gutem Glauben, vom Eigentümer erworben zu haben, und auf der Grundlage eines wirksamen Rechtsgeschäftes erlangte hatte, in den Genuss des Lösungsrechtes kommen.

Auf der Grundlage von Mevius' Verkehrsschutzerwägungen waren Gesetzgebung und Rechtswissenschaft in der Folgezeit bestrebt, dem Schutz des Erwerbers gegenüber dem römisch-gemeinrechtlichen System der lediglich durch die Ersitzung eingeschränkten Vindikation größere Bedeutung einzuräumen, was eine stärkere Einschränkung des Vindikationsrechtes des Eigentümers bedeutete. In den modernen Kodifikationen nimmt der Schutz des gutgläubigen Erwerbers einen hohen Stellenwert ein, indem ihm durchweg – wenn auch in zum Teil sehr unterschiedlicher Ausgestaltung – der sofortige Eigentumserwerb vom Nichtberechtigten jedenfalls an unterschlagenen Sachen gestattet wird. In allen Fällen stützten sich die Gesetzgebungskommissionen im Anschluss an Mevius dabei auf die Erfordernisse eines schnellen und sicheren Handelsverkehrs mit Mobilien, der gehemmt würde, würde der Erwerber nicht auf den Bestand seines Erwerbs vertrauen dürfen und Nachforschungen über die Herkunft der Sache anstellen müssen.

Den Schritt von einer Beschränkung oder einem Ausschluss der Vindikation des Eigentümers hin zu einem Eigentumserwerb des Dritten, der in der römischen Antike für die Ersitzung verhältnismäßig rasch vollzogen war, tat für den sofortigen gutgläubigen Erwerb vom Nichtberechtigten erst der Codex Theresianus von 1766, der im Interesse eines umfassenden Verkehrsschutzes den Erwerb

„Macht Rechtens" sowohl an gestohlenen wie auch an unterschlagenen Sachen eintreten ließ.

Im Rahmen der nachfolgenden rechtsvergleichenden Betrachtung müssen sich die Erwerberschutzregelungen Deutschlands, Österreichs, Frankreichs, der Schweiz und Italiens auch an ihrem Anspruch, einen effektiven Verkehrsschutz zu gewährleisten, messen lassen. Bevor danach Grundzüge einer möglichen gemeineuropäischen Regelung herausgearbeitet werden, ist nach einer Bewertung und Abwägung der widerstreitenden Interessen zunächst festzustellen, an welchen Motivationen sich diese Regelungsperspektive ausrichten soll.

## 2. Rechtsvergleichende Betrachtung

Die untersuchten Rechtsordnungen Deutschlands, Österreichs, Frankreichs und Italiens zeichnen sich sämtlich durch ein System des Erwerberschutzes aus, das sich aus dem gutgläubigen Erwerb vom Nichtberechtigten und der Ersitzung zusammensetzt. Die Hauptlast des Verkehrsschutzes trägt dabei jeweils der gutgläubige Erwerb und erfüllt damit die Funktion, die der *usucapio* im klassischen römischen und der ordentlichen Verjährung im Gemeinen Recht zukam. Demgegenüber hat die Ersitzung im modernen Recht eine - je nach dem Eingreifen des gutgläubigen Erwerbs mehr oder weniger weit reichende - Auffangfunktion. Die Kombination aus gutgläubigem Erwerb und Ersitzung ist, wie wir gesehen haben, historisch bedingt durch das Nebeneinander von mittelalterlichen gewohnheitsrechtlichen Vindikationsbeschränkungen und der subsidiär geltenden gemeinrechtlichen Ersitzung, das ab dem 16. Jahrhundert zur gegenseitigen Beeinflussung und Durchdringung dieser Formen des Erwerberschutzes führte.

Das kombinierte Erwerberschutzsystem dient in allen nationalen Rechten dazu, Mängel zu überwinden, die einen rechtsgeschäftlichen Eigentumserwerb scheitern lassen. In erster Linie sind dies der Mangel der fehlenden Berechtigung des Veräußerers und Hindernisse wie insbesondere fehlende Geschäftsfähigkeit, die der Wirksamkeit des der Verfügung zugrunde liegenden oder den Rechtsübergang bewirkenden Rechtsgeschäftes entgegenstehen.

Wenden wir uns zunächst den Gemeinsamkeiten und Unterschieden bei den jeweiligen Regelungen des gutgläubigen Erwerbs zu:

Ins Auge fällt zunächst, dass die beiden in ihrer Entstehung noch auf das 18. Jahrhundert zurückgehenden Naturrechtskodifikationen Code civil und ABGB nach der Gesetzessystematik als Rechtsfolge einen Vindikationsausschluss vorsehen. Während der österreichische Gesetzgeber in § 367 Satz 2

ABGB ausdrücklich klarstellt, dass ein Eigentumserwerb eintreten soll, wird in Frankreich der Eintritt eines originären Eigentumserwerbs aufgrund eines anderen als des derivativen, durch den Besitz verliehenen, Titels im Wege der Rechtsfortbildung von Rechtsprechung und Lehre angenommen. Die jüngeren Kodifikationen BGB, ZGB und Codice civile regeln die Rechtsfolge des Eigentumserwerbs ausdrücklich und dokumentieren dies zudem durch die entsprechende Stellung der Vorschriften, wobei BGB und ZGB von einem rechtsgeschäftlichen Eigentumserwerb, der Codice civile jedoch von einem originären Eigentumserwerb durch Besitz ausgehen.

In allen untersuchten Rechtsordnungen beruht der Erwerb vom Nichtberechtigten auf der Kraft des guten Glaubens des Erwerbers, die die fehlende Berechtigung des Veräußerers überwindet. Dabei schadet dem Erwerber sowohl die positive Kenntnis wie auch die grob fahrlässige Unkenntnis vom Mangel in der Berechtigung des Veräußerers. Lediglich hinsichtlich des Bezugspunktes des guten Glaubens gibt es Unterschiede: während in Deutschland, Frankreich sowie in Österreich in den ersten beiden Tatbestandsalternativen des § 367 ABGB sowohl der gute Glaube an das Eigentum wie auch an die Verfügungsbefugnis des Veräußerers geschützt ist, schützen das italienische Recht wie auch die österreichische Regelung des § 367 Satz 1, 3. Alt. ABGB lediglich denjenigen, der vom Nichteigentümer erwirbt, sind damit also enger gefasst.

Hinsichtlich des Gegenstandes des gutgläubigen Erwerbs vom Nichtberechtigten differenzieren das BGB, das ABGB, der Code civil und das schweizerische ZGB grundsätzlich nach der Art des Besitzverlustes des Eigentümers: In der Tradition des mittelalterlichen Grundsatzes „Hand wahre Hand" bzw. *„Meubles n'ont pas de suite"* lassen diese Kodifikationen den gutgläubigen Erwerb im normalen Rechtsverkehr, d.h. außerhalb besonders qualifizierter Erwerbssituationen, nur an Sachen zu, die der Eigentümer freiwillig aus der Hand gegeben und einem anderen anvertraut hat. Während das ABGB in § 367 Satz 1, 3. Alt.[715] und das ZGB in Art. 933 explizit auf den Akt des Anvertrauens durch den Eigentümer an den Veräußerer abstellen, erfolgt die Abgrenzung in den Vorschriften des BGB und des Code civil negativ, indem eine Ausnahmeregelung für Sachen getroffen wird, die dem Eigentümer ohne seinen Willen abhanden gekommen sind.

Innerhalb dieser Gruppe der Kodifikationen, die nach der Art des Besitzverlustes des Eigentümers unterscheiden, stellen das deutsche und das österreichi-

---

[715] Strenggenommen unterscheidet das ABGB in § 367 Satz 1, 3. Alt nicht nach der Art des Besitz*verlustes*, sondern nach der Art und Weise des Besitz*erwerbs* des Veräußerers, vgl. Ehrenzweig, S. 187. Damit trifft das ABGB aber im Ergebnis ebenfalls eine Unterscheidung zwischen unterschlagenen und abhanden gekommenen Sachen.

sche Recht weitere Anforderungen an den Bestand des Erwerbs des Dritten. Nach der Regelung des ABGB tritt ein Eigentumserwerb des gutgläubigen Erwerbers einer unterschlagenen oder veruntreuten Sache nur dann ein, wenn es sich um einen Fall des entgeltlichen Erwerbes handelt. Der unentgeltliche Erwerb wird damit weniger geschützt als der entgeltliche, da der unentgeltliche Besitzer auf die dreijährige, bei Erwerb unmittelbar vom Dieb oder Veruntreuer sogar auf die sechsjährige, eigentliche Ersitzung angewiesen ist. Der österreichische Gesetzgeber schloss sich darin seinen Vorläufern, dem Codex Theresianus und dem Entwurf Martini an, die ebenso wie das preußische ALR entsprechend den Erwägungen Svarez' eine Vindikationsbeschränkung zugunsten des unentgeltlichen Erwerbers nicht für erforderlich hielten, da der unentgeltliche Erwerb keine wirtschaftlichen Auswirkungen habe.

Nach deutschem Recht wird zwar der unentgeltliche Erwerber Eigentümer, blieb aber nach der bis zum 31.12.2001 geltenden Fassung des BGB dem erst nach dreißig Jahren verjährenden, auf Sachherausgabe zielenden Kondiktionsanspruch des Eigentümers nach § 816 Abs. 1 Satz 2 BGB ausgesetzt. Damit sah das BGB im Ergebnis ebenfalls einen Schutz des unentgeltlichen Erwerbs nur über die zehnjährige Ersitzung unter der Bedingung ununterbrochener Gutgläubigkeit vor. Nach der zum 01.01.2002 in Kraft getretenen Verjährungsregelung verjähren Bereicherungsansprüche in drei Jahren, so dass nunmehr nach Ablauf dieser Frist auch der unentgeltliche Eigentumserwerb Bestand hat. Trotz des scheinbaren Gleichlaufs mit den Bestimmungen des ABGB im Hinblick auf die Dreijahresfrist ist das geltende deutsche Recht für den unentgeltlichen Erwerb im Ergebnis günstiger, da durch den Weg über das Bereicherungsrecht die Rechtsbeständigkeit des unentgeltlichen Erwerbs nicht wie in Österreich von der ununterbrochenen Gutgläubigkeit des Besitzers während der Dreijahresfrist abhängt.

Einen anderen Weg beschreitet diesbezüglich das italienische Recht seit 1942: Der Codice civile gestattet den sofortigen gutgläubigen Eigentumserwerb unabhängig davon, ob der Eigentümer seinen Besitz an der Sache freiwillig aufgegeben oder ohne seinen Willen verloren hat. Nach dem Vorbild des preußischen ALR und des Codex Theresianus gewährt das italienische Recht damit dem gutgläubigen Erwerber umfassenden Schutz zu Lasten des Eigentümers. Ausgenommen sind von dieser Regelung jedoch Sachgesamtheiten und Sachen wie Autos oder Schiffe, die aus Publizitätsgründen in öffentlichen Registern geführt werden müssen. Daran ist kein sofortiger gutgläubiger Erwerb, sondern nur eine Ersitzung nach besonderen Vorschriften möglich.

Gestohlene Sachen nehmen Deutschland und Österreich generell vom gutgläubigen Erwerb im normalen Geschäftsverkehr, d.h. insbesondere unter Privatleuten, aus. Entsprechend der Regelungen des preußischen ALR und des Entwurfs Martini lassen BGB und ABGB den Erwerb aber dennoch – unabhängig von der Art des Besitzverlustes - an Bargeld und Inhaberpapieren sowie in öffentlicher Versteigerung eintreten. Seit der Zeit Friedrichs des Großen ist im Bereich Deutschlands und Österreichs die Notwendigkeit anerkannt, die Umlauffähigkeit von Bargeld und Inhaberpapieren durch uneingeschränkten Erwerberschutz auch in den Fällen des Abhandenkommens zu gewährleisten. Die Privilegierung des Erwerbs auch gestohlener Sachen in öffentlicher Versteigerung und nach österreichischem Recht zusätzlich des Erwerbs von einem Gewerbsmann, der die gewerberechtliche Befugnis zum Handel mit Gütern von der Art der streitgegenständlichen Sache hat, geht dagegen auf die staatliche Autorität zurück, die hinter diesen Erwerbssituationen steht und dem Veräußerer die notwendige Legitimation verleiht, auf deren Grundlage der Erwerber in seinem Vertrauen auf den Bestand seines Erwerbs keine Enttäuschung erleiden darf.

Das französische und schweizerische Recht lassen ebenfalls die Vindikation von Sachen zu, die dem Eigentümer unfreiwillig abhanden gekommen sind. Die Herausgabeklage des Eigentümers verjährt jedoch gegenüber dem gutgläubigen Besitzer nach Code civil in drei, nach schweizerischem ZGB in fünf Jahren. Nach Ablauf dieser Frist ist die Rechtsposition des Besitzers kraft Vindikationsausschluss nicht mehr angreifbar. Innerhalb der Drei- bzw. Fünfjahresfrist ist jedoch der gutgläubige Besitzer, der die abhanden gekommene Sache auf Markt oder Messe, von einem Kaufmann, der mit ähnlichen Sachen handelt, oder bei einer öffentlichen Versteigerung erworben hat, durch ein Lösungsrecht privilegiert. Der Besitzer ist in diesen Fällen zur Sachherausgabe nur gegen Erstattung des gezahlten Kaufpreises verpflichtet und damit jedenfalls des Risikos eines finanziellen Verlustes enthoben. Während Frankreich – anders als die übrigen Kodifikationen – den Erwerb von Bargeld und Inhaberpapieren den Vorschriften der Artt. 2279, 2280 C.c. unterwirft, sofortigen Eigentumserwerb hier also nur für die Fälle von Unterschlagung und Veruntreuung gewährt, schloss sich das ZGB diesbezüglich dem deutschen und österreichischen Recht an, indem es unabhängig von der Art des Besitzverlustes einen sofortigen gutgläubigen Erwerb eintreten lässt.

Im Ergebnis ist allen nationalen Rechtsordnungen damit der Grundsatz gemeinsam, in bestimmten privilegierten Erwerbssituationen – unabhängig von der national unterschiedlichen Ausgestaltung – den Eintritt einer Vermögenseinbuße des Erwerbers zu verhindern. Zwar lassen die Erwerbssituationen, an die diese Rechtsfolge geknüpft ist, wie der Erwerb in einer öffentlichen Versteigerung, auf Messe, Markt oder von einem Kaufmann, nach geltendem Recht nicht generell die Redlichkeit des Erwerbers vermuten. Es handelt sich dabei jedoch um objektive, typischerweise unverdächtige Situationen, die ein besonderes, schützenswertes Vertrauen des Erwerbers wecken und die bereits seit dem Mittelalter (Marktkauf) bzw. seit dem 17. Jahrhundert (Versteigerung) als die Schutzwürdigkeit des Erwerbers begründende Tatbestände herangezogen werden.

Aus der vergleichenden Darstellung des gutgläubigen Erwerbs vom Nichtberechtigten ging hervor, dass Österreich und Deutschland aufgrund des Erfordernisses der Entgeltlichkeit des Erwerbes (wenn auch in Deutschland mittlerweile durch die neue Verjährungsregelung abgeschwächt) sowie des weitestgehenden Ausschlusses gestohlener Sachen die strengsten Bedingungen für den gutgläubigen Erwerb vom Nichtberechtigten aufstellen. Im Gegensatz zur erwerberfreundlichsten Regelung des italienischen Rechts und dem Lösungsrecht als Kompromisslösung zwischen Eigentümer- und Erwerberinteressen nach Code civil und ZGB räumen Deutschland und Österreich damit dem Verkehrsschutz gegenüber dem Eigentümerinteresse einen geringeren Stellenwert ein.

Dieser Befund lässt sich auch für das deutsche und österreichische Ersitzungsrecht aufrechterhalten. Im Zusammenspiel mit dem eng gefassten gutgläubigen Erwerb findet die Ersitzung im österreichischen Recht einen weiten Anwendungsbereich. Angefangen vom unentgeltlichen Erwerb anvertrauter Sachen bis hin zu den meisten Fällen des - entgeltlichen wie unentgeltlichen – Erwerbs gestohlener Sachen geben die Bestimmungen des ABGB der ordentlichen dreijährigen Ersitzung des Gemeinen Rechts breiten Raum. Für den Ersterwerb vom Dieb oder Prekaristen verdoppelt sich die Ersitzungsfrist auf sechs Jahre. Trotz Geltung des römisch-kanonischen Grundsatzes *„Mala fides superveniens nocet"* hat der Erwerber aber aufgrund der relativ kurzen Fristen in der Praxis eine faire Chance, eine unangreifbare Rechtsposition zu erlangen. Auf der Grundlage des auf das römische Recht zurückgehenden Kausalitätsprinzips verlangt die kurze eigentliche Ersitzung des österreichischen Rechts in gemeinrechtlicher Tradition das Vorliegen eines wirksamen Titels. Den Erwerb vom nicht Geschäftsfähigen bzw. bei Fehlen des Erwerbstitels deckt daher nur die lange uneigentliche Ersitzung des dreißig Jahre lang ununterbrochen gutgläubigen Besitzers ab.

Der kompliziert gestalteten Regelung des österreichischen Rechts kommt unter dem Aspekt der Verkehrsfreundlichkeit im Hinblick auf die kurzen Ersitzungsfristen für abhanden gekommene Sachen aber noch der Vorrang gegenüber der Ersitzungsregelung des BGB zu. Die §§ 937 ff BGB erfassen zwar alle Tatbestände, in denen ein gutgläubiger Erwerb nach §§ 932 ff BGB nicht greift, stellen aber mit der Zehnjahresfrist und der Forderung nach Kontinuität des guten Glaubens während dieser Frist hohe Anforderungen an den Ersitzungserwerb. Wie das ABGB zeigt das deutsche Recht damit die Tendenz, dem Rechtsbewahrungsinteresse des Eigentümers den Vorzug zu geben.

Demgegenüber lässt der schon im Rahmen des gutgläubigen Erwerbs weitgehende Schutz des gutgläubigen Besitzers in Italien wie auch in Frankreich kaum noch Raum für die Ersitzung. Art. 1161 comma 1° C.c. it. nennt mit „*in mancanza di titolo idoneo*" bereits den Fall, dass dem Besitzerwerb kein zur Eigentumsübertragung geeignetes oder ein unwirksames Rechtsgeschäft zugrunde liegt, als Hauptanwendungsbereich der Ersitzung in Italien. Dies gilt aufgrund des dort ebenfalls maßgeblichen Konsensprinzips gleichermaßen für Frankreich. Während nach der französischen Kodifikation die außerordentliche dreißigjährige Ersitzung des Gemeinen Rechts in allen Fällen, unabhängig von der Gut- oder Bösgläubigkeit des Besitzers, die Auffangfunktion ausübt, wird in Italien diesbezüglich differenziert. Der redliche Erwerber, der lediglich im Zeitpunkt seines Besitzerwerbs gutgläubig sein muss, profitiert gegenüber dem Bösgläubigen durch eine Halbierung seiner Ersitzungszeit von 20 auf 10 Jahre.

Wie schon hinsichtlich des Entgeltlichkeitserfordernisses des gutgläubigen Erwerbs, bilden sich auch bezüglich der Grundkonzeption der Ersitzung zwei Lager unter den modernen Kodifikationen: Zwar erfasst die Ersitzung in allen Rechtsordnungen den Fall des fehlenden oder – aus anderen Gründen als der fehlenden Berechtigung des Veräußerers - mangelhaften Titels. Darüberhinausgehend erweitert sich ihr Anwendungsbereich, je enger der gutgläubige Erwerb gefasst ist. Allerdings wollen – wie schon beim Entgeltlichkeitserfordernis – Deutschland und Österreich nur den während der gesamten Ersitzungszeit gutgläubigen Besitzer schützen und schließen damit jeglichen bösgläubigen Erwerb aus. Italien und Frankreich dagegen räumen unter dem Aspekt der Befriedungsfunktion der Ersitzung auch dem Unredlichen die Möglichkeit des Eigentumserwerbs ein.

Konform gehen alle Kodifikationen schließlich aber dahingehend, dass sie – wenn auch mit unterschiedlicher Begründung – einen Erwerb desjenigen, der dem Eigentümer den Besitz, sei es durch Diebstahl und Raub, entzogen oder durch Unterschlagung und Veruntreuung vorenthalten hat, gänzlich ausschließen.

Betrachten wir die Rechtslage nach Eintritt eines Erbfalles: Allen untersuchten Rechtsordnungen ist gemeinsam, dass sie eine Ersitzung des Erbrechts oder der Erbschaft als Gesamtheit durch einen Nichtberechtigten, also die Urform der Erbschaftsersitzung im römischen Recht, ausschließen. Allerdings lassen Österreich und Italien die lange titellose Ersitzung und Frankreich den Einwand des Art. 2279 C.c. gegen die Vindikation des Erben hinsichtlich einzelner Erbschaftsgegenstände zugunsten eines Nichterben zu, während das BGB auch diesen Fall der *usucapio pro herede* ausschließt.

Findet der hinsichtlich des Eigentums des Erblassers und damit hinsichtlich ihrer Nachlasszugehörigkeit gutgläubige Erbe Sachen im Nachlass, die tatsächlich nicht im Eigentum des Erblassers standen, stellt sich die Frage, ob der wahre Eigentümer dieser Sachen aufgrund des Erbfalls einen Rechtsverlust erleidet. Ein sofortiger gutgläubiger Erwerb aufgrund des Anfalls der Erbschaft beim Erben ist in Deutschland und Italien infolge des Übergabeerfordernisses, in Österreich und Frankreich aufgrund der Voraussetzung des Vorliegens eines derivativen Erwerbstitels, ausgeschlossen. Der Erbe ist also in jedem Fall auf die Ersitzung angewiesen, wobei er die vom Erblasser begonnene Ersitzung fortsetzt, sofern dieser bereits Ersitzungsbesitzer war. Fehlte dem Erblasser die Redlichkeit, kann grundsätzlich der hinsichtlich der Nachlasszugehörigkeit der Sache gutgläubige Erbe eine neue Ersitzung beginnen. War der Erblasser jedoch Fremdbesitzer oder hatte er die Sache gestohlen, haftet nach allen Kodifikationen dieser Mangel der Sache über den Erbfall hinaus an mit der Folge, dass dem Erben die Ersitzung versagt bleibt. Auf der Grundlage der Fortsetzung des Erblasserbesitzes durch den Erben bleiben also nicht nur der Dieb, Räuber oder derjenige, der die Sache selbst unterschlagen oder veruntreut hat, sondern auch deren Gesamtrechtsnachfolger von der Ersitzung ausgeschlossen.

### 3. Ergebnis der rechtshistorisch-rechtsvergleichenden Untersuchung

In einer Gesamtbewertung der jeweiligen Erwerberschutzsysteme Deutschlands, Österreichs, Frankreichs und Italiens gelangen wir zu der Erkenntnis, dass das italienische Recht die Zielvorgabe einer effektiven Verkehrsschutz gewährleistenden Regelung am besten umgesetzt und in klar strukturierten, verständlichen Vorschriften ein System aufgebaut hat, das dem gutgläubigen, entgeltlichen wie unentgeltlichen, Erwerber an abhanden gekommenen wie vom Eigentümer freiwillig aus der Hand gegebenen Sachen umfassenden Schutz in Form eines sofortigen Eigentumserwerbs vom Nichtberechtigten gewährt.

Die Regelungssysteme Deutschlands und Österreichs sind in ihrer deutlich erkennbaren Tendenz, den Erwerber zu schützen, dabei aber die Gefahr eines Rechtsverlustes für den Eigentümer möglichst gering zu halten, als Gegenpol zum italienischen Recht als am wenigsten erwerberfreundlich und damit am wenigsten effektiv in der Umsetzung der Zielvorgabe der Gewährleistung von Verkehrsschutz einzustufen. Zwar lässt das ABGB für den Fall des unentgeltlichen Erwerbs bzw. des Erwerbs gestohlener Sachen nach der relativ kurzen Frist von drei Jahren über die Ersitzung einen Eigentumserwerb eintreten. Als wenig verkehrsfreundlich steht dem aber die kontinuierliche Gutgläubigkeit voraussetzende, dreißigjährige Ersitzung bei Scheitern des sofortigen Erwerbs am Fehlen oder der Unwirksamkeit des Titels gegenüber. Nach deutschem Recht lässt die zehnjährige Ersitzung unter der Bedingung ununterbrochener Gutgläubigkeit die Erwerbschancen des Besitzers sinken.

Als „Mittelweg" – ähnlich der von Svarez entwickelten Regelung des preußischen ALR – stellen sich das französische und schweizerische Recht dar. Hier ist derjenige, der gutgläubig in bestimmten, privilegierten Erwerbssituationen eine abhanden gekommene Sache erworben hat, auch während der drei- bzw. fünfjährigen Vindikationsfrist des Eigentümers vor einer Vermögenseinbuße geschützt. Die auch einem unredlichen Besitzer zugute kommende dreißigjährige Ersitzung des französischen Rechts erfüllt die für das Rechtsinstitut typische Funktion der Ersitzung, nach langer Zeit Rechtsschein und Rechtswirklichkeit in Einklang zu bringen und auf diese Weise für Rechtssicherheit und Rechtsfrieden zu sorgen.

Die Grundlage aller untersuchten Regelungen bildet das Ius Commune des 16. bis 18. Jahrhunderts und damit das rezipierte römisch-kanonische Recht, das durch die Einflüsse des lokal und regional noch vorhandenen mittelalterlichen Gewohnheitsrechts Modifikationen erfahren hat. Die auf dem Weg vom europäischen Gemeinen Recht zur nationalen Rechtsbildung im Bereich des Erwerbs vom Nichtberechtigten maßgebliche Weichenstellung erfolgte im Usus modernus mit den erstmals von Mevius formulierten Verkehrsschutzerwägungen als Grundlage für Vindikationsbeschränkungen. Die im heutigen Recht feststellbaren Divergenzen zwischen den nationalen Rechtsordnungen gehen auf die nationale Rechtsentwicklung im 18. und 19. Jahrhundert zurück, in deren Folge die Forderungen nach Verkehrsschutzregelungen auf unterschiedliche Art und Weise sowie in unterschiedlichem Maße umgesetzt wurden.

Dennoch konnten wir dem Vergleich der nationalen Regelungen des Erwerberschutzes entnehmen, dass sie alle nach wie vor von denselben Grundsätzen beherrscht sind, die auf das ältere Gemeine Recht zurückgehen: Danach ist eine Beschränkung der Vindikation des Eigentümers im Allgemeininteresse des Verkehrsschutzes grundsätzlich geboten, wobei ein sofortiger Erwerb vom Nichtberechtigten nur dem gutgläubigen Erwerber gestattet wird. Hat der Besitzer die Sache in besonderen, typischerweise unverdächtigen Erwerbssituationen erworben, ist er vor einer Vermögenseinbuße zu bewahren.

## II. Abwägung der widerstreitenden Interessen

Würden wir uns allein an dem – von den Vätern aller modernen Kodifikationen - vorgegebenen Ziel orientieren, ein Regelungssystem zu schaffen, das zur Sicherstellung eines schnellen und reibungslosen Handelsverkehrs - und damit verbunden einer hohen Güternachfrage mit der Folge der Produktionssteigerung in der Industrie - den bestmöglichen Verkehrsschutz gewährleistet, müssten wir als Muster für eine gemeineuropäische Regelung des Erwerbs vom Nichtberechtigten das italienische Recht heranziehen. Aber wollen wir das?

In der Einführung haben wir den Blick auf die zahlreichen Fälle gerichtet, in denen Kunst- und Kulturgüter gestohlen oder unterschlagen werden und infolge eines wirksamen Dritterwerbs dem Zugriff des Eigentümers auf immer entzogen bleiben. Dies lässt nach dem ersten Anschein – zumindest für derartige Gegenstände - für eine wieder stärker die Eigentümerinteressen in den Vordergrund stellende, die Vindikation nur in geringem Umfang beschränkende Lösung plädieren. Anders als bei den vertretbaren Waren, die Gegenstand des alltäglichen Handelsverkehrs sind, ist hier der Eigentümer nicht unbedingt darauf angewiesen, die Sachen, z.B. als Leihgabe für Ausstellungen etc., aus der Hand zu geben, bzw. kann sich im Fall, dass er dies tun muss, z.B. zum Zwecke der Begutachtung, Restauration o.ä., seinen Vertrauensmann sorgfältig aussuchen. Dem Eigentümer hier höhere Sorgfaltspflichten als im regelmäßigen Warenverkehr aufzuerlegen, erscheint in Anbetracht des Wertes der betreffenden Gegenstände sogar besonders geboten.

Andererseits kann man dieser Forderung nach einer weitgehend uneingeschränkten Vindikationsregelung entgegenhalten, dass im Vergleich mit dem gesamten Warenumschlag in der Europäischen Union der Handel mit Kunst- und Kulturgütern nur einen Bruchteil ausmacht. Die besonderen Umstände, die dem Handel mit derartigen Gegenständen immanent sind, sollten nicht den Maßstab für die Rahmenbedingungen des alltäglichen Geschäftsverkehrs vorgeben. Man könnte eher daran denken, aufgrund der sehr unterschiedlichen Sachverhalte zwei verschiedene Regelungsmodelle für die beiden Handelsbereiche aufzustellen. Hiergegen spricht jedoch, dass damit Abgrenzungsschwierigkeiten zwischen den beiden Tatbeständen „Kunsthandel“ und „normaler Handelsverkehr“ verbunden sind, die im Ergebnis zu großer Rechtsunsicherheit führen würden. Stattdessen wollen wir versuchen, Grundsätze für eine klare, einfache, leicht handzuhabende Regelung über den Erwerb von Sachen aller Art vom Nichtberechtigten aufzustellen, die einen gerechten Ausgleich zwischen den widerstreitenden Interessen zu erzielen vermag.

Welche Abwägungsentscheidung aber soll diesem gemeineuropäischen Modell zugrunde liegen? Aus unserer rechtshistorisch-rechtsvergleichenden Untersuchung haben wir die Erkenntnis gewonnen, dass die Lösung am besten und gerechtesten erscheint, die sowohl die Eigentümerinteressen an der Erhaltung des Zugriffs auf die Sache als auch das Interesse des Erwerbers und damit das allgemeine Verkehrsinteresse an einem Bestand des Erwerbs bzw. zumindest an der Vermeidung von Vermögenseinbußen in gleichem Maße berücksichtigen, somit einen Mittelweg zwischen dem reinen Vindikationsprinzip und dem uneingeschränkt eintretenden Eigentumserwerb einschlagen. Damit kommen wir zurück auf Svarez' Erwägungen, die zu einem Kompromiss in Form der Regelung eines Lösungsrechts im preußischen ALR geführt haben. Diese Abwägungsentscheidung wurde vom Code civil und vom schweizerischen ZGB aufgegriffen. Nicht umsonst sind diese beiden Kodifikationen als unter Billigkeitsgesichtspunkten beste Regelungsmodelle aus unserer vergleichenden Betrachtung der fünf nationalen Rechtsordnungen hervorgegangen.

Die Argumente, die Svarez bei seiner Interessenabwägung ins Feld geführt hat, gelten nach wie vor: Eine einseitig den Eigentümerinteressen, die in der Erhaltung des uneingeschränkten Zugriffs auf die Sache bei jedem Dritten bestehen, den Vorzug gebende Lösung hätte für jeden Erwerber die Konsequenz, dass er bei jedem entgeltlichen Erwerbsvorgang das finanzielle Risiko abwägen müsste, damit gezwungen wäre, Nachforschungen über die Herkunft der Sache anzustellen, was insgesamt bei Mobilien zu einer Kaufzurückhaltung und damit letztendlich zu einer erheblichen Hemmung von Handel und Produktion führen würde. Die damit verbundene Verminderung der Verkehrsfähigkeit von Mobilien hätte im Ergebnis negative Auswirkungen auf die Gesamtwirtschaft.

Demgegenüber erscheint ein absoluter Erwerberschutz ebenso wenig gerechtfertigt. So ist als gemeinsames Grundprinzip aller nationalen Rechtsordnungen festzuhalten, dass nur ein redlicher Erwerber, der aufgrund eines allenfalls leicht fahrlässigen Irrtums an den Bestand seines Erwerbs glaubt, in diesem Vertrauen schutzwürdig ist.

Fraglich ist nun, ob nach dem Veranlassungsprinzip dem Eigentümer nur der Zugriff auf von ihm freiwillig aus der Hand gegebene und einem anderen anvertraute Sachen verwehrt und auf gestohlene und geraubte Sachen erhalten bleiben soll. Schon das ALR und der Codex Theresianus gingen jedoch davon aus, dass aus Sicht des redlichen Erwerbers kein Anhaltspunkt für eine Differenzierung nach der Art des Besitzverlustes des Eigentümers besteht. Mit der Erhaltung der uneingeschränkten Vindikation für gestohlene Sachen legt man dem Erwerber im Ergebnis wieder eine gewisse Nachforschungspflicht auf. Für ihn ist kaum erkennbar, ob es sich um eine gestohlene oder unterschlagene Sache handelt. Auch ein niedrigerer als üblicher Preis bietet hierfür keinen Anhaltspunkt, da in beiden Fällen dem Besitzverlust des Eigentümers eine strafbare Handlung zugrunde lag. Auch das Argument der Veranlassung durch den Eigentümer liefert keine Rechtfertigung für eine Differenzierung: Gegenüber dem 18. Jahrhundert ist der Eigentümer in der heutigen Zeit aufgrund der Schnelligkeit und Anonymität des Geschäftsverkehrs, was durch den grenzüberschreitenden Warenverkehr noch verstärkt wird, noch weniger in der Lage, sich von der Vertrauenswürdigkeit der Person zu überzeugen, der er die Sache anvertrauen will und in den meisten Fällen sogar muss. Bei Unterschlagung oder Veruntreuung kann sogar mehr an krimineller Energie als bei Diebstahl vorliegen, der der Eigentümer zum Opfer fällt. Andererseits kann ein besonders nachlässiger Eigentümer selbst die Ursache für Diebstahl oder Raub gesetzt haben.

Das Erwerberschutzsystem des ALR mit der Normierung eines Lösungsrechts kann also auch heute noch das Vorbild für eine gerechte Lösung des Interessenkonflikts dienen. Auf dieser Grundlage soll nun unter Berücksichtigung der im Rahmen der rechtshistorisch-rechtsvergleichenden Betrachtung herausgearbeiteten gemeinsamen Grundsätze der modernen Kodifikationen ein mögliches gemeineuropäisches Regelungsmodell skizziert werden.

## III. Ein zeitgemäßes gemeineuropäisches System des Erwerberschutzes

Eine einheitliche europäische Regelung des Erwerbs vom Nichtberechtigten könnte auf der Grundlage der aus der rechtshistorisch-rechtsvergleichenden Untersuchung gewonnenen Erkenntnisse wie folgt aussehen:

Ein sofortiger gutgläubiger Erwerb tritt an unterschlagenen wie an gestohlenen Sachen lediglich dann ein, wenn es sich um Bargeld oder Inhaberpapiere handelt, sowie beim Erwerb in einer öffentlichen Versteigerung. Ansonsten ist kein sofortiger gutgläubiger Eigentumserwerb vorgesehen.

Der Erwerber, der weder weiß noch aufgrund grober Fahrlässigkeit nicht weiß, dass er vom Nichteigentümer oder einer nicht zur Verfügung berechtigten Person erwirbt, bleibt für drei Jahre der Vindikation des Eigentümers ausgesetzt, unabhängig davon, ob er eine abhanden gekommene oder vom Eigentümer freiwillig aus der Hand gegebene Sache in Besitz hat. Läuft die Dreijahresfrist ohne Klageerhebung durch den Eigentümer ab, erwirbt der Besitzer das Eigentum an der Sache mit Fristablauf. Sein guter Glaube an die Verfügungsberechtigung des Veräußerers muss jedoch nur im Zeitpunkt des Besitzerwerbs vorliegen. Erhebt der Eigentümer während der Dreijahresfrist die *rei vindicatio*, ist der redliche Erwerber nur gegen Erstattung des von ihm gezahlten Kaufpreises zur Herausgabe der Sache an den Eigentümer verpflichtet. Das Lösungsrecht ist nicht an das Vorliegen einer besonderen Erwerbssituation gebunden, da die rechtshistorisch vorgegebenen Tatbestände, in erster Linie der Marktkauf, in Zeiten des Internet und der Globalisierung nicht mehr den heute maßgeblichen Verhältnissen entsprechen.

Der unredliche Erwerber bleibt der Vindikation dreißig Jahre lang ausgesetzt.

Die vorgeschlagene Regelung eines Lösungsrechts erfasst gleichermaßen den entgeltlichen wie den unentgeltlichen Erwerb. In letzterem Fall besteht aufgrund der Unentgeltlichkeit des Rechtsgeschäfts kein Erstattungsanspruch des Erwerbers, sondern de facto während der Dreijahresfrist eine uneingeschränkte Vindikation.

Das skizzierte Modell sollte außerdem die Fälle erfassen, in denen ein rechtsgeschäftlicher Erwerb an anderen Mängeln als der fehlenden Berechtigung des Veräußerers, insbesondere an dessen fehlender Geschäftsfähigkeit, scheitert. Auch hier ist dies für den Erwerber nicht erkennbar – sonst wäre er ja unredlich hinsichtlich der Wirksamkeit seines Erwerbs -, weshalb er ebenso schutzwürdig erscheint wie in den Fällen des Erwerbs vom Nichtberechtigten.

Der Ersitzung kommt nach diesem System lediglich die Rolle zu, nach langjährigem Besitz eines unredlichen Erwerbers für Rechtssicherheit und Wiederherstellung des Rechtsfriedens zu sorgen, indem Rechtsschein und Rechtswirklichkeit wieder vereinigt werden. Dies führt zu einer *longissimi temporis praescriptio*, die weder einen Titel noch Gutgläubigkeit des Besitzers voraussetzt und nach dreißig Jahren den Eigentumserwerb eintreten lässt.

## Literatur

*Amirante, Luigi*: Il concetto unitario dell'auctoritas, in: Arangio-Ruiz, Vincenzo / Lauria, Mario / Bozza, Francesca / de Martino, Francesco/ Guarino, Antonio (Hrsg.), Studi in onore di Siro Solazzi nel cinquantesimo anniversario del suo insegnamento universitario (1899-1948), Neapel 1948, S. 375 ff (zit.: Amirante, Studi Solazzi)

*Anners, Erik*: Hand wahre Hand, Studien zur Geschichte der germanischen Fahrnisverfolgung, Lund 1952 (zit.: Anners)

*Apathy, Peter*: Ausgewählte Fragen des Ersitzungsrechts, JBl. 1999, S. 205 ff

-- Redlicher oder unredlicher Besitzer, NZ 1989, S. 137 ff

-- Die Ersitzung „pro herede" im österreichischen Recht, in: Schwarz, Walter / Spielbüchler, Karl / Martinek, Oswin / Grillberger, Konrad / Jabornegg, Peter (Hrsg.), Möglichkeiten und Grenzen der Rechtsordnung, Festschrift für Rudolf Strasser zum 60. Geburtstag, Wien 1983, S. 947 ff (zit.: Apathy, FS Strasser)

*van Apeldoorn, L. J.*: Mobilia non habent sequelam, TRG 11 (1932), S. 133 ff (zit.: van Apeldoorn, TRG 11)

*Arangio-Ruiz, Vincenzo*: La compravendita in diritto romano, Volume I, Ristampa anastatica della seconda edizione, Neapel 1961 (zit.: Arangio-Ruiz, Compravendita I)

-- La compravendita in diritto romano, Volume II, Neapel 1954 (zit.: Arangio-Ruiz, Compravendita II)

*Argiroffi, Carlo*: Del possesso di buona fede di beni mobili, in: Il Codice Civile - Commentario diretto da Piero Schlesinger, Artt. 1153-1157, Mailand 1988 (zit.: Argiroffi)

*Armbrüster, Christian*: Privatrechtliche Ansprüche auf Rückführung von Kulturgütern ins Ausland, NJW 2001, S. 3581 ff

*Astuti, Guido*: Note sull'origine e attribuzione dell' „Edictum Theoderici Regis", in: Aru, Luigi / Astuti, Guido / Branca, Giuseppe / de Vergottini, Giovanni / Lanfranchi, Fabio / Levi della Vida, Giorgio / Luzzatto, Giuseppe I. / Masi, Antonio / Momigliano, Arnaldo / Moscati, Sabatino / Sanfilippo, Cesare / Talamanca, Mario (Hrsg.), Studi in onore di Edoardo Volterra, Volume quinto, Mailand 1971, S. 647 ff (zit.: Astuti, Studi Volterra V)

*Barta, Heinz*: Zur Kodifikationsgeschichte des österreichischen bürgerlichen Rechts in ihrem Verhältnis zum preußischen Gesetzbuch: Entwurf Martini (1796), (W)GGB (1797), ABGB (1811) und ALR (1794), in: Barta, Heinz / Palme, Rudolf / Ingenhaeft, Wolfgang (Hrsg.), Naturrecht und Privatrechtskodifikation, Tagungsband des Martini-Kolloquiums 1998, Wien 1999, S. 333 ff (zit.: Barta, Kodifikationsgeschichte)

*Bauer, Karen*: Ersitzung und Bereicherung im klassischen römischen Recht und die Ersitzung im BGB, Berlin 1988, zugleich Dissertation, Freiburg 1987 (zit.: Bauer)

*Bauer, Martin*: Periculum emptoris, Eine dogmengeschichtliche Untersuchung zur Gefahrtragung beim Kauf, Berlin 1998, zugleich Dissertation, Regensburg 1998 (zit.: Bauer, Periculum emptoris)

*Baviera, Johannes (Hrsg.)*: Tituli XXVIII ex corpore Ulpiani, in: FIRA II (Pars altera-Auctores), Florenz 1968, S. 259 ff (zit.: Tituli ex corpore Ulpiani)

-- Sententiarum receptarum libri quinque qui vulgo Iulio Paulo adhuc tribuuntur [Pauli Sententiae], in: FIRA II (Pars altera-Auctores), Florenz 1968, S. 317 ff (zit.: PS)

-- Fragmenta quae dicuntur Vaticana [Fragmenta Vaticana], in: FIRA II (Pars altera-Auctores), Florenz 1968, S. 461 ff (zit.: Fragm. Vat.)

-- Epitome Codicum Gregoriani et Hermogeniani Wisigothica, in: FIRA II (Pars altera-Auctores), Florenz 1968, S. 653 ff (zit.: CG [Codex Gregorianus])

-- Edictum Theoderici Regis, in: FIRA II (Pars altera-Auctores), Florenz 1968, S. 681 ff (zit.: ET)

-- Lex Romana Burgundionum, in: FIRA II (Pars altera-Auctores), Florenz 1968, S. 711 ff (zit.: LRB)

*Bayer, Karl (Hrsg.)*: Topica, Die Kunst richtig zu argumentieren, lateinisch und deutsch, München 1993 (zit.: Cic. top.)

*Becker, Hans-Jürgen*: Edictum Theoderici, in: Erler, Adalbert / Kaufmann, Ekkehard (Hrsg.), Handwörterbuch zur deutschen Rechtsgeschichte, I. Band, Berlin 1971, Sp. 801 ff (zit.: Becker, Edictum Theoderici, HRG I, Sp.)

*Beyerle, Konrad*: Lex Baiuvariorum, Lichtdruckwiedergabe der Ingolstädter Handschrift des Bayerischen Volksrechts mit Transkription, Textnoten, Übersetzung, Einführung, Literaturübersicht und Glossar, München 1926 (zit.: Beyerle [Einführung] bzw. LBai [Text der Lex Baiuvariorum])

*Beyerle, Franz / Kunkel, Wolfgang / Thieme, Hans*: Quellen zur Neueren Privatrechtsgeschichte Deutschlands, Erster Halbband, Ältere Stadtrechtsreformationen, Weimar 1936 (zit.: Beyerle/Kunkel/Thieme I)

-- Quellen zur Neueren Privatrechtsgeschichte Deutschlands, Zweiter Halbband, Landrechte des 16. Jahrhunderts, eingeleitet und erläutert von Wolfgang Kunkel, Weimar 1938 (zit.: Beyerle/Kunkel/Thieme II)

*Birtsch, Günter*: Carl Gottlieb Svarez. Mitbegründer des preußischen Gesetzesstaats, in: Alter, P. / Mommsen, W.J. / Nipperdey, Th. (Hrsg.), Geschichte und politisches Handeln. Zum Gedenken an Th. Schieder, 1908-1984, Stuttgart 1985, S. 85 ff (zit.: Birtsch, GS Schieder)

*Bonfante, Pietro*: La „iusta causa" dell'usucapione e il suo rapporto colla „bona fides", in: Scritti giuridici varii, Band II - Proprietà e servitù, Turin 1918, S. 469 ff (zit.: Bonfante, Scritti II)

*Bonini, Roberto*: Disegno storico del diritto privato italiano (dal codice civile del 1865 al codice civile del 1942), Bologna 1980 (zit.: Bonini)

*Brauneder, Wilhelm*: Vernünftiges Recht als überregionales Recht: Die Rechtsvereinheitlichung der österreichischen Zivilrechtskodifikationen 1786-1797-1811, in: Schulze, Reiner (Hrsg.), Europäische Rechts- und Verfassungsgeschichte - Ergebnisse und Perspektiven der Forschung, Berlin 1991, S. 121 ff (zit.: Brauneder)

*Broggini, Gerardo*: Was bedeutet heute gemeineuropäisches Vertragsrecht?, ZfRV 1997, S. 221 ff

*Buchner, Rudolf*: Die Rechtsquellen, Beiheft zu Wattenbach-Levison, Deutschlands Geschichtsquellen im Mittelalter, Vorzeit und Karolinger, Weimar 1953 (zit.: Buchner)

*Burdese, Alberto*: Editto Publiciano e funzioni della compravendita romana, in: Vacca, Letizia (Hrsg.), Vendita e trasferimento della proprietà nella prospettiva storico-comparatistica, Atti del Congresso Internazionale Pisa-Viareggio-Lucca, 17-21 aprile 1990, Band I, Mailand 1991, S. 119 ff (zit.: Burdese, Vendita e trasferimento I)

*Buyken, Thea*: Das römische Recht in den Constitutionen von Melfi, Köln 1960 (zit.: Buyken, Das römische Recht)

-- Die Constitutionen von Melfi und das Jus Francorum, Opladen 1973 (zit.: Buyken, Jus Francorum)

*Bydlinski, Franz*: Die rechtsgeschäftlichen Voraussetzungen der Eigentumsübertragung nach österreichischem Recht, in: Paulus, Gotthard / Diederichsen, Uwe / Canaris, Claus-Wilhelm (Hrsg.), Festschrift für Karl Larenz zum 70. Geburtstag, München 1973, S. 1027 ff (zit.: Bydlinski, FS Larenz)

-- Der Inhalt des guten Glaubens beim Erwerb vom Vertrauensmann des Eigentümers, JBl. 1967, S. 355 ff

*Carbonnier, Jean*: Droit Civil - Tome 3 - Les biens (Monnaie, immeubles, meubles), 16e édition, Paris 1995 (zit.: Carbonnier)

*Carl, Michael H. / Güttler, Herbert / Siehr, Kurt*: Kunstdiebstahl vor Gericht, City of Gotha v. Sotheby's/Cobert Finance S.A., Berlin 2001 (zit. Carl/Güttler/Siehr)

*Codex Maximilianeus Bavaricus Civilis*, oder: Baierisches Landrecht, Neue, unveränderte Auflage, München 1821 (zit.: CMBC)

*Coing, Helmut*: Europäisierung der Rechtswissenschaft, NJW 1990, S. 937 ff

-- Einleitung, in: Coing, Helmut (Hrsg.), Handbuch der Quellen und Literatur der Neueren Europäischen Privatrechtsgeschichte, Erster Band, Mittelalter (1100-1500) - Die gelehrten Rechte und die Gesetzgebung, München 1973, S. 1 ff (zit.: Coing, Einleitung, Handbuch der Quellen I)

-- Europäisches Privatrecht, Band I - Älteres Gemeines Recht (1500-1800), München 1985 (zit.: Coing, Europäisches Privatrecht I)

-- Europäisches Privatrecht, Band II - 19. Jahrhundert, Überblick über die Entwicklung des Privatrechts in den ehemals gemeinrechtlichen Ländern, München 1989 (zit.: Coing, Europäisches Privatrecht II)

-- Von Bologna bis Brüssel, Europäische Gemeinsamkeiten in Vergangenheit, Gegenwart und Zukunft, Bergisch Gladbach 1989 (zit.: Coing, Von Bologna bis Brüssel)

-- Zur Eigentumslehre des Bartolus, SZ 70 (1953), S. 348 ff (zit.: Coing, SZ 70)

*Collinet, Paul*: Iusta causa et bona fides dans l'usucapion d'après les institutes de Gaius, in: Mélanges Paul Fournier de la Bibliothèque d'histoire du droit publiée sous les auspices de la société d'histoire du droit, réimpression de l'édition de Paris 1929, Aalen 1982, S. 71 ff (zit.: Collinet, Mél. Fournier)

*Conrad, Hermann*: Deutsche Rechtsgeschichte, Band I: Frühzeit und Mittelalter, 2. Auflage, Karlsruhe 1962 (zit.: Conrad, Deutsche Rechtsgeschichte I)

-- Die Gesetzgebung der normannisch-staufischen Herrscher im Königreich Sizilien, in: Conrad, Hermann (†) / von der Lieck-Buyken, Thea / Wagner, Wolfgang (Hrsg.), Die Konstitutionen Friedrichs II. von Hohenstaufen für sein Königreich Sizilien, nach einer lateinischen Handschrift des 13. Jahrhunderts herausgegeben und übersetzt, Köln 1973 (zit.: Conrad, Die Gesetzgebung im Königreich Sizilien)

*Conrad, Hermann / Kleinheyer, Gerd (Hrsg.)*: Carl Gottlieb Svarez. Vorträge über Recht und Staat, Wissenschaftliche Abhandlungen der Arbeitsgemeinschaft für Forschung des Landes Nordrhein-Westfalen, Band 10, Köln 1960 (zit.: Svarez, Vortrag)

*Conrat (Cohn), Max*: Der Westgothische Paulus, Eine rechtshistorische Untersuchung, Wiesbaden 1967, Neudruck der Ausgabe von 1907 (zit.: Conrat, Der Westgothische Paulus)

-- Die Entstehung des Westgothischen Gaius, Wiesbaden 1967, Neudruck der Ausgabe von 1905 (zit.: Conrat, Der Westgothische Gaius)

*de Cupis, Adriano*: Istituzioni di Diritto Privato, Seconda edizione aggiornata, Mailand 1980 (zit.: de Cupis)

*Daube, David*: Furtum proprium and furtum improprium; The Cambridge Law Journal 6 (1937), S. 217 ff (zit.: Daube, Cambridge Law Journal 6)

*Demel, Walter*: Die bayerische Gesetzgebungspolitik in der Ära Montgelas und die Entstehung des Entwurfs von 1811, in: Demel, Walter / Schubert, Werner (Hrsg.), Der Entwurf eines Bürgerlichen Gesetzbuchs für das Königreich Bayern von 1811, Revidirter Codex Maximilianeus Bavaricus Civilis, Ebelsbach 1986, S. XLIII ff (zit.: Demel)

*Dilcher, Gerhard*: Die janusköpfige Kodifikation, ZEuP 1994, S. 446 ff

*Diurni, Giovanni*: Le situazioni possessorie nel medioevo, età longobardo-franca, Mailand 1988 (zit.: Diurni)

*Dorff, Peter*: Der Versteigerungserwerb und seine Rechtmäßigkeit bei abhanden gekommenen Sachen, Dissertation, Hamburg 1999 (zit.: Dorff)

*Dreyer, Wolfgang*: Der gutgläubige rechtsgeschäftliche Erwerb beweglicher Sachen im englischen Recht, Dissertation, Regensburg 1995 (zit.: Dreyer)

*Düll, Rudolf*: Das Zwölftafelgesetz, 6. Auflage, München 1989 (zit.: Düll, Zwölftafelgesetz)

*Ebel, F.*: Sachsenspiegel, in: Erler, Adalbert / Kaufmann, Ekkehard (Hrsg.), Handwörterbuch zur deutschen Rechtsgeschichte, IV. Band, Berlin 1990, Sp. 1228 ff (zit.: Ebel, Sachsenspiegel, HRG IV, Sp.)

*Eckhardt, Karl August (Hrsg.)*: Die Gesetze des Karolingerreiches 714 - 911, Band I: Salische und ribuarische Franken, Weimar 1934 (zit.: LR [Lex Ribuaria])

*Ehrenzweig, Armin*: System des österreichischen allgemeinen Privatrechts, 2. Auflage, 1. Band 2. Hälfte: Das Sachenrecht, Wien 1957 (zit.: Ehrenzweig)

*Ernst, Wolfgang*: Ist der gutgläubige Mobiliarerwerb eine Rechtsscheinwirkung?, in: Lange, Hermann / Nörr, Knut Wolfgang / Westermann, Harm Peter (Hrsg.), Festschrift für Joachim Gernhuber zum 70. Geburtstag, Tübingen 1993, S. 95 ff (zit.: Ernst, FS Gernhuber)

*Fastrich-Sutty, Isabella*: Die Rezeption des westgotischen Rechts in der Lex Baiuvariorum, Eine Studie zur Bearbeitung von Rechtstexten im frühen Mittelalter, Köln 2001, zugleich Dissertation, Erlangen 2001 (zit.: Fastrich-Sutty)

*Feenstra, Robert*: Zum Ursprung des Lösungsrechtes beim Kauf gestohlener Sachen auf dem Markte, besonders nach einigen spanischen und südfranzösischen Quellen, in: Bader, Karl Siegfried / Feenstra, Robert / Holtzmann, Walther / Korlén, Gustav / Lautner, Julius G. / Schwarz, Andreas B. † (Hrsg.), Festschrift für Guido Kisch anlässlich des 60. Geburtstages, Rechtshistorische Forschungen, Stuttgart 1955, S. 237 ff (zit.: Feenstra, FS Kisch)

-- Action publicienne et preuve de la proprieté. Principalement d'après quelques romanistes du moyen age, in: Faculté de droit de l'Université de Lausanne (Hrsg,), Mélanges Philippe Meylan à l'occasion de son soixante-dixième anniversaire, Recueil de travaux publiés par la Faculté de droit, Volume I, Droit Romain, Lausanne 1963, S. 91 ff (zit.: Feenstra, Mél. Meylan)

*Ferid, Murad / Sonnenberger, Hans Jürgen*: Das Französische Zivilrecht, begründet von Murad Ferid, Bd. 2 - Schuldrecht: Die einzelnen Schuldverhältnisse, Sachenrecht; völlig neubearbeitet von Hans Jürgen Sonnenberger, 2. Auflage, Heidelberg 1986 (zit.: Ferid/Sonnenberger, Bd. 2)

-- Das Französische Zivilrecht, begründet von Murad Ferid, Bd. 3 – Familienrecht – Erbrecht, völlig neubearbeitet von Murad Ferid, 2. Auflage, Heidelberg, 1987 (zit.: Ferid/Sonnenberger, Bd. 3)

*Fink, Gerhard (Hrsg.)*: Aulus Gellius, Noctes Atticae, 1. Auflage, 5. Druck, München 1993 (zit.: Aulus Gellius, Noctes Atticae)

*Finkenauer, Thomas:* Gutgläubiger Erbe des bösgläubigen Erblassers - Das Bernsteinzimmer-Mosaik, NJW 1998, S. 960 ff

*Floßmann, Ursula*: Österreichische Privatrechtsgeschichte, Dritte, verbesserte Auflage, Wien 1996 (zit.: Floßmann)

*Frotz, Gerhard*: Gutgläubiger Mobiliarerwerb und Rechtsscheinprinzip, in: Lobenstein, Edwin / Mayer, Johann / Frotz, Gerhard / Doralt, Peter (Hrsg.), Wirtschaftspraxis und Rechtswissenschaft, Festschrift für Walther Kastner zum 70. Geburtstag, Wien 1972, S. 131 ff (zit.: Frotz, FS Kastner)

*Fuenteseca, Pablo*: Trasferimento della proprietà e auctoritas nella vendita romana, in: Vacca, Letizia, Vendita e trasferimento della proprietà nella prospettiva storico-comparatistica, Atti del Congresso Internazionale Pisa-Viareggio-Lucca, 17-21 aprile 1990, Band I, Mailand 1991, S. 73 ff (zit.: Fuenteseca, Vendita e trasferimento I)

*Galgano, Francesco*: Diritto civile e commerciale, Volume primo, Padua 1990 (zit.: Galgano, Diritto civile e commerciale)

-- Diritto privato, Quinta edizione, Padua 1988 (zit.: Galgano, Diritto privato)

*Gambaro, Antonio*: Perspectives on the codification of the law of property: an overview, European Review of Private Law 1997, S. 497 ff

*Gandolfi, Giuseppe*: Sull'origine della „Usucapio pro herede", BIDR 61 (1958), S. 271 ff (zit.: Gandolfi, BIDR 61)

-- Sulla evoluzione della „hereditas" alla luce del regime di „sacra" (Cic. De legibus, 2, 19-20, 47-49), SDHI 21 (1955), S. 223 ff (zit.: Gandolfi, SDHI 21)

*Gehrke, Heinrich*: Deutsches Reich, in: Coing, Helmut (Hrsg.), Handbuch der Quellen und Literatur der neueren europäischen Privatrechtsgeschichte, Zweiter Band, Neuere Zeit (1500-1800), Das Zeitalter des Gemeinen Rechts, Zweiter Teilband: Gesetzgebung und Rechtsprechung, München 1976, S. 310 ff (zit.: Gehrke, Deutsches Reich, Handbuch der Quellen II/2)

*Genzmer, Erich*: Die justinianische Kodifikation und die Glossatoren, in: Schrage, Eltjo J. H. (Hrsg.), Das römische Recht im Mittelalter, Darmstadt 1987, S. 5 ff (zit.: Genzmer)

*Gerlach, Leopold von*: Der Einfluss des deutschen und französischen Rechts auf den Eigentumserwerbsschutz beweglicher Sachen im spanischen Recht, München 1995, zugleich Dissertation, München 1994 (zit.: v. Gerlach)

*Geyrhalter, Volker*: Das Lösungsrecht des gutgläubigen Erwerbers - Ein „vergessener" Kompromiss und die Auswirkungen auf das heutige deutsche Recht unter besonderer Berücksichtigung des internationalen Sachenrechts, Frankfurt/Main 1996, zugleich Dissertation, Regensburg 1995 (zit.: Geyrhalter)

*Giehl, Friedrich*: Der gutgläubige Mobiliarerwerb - Dogmatik und Rechtswirklichkeit; AcP 161 (1962), S. 357 ff (zit.: Giehl, AcP 161)

*Gierke, Otto von*: Deutsches Privatrecht, Zweiter Band - Sachenrecht, Leipzig 1905 (zit.: v. Gierke, PR II)

*Göler von Ravensburg, Sabine Freifrau von*: Der gutgläubige Erwerb beweglicher Sachen in Frankreich, Dissertation, Münster 1999 (zit.: Göler von Ravensburg)

*Goldschmidt, L.*: Ueber den Erwerb dinglicher Rechte von dem Nichteigenthümer und die Beschränkung der dinglichen Rechtsverfolgung, insbesondere nach handelsrechtlichen Grundsätzen, ZHR 8 (1865), S. 225 ff (zit.: Goldschmidt, ZHR 8)

*Gordley, James*: Myths of the French Civil Code, American Journal of Comparative Law 42 (1994), S. 459 ff (zit.: Am. Journal of Comparative Law 42)

*Gschnitzer, Franz*: Österreichisches Sachenrecht, 2., neu bearbeitete Auflage von Christoph Faistenberger, Heinz Barta, Gottfried Call und Bernhard Eccher, Wien - New York, 1985 (zit.: Gschnitzer)

*Günter, Helmut (Hrsg.)*: Das Bayerische Landrecht von 1616, München 1989

*Guisan, François*: La protection de l'acquéreur de bonne foi en matière mobilière, Dissertation, Lausanne 1970 (zit.: Guisan)

*Hager, Johannes*: Verkehrsschutz durch redlichen Erwerb, Habilitationsschrift, München 1990 (zit.: Hager)

*Hattenhauer, Hans (Hrsg)*: Allgemeines Landrecht für die Preußischen Staaten von 1794, mit einer Einführung von Hans Hattenhauer, 3., erweiterte Auflage, Neuwied 1996 (zit.: Hattenhauer, Einführung)

*Hattenhauer, Hans / Buschmann, Arno*: Textbuch zur Privatrechtsgeschichte der Neuzeit mit Übersetzungen, München 1967 (zit.: Hattenhauer/Buschmann)

*Hausmaninger, Herbert*: Die Bona Fides des Ersitzungsbesitzers im klassischen römischen Recht, Wien 1964 (zit.: Hausmaninger, Bona fides)

*Hausmaninger, Herbert / Selb, Walter*: Römisches Privatrecht, 6. Auflage, Wien 1991 (zit.: Hausmaninger/Selb)

*Hellmuth, Eckhart*: Ernst Ferdinand Klein (1744-1810), Kurzbiographie, in: Birtsch, Günter (Hrsg.), Der Idealtyp des aufgeklärten Herrschers, in: Aufklärung, Inter-

disziplinäre Halbjahresschrift zur Erforschung des 18. Jahrhunderts und seiner Wirkungsgeschichte, Hamburg 1987, S. 121 ff (zit.: Hellmuth, Aufklärung 1987)
*Helmholz, Richard H.*: The spirit of Classical Canon Law, Athens/Georgia 1996 (zit.: Helmholz)
*Henrich, Dieter*: Zum Herausgabeanspruch des Bestohlenen und den Gegenrechten des gutgläubigen Besitzers in Fällen mit Auslandsberührung, in: Meier, Isaak / Siehr, Kurt (Hrsg.), Rechtskollisionen, Festschrift für Anton Heini zum 65. Geburtstag, Zürich 1995, S. 199 ff (zit.: Henrich, FS Heini)
*Heuer, Carl-Heinz*: Die Kunstraubzüge der Nationalsozialisten und ihre Rückabwicklung, NJW 1999, S. 2558 ff
*Hildenbrand, Karl*: Geschichte der Bestimmungen des canonischen Rechtes über die *bona fides* bei der Ersitzung und Klagverjährung, AcP 36 (1853), S. 27 ff (zit.: Hildenbrand, AcP 36)
*Hinderling, Hans*: Der Besitz, in: Gutzwiller, Max / Hinderling, Hans / Meier-Hayoz, Arthur / Merz, Hans / Piotet, Paul / Secrétan, Roger † / von Steiger, Werner / Vischer, Frank (Hrsg.); Schweizerisches Privatrecht, V. Band – Sachenrecht, 1. Halbband, hrsg. von Arthur Meier-Hayoz, Basel-Stuttgart 1977, S. 403 ff (zit.: Hinderling)
*Hinz, Werner*: Die Entwicklung des gutgläubigen Fahrniserwerbs in der Epoche des usus modernus und des Naturrechts, Berlin 1991, zugleich Dissertation, Hamburg 1990 (zit.: Hinz)
*Hoetink, H.R.*: Iustus titulus usucapionis et iusta causa tradendi, TRG 29 (1961), S. 230 ff (zit.: Hoetink, TRG 29)
*Holthöfer, Ernst*: Die Literatur zum gemeinen und partikularen Recht in Italien, Frankreich, Spanien und Portugal, in: Coing, Helmut (Hrsg.), Handbuch der Quellen und Literatur der neueren europäischen Privatrechtsgeschichte, Zweiter Band, Neuere Zeit (1500-1800), Das Zeitalter des gemeinen Rechts, Erster Teilband: Wissenschaft, München 1977, S. 103 ff (zit.: Holthöfer, Literatur zum gemeinen und partikularen Recht, Handbuch der Quellen II/1)
*Holzner, Christian*: Wer ist „dritter redlicher Besitzer" im Sinne des § 824 ABGB?, NZ 1994, S. 121 ff
*Honoré, Tony*: The Making of the Theodosian Code, SZ 103 (1986), S. 133 ff (zit.: Honoré, SZ 103)
*Horn, Norbert*: Die legistische Literatur der Kommentatoren und die Ausbreitung des gelehrten Rechts, in: Coing, Helmut (Hrsg.), Handbuch der Quellen und Literatur der Neueren Europäischen Privatrechtsgeschichte, Erster Band, Mittelalter (1100-1500) - Die gelehrten Rechte und die Gesetzgebung, München 1973, S. 261 ff (zit.: Horn, Die legistische Literatur der Kommentatoren, Handbuch der Quellen I)
*Horvat, Marijan*: Réflexions sur l'usucapion et l'auctoritas, RIDA 3 (1956), S. 285 ff
*Hübner, Heinz*: Der Rechtsverlust im Mobiliarsachenrecht, Ein Beitrag zur Begründung und Begrenzung des sachenrechtlichen Vertrauensschutzes, dargestellt an der Regelung nach §§ 932 ff BGB, Erlangen 1955 (zit.: Hübner)
*Impallomeni, Giambattista*: Auf der Suche nach einem positiven Europäischen Recht, ZfRV 1997, S. 1 ff

*Jakobs, Horst Heinrich*: Error falsae causae, in: Jakobs, H.H. / Knobbe-Keuk, B. / Picker, E. / Wilhelm, J. (Hrsg.), Festschrift für Werner Flume zum 70. Geburtstag, Bd. I, Köln 1978, S. 43 ff (zit.: Jakobs, FS Flume I)

*Jayme, Erik*: Neue Anknüpfungsmaximen für den Kulturgüterschutz im internationalen Privatrecht, in: Dolzer, Rudolf / Jayme, Erik / Mußgnug, Reinhard (Hrsg.), Rechtsfragen des internationalen Kulturgüterschutzes, Heidelberg 1994, S. 35 ff (zit.: Jayme)

*Jeroscheg, Erich*: Eigentum an beweglichen Sachen - Französisches Recht und Rechtsvergleich, Frankfurt/Main 2000, zugleich Dissertation, Salzburg 1998 (zit.: Jeroscheg)

*Kaser, Max*: Römisches Privatrecht, 16. durchgesehene Auflage, München 1992 (zit.: Kaser, RP)

-- Das römische Privatrecht, Erster Abschnitt: Das altrömische, das vorklassische und das klassische Recht, 2. Auflage, München 1971 (zit.: Kaser, RPR I)

-- Das römische Privatrecht, Zweiter Abschnitt: Die nachklassischen Entwicklungen, 2. neubearbeitete Auflage mit Nachträgen zum Ersten Abschnitt, München 1975 (zit.: Kaser, RPR II)

-- Das römische Zivilprozeßrecht, 2. Auflage, München 1996 (zit.: Kaser, RZP)

-- Eigentum und Besitz im älteren römischen Recht, 2. Auflage mit Nachträgen, Köln/Graz, 1956 (zit.: Kaser, EB)

-- Ehe und conventio in manum, Iura 1 (1950), S. 64 ff (zit.: Kaser, Iura 1)

-- Rezension zu Voci, Modi di acquisto della proprietà, Iura 4 (1953), S. 333 ff (zit.: Kaser, Iura 4)

-- Neue Studien zum altrömischen Eigentum, in: SZ 68 (1951), S. 131 ff (zit.: Kaser, SZ 68)

-- Zur „iusta causa traditionis", BIDR 64 (1961), S. 61 ff (zit.: Kaser, BIDR 64)

-- Fragmentum Vaticanum 1, Labeo 7 (1961), S. 291 ff (zit.: Kaser, Labeo 7)

-- In bonis esse, SZ 78 (1961), S. 173 ff (zit.: Kaser, SZ 78)

-- Über „relatives Eigentum" im römischen Recht, SZ 102 (1985), S. 1 ff (zit.: Kaser, SZ 102)

-- Zur „legis actio sacramento in rem", SZ 104 (1987), S. 53 ff (zit.: Kaser, SZ 104)

-- Altrömisches Eigentum und „usucapio", SZ 105 (1988), S. 122 ff (zit.: Kaser, SZ 105)

*Kaser, Max / Schwarz, Fritz (Hrsg.)*: Die Interpretatio zu den Paulussentenzen, Köln-Graz 1956 (zit.: IP)

*Kaspers, Heinrich*: Vom Sachsenspiegel zum Code Napoléon, Kleine Rechtsgeschichte im Spiegel alter Rechtsbücher, Köln 1961 (zit.: Kaspers)

*Kiefner, Hans*: Qui possidet dominus esse praesumitur, Untersuchungen zur Geschichte der Eigentumsvermutung zugunsten des Besitzers seit Placentinus, in: Schrage, Eltjo J. H. (Hrsg.), Das römische Recht im Mittelalter, Darmstadt 1987, S. 233 ff (zit.: Kiefner)

*King, P.D.*: Law and society in the Visigothic kingdom, Cambridge 1972 (zit.: King)

*Klang, Heinrich (Hrsg.)*: Kommentar zum Allgemeinen bürgerlichen Gesetzbuch, 6. Band, §§ 1293-1502, 2. Auflage, Wien 1951 (zit.: Klang-Bearbeiter)

*Kniep, Ferdinand (Hrsg.)*: Gai Institutionum Commentarius Primus, Jena 1911 (zit.: Gai. 1.)
-- Gai Institutionum Commentarius Secundus, §§ 1-96 (Sachenrecht), Jena 1912 (zit.: Gai. 2.)
-- Gai Institutionum Commentarius Tertius, §§ 88-225 (Obligationenrecht), Jena 1917 (zit.: Gai. 3.)
*Knütel, Rolf*: Rechtseinheit in Europa und römisches Recht, ZEuP 1994, S. 244 ff
*Kötz, Hein*: Gemeineuropäisches Zivilrecht, in: Bernstein, Herbert / Drobnig, Ulrich / Kötz, Hein (Hrsg.), Festschrift für Konrad Zweigert zum 70. Geburtstag, Tübingen 1981, S. 481 ff (zit.: Kötz, FS Zweigert)
-- Rechtsvergleichung und gemeineuropäisches Privatrecht, in: Müller-Graff, Peter-Christian (Hrsg.), Gemeinsames Privatrecht in der Europäischen Gemeinschaft, 2. Auflage, Baden-Baden 1999, S. 149 ff (zit.: Kötz, Rechtsvergleichung und gemeineurop. Privatrecht)
*Korte, Andrea*: Anwendung und Verbreitung des Rechtssatzes „Hand wahre Hand" im mittelalterlichen deutschen Privatrecht, Dissertation, Marburg 1981 (zit.: Korte)
*Koschaker, Paul*: Europa und das römische Recht, München 1953 (zit.: Koschaker)
*Koziol, Helmut*: Grundriß des bürgerlichen Rechts, Band I, Allgemeiner Teil, Sachenrecht, Familienrecht, auf Grundlage der von Helmut Koziol und Rudolf Welser gemeinsam herausgegebenen 1.-10. Auflage bearbeitet von Helmut Koziol, 12. Auflage, Wien 2002 (zit.: Koziol/Welser I)
*Krämer, Gerd:* Bernsteinzimmer-Mosaik: Ersitzung durch den gutgläubigen Erben des bösgläubigen Besitzers?, NJW 1997, S. 2580 f
*Krämer, Steffen*: Die grobe Fahrlässigkeit im Sachenrecht und beim sonstigen Recht des gutgläubigen Erwerbs, Dissertation, Göttingen 1994 (zit.: Krämer)
*Krause, Peter*: Naturrecht und Kodifikation, in: Aufklärung, Interdisziplinäre Halbjahresschrift zur Erforschung des 18. Jahrhunderts und seiner Wirkungsgeschichte, Hamburg 1988, S. 7 ff (zit.: Krause, Aufklärung 1988)
*Kreittmayr, Wiguläus Xaverius Aloysius Freiherr von*: Anmerkungen über den Codicem Maximilianeum Bavaricum Civilem, Zweyter Theil, München 1761 (zit.: Kreittmayr, Anmerkungen II)
*Kreuter, Nicole*: Römisches Privatrecht im 5. Jh. n. Chr. - Die Interpretatio zum westgotischen Gregorianus und Hermogenianus, Berlin 1993, zugleich Dissertation, Freiburg 1990/91 (zit.: Kreuter)
*Kriechbaum, Maximiliane*: Actio, Ius und Dominium in den Rechtslehren des 13. und 14. Jahrhunderts, Ebelsbach 1996 (zit.: Kriechbaum)
*Kroeschell, Karl*: Deutsche Rechtsgeschichte 1 (bis 1250), 10. Auflage, Opladen 1992 (zit.: Kroeschell, Deutsche Rechtsgeschichte 1)
*Krüger, Hugo*: Die usucapio pro herede nach klassischem Recht, SZ 54 (1934), S. 80 ff (zit.: Krüger, SZ 54)
*Krüger, Paul / Mommsen, Theodor (Hrsg.)*: Corpus Iuris Civilis, Volumen primum: Institutiones (Paul Krüger), Digesta (Theodor Mommsen), 20. Ausgabe, Frankfurt /Main 1968 (zit.: Inst. [Institutionen], D. [Digesten])
*Krüger, Paul*: Corpus Iuris Civilis, Volumen secundum: Codex Iustinianus, 14. Ausgabe, Frankfurt/Main 1967 (zit.: C.)

*Kunkel, Wolfgang*: Herkunft und soziale Stellung der römischen Juristen, 2. überarbeitete und ergänzte Auflage, Graz 1967 (zit.: Kunkel)

*Landau, Peter*: Der Einfluss des kanonischen Rechts auf die europäische Rechtskultur, in: Schulze, Rainer (Hrsg.), Europäische Rechts- und Verfassungsgeschichte - Ergebnisse und Perspektiven der Forschung, Berlin 1991, S. 39 ff (zit.: Landau)

-- Die Anfänge der Verbreitung des klassischen kanonischen Rechts in Deutschland im 12. Jahrhundert und im ersten Drittel des 13. Jahrhunderts, in: Chiesa diritto e ordinamento della 'societas christiana' nei secoli XI e XII, Atti della nona Settimana internazionale di studio, Mendola, 28 agosto - 2 settembre 1983, Miscellanea del Centro di Studi Medioevali XI, Mailand 1986, S. 272 ff (zit.: Landau, Miscellanea XI)

*Landsberg, Ernst*: Das furtum des bösgläubigen Besitzers, Neudruck der Ausgabe Bonn 1888, Aalen 1970 (zit.: Landsberg, Furtum)

-- Die Glosse des Accursius und ihre Lehre vom Eigentum, Rechts- und dogmengeschichtliche Untersuchung, Leipzig 1883 (zit.: Landsberg, Glosse des Accursius)

*Levy, Ernst*: Rezension zu P. Collinet, Iusta causa et bona fides dans l'usucapion d'après les Institutes de Gaius, in Mélanges Paul Fournier, Paris, 1929; SZ 50 (1930), S. 646 f (zit.: Levy, SZ 50)

-- Paulus und der Sentenzenverfasser, SZ 50 (1930), S. 272 ff (zit.: Levy, Paulus, SZ 50)

-- West Roman Vulgar Law, The Law of Property, Philadelphia 1951 (zit.: Levy, West Roman Vulgar Law I)

-- Die nachklassische Ersitzung, BIDR 51/52 (1948), S. 352 ff (zit.: Levy, BIDR 51/52)

-- Westen und Osten in der nachklassischen Entwicklung des römischen Rechts, in: Gesammelte Schriften I, Köln 1963, S. 163 ff (zit.: Levy, Westen und Osten, GS I)

-- Zum Wesen des weströmischen Vulgarrechts, in: Gesammelte Schriften I, Köln 1963, S. 184 ff (zit.: Levy, Wesen des weström. Vulgarrechts, GS I)

-- Reflections on the first „Reception" of Roman Law in Germanic States, in: Gesammelte Schriften I, Köln 1963, S. 201 ff (zit.: Levy, Reflections, GS I)

-- Vulgarization of Roman Law in the early Middle Ages, in: Gesammelte Schriften I, Köln 1963, S. 220 ff (zit.: Levy, Vulgarization of Roman Law, GS I)

-- Eine actio in rem im frühen Westgotenrecht?, in: Gesammelte Schriften I, Köln 1963, S. 248 ff (zit.: Levy, Actio in rem, GS I)

-- West-östliches Vulgarrecht und Justinian, in: Gesammelte Schriften I, Köln 1963, S. 264 ff (zit.: Levy, West-Östl. Vulgarrecht, GS I)

-- Römisches Vulgarrecht und Kaiserrecht, in: Gesammelte Schriften I, Köln 1963, S. 289 ff (zit.: Levy, Römisches Vulgarrecht und Kaiserrecht, GS I)

-- Oströmisches Vulgarrecht nach dem Zerfall des Westreiches, in: Gesammelte Schriften I, Köln 1963, S. 295 ff (zit.: Levy, Oström. Vulgarrecht, GS I)

-- Rezension zu: d'Ors, Alvaro, Estudios Visigóticos II: El Código de Eurico, in: Gesammelte Schriften I, Köln 1963, S. 305 ff (zit.: Levy, Rezension zu d'Ors, GS I)

-- Usureceptio Servitutis, in: Arangio-Ruiz, Vincenzo / Biondi, Biondo / de Francisci, Pietro / di Marzo, Salvatore / Grosso, Giuseppe / Riccobono, Salvatore / Solazzi, Siro / Volterra, Edoardo (Hrsg.), Studi in memoria di Emilio Albertario, Band II, Mailand, 1953, S. 219 ff (zit.: Levy, Studi Albertario II)

*Lieberwirth, Rolf*: Eike von Repgow und der Sachsenspiegel, in: Sitzungsberichte der sächsischen Akademie der Wissenschaften zu Leipzig, Philologisch-historische Klasse, Bd. 122, Heft 4, Berlin 1982 (zit.: Lieberwirth, Eike von Repgow)

-- Die Markgrafschaft Meißen und der Sachsenspiegel, in: Sächsisches Staatsministerium der Justiz (Hrsg.), Sächsische Justizgeschichte, Band 9 - Rechtsbücher und Rechtsordnung in Mittelalter und früher Neuzeit, Dresden 1999, S. 12 ff (zit.: Lieberwirth, Markgrafschaft Meißen)

*Liebs, Detlef*: Die Jurisprudenz im spätantiken Italien (260 - 640 n. Chr.), Berlin 1987 (zit.: Liebs, Die Jurisprudenz)

-- Die Römische Jurisprudenz in Africa, SZ 106 (1989), S. 210 ff (zit.: Liebs, SZ 106)

*von Lübtow, Ulrich*: Die entwicklungsgeschichtlichen Grundlagen des römischen Erbrechts, in: Ambrosino, Rodolfo / Archi, Gian Gualberto / Aru, Luigi / Branca, Giuseppe / Calasso, Francesco / de Capua, Andrea / Danieli, Rodolfo / Frezza, Paolo / Gioffredi, Carlo / Lanfranchi, Fabio / Lavaggi, Giuseppe / Lombardi, Gabrio / Luzzatto, Giuseppe I. / Nocera, Guglielmo / Orestano, Riccardo / Volterra, Edoardo (Hrsg.), Studi in onore di Pietro de Francisci, Volume I, Mailand 1956, S. 407 ff (zit.: v. Lübtow, Studi Francisci I)

-- Die Ersitzung gestohlener Sachen nach dem Recht der XII Tafeln und der lex Atinia, in: Niedermeyer, Hans / Flume, Werner (Hrsg.), Festschrift für Fritz Schulz, Erster Band, Weimar 1951, S. 263 ff (zit.: v. Lübtow, FS Schulz I)

-- Hand wahre Hand - Historische Entwicklung, Kritik und Reformvorschläge, in: Festschrift der Juristischen Fakultät der Freien Universität Berlin zum 41. Deutschen Juristentag in Berlin 1955, Berlin-Frankfurt/Main 1955 (zit.: v. Lübtow, Hand wahre Hand)

*Luig, Klaus*: Die Anfänge der Wissenschaft vom deutschen Privatrecht, Ius Commune Bd. 1 (1967), S. 195 ff (zit.: Luig, Ius Commune 1)

-- Das Privatrecht im „Allgemeinen Landrecht für die preußischen Staaten" von 1794, AcP 194 (1994), S. 521 ff (zit.: Luig, AcP 194)

*de Martino, Francesco*: Commentario del Codice Civile a cura di Antonio Scialoja e Giuseppe Branca, Artt. 1140-1172 - Del possesso, Quinta edizione, Bologna 1984 (zit.: de Martino)

*Mayer-Maly, Theo*: Studien zur Elementarliteratur über die usucapio, in: Allorio, Enrico / Arangio-Ruiz, Vincenzo / Branca, Giuseppe / Candian, Aurelio / Carnelutti, Francesco / de Francisci, Pietro / Esposito, Carlo (Hrsg.), Studi in onore di Emilio Betti, Volume III, Mailand 1962, S. 453 ff (zit.: Mayer-Maly, Studi Betti III)

-- Zur Textgestalt von Gai. 2.41-61, Iura 11 (1960), S. 201 ff (zit.: Mayer-Maly, Iura 11)

-- „Vulgo" und „Vulgarismus", Labeo 6 (1960), S. 7 ff (zit.: Mayer-Maly, Labeo 6)

-- Studien zur Frühgeschichte der Usucapio I, SZ 77 (1960), S. 16 ff (zit.: Mayer-Maly, SZ 77)
-- Studien zur Frühgeschichte der Usucapio II, SZ 78 (1961), S. 221 ff (zit.: Mayer-Maly, SZ 78)
-- Studien zur Frühgeschichte der Usucapio III, SZ 79 (1962), S. 86 ff (zit.: Mayer-Maly, SZ 79)
-- „usucapio", in: Pauly, August / Walz, Christian / Teuffel, Wilhelm Sigismund (Hrsg.), Pauly's Realencyclopädie der classischen Altertumswissenschaft, 2. Reihe, 17. Halbband, Stuttgart 1961, Sp. 1094 ff (zit.: Mayer-Maly, Pauly's RE)
-- Das Putativtitelproblem bei der usucapio, Graz-Köln 1962 (zit.: Mayer-Maly, Putativtitelproblem)

*Mazeaud, Jean / Mazeaud, Henri / Mazeaud, Léon / Chabas, François*: Leçons de Droit civil, Tome II - Deuxième Volume - Biens - Droit de propriété et ses démembrements, 7e édition par François Chabas, Paris 1989 (zit.: Mazeaud/Chabas, II/2)
-- Leçons de Droit civil, Tome IV – Deuxième Volume – Successions – Libéralités, 5e édition par Laurent Leveneur et Sabine Mazeaud-Leveneur, Paris 1999 (zit.: Mazeaud/Chabas, IV/2)

*Meier-Hayoz, Arthur (Hrsg.)*: Berner Kommentar zum schweizerischen Privatrecht
- Band IV - Das Sachenrecht / 1. Abt. – Das Eigentum / 1. Teilband – Systematischer Teil und Allgemeine Bestimmungen, Art. 641-654 ZGB, erläutert von Arthur Meier-Hayoz, 5. Auflage, Bern 1981 (zit.: BK-Meier-Hayoz)
- Band IV – Das Sachenrecht / 3. Abt. – Der Besitz / 1. Teilband – Der Besitz, Art. 919-941 ZGB, erläutert von Emil W. Stark, 2. nachgeführte und ergänzte Auflage, Bern 1984 (zit.: BK-Stark)

*Mengoni, Luigi*: Gli acquisti „a non domino", Terza edizione, Mailand 1975 (zit.: Mengoni)

*Merk, Walther*: Die Entwicklung der Fahrnisverfolgung im französischen Recht, RhZS 7 (1914/1915), S. 81 ff, 173 ff (zit.: Merk, RhZS 7)

*Minuth, Klaus*: Besitzfunktionen beim gutgläubigen Mobiliarerwerb im deutschen und französischen Recht, Dissertation, Tübingen 1990 (zit.: Minuth)

*Mitteis, Heinrich*: Die germanischen Grundlagen des französischen Rechts, SZ-GA 63 (1943), S. 137 ff (zit.: Mitteis, SZ-GA 63)

*Mommsen, Theodor (Hrsg.)*: Theodosiani Libri XVI cum constitutionibus sirmondianis, Band I, 2. Teil, 3. Ausgabe, Berlin 1962 (zit.: CT)

*Moser, Georg Heinrich (Hrsg.)*: Marcus Tullius Cicero, De legibus libri tres, Nachdruck der Ausgabe Frankfurt/Main 1824, Hildesheim 1973 (zit.: Cic. de leg.)

*Motive* zu dem Entwurfe eines Bürgerlichen Gesetzbuches für das Deutsche Reich; Amtliche Ausgabe, Berlin-Leipzig 1888
- Band II - Recht der Schuldverhältnisse (zit.: Motive II)
- Band III - Sachenrecht (zit.: Motive III)

*Müller, Carl F.(Hrsg.)*: M. Tullii Ciceronis orationes Pro M. Tullio, Pro M. Fonteio, Pro A. Caecina, De imperio Cn. Pompeii (Pro lege Manilia), Lipsiae 1913 (zit.: Cic. pro Caec.)

*Müller-Katzenburg, Astrid*: Besitz- und Eigentumssituation bei gestohlenen und sonst abhandengekommenen Kunstwerken, NJW 1999, S. 2551 ff

-- Internationale Standards im Kulturgüterverkehr und ihre Bedeutung für das Sach- und Kollisionsrecht, Berlin 1995, zugleich Dissertation Tübingen, (zit.: Müller-Katzenburg, Internat. Standards)

*Münchner Kommentar zum Bürgerlichen Gesetzbuch*, Band 6, Sachenrecht (§§ 854-1296), 3. Auflage, München 1997 (zit.: Müko-Bearbeiter)

*Nehlsen, Hermann*: Alarich II. als Gesetzgeber - Zur Geschichte der *Lex Romana Visigothorum*, in: Landwehr, Götz (Hrsg.), Studien zu den germanischen Volksrechten, Gedächtnisschrift für Wilhelm Ebel, Frankfurt/Main 1982, S. 143 ff (zit.: Nehlsen, GS Ebel)

-- Lex Visigothorum, in: Erler, Adalbert / Kaufmann, Ekkehard (Hrsg.), Handwörterbuch zur deutschen Rechtsgeschichte, II. Band, Berlin 1978, Sp. 1966 ff (zit.: Nehlsen, Lex Visigothorum, HRG II, Sp.)

-- Lex Burgundionum, in: Erler, Adalbert / Kaufmann, Ekkehard (Hrsg.), Handwörterbuch zur deutschen Rechtsgeschichte, II. Band, Berlin 1978, Sp. 1901 ff (zit.: Nehlsen, Lex Burgundionum, HRG II, Sp.)

-- Lex Romana Burgundionum, in: Erler, Adalbert / Kaufmann, Ekkehard (Hrsg.), Handwörterbuch zur deutschen Rechtsgeschichte, II. Band, Berlin 1978, Sp. 1927 ff (zit.: Nehlsen, Lex Romana Burgundionum, HRG II, Sp.)

*Neubert, Marcus*: Erwerb vom Nichtberechtigten aufgrund einer Konvaleszenz des Abhandenkommens, Dissertation, Frankfurt/Main 1998 (zit.: Neubert)

*Nörr, Dieter*: Die Entstehung der longi temporis praescriptio, Studien zum Einfluss der Zeit im Recht und zur Rechtspolitik in der Kaiserzeit, Köln-Opladen 1969 (zit. Nörr, ltp)

-- Time and the acquisition of ownership in the law of the Roman Empire, The Irish Jurist 1968, S. 352 ff

*Nörr, Knut Wolfgang*: Die Entwicklung des Corpus Iuris Canonici, in: Coing, Helmut (Hrsg.), Handbuch der Quellen und Literatur der Neueren Europäischen Privatrechtsgeschichte, Erster Band, Mittelalter (1100-1500) - Die gelehrten Rechte und die Gesetzgebung, München 1973, S. 835 ff (zit.: Nörr, Die Entwicklung des Corpus Iuris Canonici, Handbuch der Quellen I)

-- Die kanonistische Literatur, in: Coing, Helmut (Hrsg.), Handbuch der Quellen und Literatur der Neueren Europäischen Privatrechtsgeschichte, Erster Band, Mittelalter (1100-1500) - Die gelehrten Rechte und die Gesetzgebung, München 1973, S. 365 ff (zit.: Nörr, Die kanonistische Literatur, Handbuch der Quellen I)

*Ogris, W.*: Fahrnis, in: Erler, Adalbert / Kaufmann, Ekkehard (Hrsg.), Handwörterbuch zur deutschen Rechtsgeschichte, I. Band, Berlin 1971, Sp. 1049 ff (zit.: Ogris, Fahrnis, HRG I, Sp.)

-- Gewere, in: Erler, Adalbert / Kaufmann, Ekkehard (Hrsg.), Handwörterbuch zur deutschen Rechtsgeschichte, I. Band, Berlin 1971, Sp. 1658 ff (zit.: Ogris, Gewere, HRG I, Sp.)

-- Hand wahre Hand, in: Erler, Adalbert / Kaufmann, Ekkehard (Hrsg.), Handwörterbuch zur deutschen Rechtsgeschichte, I. Band, Berlin 1971, Sp. 1928 ff (zit.: Ogris, Hand wahre Hand, HRG I, Sp.)

-- Zur Geschichte und Bedeutung des österreichischen Allgemeinen bürgerlichen Gesetzbuchs (ABGB), in: Erauw, Johan / Bouckaert, Boudewijn / Bocken, Hubert / Gaus, Helmut / Storm, Marcel (Hrsg.), Liber Memorialis François Laurent 1810-1887, Brüssel 1989, S. 373 ff (zit.: Ogris, Liber Memorialis Laurent)

*van Oven, J.C.*: Iusta causa usucapiendi, TRG 16 (1939), S. 434 ff (zit.: van Oven, TRG 16)

*Palandt*, Bürgerliches Gesetzbuch, 61. Auflage, München 2002 (zit.: Palandt-Bearbeiter)

*Partsch, Josef*: Die longi temporis praescriptio im klassischen römischen Rechte, Leipzig 1906 (zit.: Partsch, ltp)

*Pernice, Alfred*: Labeo - Römisches Privatrecht im ersten Jahrhundert der Kaiserzeit, Alles Erschienene in fünf Teilen; Teil C Band 2 Abteilung 1, 7. Buch: Dolus malus und bona fides, 2. Auflage, Neudruck der Ausgabe Halle 1895, Aalen 1963 (zit.: Pernice)

*Petronio, Ugo*: Vendita, trasferimento della proprietà e vendita di cosa altrui nella formazione del Code civil e dell'Allgemeines bürgerliches Gesetzbuch, in: Vacca, Letizia (Hrsg.), Vendita e trasferimento della proprietà nella prospettiva storico-comparatistica, Atti del Congresso Internazionale Pisa-Viareggio-Lucca, 17-21 aprile 1990, Band I, Mailand 1991, S. 169 ff (zit.: Petronio, Vendita e trasferimento I)

*Pharr, Clyde*: The Theodosian Code and Novels and the Sirmondian Constitutions - A translation with commentary, glossary, and bibliography, with an introduction by C. Dickerman Williams, New York 1952 (zit.: Dickerman Williams, in: Pharr, The Theodosian Code; NV [Novellae Valentiniani])

*Planitz, Hans*: Fahrnisverfolgung im deutschen Recht, SZ-GA 34 (1913), S. 424 ff (zit.: Planitz, SZ-GA 34)

*Protokolle* der Kommission für die zweite Lesung des Entwurfs des Bürgerlichen Gesetzbuchs, Bd. III - Sachenrecht, Berlin 1899 (zit.: Protokolle III)

*Pugliese, Giovanni*: Compravendita e trasferimento della proprietà in diritto romano, in: Vacca, Letizia (Hrsg.), Vendita e trasferimento della proprietà nelle prospettiva storico-comparatistica, Atti del Congresso Internazionale Pisa-Viareggio-Lucca, 17-21 aprile 1990, Band I, Mailand 1991, S. 25 ff (zit.: Pugliese, Vendita e trasferimento I)

*Rebe, Bernd*: Zur Ausgleichsfunktion von § 935 BGB zwischen Vertrauensschutz und Eigentümerinteressen beim gutgläubigen Mobiliarerwerb, AcP 173 (1973), S. 186 ff (zit.: Rebe, AcP 173)

*Reich, Steven A. / Fischer, Hermann J.*: Wem gehören die als „entartete Kunst" verfemten, von den Nationalsozialisten beschlagnahmten Werke?, NJW 1993, S. 1417 ff

*Reidinger, Alexander*: Gutgläubiger Mobiliarerwerb in öffentlicher Versteigerung, JBl. 1980, S. 579 ff

*Reinhard, Hans*: Der Marktkauf in den schweizerischen Stadtrechten des Mittelalters, Winterthur 1959, zugleich Dissertation, Zürich 1956 (zit.: Reinhard)

*Reischauer, Rudolf*: Willensmängel, Geschäftsfähigkeit und unwirksame Veräußerungen als Probleme des Anvertrauens (§ 367 ABGB), JBl. 1973, S. 589 ff

*Reynolds, Leighton D. (Hrsg.)*: M. Tulli Ciceronis De finibus bonorum et malorum libri quinque, Oxford 1998 (zit.: Cic. de fin.)

*Richter, Emil Ludwig (Hrsg.)*: Corpus Iuris Canonici, Opus uno volumine absolutum, Pars I – Decretum Gratiani, Pars II – in qua decretalium collectiones continentur, Lipsiae 1839 (zit.: Decretum Gratiani; X.)

*Römer, Hermann*: Der gutgläubige Mobiliarerwerb im französischen Recht - Rechtsvergleichende Betrachtungen zu Art. 2279 C.c., Dissertation, Münster 1984 (zit.: Römer)

*Rützenhoff, Hans*: Accessio temporis, Die Besitzanrechnung im römischen Recht, Dissertation, Köln 1986 (zit.: Rützenhoff)

*Rummel, Peter (Hrsg.)*: Kommentar zum Allgemeinen bürgerlichen Gesetzbuch, 1. Band §§ 1-1174 ABGB, Wien 2000 (zit.: Rummel-Bearbeiter)

*de Salis, Ludwig Rudolf*: Leges Burgundionum, Monumenta Germaniae Historica, Legum Sectio I, Tomi II Pars I, Hannover 1902 (zit.: LB)

*Sauveplanne, Jean Georges*: La protection de l'acquéreur de bonne foi d'objets mobiliers corporels, in: UNIDROIT (Hrsg.), L'unification du droit, Annuaire 1961, Rom 1962 (zit.: Sauveplanne, L'unification du droit)

*Schindler, Karl-Heinz*: Justinians Haltung zur Klassik, Versuch einer Darstellung an Hand seiner Kontroversen entscheidenden Konstitutionen, Habilitation, Freiburg 1966 (zit.: Schindler)

*Schmachtenberg, H.*: Ersitzung, in: Erler, Adalbert / Kaufmann, Ekkehard (Hrsg.), Handwörterbuch zur deutschen Rechtsgeschichte, I. Band, Berlin 1971, Sp. 1006 ff (zit.: Schmachtenberg, HRG I, Sp.)

*Schmidt-Wiegand, R.*: Lex Salica, in: Erler, Adalbert / Kaufmann, Ekkehard (Hrsg.), Handwörterbuch zur deutschen Rechtsgeschichte, II. Band, Berlin 1978, Sp. 1949 ff (zit.: Schmidt-Wiegand, Lex Salica, HRG II, Sp.)

-- Lex Saxonum, in: Erler, Adalbert / Kaufmann, Ekkehard (Hrsg.), Handwörterbuch zur deutschen Rechtsgeschichte, II. Band, Berlin 1978, Sp. 1962 ff (zit.: Schmidt-Wiegand, Lex Saxonum, HRG II, Sp.)

-- Lex Thuringorum, in: Erler, Adalbert / Kaufmann, Ekkehard (Hrsg.), Handwörterbuch zur deutschen Rechtsgeschichte, II. Band, Berlin 1978, Sp. 1965 f (zit.: Schmidt-Wiegand, Lex Thuringorum, HRG II, Sp.)

*Schoell, Rudolf / Kroll, Wilhelm (Hrsg.)*: Corpus Iuris Civilis, Volumen tertium: Novellae, 9. Ausgabe, Frankfurt/Main 1968 (zit.: Nov.)

*Schoen, Susanne*: Kulturgüterschutz bei - illegaler - Rückkehr kriegsbedingt verbrachter Kulturgüter aus Russland nach Deutschland, NJW 2001, S. 537 ff

*Schott, Clausdieter*: Lex Alamannorum - Das Gesetz der Alemannen, Text-Übersetzung-Kommentar zum Faksimile aus der Wandalgarius-Handschrift Codex Sangallensis 731, Augsburg 1993 (zit.: Schott, Lex Alamannorum)

*Schott, Clausdieter (Hrsg.)*: Eike von Repgow, Der Sachsenspiegel, Übertragung des Landrechts von Ruth Schmidt-Wiegand, Übertragung des Lehenrechts und Nachwort von Clausdieter Schott, Zürich 1984 (zit.: Schott [Nachwort]; Sachsenspiegel [Text])

*Schrage, Eltjo J.H.*: Einleitung, in: Schrage, Eltjo J. H. (Hrsg.), Das römische Recht im Mittelalter, Darmstadt 1987, S. 1 ff (zit.: Schrage)

*Schulz, Fritz (Hrsg.)*: Epitome Ulpiani des Codex Vaticanus Reginae 1128, Bonn 1926

*Schulz, Fritz*: Classical Roman Law, Oxford 1961 (zit.: Schulz, Classical Roman Law)

-- History of Roman Legal Science, Oxford 1946 (zit.: Schulz, History of Roman Legal Science)

*Schulze, Rainer*: Allgemeine Rechtsgrundsätze und europäisches Privatrecht, ZEuP 1993, S. 442 ff

-- Gemeineuropäisches Privatrecht und Rechtsgeschichte, in: Müller-Graff, Peter-Christian (Hrsg.), Gemeinsames Privatrecht in der Europäischen Gemeinschaft, 2. Auflage, Baden-Baden 1999, S. 127 ff (zit.: Schulze, Gemeineuropäisches Privatrecht)

*Schwennicke, Andreas*: Zwischen Tradition und Fortschritt - Zum zweihundertsten Geburtstag des Preußischen Allgemeinen Landrechts von 1794, JuS 1994, S. 456 ff

*Schwimann, Michael (Hrsg.)*: Praxiskommentar zum ABGB (zit.: Schwimann-Bearbeiter)

- Bd. 2, §§ 285-530 ABGB, 2. neubearbeitete und erweiterte Auflage, Wien 1998
- Bd. 7, §§ 1293-1502 ABGB, 2. Auflage, Wien 1997

*Siehr, Kurt*: Der gutgläubige Erwerb beweglicher Sachen - Neue Entwicklungen zu einem alten Problem -, in: Zeitschrift für Vergleichende Rechtswissenschaft (einschließlich des Rechts der Entwicklungsländer und der ethnologischen Rechtsforschung), 80. Band, 1981, S. 273 ff (zit.: Siehr, ZVglRWiss 80)

*Siems, H.*: Lex Romana Visigothorum, in: Erler, Adalbert / Kaufmann, Ekkehard (Hrsg.), Handwörterbuch zur deutschen Rechtsgeschichte, II. Band, Berlin 1978, Sp. 1940 ff (zit.: Siems, Lex Romana Visigothorum, HRG II, Sp.)

*Simon, Dieter*: Marginalien zur Vulgarismusdiskussion, in: Behrends, O. / Dießelhorst, M. / Lange, H. / Liebs, D. / Wolf, J.G. / Wollenschläger, Ch. (Hrsg.), Festschrift für Franz Wieacker zum 70. Geburtstag, Göttingen 1978, S. 154 ff (zit.: Simon, FS Wieacker)

*Söllner, Alfred*: Einführung in die römische Rechtsgeschichte, 4. überarbeitete Auflage, München 1989

-- Die Literatur zum gemeinen und partikularen Recht in Deutschland, Österreich, den Niederlanden und der Schweiz, in: Coing, Helmut (Hrsg.), Handbuch der Quellen und Literatur der neueren europäischen Privatrechtsgeschichte, Zweiter Band, Neuere Zeit (1500-1800), Das Zeitalter des gemeinen Rechts, Erster Teilband: Wissenschaft, München 1977, S. 501 ff (zit.: Söllner, Literatur in Deutschland, Handbuch der Quellen II/1)

-- Die causa im Vertragsrecht des Mittelalters bei den Glossatoren, Kommentatoren und Kanonisten, in: Schrage, Eltjo J. H. (Hrsg.), Das römische Recht im Mittelalter, Darmstadt 1987, S. 131 ff (zit.: Söllner, Die causa)

*Solazzi, Siro*: La questione dell'autenticità delle Dodici Tavole, in: Scritti di Diritto Romano, Bd. I (1899-1913), Neapel 1955, S. 83 ff (zit.: Solazzi, Scritti I)

-- Sulla „lex Atinia de rebus subreptis“; Archivio Giuridico „Filippo Serafini“ 144 (1953), S. 3 ff (zit.: Solazzi, AG 144)

*Staudinger*, Kommentar zum BGB, 12. neubearbeitete Auflage, §§ 937-1011, ErbbauVO, Berlin 1989 (zit.: Staudinger-Bearbeiter)

*Stoll, Hans*: Sachenrechtliche Fragen des Kulturgüterschutzes in Fällen mit Auslandsberührung, in: Dolzer, Rudolf / Jayme, Erik / Mußgnug, Reinhard (Hrsg.), Rechtsfragen des internationalen Kulturgüterschutzes, Heidelberg 1994, S. 53 ff (zit.: Stoll)

*Stühff, Gudrun*: Vulgarrecht im Kaiserrecht unter besonderer Berücksichtigung der Gesetzgebung Konstantins des Großen, Dissertation, Freiburg 1966 (zit.: Stühff, Vulgarrecht im Kaiserrecht)

*Terré, François / Simler, Philippe*: Droit civil - Les biens, 4° édition, Paris 1992 (zit.: Terré/Simler)

*Tilmann, Winfried*: Eine Privatrechtskodifikation für die Europäische Gemeinschaft?, in: Müller-Graff, Peter-Christian (Hrsg.), Gemeinsames Privatrecht in der Europäischen Gemeinschaft, 2. Auflage, Baden-Baden 1999, S. 579 ff (zit. Tilmann, Privatrechtskodifikation)

-- Zweiter Kodifikationsbeschluss des Europäischen Parlaments, ZEuP 1995, S. 543 ff

*Trabucchi, Alberto*: Istituzioni di diritto civile, Trentesima nona edizione, Padua 1999 (zit.: Trabucchi)

*Trimarchi, Pietro*: Istituzioni di Diritto Privato, Quarta Edizione, Mailand 1979 (zit.: Trimarchi)

*Trinkner, Reinhold*: Eigentumserwerb durch Ersitzung im Altorientalischen Recht, BB 1991, S. 2454 ff

*Troje, Hans Erich*: Guter Glaube, in: Erler, Adalbert / Kaufmann, Ekkehard (Hrsg.), Handwörterbuch zur deutschen Rechtsgeschichte, I. Band, Berlin 1971, Sp. 1866 ff (zit.: Troje, Guter Glaube, HRG I, Sp.)

-- Die Literatur des gemeinen Rechts unter dem Einfluss des Humanismus, in: Coing, Helmut (Hrsg.), Handbuch der Quellen und Literatur der neueren europäischen Privatrechtsgeschichte, Zweiter Band, Neuere Zeit (1500-1800), Das Zeitalter des gemeinen Rechts, Erster Teilband: Wissenschaft, München 1977, S. 615 ff (zit.: Troje, Einfluss des Humanismus, Handbuch der Quellen II/1)

*Unterholzner, Karl August Dominik*: Ausführliche Entwickelung der gesammten Verjährungslehre aus den gemeinen in Deutschland geltenden Rechten, zweite neu durchgesehene Auflage, bearbeitet von Theodor Schirmer, Erster Band enthaltend die Einleitung und den allgemeinen Theil des Verjährungsrechts, Zweiter Band enthaltend den besonderen Teil der Verjährungslehre, Leipzig 1858 (zit.: Unterholzner, Verjährungslehre)

-- Die Lehre von der Verjährung durch fortgesetzten Besitz, Breslau 1815 (zit.: Unterholzner, Verjährung durch fortgesetzten Besitz)

*Vilain, Noël*: Prescription et bonne foi du Décret de Gratian (1140) à Jean d'André (†1348), in: Kuttner, Stephan / Strittmatter, Anselm / Quain, Edwin A. / Peebles, Bernard M. (Hrsg.), Traditio - Studies in ancient and medieval history, thought and religion, Volume XIV (1958), S. 121 ff (zit.: Vilain, Traditio XIV)

*de Visscher, Fernand*: „Auctoritas“ et „Mancipium“, in: SDHI 22 (1956), S. 87 ff (zit.: de Visscher, SDHI 22)
-- Individualismo ed evoluzione della proprietà nella Roma repubblicana, in: SDHI 23 (1957), S. 26 ff (zit.: de Visscher, SDHI 23)
-- Le rôle de l'auctoritas dans la mancipatio, in: RH 12 (1933), S. 603 ff (zit.: de Visscher, RH 12)
-- De la défense d'usucaper les choses volées, RIDA 5 (1958), S. 469 ff (zit.: de Visscher, RIDA 5)

*Voci, Pasquale*: Modi di acquisto della proprietà (Corso di diritto romano), Mailand, 1952 (zit.: Voci, Modi)
-- „Iusta causa traditionis“ e „iusta causa usucapionis“, SDHI 15 (1949), S. 141 ff (zit.: Voci, SDHI 15)
-- Errore e buona fede nell'usucapione romana, in: Albertario, Emilio (Hrsg.), Studi in memoria di Umberto Ratti, Mailand 1934, S. 369 ff (zit.: Voci, Studi Ratti)

*Völkl, Artur*: Das Lösungsrecht von Lübeck und München, Ein Beitrag zur Geschichte der Fahrnisverfolgung, Wien-Köln-Weimar 1991, zugleich Dissertation, Innsbruck 1991 (zit.: Völkl)
-- Die österreichische Kodifikation und das römische Recht, in: Barta, Heinz / Palme, Rudolf / Ingenhaeft, Wolfgang (Hrsg.), Naturrecht und Privatrechtskodifikation, Tagungsband des Martini-Kolloquiums 1998, Wien 1999, S. 277 ff (zit.: Völkl, Österreichische Kodifikation)

*Volterra, Edoardo*: Appunti sulle scuole postclassiche occidentali, in: Annali di Storia del Diritto I, Mailand 1957, S. 51 ff (zit.: Volterra, Annali di Storia del Diritto I)

*Wacke, A.*: Mala fides superveniens non nocet - scientia superveniens nocet, JA 1981, S. 233 f

*Wehmann, Jörg*: Gutgläubiger Fahrniserwerb bei alternativ zum fehlenden Eigentum des Veräußerers wirkenden Übertragungshindernissen - Der gutgläubige Erwerb vom Minderjährigen und bei Verfügungsbeschränkungen, Dissertation, Göttingen 1988 (zit.: Wehmann)

*Weidner, Amalie*: Kulturgüter als res extra commercium im internationalen Sachenrecht; Schriften zum Kulturgüterschutz; Berlin 2001, zugleich Dissertation, Regensburg 2001 (zit.: Weidner)

*Weimar, Peter*: Die legistische Literatur der Glossatorenzeit, in: Coing, Helmut (Hrsg.), Handbuch der Quellen und Literatur der Neueren Europäischen Privatrechtsgeschichte, Erster Band, Mittelalter (1100-1500) - Die gelehrten Rechte und die Gesetzgebung, München 1973, S. 129 ff (zit.: Weimar, Glossatorenzeit, Handbuch der Quellen I)

*Welser, Rudolf*: Grundriß des bürgerlichen Rechts, Band II, Schuldrecht Allgemeiner Teil, Schuldrecht Besonderer Teil, Erbrecht, auf Grundlage der von Helmut Koziol und Rudolf Welser gemeinsam herausgegebenen 1.-10. Auflage bearbeitet von Rudolf Welser, 12., neubearbeitete Auflage, Wien 2001 (zit.: Koziol/Welser II)

*Wesenberg, Gerhard / Wesener, Gunter*: Neuere deutsche Privatrechtsgeschichte, 4. verbesserte und ergänzte Auflage, Graz-Wien 1985 (zit.: Wesenberg/Wesener)

*Wesener, Gunter*: Die Rolle des Usus modernus pandectarum im Entwurf des Codex Theresianus, in: Köbler, Gerhard / Nehlsen, Hermann (Hrsg.), Festschrift für Karl Kroeschell zum 70. Geburtstag, München 1997, S. 1363 ff (zit.: Wesener, FS Kroeschell)

-- Einflüsse und Geltung des römisch-gemeinen Rechts in den altösterreichischen Ländern in der Neuzeit (16. bis 18. Jahrhundert), Wien 1989 (zit.: Wesener, Einflüsse)

*Wieacker, Franz*: Vulgarismus und Klassizismus im Recht der Spätantike, Heidelberg 1955 (zit.: Wieacker, Vulgarismus und Klassizismus)

-- Römische Rechtsgeschichte - Quellenkunde, Rechtsbildung, Jurisprudenz und Rechtsliteratur, Erster Abschnitt - Einleitung, Quellenkunde - Frühzeit und Republik, München 1988 (zit.: Wieacker, Römische Rechtsgeschichte I)

-- Vom römischen Recht, Zehn Versuche, Stuttgart 1961 (zit.: Wieacker, Vom römischen Recht)

-- Recht und Gesellschaft in der Spätantike, Stuttgart 1964 (zit.: Wieacker, Recht und Gesellschaft in der Spätantike)

-- Privatrechtsgeschichte der Neuzeit unter besonderer Berücksichtigung der deutschen Entwicklung, 2., neubearbeitete Auflage, Göttingen 1967 (zit.: Wieacker, Privatrechtsgeschichte der Neuzeit)

-- Allgemeine Zustände und Rechtszustände gegen Ende des weströmischen Reiches, Ius Romanum Medii Aevi, Teil I, 2 a, Mailand 1963 (zit.: Wieacker, IRMAE I 2a)

-- Nochmals über Vulgarismus, in: Allorio, Enrico / Arangio-Ruiz, Vincenzo / Branca, Giuseppe / Candian, Aurelio / Carnelutti, Francesco / de Francisci, Pietro / Esposito, Carlo (Hrsg.), Studi in onore di Emilio Betti, Volume IV, Mailand 1962, S. 507 ff (zit.: Wieacker, Studi Betti IV)

-- Vulgarismus und Klassizismus im römischen Recht der ausgehenden Antike, in: Ausgewählte Schriften I, Frankfurt/Main 1983, S. 205 ff [11] (zit.: Wieacker, Ausgewählte Schriften I [11])

-- „Vulgarrecht" und „Vulgarismus" - Alte und neue Probleme und Diskussionen, in: Ausgewählte Schriften I, Frankfurt/Main 1983, S. 241 ff [13] (zit.: Wieacker, Ausgewählte Schriften I [13])

*Winkel, Laurens*: Usucapio pro suo and the Classification of the causae usucapionis by the Roman Jurists, in: Birks, Peter (Hrsg.), New Perspectives in the Roman Law of Property, Essays for Barry Nicholas, Oxford 1989, S. 215 ff (zit.: Winkel)

*Winterbottom, Michael (Hrsg.)*: M. Tulli Ciceronis De officiis, Oxford 1994 (zit.: Cic. de off.)

*Wolf, Armin*: Die Gesetzgebung der entstehenden Territorialstaaten, in: Coing, Helmut (Hrsg.), Handbuch der Quellen und und Literatur der Neueren Europäischen Privatrechtsgeschichte, Erster Band, Mittelalter (1100-1500) - Die gelehrten Rechte und die Gesetzgebung, München 1973, S. 517 ff (zit.: Wolf, Gesetzgebung, Handbuch der Quellen I)

*Wolter, Udo*: Ius canonicum in iure civili, Studien zur Rechtsquellenlehre in der neueren Privatrechtsgeschichte, Dissertation Regensburg, Köln 1975 (zit.: Wolter)

*Wubbe, Felix*: Le possesseur de bonne foi vu par les juristes romains et modernes, Leçon inaugurale donnée à l'université de Fribourg le 4 mai 1962, Freiburg/Schweiz 1963 (zit.: Wubbe, Le possesseur de bonne foi)
-- Ungewissheit und Unbehagen in Eigentumsfragen, in: Schnyder, Bernhard; Gauck, Peter (Hrsg.), Gedächtnisschrift für Peter Jäggi, Freiburg/Schweiz 1977, S. 95 ff (zit.: Wubbe, GS Jäggi)
-- Rezension zu Mayer-Maly, Theo, Das Putativtitelproblem bei der usucapio, SZ 81 (1964), S. 416 ff (zit.: Wubbe, SZ 81)
-- Usureceptio und Relatives Eigentum, TRG 28 (1960), S. 13 ff (zit.: Wubbe, TRG 28)
*Zénati, Frédéric*: Les biens, Paris 1988 (zit.: Zénati)
*Zeumer, Karl (Hrsg.)*: Legum Codicis Euriciani Fragmenta, in: Leges Visigothorum, Monumenta Germaniae Historica, Legum Sectio I, Tomus I, Hannover/Leipzig 1902, S. 1 ff (zit.: CE)
-- Codicis Euriciani leges ex lege Baiuvariorum restitutae, in: Leges Visigothorum, Monumenta Germaniae Historica, Legum Sectio I, Tomus I, Hannover/Leipzig 1902, S. 30 ff (zit.: CEB)
-- Liber Iudiciorum sive Lex Visigothorum edita ab Reccessvindo rege a. 654, in: Leges Visigothorum, Monumenta Germaniae Historica, Legum Sectio I, Tomus I, Hannover/Leipzig 1902, S. 33 ff (zit.: LV)
*Zimmermann, Reinhard*: The Law of Obligations - Roman Foundations of the Civilian Tradition, Paperback, Oxford 1996 (zit.: Zimmermann, The Law of Obligations)
-- „... ut sit finis litium" - Grundlinien eines modernen Verjährungsrechts auf rechtsvergleichender Grundlage, JZ 2000, S. 853 ff
-- Das römisch-kanonische ius commune als Grundlage europäischer Rechtseinheit, JZ 1992, S. 8 ff
-- Roman and Comparative Law: The European Perspective (Some remarks apropos a recent controversy), The Journal of Legal History, Vol. 16 (1995), S. 21 ff
-- Savignys Vermächtnis - Rechtsgeschichte, Rechtsvergleichung und die Begründung einer Europäischen Rechtswissenschaft, JBl. 1998, S. 273 ff
-- Max Kaser und das moderne Privatrecht, SZ 115 (1998), S. 99 ff
*Zimmermann, Reinhard / Carey-Miller, D.L.*: Generis humani iuris consultus: Hugo Grotius (1583-1645), Jura 1984, S. 1 ff
*Zöll, Bodo*: Ersitzung und Bereicherungshaftung, Dissertation, Mainz 1987 (zit.: Zöll)
*Zucker, Friedrich (Hrsg.)*: M. Tulli Ciceronis Pro L. Flacco oratio, Mailand 1963 (zit.: Cic. pro L. Flacco)
*Zweigert, Konrad*: Rechtsvergleichend-kritisches zum gutgläubigen Mobiliarerwerb; RabelsZ 23 (1958), S. 1 ff (zit.: Zweigert, RabelsZ 23)
*Zweigert, Konrad / Kötz, Hein*: Einführung in die Rechtsvergleichung auf dem Gebiete des Privatrechts, 3., neubearbeitete Auflage, Tübingen 1996 (zit.: Zweigert/Kötz, Einführung)

Kolibri 360 GmbH
Ferdinand-Jühlke-Straße 7
99095 Erfurt, Deutschland
produktsicherheit@kolibri360.de

Druck:
CPI Druckdienstleistungen GmbH
im Auftrag der
Kolibri 360 GmbH
Ferdinand-Jühlke-Str. 7
99095 Erfurt